一個校長的思考 ❷

教育的職業與志業——清華校務與教育成果

陳力俊——著

自序

　　「一個校長的思考」系列「第一冊」於2018年九月底出版，原來出書動機主要是對個人過往行述，留個紀念，並與親朋好友分享，因此以贈送為主，少部分則經由網路書店銷售。出版後得到不少迴響，也有校友以團購方式分贈友朋，銷售情況遠遠超過預期；另一方面，從整理講稿到出書的經驗，對一位藝文界的朋友名言：「沒有紀錄，就等於沒有發生」，有了更深刻的體會；出書記錄的功能，可能更甚於紀念。

　　系列「第一冊」的副標題是「教育的職業與志業──清華文史與校務」，「第二冊」則是「教育的職業與志業──清華校務與教育成果」，主要涵蓋在清華舉辦的活動包括頒贈名譽博士、特聘講座、各院系週年慶與活動、建物捐贈動土、上樑、啟用與落成、單位成立設施啟用、各項文物與捐贈、各項合作協議、記者會與成果發表會、原住民專班與國外招生、與國際、大陸各項交流、各項高中活動、企業招商與學生就業活動、紀念會與告別式以及本人曾擔任會長的「東亞研究型大學協會」與「斐陶斐榮譽學會」、曾擔任董事長的「同步輻射研究中心」以及個人專業之家「中國材料科學學會」活動。

　　「第三冊」「學術的見解與創發──人文藝術與科學技術」則包含校內外各種活動，如文藝活動與演出、校內演唱會、文藝展覽、新書發表、諾貝爾獎得主演講、名人演講與通識講堂、各項座談、跨領域研討會、人文領域研討會、理工領域研討會、各項論壇、各項會議與協會、科學科技講座與其他校外活動。

　　由於近年來智慧手機攝影機的精進，在社會大眾「人手一機」的今日，人人都成了業餘攝影師。晚近出外旅遊時攝取照片常以千計，隔了一段時候在電腦中檢視，仍覺旅程「歷歷如繪」，威力著實驚人。在前書出版後，很多朋友都表示對其中所附照片特別有感，所以在編輯「第二、三冊」時也刻意注重配

置活動照片。由於「第一冊」多收錄在全校性事務場合致詞稿，所以在「清華首頁」以及「影音分享網」中可以找到不少照片。「第二冊」重點在校內各單位活動，「第三冊」更多涉及在校外舉辦之活動，由於當時未刻意收集相關照片，事過境遷後就困難得多，因而展開「收尋之旅」，也頗有一得；這裡要特別感謝「人文社會學院」蔡英俊前院長，提供本人所有參與「人文社會學院」活動的精華照片，當接獲所贈收錄相關照片光碟片時，以「如獲至寶」形容，毫不為過。

其他收尋到的照片主要來源還是來自各相關單位及主辦機構網站。在過程中，發現有些單位與機構是道道地地的圖示紀錄事件「模範生」，有些則較疏於經營，同時收錄是否完整，又似與主管更迭及重視程度有別息息相關；像片有迅速勾起回憶的作用，在記錄與紀念的功能上，常能發揮「勝於千言萬語」的效果。在現今資料存儲日益簡易與廉宜時代，基於保存「紀憶」以及宣導的強大威力，應值得各單位在記錄活動方面，多付一分心力。

本系列書籍出版，主旨在記錄個人在清華擔任校長後相關活動行述，由於長年受惠於清華同仁盡心盡力的貢獻以及友朋的鼓勵，所以「第一冊」以贈送為主。但出書之際，自然也很關心贈書對象是否有興趣。另一方面，書籍單位印製成本在基本數目外，大幅遞減，以「書贈有緣人」為理想，但不希望被「束諸高閣」，而陷入目前手頭與通路存書均瀕臨告罄的窘境，以廣流通，所以「第二、三冊」出版本有意以預購方式測水溫，來決定印製本數，但發覺過程甚為繁複而作罷，因此「第二、三冊」改以主要借助出版商電子通路行銷，希望出版的書籍能真正為「愛書人」所持有，另一方面也可協助活絡一下面臨寒冬的台灣出版業經濟。

本系列「第二、三冊」能順利出版，要感謝多位清華同仁協助，包括細心校對在本人擔任校長期間所有致詞稿件的彭琇姬秘書，多位清華同仁費心錄存及提供活動照片。黃鈴棋小姐全程精心編輯與校對，讓本書得以順利問世，更是功不可沒。

目次
CONTENTS

三、建物動土上樑啟用與落成

四、單位成立設施啟用

五、各項文物與捐贈

六、各項合作協議

七、記者會與成果發表會

八、清華專班與外國招生

九、清華與國際、大陸各項交流

十、各項會長發言

十一、校長會議

十二、各項高中活動

十三、企業招商與學生就業活動

十四、各項紀念與緬懷

十五、校外活動致詞

一、頒贈名譽博士、特聘講座

輯錄2010年至2013年頒贈名譽博士與特聘講座教授的致詞，其中提及名譽博士制度與選拔情形，以「自強不息，厚德載物」的校訓精神為推舉方向；並介紹當選者求學、創業及社會貢獻等優秀事跡，是清華學子借鏡學習的典範。

頒贈侯貞雄董事長名譽博士典禮致詞

2010年6月12日　星期六

侯董事長、各位貴賓、各位同仁：

　　清華大學在1911年由滿清政府以美國退還之庚子賠款設立，在1925年自留美預備學校改制為完全大學即與大學部同步設立研究院，第一個研究所即為國學研究所，簡稱清華國學院，網羅梁啟超、王國維、趙元任、陳寅恪等大師，震動學術界，而後積極延攬名儒宗匠，燦若列星，協助清大迅速提升為國內一流學府，並培育華人中最先榮獲諾貝爾物理獎的楊振寧與李政道先生；1956年原在北京清華擔任校長達十八年的梅貽琦校長來台主持建校，在政府與「庚子賠款基金」支持下，賡續延攬優秀師資傳統，新竹清華也迅速發展為台灣頂尖名校；在建校之初，首設原子科學研究所，而到第三屆，在全校學生尚不滿五十人之際，即造就唯一在國內受研究所教育後再獲得諾貝爾化學獎的李遠哲博士，可回想當年之盛。因此不論在北京或新竹清華大學均具有極重視研究的優良傳統，而在研究表現上一向領袖群倫。2009年上海交大與倫敦泰晤士報兩項評比，清大每位教師研究表現皆為兩岸所有大學第一。如今清華在台已造就英才超過五萬人，在國內外各行業均有優異表現。

　　清華大學在1996年設立名譽博士制度，名譽博士學位候選人，須具下列條件之一：

　　一、在學術或專業上有特殊成就或貢獻，有益人類福祉者。

　　二、對文化、學術交流或世界和平有重大貢獻者。

　　三、對本校有特別重大貢獻者。

　　以往十五年，本校名譽博士學位審查委員會共通過了二十三位傑出人士為名譽博士，今天盛典的主角侯貞雄董事長則即將成為本校第二十四位名譽博士。侯董事長是由本校工學院提名，經本校名譽博士學位審查委員會一致通過

授予名譽博士學位。

　　侯貞雄董事長創辦的東和鋼鐵，為國內技術最先進、兼顧節能與環保的業界典範，曾擔任集國內產業界菁英於一堂之全國工業總會理事長等要職，長年為產業界領袖。侯董事長為紀念其先翁設立的「侯金堆文教基金會」二十年來獎勵國內基礎科學、材料科學、金屬冶煉、環境保護、綠建築頂尖學者與從業人員已超過百人，對國內學術發展與環境保護、綠建築的推動發揮了巨大影響力。本人自早期的得獎人，到成為基金會董事，與侯董事長相交相知十餘年，對其高瞻遠矚、引領產業發展以及嘉惠社會行誼，深為感佩，今天清華大學將名譽博士學位授予侯董事長，可謂實至名歸，個人至感振奮。

　　各位嘉賓，從今天起，清華大學很榮幸的擁有侯董事長為傑出校友，今天到場眾多侯董事長的親朋好友，俊彩飛馳，從今以後也就是清華大學的親朋好友，希望我們攜手努力早日達成使清華大學成為華人地區首學的目標。最後祝大家身體健康、家庭和樂、事業順利。

▲ 侯董事長高瞻遠矚、引領產業發展以及嘉惠　▲ 親朋好友，俊彩飛馳
　 社會

頒授Chomsky教授名譽博士與榮譽特聘講座教授典禮致詞（中英文）

2010年8月10日　星期二

喬姆斯基教授、各位嘉賓、各位女士、各位先生：

今天懷著極為愉悅的心情，歡迎喬姆斯基（Noam Chomsky）教授來到清華，並接受頒贈名譽博士學位與接受榮譽特聘講座教授職位。清華很榮幸成為他首次到臺灣訪問的東道主。正如許多人所說的那樣，具有歷史性意義，而我們也成為創造歷史的一份子。

喬姆斯基教授在他的開創性著作「語言知識：自然，起源和使用」（Knowledge of Language: Its Nature, Origin and Use）中詳細闡述了有關人類知識的兩個問題。首先是柏拉圖的問題（Plato's problem）：解釋在這麼有限的證據下，我們如何知道如此多。第二個是奧威爾的問題（Orwell's problem）：解釋我們在看到如此多的證據後，為何知道如此少。他非常擅長並毫無疑問的是解決這兩個問題的主要發言人。作為學者，我們常常想知道是否有人關注我們的工作。Noam Chomsky教授完全沒有這個問題。根據1992年的藝術與人文引文索引（Arts and Humanities Citation Index），在1980-92期間，喬姆斯基教授被引用的頻率高於其他任何還活在世間的學者，並且是歷史上所有人中，第八最常被引用的名人。事實上，從至各指標來看，喬姆斯基教授有很出色的同伴。如歷數在此期間，十大最常被引用的名人依序是：馬克思，列寧，莎士比亞，亞里斯多德，聖經，柏拉圖，佛洛德，喬姆斯基，黑格爾和西塞羅，喬姆斯基教授的歷史地位不禁讓人肅然起敬。

喬姆斯基教授因建立語言學成為研究基於生物稟賦人類語言的科學學科而享譽全球，這徹底改變了我們對作為人性的一部分的語言如何演變的思考。他對形式語言的分類，即喬姆斯基層次結構（Chomsky Hierarchy），同時也對

程式設計語言的發展產生了重大的影響。

　　另一方面，喬姆斯基教授可能更因其作為政治行動家（a political activist）和評論員的角色而聞名。他對美國外交政策和人道問題的看法激勵了新一代的社會思想家，讓他們願意站出來面對我們現今世界的嚴峻現實。

　　由於喬姆斯基教授慎重地接受了我們的榮譽博士學位和榮譽特聘講座教授職位教授職位，他也成為了清華大家庭的校友和教職員。那麼我們的學生可以向他學習什麼？事實上很簡單：就是找出真相，說出真相並質疑你所聽到的一切。

　　同時在麻省理工學院（MIT）喬姆斯基教授的訪問之後，希望MIT和清華大學之間能夠有更多的思想和資源交流，進而促成這兩個機構之間未來更緊密的合作。

Professor Chomsky, distinguished guests, ladies and gentlemen:

　　With a cheerful heart, I would like to welcome Professor Noam Chomsky to Tsing Hua. It is indeed an honor for us to take part in hosting his visit to Taiwan. Just like many people are saying, this is indeed a history in the making, and we are very fortunate to be part of it.

　　In his seminal book, Knowledge of Language: Its Nature, Origin and Use, Professor Chomsky elaborated on two problems concerning the human knowledge. The first is the Plato's problem: explaining how we can know so much given that we have such limited evidence. The second is Orwell's problem: explaining how we can know so little given that we have so much evidence. He has excelled and been unquestionably the leading voice addressing these two problems. As scholars, we often wonder if anyone is paying attention to our work. Professor Noam Chomsky did not have this problem at all. According to the Arts and Humanities Citation Index in 1992, Professor Chomsky was cited as a source more often than any other living scholar during the 1980–92 period, and was the eighth most—cited source oveall. Indeed, Professor Chomsky is in stellar company. The top ten cited sources during the period were: Marx, Lenin, Shakespeare, Aristotle, the Bible, Plato, Freud, Chomsky, Hegel and Cicero.

Professor Chomsky is renowned worldwide for establishing linguistics as a scientific discipline of studying human language as a biological endowment, which has revolutionized our thinking about how language evolves as part of human nature. His classification of formal languages, namely the Chomsky Hierarchy, also has a great impact on the development of programming languages.

In fact, Professor Chomsky is probably better known for his role as a political activist and commentator. His views on US foreign policies and humanity issues have inspired a new generation of social thinkers who are willing to stand up and face the grim reality of our world.

As Professor Chomsky has graciously accepted our honorary doctorate and distinguished chair professorship, he has also become an alumnus and a faculty member of our big family. So what can our students learn from him? Very simple: to find out the truth, to speak the truth and to question everything you heard.

After Professor Chomsky's visit, hopefully there will be more exchanges of ideas and resources between MIT and Tsing Hua, and we certainly would like to see future cooperation between the two institutions.

Thank you. Thank you all.

▲ ①學界泰斗　人道宗師
　②在藝術與人文引文索引被引用的頻率驚人
◀ ③說出真相並質疑你所聽到的一切

頒授吳敏求董事長名譽博士典禮致詞

2011年3月18日　星期五

首先歡迎並感謝大家蒞臨清華大學頒授吳敏求董事長名譽博士典禮。吳敏求董事長於1989年12月號召一群美國矽谷半導體設計精英團隊集體返台，與台灣高科技人才共同創立旺宏電子。自始堅持擁有自有技術，打造旺宏電子成為全球最大及最先進的唯讀記憶體生產製造公司，更是世界級的非揮發性記憶體領導廠商，而吳董事長秉持高標準公司治理理念，積極引領產業升成級，為高科技界景仰的企業領袖。

清華大學今年歡慶百歲，一百年前滿清政府在北京利用美國退還多要的庚子賠款建校。以十幾年時間迅速提升清大為國內一流學府。五十五年前清華大學在原北京清華梅貽琦校長領導下在台建校，也迅速打造清大為台灣頂尖大學。去年年初，遠見雜誌調查大陸大學生的家長認為兩岸清華都是第一，有13億人口的認同，我們有很大的優勢，而去年九月發佈的泰晤士報世界大學評比，清華位居第107名，在全台居冠，同時在教師人數700人以下的大學，清華是全世界第9。觀諸清華大學歷史，1909年美國開始撥還庚子賠款時，御批外務部與學部「會奏收還美國賠款遣派學生赴美留學辦法折」奏摺，其中載有設立「遊美學務處」後改「清華學校」、「清華大學」，「造端必期宏大，始足動寰宇之觀瞻，規劃必極精詳，庶可收樹人之功效」，為我國高等教育寫下輝煌的新頁。對照吳敏求董事長以恢宏的格局，宏遠的規劃，旺盛的企圖心，使旺宏電子日漸茁壯興旺，與當年清華大學造端宏大，規劃精詳正相輝映。

清華大學校訓「自強不息，厚德載物」，乃因民國三年，清華國學院四大導師之一的梁啟超先生以《易經》：「天行健，君子以自強不息；地勢坤，君子以厚德載物。」勗勉清華學子，清華人謹遵校訓，以君子自許。而吳董事長正是謙謙君子的典範，有強烈的社會使命感，積極履行企業社會責任，重信守

諾。吳董事長人如其名，正如《論語‧述而篇》孔子說：「敏以求之者也。」
旺宏電子自始堅持先進研發，擁有自有技術，但因研發技術並不容易迅速回收
成本，2002—2005年曾遭遇營運艱困期。「旺宏教育基金會」多年來每年定期
舉辦針對大專學生的旺宏金矽獎以及針對高中生的旺宏科學獎等活動，與對清
大旺宏館的捐贈一樣，不曾因營運困難而有所中斷。今天吳董事長斯言斯行不
僅扣合清華建校要旨，履踐清華大學校訓，獲頒清華大學名譽博士，乃屬實至
名歸，也是優質品牌的完美結合。

　　在此要特別感謝旺宏電子多年來對清華的鼎力支持，在約十年前捐贈「學
習資源中心──旺宏館」，由劉炯朗校長與胡定華董事長共同主持捐贈典禮，
當時旺宏電子吳敏求總經理與時任工學院院長之本人有幸恭逢盛會。同時要感
謝吳敏求董事長代表旺宏電子於「旺宏館」外觀結構將完工之際加碼捐贈，在
最需要之時刻，給予最實質的幫助。清華現定於百歲校慶慶典日，也就是4月
24日下午三點，舉行「旺宏館」落成典禮，在此先敬邀各位屆時蒞臨觀禮。

　　各位貴賓，從今天起，清華大學很榮幸的擁有吳董事長為傑出校友，希望
在吳博士與各位貴賓協助下，共同打造清華為華人首學，及早邁入世界頂尖大
學之林。最後祝大家身體健康、家庭和樂、事業順利。

▲ ①履踐清華大學校訓
　　②扣合清華建校要旨
◀ ③恢宏的格局，宏遠的規劃，旺盛的
　　企圖心

頒授翁啟惠院長名譽博士典禮致詞

2011年12月8日　星期四

　　清華大學今年歡慶建校百週年，名譽博士人選以「自強不息，厚德載物」的校訓精神為推舉方向，而翁啟惠院長很快就獲得審查委員共識，認為是最具代表性的人選之一。

　　孔子曾說三十而立，換一句話說，也就是人到三十歲之後，不容易再作改變，但是翁啟惠院長三十歲前後卻非常不一樣。翁院長三十歲前的表現，依世俗的眼光，並不是很亮眼，但三十歲以後的表現不凡。前清華大學教授錢鍾書，是知名的文史學家、中國文化批評大師。他的學術代表作取名《管錐編》，意取錐處囊中，就像錐子放在口袋中總會冒出口袋。又如明珠藏櫝，盒子打開，自會放出光芒。翁院長三十歲過後，到美國麻省理工學院讀書研究表現非常亮麗，以三年時間拿到博士學位，日後在學術研究上的表現都很令人激賞。他是中央研究院院士及美國國家科學院院士，獲得許多其他榮譽，在生物有機化學及醣分子科學研究上居於世界領先地位，是自強不息的典範。

　　另一方面，翁院長長期從事生技製藥、疫苗開發、疾病防治研究，發展出新的觀念，進而帶動新一波生物科技研究。於公元兩千年，在他學術生涯高峰時，接受時任中央研究院院長李遠哲邀請，回到臺灣主持中央研究院生物化學多醣體研究室，2003年到2006年間以中央研究院特聘研究員兼中央研究院基因體研究中心主任，帶領團隊從事世界前沿研究。2006年獲總統特任為中央研究院第9任院長，由於其領導卓越，獲得高度肯定，2011年經過程序，連任為第10任院長。翁院長長期悉心關注國內生技產業發展，促成「國家生技研究園區」的開發，同時基於「國家正面臨空前的人才失衡危機」，廣邀國內重要的產業、教育、科技、媒體與藝術等各界代表，共同連署「人才宣言」，也獲得行政院回應，將重要建議納入修正之科技基本法中。其對社會與國民福祉的關

懷以及貢獻，堪為厚德載物表徵。

　　翁院長在約四十年前畢業於台南一中，曾保送清華大學化學系，因家人期待他讀醫科，所以放棄保送，與清大失之交臂。同時，在翁院長學術生涯中，其實也屢與清大交會。他大學就讀台大，而台灣大學自民國四十年起，六十年來，前兩任校長，錢思亮與閻振興校長分別是清華化學系與土木系畢業生、任期長達三十一年。翁院長擔任中研院院長，而中央研究院自民國四十七年起至翁院長到任，四十八年中，歷任五位院長，其中四位即胡適、錢思亮、吳大猷、李遠哲四位院長歷時四十年是清華人，今天翁院長成為清大名譽博士，將正式成為清華人，也是清華第五位中研院院長，更是清華的新榮耀，讓我們一起歡迎與恭賀翁啟惠校友。

▲ 錐處囊中，明珠藏櫝

▲ 自強不息典範，厚德載物表徵

頒授金庸先生名譽文學博士典禮致詞

2011年12月19日　星期一

　　清華大學今年歡慶建校百週年，名譽博士人選以「自強不息，厚德載物」的校訓精神為推舉方向。金庸（本名：查良鏞）先生同時為中國近代文學重要作家與華人世界最有成就的報人，為本校校訓最佳典範，本校名譽博士審查委員會據以一致通過授予金庸先生名譽文學博士學位。

　　金庸先生早慧，15歲即與同學合著《獻給初中投考者》一書，大受歡迎，開始其寫作生涯。成年後，曾任記者、翻譯、編輯、編劇、導演。31歲創作第一部武俠小說《書劍恩仇錄》，至48歲發表巔峰之作《鹿鼎記》，共寫下15部長、中、短篇武俠小說，廣受讀者歡迎，作品多被改編為電影、電視劇、廣播劇和舞台劇，以及電腦動畫、遊戲，為華人世界最具影響力的作家之一。

　　中研院鄭錦全與曾志朗院士曾分析金庸多部著作，最長的《天龍八部》、《鹿鼎記》兩部書，各約一百萬字，用字都不超過4500字，約與長約73萬字「一百二十回紅樓夢」相當，其中代表正面情緒的喜、樂、笑、愉、悅、愛、親等字遠多於代表負面情緒的怒、哀、悲、憤、怨、悵等字；武俠招式又與現今認知心理學最新發現若合符節，說明金庸大師利用大眾能夠認識的有限文字，運用豐富的閱歷、廣博的知識、洗鍊的文章，塑造出一個令人目眩神迷的武俠世界，同時承襲中國古典文學傳統，糅合現代敘事風格，自成一家，對人性世事，刻畫入微細膩，情節波瀾起伏、扣人心弦，豪情俠義，躍然紙上，融合歷史與文化的菁華，將中國文學推上頂峰。金庸小說受到學術界重視，在各個研討會從文學、歷史、宗教、心理、社會及政治層面進行探討。

　　金庸先生從事新聞工作數十年，「滿腹詩書氣自華」、「左手寫社評，右手寫小說」，為報章雜誌撰寫社評與專欄約千萬字，具有高度社會正義感，提倡民主自由，處處以蒼生福祉為念，是華人社會最有成就的報人。專欄涵蓋

歷史、考古、詩詞聯謎、琴棋書畫、電影京劇、中西文學、文化生活、旅遊札記，博學多聞，識見超群，令人嘆為觀止。金庸先生好學深思，研究涉及法律、歷史和佛學領域，82歲以《初唐皇位繼承制度》論文獲得劍橋大學碩士學位，再以86高齡完成論文《唐代盛世繼承皇位制度》獲劍橋大學哲學博士學位，金庸先生可能是人類有史以來年紀最長的博士。其決心毅力，令人感佩，足為楷模。

金庸先生與清大也有很深的淵源。其叔伯兄弟查良錚，筆名穆旦，清大外語系畢業生及教師，是第一流的詩才與詩人，另一叔伯兄弟查良釗，自清華留美預備學校畢業，1938年出任國立西南聯合大學教授、訓導長，懂教育與重視教育，處事穩重、無私無畏，人格學問均受普遍敬重；2001年清大頒贈金庸先生榮譽講座教授，他並與劉兆玄前校長、楊振寧博士進行「歲月的智慧──大師真情」對談。金庸先生與本校沈君山前校長「以棋會友」交往多年，沈校長一直希望在清大校園中建置奕園，清大也樂觀其成，除已完成奕亭的建築，

▲ ①華人世界最具影響力的作家之一
　　②滿腹詩書氣自華
◀ ③豐富的閱歷、廣博的知識、洗鍊的文章

目前已有吳清源、林海峰、木谷實、曹薰鉉、聶衛平、陳祖德等六位中日韓頂尖圍棋高手完成提字及定棋譜，將刻成碑石立於園中，而金庸先生已為奕園提字，未來此一別具紀念意義的奕園必將成為圍棋聖地，與墨寶交相輝映。金庸先生並允諾以清華校歌中「行健不息須自強」、「東西文化，薈萃一堂」、「春風化雨樂未央」深具意義的三句歌詞提字，勉勵清大學弟學妹，共建校園美景。

　　各位親友與貴賓，清華大學今天很榮幸頒予金庸先生名譽博士學位，讓我們一起恭賀及歡迎清華大學最新校友金庸博士。

頒授廣達電腦林百里董事長名譽博士學位典禮致詞

2012年2月22日　星期三

　　清華大學今天很榮幸授予廣達電腦林百里董事長名譽博士學位。清華去年慶祝建校百周年，到今年四月整整滿一百歲。在推選百周年慶名譽博士學位人選時，以「自強不息，厚德載物」的校訓精神為推舉方向。林百里董事長在產業創新與人文關懷兩方面均成就非凡，本校名譽博士審查委員會咸認林百里董事長為本校校訓最具代表性人物之一，典範足式，一致通過授予林董事長名譽工學博士學位。

　　林董事長為世界高科技產業領袖，其所經營產業長期為業界龍頭。另一方面，林董事長為重要的藝術贊助者，在文化教育方面更不遺餘力，1999年成立廣達文教基金會，成為台灣推廣文化、藝術和教育最重要的機構之一，由藝術文化豐富大家的生活。以「工程師的技術，藝術家的眼光」，在產品設計、技術與經營創新均獨步群倫。

　　清華大學與林董事長結緣長達四十年；早在林董大學時期，即因做作業需要而到清華使用較先進的電腦。後來林董就業後與溫世仁先生共同設計出台灣第一部電腦，獲時任行政院長的蔣經國頒發的第一屆「青年獎章」。1988年創辦廣達電腦，1999年成為全球「筆記型電腦」代工龍頭，2011年廣達事業集團營收首度超過新台幣一兆元。另一方面，林董對清華「自強不息，厚德載物」校訓很是推崇，認為是世界名校中最好的校訓之一。2009年八八水災後，清華大學生命科學系教授李家維提議，在屏北高中設立「清華實驗班」，即「小清華」，照顧受災原住民學生，林董率先響應。清華大學很高興不負林董期望，在「小清華」的輔導上，交出了漂亮成績單。今天稍後會有林董捐贈給清華「廣達研發雲」，在此先致最深忱的謝意。

宋朝大文豪蘇東坡在赤壁懷古時感嘆「大江東去，浪濤盡，千古風流人物」。風流一般形容風度好，溫文爾雅，才華富贍，舉止瀟灑，談吐不俗。清華大學文學院前院長，有民國百年哲學第一人之譽的洪友蘭先生在〈論風流〉一文中闡釋風流人物具有下列特質：

一、玄心：超越自我，不斷創新。

二、洞見：見人所不能見。

三、妙賞：對於美有深切感覺，能窺其奧妙。

四、深情：對於萬物都有深厚的同情。

　　林百里董事長在事業經營上，不斷創新，自強不息，見人所不能見，在藝術欣賞上，能窺其奧妙，在推廣文化、藝術和教育上「厚德載物」，是絕頂的風流人物。同時林百里董事長人如其名，是產業界的百里之駒，在清華歡慶百年之際成為清華人，是雙百最完美的結合。

　　最近有人計算歷史人物的財富，最富有的人，首推約翰洛克菲勒，財產估計比連續多年名列美國首富的比爾蓋茲多五、六倍。洛克菲勒創辦長期為世界最好大學之一的芝加哥大學，他在給子女的信中說：「這是我一生之中最明智的投資，讓最優秀的文化傳承給下一代，為我們青年造就美好未來，為未來造就青年一代。」林董事長　向注重教育，有「大學不應只培養耕牛，也應培養賽馬」的名言。我們期盼最新的清華名譽博士能成為現代的洛克菲勒。不僅在事業更上高峰，積極推動藝文外，更能以貢獻教育留名青史。清華國學院四大導師之一的趙元任院士先祖趙翼有云「江山代有才人出，各領風騷數百年」。清華大學在百年樹人之際，深慶得人，願與林董事長一起，共領風騷數百年。

①在產品設計、技術與經營創新均
　獨步群倫
②在產業創新與人文關懷兩方面均
　成就非凡
③見人所不能見，窺其奧妙

頒授長春石化林書鴻董事長名譽博士學位典禮致詞

2012年8月31日　星期五

　　清華大學今天很榮幸授予長春石化林書鴻董事長名譽博士學位。清華大學的校風是「行勝於言」，而林董事長是謙謙君子，六十三年來，默默經營發展優質企業集團，注重研發，成為國內高值化石化業標竿，帶動經濟發展，繁榮社會，造福國家，正是「豐碑無言，行勝於言」的最佳表率，本校名譽博士審查委員會咸認林董事長典範足式，一致通過授予林董事長名譽工學博士學位。

　　林書鴻董事長是台灣產業界傳奇人物，在1949年與兩位同學以小額資本共同創立長春人造樹脂廠，1964年成立長春石油化學公司，1968年設立台豐印刷電路工業公司，1979年合資成立大連工業公司。至今長春集團旗下總共有三十九家公司，而沒有一家上市上櫃，為國內化工原料主要廠家，年總營收達一千六百億元，超過創業時的資本額一億倍。穩定的獲利來自先進研發與技術能力，加上雄厚的財力，是「長春集團」能夠擴張版圖的主要原因。去年十一月，《遠見》雜誌請業界人士及專家學者推薦國內高值化石化業標竿，「長春集團」幾乎是一致的推薦對象，是最高的評價。

　　「長春集團」是台灣最重視創新的化工業者，有一成的人力投入研發，研發支出約5%，比起全台高科技公司平均不到3%，高出甚多。擁有兩百多項能夠達到商品化獲利的優質專利。林書鴻董事長有「石化業的愛迪生」美名，長春集團對製程改良、品質改進等發展極具遠見，投入人力、物力，研發多項多功能產品，屢獲大獎，包括於1984年榮獲極為難得的行政院科技獎，為國內企業的楷模，今年並當選工業技術研究院第一屆院士，為全國八位院士中唯一出自化工界院士。長春集團徵才以研究的熱誠意願、專業知識、道德品行為標準，並以分層負責、賞罰分明、嚴守道德倫理、勤勞節儉原則領導，

至為難能可貴。

　　石化產業在台灣由農業經濟轉型工業經濟時期扮演火車頭的角色，居功厥偉；在現今高科技時代，面臨石化能源枯竭、環境劣化、地球暖化等嚴峻問題，發展受到很大的挑戰；長春集團率先往高值化發展，為台灣石化界的研發領導廠商，並積極開發節能減碳製程與產品，投資汽電共生廠，在公安與環保方面，屢得主管機關環保署與勞委會肯定，相信在林董事長領導下，長春集團將繼續以前瞻創新帶領台灣化工業得以兼具環保與提升競爭力永續經營。

　　清華大學與長春集團結緣，不僅因為許多化學、化工領域優秀校友在長春集團服務；同時本校眾多傑出校友經營的企業與長春集團有長期緊密互動，由今天非常多化工界董事長級校友同來道賀可見一斑。今年三月十五日，在場的本校化學系校友呂志鵬董事長所經營關東鑫林公司斗六廠竣工典禮，蒙林董事長親自蒞臨，亦為一例。另一方面，本校化學系已舉辦八屆，正在接受第九屆報名的「高中生化學能力競賽」，每年吸引數千高中學子參加；長春石化不僅長期在經費上慷慨贊助，並指派高級主管代表襄助評審工作，協助該競賽成為一個激勵高中學子學習，高度成功的活動。今後林董事長將成為清華校友的一份子，可謂親上加親。

　　林董事長具有低調樸直的領袖氣質，以及高度專業的經營精神，長春集團固守核心本業，在明確但遠大目標下求新求進。清華以擁有林董事長為校友為榮，在此歡迎並恭喜林董事長為清華校史上第二十九位也是最新的名譽博士。

▲ 豐碑無言，行勝於言

▲ 低調樸直的領袖氣質，高度專業的經營精神

頒贈珍古德女士名譽博士學位典禮致詞

2012年11月10日　星期六

　　歡迎大家來參加今天的名譽博士學位頒贈典禮。今天的典禮在戶外舉行，對清華大學頒贈名譽博士學位典禮來說是創舉，但非常適合一生奉獻於自然環境保育的珍古德（Jane Goodall）女士；清華大學名譽博士人選以「自強不息，厚德載物」的校訓精神為推舉方向；珍古德女士在非洲長期致力於黑猩猩研究以及推動動物福祉與環境保育，長年不懈奔走全球各地，啟動「根與芽計畫」，教育青年關懷自然環境、尊重所有生物、理解多元文化。為本校校訓最佳典範，本校名譽博士審查委員會據以一致通過授予珍古德女士名譽哲學博士學位。

　　在1960年代初期，世界人類學界漸注意到從非洲傳來的訊息，即有一英國女孩嘗試在荒野黑猩猩群中從事田野調查，這在以往是不可思議的；黑猩猩是人類在所有物種中最近的親戚，黑猩猩的DNA，血液結構和免疫系統、腦部與中樞神經系統都與人類極為相似；從前對黑猩猩的有限了解，都來自對動物園或實驗室內單隻或少數黑猩猩的觀察、研究；以往黑猩猩聚居於深山森林中，不讓人接近，同時孔武有力，頗具危險性；珍古德女士以無比的勇氣與耐心，終於得到黑猩猩群的接納，而得在荒野中長期與黑猩猩群共處，因而大大增進人類對黑猩猩的瞭解，並揭露其許多不為人知的行為；例如她發現黑猩猩會先除去小樹枝上的葉子，而以樹枝為工具，釣取蟻窩中的螞蟻，鼎鼎大名的人類學家里奇博士（Dr. Louis Leakey）說：「這一發現，破除了只有人類才會利用工具的迷思，甚至因而影響到如何定義人類。」而由她與團隊從近距離細心觀察，推翻了只有人才有個性和情感、有心智、會做理性思考、可以推理並解決問題的看法。在1971年，珍古德女士與其團隊發現黑猩猩有時會有暴力殘殺行為，如聯合捕食小狒狒，攻擊其他社群猩猩，到1975年，甚至觀察到自相殘殺，同族相食，甚至系統性殲滅分家出走的小族群，粉碎以往「高貴的野蠻

人」迷思；她領悟並強調長期研究的重要，曾說「如果已歷十年的研究在此之前停止，將無法知曉黑猩猩會有群體暴力相殘行為。」

珍古德女士於1957年由於對動物的熱愛受到召喚來到東非的肯亞，在里奇博士指導下開始旨在揭示原始人類行為模式的靈長類動物研究計畫。1960年啟程來到坦尚尼亞坦干依卡湖畔的貢貝溪黑猩猩保育區（Gombe Stream Chimpanzee Reserve, Tanganyika, Tanzania）進行黑猩猩的研究計畫，連續長達數十年，成果斐然；1970年代她利用獲得的捐助建立了「貢貝研究中心」，專門進行黑猩猩的研究。這家研究機構也成為世界上唯一一個對黑猩猩連續進行近50年野外觀察的研究所。

珍古德女士在對黑猩猩侵犯性研究中得到啟示，認為人類黑暗與邪惡面來自古老根源，而歷史上人類的惡要比黑猩猩最壞的侵犯行為更甚，但與黑猩猩一樣，人類有愛與悲憫，更能在明知當下與未來的危險情況下，表現利他行為與自我犧牲比黑猩猩更偉大；人類異於黑猩猩在選擇能力大得多，她從黑猩猩能控制化解暴力傾向行為中，產生對人類希望與信心；她認為人類演化數十億年，於兩百萬年前與黑猩猩分枝，現正處於獲得道德特質的過程中，攻擊性與好戰性漸少，關懷與慈愛漸多，越來越多的人都覺察什麼是錯的需要改善的，「悲憫與同情是一種覺醒」，逐漸化除人性醜惡面，成為真正有心靈的動物；但人類正集體大規模摧毀自然，已開發國家人民過度消費並視為理所當然，世界人口爆增，讓人懷疑是否有時間走完全程，而不致先面臨滅絕，使人憂心忡忡，不容樂觀。

珍古德女士近年來全力投身保育與教育，很多人問她「從哪裡找到那麼多精力？」、「我怎麼可以如此心平氣和？」、「我怎麼還能如此樂觀？」、「她真的相信自己所說的嗎？」、「她究竟怎麼想？」、「她的人生哲學是什麼？」、「她的樂觀、希望從何而來？」她在1999年所出的自傳性專書《希望》（*Reason for Hope, A Spiritual Journey*）嘗試回答這些問題，非常具有啟發性。她對未來抱持希望的理由是包括人類具有的智慧、自然的復原力、年輕人已呈現與將點燃的熱情以及人類不屈不撓的精神，近年來她將全部時間用於宣講黑猩猩的行為和環境保護，巡迴於世界各地進行演講。1977年她建立了「珍古德研究會」（Jane Goodall Institute, JGI）致力於推進全世界範圍的野生動物保育和環境教育與人道教育計畫，研究會資助了「貢貝河研究中心」、動

物庇護所、黑猩猩動物園等動物保育項目,「貢貝河研究中心」是世界上最大的一個類人猿研究基地,動物庇護所用於收養那些由政府沒收的被走私的幼年黑猩猩,黑猩猩動物園則主要收留那些遭到非法捕獵的黑猩猩。並於1991年啟動了「根與芽計畫」,強調個人價值,以改善周遭世界為目標,她引邱吉爾名言「這不是猶豫與軟弱的時刻,這是我們被徵召的決定性時刻。」、「真正的改變只有從內心產生」,提倡「改變必須由你和我來做」、「我們每一個人都可以締造不同」,該項目是目前最具影響的面向青少年的環境教育項目之一。她近三十年來,幾乎不斷旅行,除為「珍古德研究會」各種保育與教育計畫籌募基金,並盡可能與人分享對地球上一切生命體的未來所懷抱的希望的信息。

珍古德女士是現代傳奇,她對黑猩猩研究「改變了人類對自己的認知」,改寫了對「人性」的定義,被譽為「最偉大科學成就的代表」、「有史以來最有影響力的十位女姓之一」,最難能可貴的是她擁有高尚偉大的心靈,對一切生命都尊重與憐惜,是清華校訓「自強不息,厚德載物」的最佳表率,是最最自然的清華人;清華很榮幸頒予其名譽哲學博士學位,讓我們歡迎恭賀珍古德博士,並期盼所有的清華人雖不能都與她一樣偉大,但要學習並弘揚其長期獻身保育、教育精神與悲憫生命情懷。

▲ ①改變了人類對自己的認知
　②悲憫與同情是一種覺醒
▶ ③改變必須由你和我來做

頒授張懋中院士名譽博士學位典禮致詞

2013年11月14日　星期四

　　很歡迎大家來參加頒授張懋中院士名譽博士學位典禮；張懋中院士是工學院第一屆畢業生校友，也是新竹清華第十三位榮膺中央研究院院士校友；另一方面，十三位院士校友中，以前僅有獲得諾貝爾獎的李遠哲院士獲頒名譽博士，因此今天的典禮有特別意義，不僅因為張院士的卓越成就，而且是彰顯張院士是本土「一條鞭」培育，而在美國學術界與產業界大放異彩的人才。張院士在清華時結識當時從UCLA來客座的余端礎教授，促使他決定在1979年出國到UCLA做博士後研究員，也開啟他不凡的研究之路，是極少數獲得台灣本土博士學位得在美國著名大學任教，並擔任講座以及規模龐大學系主管的傑出學者。

　　張懋中院士是美國工程學院與中央研究院院士，一般了解，華人榮膺美國工程學院院士是難得的殊榮，但能同時成為中央研究院院士，更是難得；張院士在90年代與研究團隊完成高速雙異質結構電晶體（HBT）及雙極性場效電晶體（BiFET）積體電路的研究與開發，並成功的轉移到業界量產，對高速半導體器件和射頻與混合信號積成電路作出原創性的貢獻，包括HBT及BiFET功率放大器的開發使第二、三代手機的產業化得以實現。他的研究深深的改變了近代高速電子學的內涵，並提升了大眾日常生活的效率。張院士於1997年進入美國加州大學電機工程系任教，現為美國加州大學洛杉磯分校講座與傑出教授暨電機工程系主任，在半導體領域有傑出成就，擁有多項專利。並在2006年獲得國際電機電子工程學會（IEEE）David Sarnoff獎。

　　張院士在今天隨後的演說選擇以「清華：一個不一樣的大學」為題；從一個在清華三十多年老兵以及現任校長觀點，我以為清華特別的地方，舉其大者，有以下三點：

第一是人傑地靈；下月十九日，清華將會舉行「名人堂」揭幕典禮，屆時，楊振寧與李遠哲兩位諾貝爾獎得主校友都會親自參加，「名人堂」正門牆面設計有梅貽琦校長與「清華國學院」四大導師浮雕，堂內初期會有楊振寧、李遠哲與胡適先生半身銅雕；清華由「庚款」設立，迅速成為國內名校，大師如林，培育了三位諾貝爾獎得主，同時兩岸清華校園都是山明水秀，風景絕佳，此其一。

其次，梅貽琦校長在兩岸清華擔任二十四年校長，為新竹清華建立延攬優秀師資傳統，延續迄今，國內所有難得的獎項：如中央研究院院士，教育部國家講座、學術獎，國科會傑出研究獎、吳大猷紀念獎等，清華教師得獎比率長期高居第一；最近「上海交大兩岸四地大學排名」公布2013年排名，本校排名蟬聯第三。根據這項調查，北京清華、台大分列第一、二名；清華雖次於北京清大、台大，但是受限於規模以及資源投入，如將此兩項因素納入考慮，則清華是名副其實的「華人首學」，此其二。

再者，清華在校務發展方面，具有高度創新性，每每率台灣高教風氣之先，如首先設立校務發展委員會、研究發展委員會、人文社會學院、生命科學學院以及科技管理學院、通識教育中心，推出諸多創新措施，如繁星計畫、住宿學院、成績等級制、原住民實驗班、國際志工、不分系學士班、旭日計畫等，另外到美國招收優秀學生、陸續在印度成立四所「華語教學中心」、開辦「高中學術列車」等均為國內創舉，贏得廣泛贊譽，此其三。

▲ 本土博士，而在美國學術界與產業界大放異彩　▲ 激勵後進學子以世界為舞台，揚名四海

當然我們還可以列數許多清華與其他學校不同的地方，如校友向心力特強、師生關係特優等等，相信在張院士的演說中，會有更多闡發；總之清華在特殊的機遇、歷史的關照、社會大環境的影響下，所獲得的成就已成為國家社會重大資產，希望清華在師生同仁以及像張院士這樣傑出校友共同努力下，追求卓越，成為高等教育標竿，為人類社會做出重大貢獻。

　　最後我要再度恭賀張院士，清華以你的傑出成就為榮，也希望你的典範能激勵後進學子以世界為舞台，揚名四海。

頒授諾貝爾獎得主華生博士榮譽特聘講座教授典禮致詞（中英文）

2010年4月1日　星期四

華生博士、夫人，各位貴賓，各位女士、先生：

　　本人謹代表清華大學，以極感榮幸的心情頒授榮譽特聘講座教授予詹姆斯・華生博士，並主持「詹姆斯・華生演講廳」的啟用典禮。

　　清華大學國學院四大導師之一的趙元任先生先祖，清代詩人趙翼曾有詩云：「江山代有才人出，各領風騷數百年」，華生博士正是趙翼所指稱的巨人之一。華生博士發現DNA的結構，所領導推動的「人類基因體計畫」均對人類有重大貢獻，不僅在生命科學領域造成長遠的影響，也為不斷探究了解「人之所以為人」持續努力的科學家們開啟嶄新的門徑。

　　不久之前，我讀到有位星際爭霸戰寇克船長的粉絲談到：能與從小景仰的人會面是件很「酷」的事，更棒的是能以令他感興趣的事吸引他前來會面。今天，我們很興奮能夠邀請到我大學時代就仰慕的華生博士來訪。身為清華大學的校長，本人深感榮幸有這個機會頒予華生博士榮譽特聘講座教授，並主持將新改裝的演講廳命名為「詹姆斯・華生演講廳」的典禮。

　　在華生博士《基因、女孩、華生：雙螺旋二部曲》的書中，他提到在發現DNA結構的劃時代時刻約一個月後，在美國冷泉港實驗室召開的一個有關噬菌體的會議，會議在共約有270位科學家參與的大廳舉行。今天我們所在的「詹姆斯・華生廳」講堂，高朋滿座，大約雲集相同數目的貴賓。在1953年參加噬菌體會議的270名科學家，均是噬菌體領域赫赫有名的學者，許多人在後來獲得諾貝爾獎。這可能不只是巧合，我預祝今天聚集在這裡的科學家或研究人員，很快能在各自的領域大放異彩，成為世界級的學者，為台灣生物科技的研究與發展開創歷史新頁。

身為生命科學研究的領先機構之一，清華大學生命科學院擁有最佳的人力資源、多元領域的研究環境，能整合創造力與研發能量，致力於基因體序及蛋白質基因組破解途徑的研究。今天，除華生博士將以「DNA雙股螺旋結構發現者的研究生涯發展」專題演講外，本校生命科學院的傑出同事江安世教授將為大家介紹領先世界、革命性的腦神經科學研究，另外兩位支持這次活動的成功企業家，也曾在清華擔任過全職或合聘教授的沈燕士董事長及王長怡董事長，將對生技產業發展有精闢的演講。同時，陳文村前校長也將介紹新竹生醫園區研發中心的規劃。我相信這場學術饗宴不僅精彩豐富，會後必定仍能令人回味無窮。

　　各位女士與先生，今天對清華而言是榮耀的一天，除了我們可以驕傲的宣布華生博士成為學校傑出一員外，它也是一個重要的里程碑，因為我們可以乘這個機會，宣告本校生物科技領域的學者得以與世界級大師華生博士更緊密的結合。

　　最後，我要再次對華生博士與夫人致以最誠摯的歡迎，希望您在我們美麗的校園和風光旖旎的國家有段愉快的經歷，謝謝。

Dr. and Madame Watson, Distinguished Guests, Ladies and Gentlemen:

　　On behalf of National Tsing Hua University, I have the great honor to confer an Honorary Distinguished Chair Professorship upon Dr. James Watson and to preside over the ceremony dedicating this grand lecture hall as James D. Watson Hall.

　　Mr. Yi Chao, a famous poet of Chines Dynasty and was the a forefather of Dr. Yuan—Jen Chao, who was one of the greatest scholars of Beijing Tsinghua University, once said: "a giant is born in every generation and a very few go on to lead the world for hundreds of years." Dr. Watson is one of those giants that Yi Chao was describing. Dr. Watson's discovery of DNA structure, his leadership in the human genome project are two well known stellar contributions that not only have lasting impacts on the life science community but also opened up new avenues for scientists to advance in their ongoing efforts to understand ourselves as human beings.

A while ago, I read that a fan of Captain Kirk of the Star Trek TV series once made a remark that "it is cool to meet someone you have idolized since your childhood, it is even cooler to have him come to your place to see what is interesting." We are indeed, very excited to have Dr. Watson whom we have admired since our college days to visit us. As the President of NTHU, I am very proud, indeed, honored to have this opportunity to confer the Distinguished Chair Professorship upon Dr. Watson and dedicate this newly renovated lecture hall in his honor.

In Dr. Watson's book, "Gene, Girls and Gamov," Dr. Watson mentioned a conference on phages held in Cold Spring Harbor about a month after the monumental discovery of the DNA structure. The conference was held in a hall and attended by 270 scientists and the hall we are christening as James Watson Hall today can accommodate about the same number of people. The 270 attending scientists then included all the big names in the field of phages at that time. Many of those scholars went on for great achievements and quite a few became Nobel Prize winners. I hope some, if not all, scientists and researchers gathered here in today, will soon become world—class scholars in their respective fields and usher in a new era of life science research and development in Taiwan.

As one of the leading institutions of life science research, NTHU's College of Life Science has the best human resource and interdisciplinary research environment to integrate the creativity and research brain power to pursue path—breaking researches in the post—genomic and proteomic era. Today, In addition to Dr. Watson's talk on "From the Discovery of the Double Helix Structure to the Development of a Research Career," my distinguished colleagues in the College of Life Science are going to share with you the revolutionary research projects led by Dr. Ann—Shyn Chiang's team as well as path—breaking advances in biotechnology by Dr. Thomas Y. S. Shen and Dr. Chang—I Wang. In addition, former president Chen Wen—Tsueng will give a brief description of the development of Hsinchu Biomedical Park that he is directing under the behest of National Science Council. It is my hope that you will thoroughly enjoy the program and the memorable event.

Ladies and gentlemen, today is not only a glorious day for Tsing Hua because we have the honor to claim Dr. Watson as one of our esteemed colleagues, today is also an important milestone for our life science program because of the close relationship we are establishing with the giant in the field of life science.

Last but not the least, I would like to take this opportunity to welcome Dr. and Madame Watson again and wish you have a nice and very enjoyable stay in our beautiful campus and fabulous island of Taiwan. Thank you.

▲ 江山代有才人出，各領風騷數百年

▲ 為探究了解「人之所以為人」科學家們開啓嶄新的門徑

頒授高通公司創辦人雅各布博士「清華榮譽特聘講座」致詞（中英文）

2013年11月1日　星期五

首先恭喜高通公司（Qualcomm）共同創辦人、前任執行長厄文・雅各布博士（Dr. Irwin Mark Jacobs）榮獲國立清華大學頒授「清華榮譽特聘講座」。高通公司是全球最大的手機晶片廠，是台灣多家科技大廠重要的事業伙伴。高通公司所以能成為全球最領先的電子通訊公司，Dr. Jacobs應居首功。

雅各布博士不僅是科技界傳奇人物，在學術界也大名鼎鼎，是全世界大企業領導者中少數具有崇高學術地位者。他是美國國家工程院院士，2013年榮獲IEEE最高榮譽獎章；他在共同創辦Qualcomm以前，曾在美國麻省理工學院（MIT）與聖地牙哥加州大學（UCSD）任教，在MIT時共同撰寫的教科書《通訊工程原理》（Principles of Communication Engineering）於1965年首次出版後，迄今近50年，仍是數位通訊領域中重要的用書。他與友人分別於1968年及1985年創立Linkabit和高通二家公司，是無線行動通訊技術的領導先驅。此外，由高通公司首先開發出來的分碼多重擷取系統（Code Division Multiple Access, CDMA）對今日行動電話的快速發展有重大的影響，而他個人則擁有14項CDMA系統的專利；歷經了類比通訊到數位通訊時代，面對市場快速的變化，都能以他創新的思維，帶領企業贏得先機。

Dr. Jacobs為美籍猶太人，他在高中時雖然對數學及化學等科目有興趣，但考量到當時就業市場的前景，接受輔導老師的建議，大學就讀飯店管理學院，但因受在工學院就讀的室友影響，作了重大決定，轉到電子工程系，這個領域啟發他的興趣，深深影響他日後的人生，不僅曾任該領域的大學教授外，也在機會來臨時，把握時機，成為Linkabit和高通二家公司的共同創辦人，轉變為企業的經營者，正如常言所謂「人生的境遇常常是計畫趕不上變化，機會

來了，就看你是否勇於接受挑戰。」

Dr. Jacobs初到加州大學聖地牙哥分校任教時，課堂上除了有工程系的學生外，也有從音樂和藝術部門來的學生和教師，在彼此的互動中開啟他對藝術和音樂的熱愛，日後，他與妻子也積極扶持聖地亞哥地區的文化藝術。他也曾公開表示，雖然沒有完成飯店管理學院的學位，但是當時修過的會計學、商業法等科目，在初次創業時著實有所幫助。也是「只要用心努力過的事物，都有可能在人生的某個決定點發揮意想不到的效用」說法的寫照。

清華大學很榮幸有科技與企業傳奇人物雅各布博士擔任「清華榮譽特聘講座」，成為清華大家庭中的一份子；尤其雅各布博士對人類福祉的關懷更是令人感佩；雅各布夫婦被《商業週刊》、《慈善紀事報》評為美國50位最慷慨的慈善家之一；他們也響應美國著名投資家巴菲特和微軟創辦人蓋茲夫婦的倡議，承諾將半數財富捐贈給慈善事業，成為簽署「捐贈宣言」（Giving Pledge）的40位美國億萬富翁之一。雅各布博士與夫人認為教育是使未來世界更美好的唯一途徑，我們相信這必然是他們對全球高等教育慷慨支持的主要驅動力；今天清華大學授予雅各布博士擔任「清華榮譽特聘講座」，不僅是因為他在教育、科技、企業方面的傑出表現，也是對他的重視與關懷教育精神致敬。

另一方面，清華大學、雅各布博士與高通公司在追求卓越與傑出成就上也有許多共通之處；以最近「上海交大兩岸四地大學排名」公布2013年排名，本校排名蟬聯第三名。根據這項調查，北京清華、台大分列第一、二名；清華雖次於北京清大、台大，但是受限於規模以及資源投入，如將此兩項因素納入考慮，則清華是名副其實的「華人首學」；同時與雅各布博士曾在MIT與UCSD任教巧合的是，本校劉炯朗前校長與徐遐生前校長曾分別在MIT與UCSD任教；再者，據雅各布博士說明Qualcomm源自Quality Communication，而本校剛於月前榮獲國家品質獎（National Quality Award），可謂最佳品質（Best Quality）的結合；另外高通公司的管理階層中也有多位清華的校友，這些人都是高通公司寶貴的資產。清華電機資訊學院多項領域在世界大學排名都有很好的表現，今日頒授「清華榮譽特聘講座」給Dr. Jacobs，除實至名歸外，堪稱相得益彰。

「清華榮譽特聘講座」以往只有七位得主，包括楊振寧、江琦玲於奈、James D. Watson三位諾貝爾獎得主、榮獲人文研究大獎克魯格獎（Kluge Prize）

的余英時教授，MIT的杭士基（Noam Chomsky）教授、哈佛大學的Clayton Christensen教授以及台灣積體電路的張忠謀總裁，雅各布博士是第八位得主；相信今日雅各布博士與清華大學所建立的聯結必能在未來共同樹立傲人的里程碑。

Dr. Irwin Jacobs, Distinguished Guests, Ladies and Gentlemen:

It gives me great pleasure to confer upon Dr. Irwin Jacobs, Co—Founder and Former Chairman of Qualcomm Incorporated (Qualcomm) with the National Tsing Hua University (NTHU) Honorary Distinguished Chair Professorship.

Unquestionably, Qualcomm, in many ways, is synonymous to the name Jacobs, and is one of the leading, if not the leading, global semiconductor companies. Its ubiquitous presence at nearly every corner of the globe is unparalleled.

While he is a technological legend, Dr. Jacobs is equally outstanding at home as a world—class academician. Prior to his co—founding Qualcomm, he was already well known for his far—reaching intellectual activities as a faculty member in two world—class institutions: Massachusetts Institute of Technology (MIT) and the University of California San Diego (UCSD). The book he authored in 1965 Principles of Communication Engineering is the bible of this enormously important field, even and especially in the global knowledge economy in the 21st century.

Honors bestowed on Dr. Jacobs are too numerous to list here. Indeed, in his many dimension of activities, the honor he had received included the following:

a. A member of the National Academy of Engineering (NAE.) He was also Chairman of the Engineering Section of NAE Committee.
b. Medal of Honor laureate of the Institute of Electrical and Electronics Engineers (IEEE.) This is the highest honor bestowed by IEEE.
c. The 1994 National Medal of Technology bestowed to Dr. Jacobs by President Bill Clinton. The byline of this award reads "For his development of Code Division Multiple Access (CDMA) as a commercial technology adopted as a

U.S. digital cellular standard."

d. He and his wife Joan Jacobs are the recipients of the Woodrow Wilson Award for Corporate Citizenship for their contributors to public arts and education in San Diego, California.

As a top research university of Taiwan situated in the heart of the vibrant Asia Pacific region, whose strengths in the business eco—system of Qualcomm, from basic to applications, is well renowned, National Tsing Hua University is truly honored that Dr. Irwin Jacobs, a technology and entrepreneurial legend, has accepted our high honor to become a member of the university's family. While Dr. Jacobs' scientific, technological and entrepreneurial successes are well known to all, we as a comprehensive educational institution is especially impressed by his deep concern of the welfare of humanity. He profoundly believes that education is the only solution to ensure a better world for all people. This belief, I surmise, must be the driving force for his and Mrs. Jacobs' well known philanthropic generosity to higher education institutions around the globe. With this in mind, our honor to Dr. Jacobs is not just recognition of him as a great educator, scientist, technologist and entrepreneur; it is also recognition of him as a great human being.

Last, but not the least, I shall mention that Dr. Jacobs, Qualcomm and National Tsing Hua University share the passionate spirit of pursuing excellence as well as the achievement of the status of extraordinary accomplishments. The NTHU is a research university with a long and proud tradition. In the 2013 ranking of Shanghai Jiaotung University for universities in China, Taiwan, Hong Kong and Macau, NTHU is among the top three universities. It you take into account of the size factor, the NTHU is right at the top of over 3,000 universities in the greater China region. In addition, Dr, Jacobs and National Tsing Hua University are connected with many common threads, for example, as DR. Jacobs taught at the MIT and UCSD, our two former Presidents, David Liu taught at the MIT and Frank Shu taught at the UCSD, with considerable overlap. As DR. Jacobs explained that the name Qualcomm was originated form Quality Communication, the NTHU has just received the prestigious

National Quality Award this year. It symbolizes that together we can achieve the best quality. Furthermore, as mentioned by DR. Jacobs, many of our alumni have served at the Qualcomm in the managerial positions with important functions.

With the acceptance of the honor, Dr. Jacobs shall find himself in stellar companies. The previous 7 recipients include 3 Nobel Laureates, Drs. C.N. Yang, Leo Esaki and James D. Watson, Dr. Morris Chang of the TSMC, Professor Ying—Shih Yu, recipient of the Kluge Prize for the study of Humanity, Prof. Noam Chomsky of the MIT as well as Prof. Clayton Christensen of the Harvard University. Today, we are truly delighted to honor Dr. Jacobs with the 8th Honorary Distinguished Chair Professorship of the NTHU. It is foreseen that the close bonding between Dr. Jacobs and the NTHU will certainly lead to great milestones in the future.

▲ 無線行動通訊技術的領導先驅

▲ 重視與關懷教育

二、清華各院系周年與活動

包含工學院、人文社會科學院、科技管理學院、數學系、材料系、化學系、亞洲政策中心與國家倫理研究中心等清華各院系及研發中心等創立開幕及周年慶祝活動。從中見證各學院單位承先啟後、精益求精的學術發展概況與成果。

數學系五十周年慶致詞

2013年3月23日　星期六

　　很高興一同來歡慶數學系成立五十周年；清華大學於1956年在台復校，先成立原子科學研究所，到1962年夏，鑒於數學之重要與日俱增，國內大專學校數學師資至為缺乏，為培植數學研究人才，充實大專數學師資，並加強原子科學研究之數學課程，增設數學研究所，並於1963年春，招考第一屆研究生；1964年政府鑒於培植科學基礎人才，適應國家發展科學教育之需要，指令本校恢復大學部，設置核子工程及數學兩學系，參加聯合招生。所以數學研究所是本校第二個研究所，數學系則為本校最先兩個學系之一，是本校元老系所，對清華的發展有重要的貢獻；今天很高興看到許多數學系元老功臣，包括參與創立數學研究所的徐道寧教授、第一屆碩士生賴漢卿教授、元老黃提源、王懷權教授、第一屆學士生孔祥重院士、李天岩教授等，清華很感謝你們，並以你們為榮。

　　清華大學在北京時期，1925年成立大學部與清華國學院，數學研究所則是於1931年成立，首屆碩士生包括陳省身、華羅庚等先生；據陳省身先生回憶，當時數學系雖為小系，對國內數學教育與研究有相當影響；同時新竹清華徐賢修前校長可謂兩岸清華的橋樑；1945年政府選派六位青年科學家，包括物理、化學、數學領域各兩位，到美國學習新興的原子能科技；徐賢修前校長在華羅庚先生推薦下是數學領域人選之一，李政道先生則為吳大猷先生推薦物理領域人選之一；徐賢修先生後在普渡大學應用數學系教授任教，屢次回校作短期講學，包括1966年我本人有機會聽完整個暑期課程的暑期研習會授課；1970年被政府徵召擔任清華大學校長，在任內於1972年成立應用數學研究所。

　　清華大學數學系成立五十年以來，人才輩出，培育了孔祥重、梁賡義、蔡瑞胸三位中央研究院院士，許多重量級學者以及各行各業傑出人士；有趣的是

三位院士目前所從事的都非數學本業，充分顯現紮實的數學教育所賦予學子的發展彈性；另一方面，數學系教師行列中，也是群星璀璨，雖然不無遺憾的是歷年來流失了幾位傑出學者，所幸中生代與年輕同仁有相當卓越的表現，可謂後勢強勁，面對未來，本人有三點期望：

一、努力協助補正台灣社會的數學落差：台灣社會由於僵化的升學制度，導致中學教育過早分流，相當多數的高中畢業生的數學程度非常低落，連帶基本邏輯觀念很貧乏；如從較遠處看，在中國現代化運動中，如五四運動，提倡「德先生」（democracy）與「賽先生」（science），即「民主」與「科學」，不幸在約一百年後來看都不十分成功。從現今華人在世界科學界的卓越表現，到台灣科技產業的長足發展，在科學方面似有可喜的進步，較民主成功；另一方面，民主不夠成熟，可能也與科學未能內化有關；社會學三大奠基人之一的 Max Weber曾說：「西方科學是一個以數學為基礎的科學，他是由理性思維方式與技術實驗結合而成的合成物」，數學不好，自然影響科學發展；如果作跳躍式思考，完全不合邏輯，則無理性討論餘地；同時科學精神是「驗偽不驗實」，科學的進展常代表以往學說的推翻或修正；但在台灣民主化過程中，常見各種訴求，先假設己方意見代表公理正義，要求對方照單全收，否則抗爭到底，難怪衝突不斷，而多數時候於解決問題無補；民主貴在「服從多數，尊重少數，」每個人都有權發表自己意見，但不能強求別人一定要同意自己意見，如果連「尊重多數」都做不到，有何民主可言？因此溯本清源，要能有基本的邏輯觀念，養成理性思維方式，這部分相信數學系的師生們可發揮很大的力量，影響將極為深遠。

二、奉獻於世界複雜問題的解決：有紮實科學基礎的人，都能體會數學是一門很美麗、很有威力、很神奇的學問，但也有「數學金童」將複雜數式包裝，使美國房地產泡沫的衍生商品在全球銷售，釀成災難性的金融海嘯；數學是一個有威力的工具，「成佛成魔」繫於一心；現今世界面臨許多複雜度很高的問題，需要多領域（multidisciplinary）與跨領域（interdisciplinary）協同合作，數學可以扮演重要，甚至關鍵角色，同時由於數學的基礎性，許多系友在其他領域發光發亮，將可

共同致力於對未來世界文化與生活有用處的工作。

三、做好的數學：根據陳省身先生的說法：「好的數學是有發展前途，不斷深入，有深遠意義，影響很多學科，具永恆價值的數學；有別於不好的數學是把他人工作推演一番，缺乏生命力」。

最後再次向數學系大家庭祝賀「生日快樂」！

◀①紮實數學教育賦予學子發展彈性
　②好數學有發展前途，不斷深入，有深遠意義，影響很多學科
　③基本邏輯觀念，理性思維方式

工學院四十周年慶致詞

　　清華大學工學院在徐賢修校長遠見下，於四十年前成立。與此巧合的是，如再往前推四十年，也就是1932年，北京清華設立工學院，先是由梅校長自兼工學院院長。根據歷史學者史景遷（Jonathan D. Spence）在《追尋現代中國》（*The Search for Modern China*）一書中提到1932年清華大學在原本已負盛名的文、理、法三個學院之外，增設工學院。徐校長是應用數學家，梅校長則學電機工程，兩位校長必然都深感社會需要，而決定設立工學院。

　　眾所周知，大陸於1952年進行高校院系調整，清華文、法、理、農、太空等院系外遷，吸納外校工科，轉為多科性工業大學，文革後才漸次恢復元氣，但工科獨強。在台灣，很欣慰的是，在四十周年慶的時候，我們也可以宣稱工學院是台灣第一。

　　十年前，工學院三十周年慶時，我剛好任工學院院長；當時工學院四系中，有三個系是台灣第一，另一是數一數二。很高興動機系近年來在努力經營下，突飛猛進，光是這兩年就產生了四位國科會傑出研究獎得主，實力已達台灣第一，同時工學院的小老弟，十年前成立的奈米工程與微系統研究所，由客觀數據與頂尖專家評估，已迅速的發展成亞洲數一數二的研究所。去年在申請教育部第二期邁頂計畫時，研發處統計本校奈米材料與微系統工程研究表現勝過大多數倫敦泰晤士報大學排名前二十的學校，也因此本校所申請的奈米互動頂尖研究中心，獲得順利通過。今年即將成立的生醫工程研究所，師資十分優秀，後勢看好，希望能再現奈微所佳績。

　　羅馬不是一天造成的，工學院能有今天，是多年來師生員工與校友努力的成果。工學院目前在清華，無疑表現是最耀眼的，因此責任更為重大。學校與產業不一樣，不應扶強汰弱，但也絕不應意一味濟弱而抑強。所以我期盼工學

院同仁，自立自強，以積極作為而引領工程科學承先啟後，發揮優良的傳統，精益求精，得道必然多助，與清華共同早日達成華人首學，世界頂尖名校目標，在世界舞台發光發熱。

▲ 表現耀眼，責任更為重大

▲ 以積極作為承先啟後，發揮優良傳統

工學院四十周年慶前任院長致詞

2012年4月28日　星期六

　　本人在1999-2005年擔任工學院院長,在任最後一天離開工學院院長室時,充滿感恩惜別之情,在此我要深深感謝本人擔任院長期間所有對工學院業務有幫助的人。

　　擔任清華工學院院長是一份讓人很愉快的工作。在美國大學,院長常是位高權重,所以有一次美國西北大學一位教授朋友抱著景仰之心來看我,發現當時院長轄下共有秘書與工友各一名,當即下了清華院長實質上是「high performance secretary」的結論。另外有一位前輩告訴我:「院長是仰望的最佳位置」。工學院院長的工作內容主要是在推動跨系所的活動,因此不像系主任一樣站在第一線。我在就任之初,曾以在公共場所看到的廣告詞:「錢多事少離家近,位高權重責任輕」來看工學院院長職務,有形的工作少,無形的潛力大而責任更大,大概可以說是:「錢少事多離家近,位高權輕責任重」。

　　其實院長是很可以發揮理念的職務平台。很多活動從系的角度去辦,其人脈、資源有限,如果以院的層級來辦,相對的資源會更為充足;院長已達到一定層級,應積極主動,不見得每件事都要找到校長,院長就可做很多事。在一個受人託付職務上,就需要相對的做出此職位賦予你的任務績效。職位是名器,不是僅讓箇人榮耀,而是使人能夠在這職務上充分發揮。

　　工學院紀念特刊的採訪同學曾問我,「在您擔任工學院院長時,最得意的一項事情?」我當時無法給他直接的答案,只列舉所推動的幾件有意義的事,包括:

　　一、設立產學聯盟,定期發佈聯盟通訊跟召開研討會,促進產業界、研究界與學術界的交流與合作。邀集五十多個團體會員加入聯盟,成員涵蓋了園區高科技產業、工研院、中油、台電等單位。聯盟除了定期出

版簡訊，刊載教授們最新的研究進展、取得的專利以及研究成果外，每季並針對特定主題舉辦研討會，由學術界、業界、研究界共同開會研討，

二、成功申請到教育部「互動式網路輔助教學計畫」，四年間由工學院教師推出六十四門網路輔助教學課程，

三、舉辦論文發表研習會與論文競賽。開辦這個活動的起因是有一次我在國外看到一位校內同學發表論文，在台上的表現象當沒有系統跟草率，當時就想到，可以透過舉辦研討會，讓學生們學習論文的發表方式，

四、辦理創意設計競賽，鼓勵工學院學生發展創意，獲選的同學後來也在國際競賽中也脫穎而出，

五、推動全清華第一個院級的傑出校友選拔，和校傑出校友選拔同步進行。校友與學校的關係是相對的，所謂「水漲船高」，校友對學校多支持，學校可以辦得更好，另一方面，如果校友獲得學校肯定，在外頭也會更受尊重，

六、舉辦院級的傑出教師選拔，這對老師們教學是很好的鼓勵，

七、將生命科學納入必修。是全台灣第一個工學院施行，以利跨領域整合，

八、鼓勵學生到國外交流，各系有不同鼓勵辦法，例如材料系即利用系友捐款，補助博士生至少有一次出國開會的機會，

九、成立奈微所，現今是亞洲排名第一。

工學院能有今天，是多年來師生員工與校友努力的成果。工學院目前在清華，無疑表現是最耀眼的，因此責任更為重大。在教學研究上，思索如何引領高等教育進步的風潮，展現大學真正的精神及再建構大學的價值。另一方面，積極面對台灣與世界快速變化的挑戰，例如產學合作，師生關係，教學網路化，學生品質，研究生源，除了精益求精外，允應審視變遷，靈活因應，才能與時俱進，永續經營。

▶ ①錢少事多離家近，位高權輕責任重
　②清華工學院院長是一份讓人很愉快的
　　工作
　③除了精益求精外，允應審視變遷，靈
　　活因應

清華大學工學院院傑出校友聚會致詞

2017年2月24日　星期五

　　很高興來參加今天工學院院傑出校友聚會活動。雖然今天的聚會本來安排與到梅園賞梅活動一起進行，因為天氣因素，餐會改在室內舉行，但應不稍減院傑出校友聚會的興致；事實上因為今年是暖冬，梅樹開花的情況並不理想，倒是南校園的櫻花樹已有許多開始綻放，蔚然成林，大家餐後有空一定不要錯過，讓賞櫻成為今天活動之特色之一。

　　今天院傑出校友聚會據知是頭一次舉行，對本人來說是別具意義；因為本人剛好是院傑出校友選拔的「始作俑者」，如果要追溯清華歷史，在工學院選拔傑出校友之前，也就是公元二千年以前，清華還沒有傑出校友選拔，而本人在1999年擔任工學院院長起，即積極推動這項有意義的活動，同時在校內會議時，在眾議有其他顧慮的情況下，也倡議選拔校傑出校友，發揮了「臨門一腳」的作用；因而在公元二千年，清華校方與工學院幾乎同步分別選出校與院傑出校友，自次年起，才有其他學院跟進，至今已在所有學院推行，所以本人在建立清華這項良好傳統上，是略有功勞，而頗引以為榮的。

　　今天我們要談各級教育，包括高等教育，的目標，培育未來在各行各業有傑出表現的畢業生，必然是主要目標之一，同時國際上對一個學校的評價，校友的表現也一定是主要的指標，傑出校友選拔的意義是除了對校友成就的表揚，成為莘莘學子的標竿外，也希望藉由學校的肯定，增進校友的社會聲望；校友能得到像清華這樣名校師長同儕的肯定，向社會推介，不啻得到一張燙金的名片，而能有助於事業的推展；是學校在協助校友發展上最少可施力的地方。

　　另一方面，傑出校友選拔應也能在凝聚校友向心力上，發揮功效，俗語說，「花花轎子人抬人」，「水幫魚，魚幫水」水漲船高，不僅展現在校友與

學校的互動上；校友表現越傑出，學校的聲譽越高，學校越卓越，校友越與有榮焉；學校未來的發展，不僅是各位校友所關心的，也是可以多方協助的；尤其在今日科技飛速進步時代，產業變動加速，讓人目眩神迷，例如現今人工智慧的長足進步，導致產生全球性，但沒有自有汽車的叫車公司Uber公司，沒有自創內容，但用戶高達十億人，的線上社群網路服務網站Facebook，讓大眾出租，擁有數以萬計住宿民宿的網站Airbnb，本身並未擁有任何客房，但居世界最大的網路零售經銷商Alibaba公司，旗下並無實體店面與庫存；各種科技奇異點來臨或接近的效應，逐漸浮現，而目前國內各大學似都還未掌握轉變的趨勢，積極因應；這方面各位事業有成的校友，能與學校緊密互動，提供洞見，將會很有幫助。同時，也希望傑出校友間能互相提攜，加強聯絡，相信今天的盛會，除與母校師長同學敘舊外，更希望能讓不同領域，不同年齡層的校友能互相認識，未來能互通聲氣；尤其在異業合作方面，更為重要，我想也是今天工學院辦理聯誼的初衷之一，是大家所殷切盼望的。

▲ 培育未來在各行各業有傑出表現的畢業生，是教育主要目標之一

▲ 院傑出校友選拔的「始作俑者」

清華材料系四十而不惑

2012年4月28日　星期六

　　清華材料系在四十年前隨著工學院一起誕生。我在民國六十六年到材料系任教時，材料系才五歲，正在牙牙學語。巧在十周年慶時，我初擔任系主任，材料系由「原工一館」遷到「工四館」，材料科技在期間為政府設定為四大重點科技之一，設備漸佳，但師資尚很欠缺。二十周年慶時，正逢台灣高教黃金期，經費充裕而師資漸趨整齊。十年前，適逢於我工學院院長任內，材料系三十而立，已站穩腳步，如今在我擔任校長期間，材料系達到看準方向，堅定不惑之境地，正是卓越啟航之機。

　　常言道，見果知樹。清華材料系四十年來培育了許多人才，在學術界，無疑是金字招牌，除了許多學術大獎得主外，在其他國立大學曾擔任學術主管的至少有台大材料系三位主任，中央材料所兩位所長，交大材料系兩位主任，一位研發長，一位工學院院長，中興材料系五位主任，物理系一位主任，一位研發長，一位教務長，中正物理系一位主任，成大材料系兩位主任，一位研發長，中山材料系兩位主任，一位研發長，東華大學材料系一位主任，一位理工學院院長，雲林科技大學一位主任，一位理工學院院長。在產業與研究界，

▲ 一連串的第一，使材料系穩居清華的王牌系

▲ 清華的驕傲

清華材料系名號更是響噹噹，除遍布頂尖高科技公司與研究單位，擔任高階主管外，也有許多成功創業校友。我在擔任工學院院長時創立的「工學院產業研聯盟」，五十多個團體會員中，由材料系系友引進的會員超過一半；去年清華歡慶百周年，以百人會方式籌募興建多功能體育館，每位會員捐贈一百萬元以上，材料系系友有三十一位響應，募得三千五百萬元，不僅人數與金額都超過工學院總數的一半，而且在全校十七系中居冠，除證明材料系系友實力堅強外，更對母校有超強的向心力。最近清華引用使用者部分籌資的概念，推動材料系、物理系、化學系及化工系以每系自籌至少伍千萬元資金，參與學校興建應用科學研究大樓（簡稱清華實驗室）工程，材料系又在陳繼仁校友經營的碩禾電子支持下，率先達陣，最近又有多位校友響應再加碼兩千五百萬元。多年來，一連串的第一，使材料系穩居清華的王牌系，是清華的驕傲。

材料科技與傳統土、機、化、電工程科技相較是新興科技。世界上第一個材料系誕生於1960年，材料科技約半世紀來成為科技發展的關鍵科技。清華有幸在徐賢修校長遠見下，在四十年前建立台灣第一個材料系，設立學士班與碩士班，1981年成立博士班，1996年大學部增收第二班，在台灣都是創舉，有領路先鋒之功，由於先聲奪人，也常獨領風騷。

羅馬不是一天造成的，清大材料系能有今天，是多年來師生員工與校友努力的成果，身為台灣材料界以及清華的領頭羊，下一個階段的展望，確實任重而道遠。孫中山先生說：「立志做大事，不要做大官」，事實上，居於領導地位的人，更應努力做大事，因為他的影響將深而遠。所以我期盼清華材料人，以積極作為而引領台灣材料界在世界舞台發光發熱為己任，與清華共同早日達成華人首學，世界頂尖名校目標。

▲ 有領路先鋒之功，也常獨領風騷

▲ 居於領導地位的人，更應努力做大事

2013年材料系畢業典禮致詞

2013年6月8日　星期六

　　首先恭喜各位畢業同學，在多年努力後，獲得學士學位；我也要向畢業生的家長道賀，貴子弟在您多年的悉心照應培養下，拿到未來光明人生入場券，今天是一個十足值得歡慶的大日子。

　　畢業的英文是graduation，源自step，即階段之意，也就是完成了一個階段，畢業典禮英文是commencement，也有開始之意，代表一個新階段的開始。各位在清華接受專業與課外活動以及生活點點滴滴的洗禮，畢業後或直接就業，或繼續深造，各奔前程；往後大家闖蕩江湖，懷抱著在清華所見、所聞、所學習、所經歷，增添了能力與抱負，雖然擁有清華高等學位的金字招牌，最後還是要靠自己；在諸位漫長人生路途中，清華將是珍貴回憶的一部分，同時也永遠是歡迎大家回顧的家園。

　　清華大學材料系是很特別的一個系，他在1972年成立時，距1960年世界第一個材料系—美國西北大學材料系—成立才十二年；是在台灣幾乎沒有人曉得材料系是做啥幹啥時成立，先聲奪人；而清華材料系也沒有讓人失望，去年當選中研院院士的張懋中教授就是材料系研究所1974級（第一屆）畢業生，前幾年有一項Thomson Reuter評比，清華在材料科學領域居全球大學第37名，去年上海交大評比，清華在化學領域居全球大學第43名，這兩項評比都是台灣在所有領域唯一居全球五十名以內排名，而都與材料系師生在研究上有優異表現有關；歷年來，材料系師生與系友們在學術界、研究界與產業界都有亮麗的表現，去年一年即有兩位新任國立大學校長是材料系系友，散布在各大學不同系所而為國科會傑出研究獎得主以及行政主管，多不勝數。在產業與研究界，清華材料系名號更是響噹噹，除遍布頂尖高科技公司與研究單位，擔任高階主管外，也有許多成功創業校友。我在擔任工學院院長時創立的「工學院產業研

聯盟」，五十多個團體會員中，由材料系系友引進的會員超過一半；去年清華歡慶百周年，以百人會方式籌募興建多功能體育館，每位會員捐贈一百萬元以上，材料系系友有三十一位響應，募得三千五百萬元，不僅人數與金額都超過工學院總數的一半，而且在全校十七系中居冠，除證明材料系系友實力堅強外，更對母校有超強的向心力。最近清華引用使用者部分籌資的概念，推動材料系、物理系、化學系及化工系以每系自籌至少伍千萬元資金，參與學校興建應用科學研究大樓（簡稱清華實驗室）工程，材料系又在陳繼仁校友經營的碩禾電子支持下，率先達陣，最近又有多位校友響應再加碼兩千五百萬元。多年來，一連串的第一，使清華材料系無疑的是台灣材料學界的龍頭系，在清華也有非比尋常的地位，是清華的驕傲。

據統計，清華材料系成立四十年來，學士、碩士與博士班畢業生各有2473、2130與472人，特別值得注意的是，博士班畢業生在2010年有47人，但今年入學連去年直升博士班同學僅有23人，與近年報考頂尖大學的博士班學生人數銳減趨勢相符，顯示在社會價值觀不變，媒體長期一貫負面報導下，帶動社會風氣急遽變遷，很多優秀年輕學子不再以攻讀博士為生涯選項；在僅有少數畢業生有意選擇唸博士班的今天，包括畢業生與家長們應該認真思索的問題是攻讀博士學位有什麼意義？它是否應被認真列為生涯發展的選項？它適合我或我的子弟嗎？

如果有一件事是現今世界各地人民所共同關心的，應是經濟福祉問題，在知識爆炸的今天，知識已成經濟要素之一，甚至是最重要的因素，因而有「知識經濟」之稱，高深的知識，是一國經濟發展良窳的關鍵，因此以培育具有高深知識人才的博士教育至為重要；另一方面，由於近五百年來，西方經歷文藝復興、工業革命以來一連串翻天覆地的政治、社會、經濟、科技改革浪潮，而整個東亞在思想上，未能及早搭上近代化列車，而遲遲難有突破；要迎頭趕上，只有深化知識內涵，吸取中西文化精髓，才有可能力求精進，登入知識聖殿，創新發明，對人類文明，有前沿性的貢獻。有哲人說：「如果你要偉大思想，如果你要實現理想，必需要付代價」，是很有道理的。

博士班的訓練是在研究中反覆演練啟迪心智，而養成批判式思考能力；在職場上，最受重視的是解決問題的能力，而博士研究正是窮數年之力養成過人的發掘與解決問題能力；同時有很好的機會增進口頭與書面表達與溝通能力，積極參與，團隊合作、外語與國際化能力、毅力與耐力等職場所重視的人格特

質與工作態度。在全力從事論文研究中，有許多機會體驗古往今來知識達人所暢言的與智慧泉源近身接觸的樂趣；如觸類旁通、舉一反三、靈光乍現、頓悟，過程中雖有艱辛，但往往飽嚐發現與發明的樂趣，達到知性的滿足。

如果從現實面來看，擁有博士學位，代表你具備相當優秀的資質、「力爭上游」的企圖心，有在年輕時投資數年的工夫而專心為高遠目標努力的智慧，具體宣告對自己有「高人一等」的期許與動力，在社會觀感中，屬於菁英份子，在一般人眼光中，你有可能是個人物，因而進入「贏者圈」，「談笑有鴻儒」的機會大增，也符合現在台灣產業界對高級人力迫切需求，許多台灣標竿企業在雇用新人時，新進碩士要晉升到新進博士職等，所需時間一般會比攻讀博士學位所需時間多兩年以上，可見其對博士訓練的評價與器重；在工作上，博士要較有自主性與彈性，從事重複而枯燥的工作機會少，擔任主管機會多，如此可以帶領團隊以眾人之力實現自己的發想與創意，達成創新成果；再者，從經濟學基本供需原理看，在博士人數銳減，而需求面依舊的情況下，博士以稀為貴，未來將更炙手可熱。

今天我在祝賀大家畢業之際，致詞重點是基於國際社會文明需要，個人成長培養批判式思考、解決問題能力、好學深思心志、知識探索樂趣以及力爭上游動力、現實面的個人能力的提升與成就感、社會地位與未來發展考量，在清華優異的師資、設備與環境中，攻讀博士應是很好的生涯選項，值得大家在服役或進入職場後多考慮。

▲ 深化知識內涵，吸取中西文化精髓

唐朝大詩人王之渙登鸛雀樓有詩：「欲窮千里目，更上一層樓」，希望大家未來秉持「自強不息，厚德載物」校訓，努力向更高遠的目標前進，達到更高的境界，除追求個人與家庭幸福快樂外，也能「更上一層樓」，為人類文明、社會國家卓越貢獻；最後讓我再次祝賀清華畢業生以及師長家人，今天是你們的大日子，值得盡情歡慶，祝大家在良好的基礎上，以決心與毅力打造光明燦爛的未來，為人生鑴刻華美篇章。

2014年材料系畢業典禮致詞

2014年6月7日　星期六

　　首先我要恭喜今天畢業的同學與親友們，四年前，各位畢業同學以優異的資質與學力，過關斬將，懷著興奮的心情，進入國內首屈一指的材料系，經過清華四年的洗禮，在學識、能力、視野上有所精進，結交了許多志同道合的朋友，為未來璀璨人生奠定良好基礎，可喜可賀。

　　大家畢業後，或升學或就業，面對漫長的職涯，不可避免的會受現今世界的數位科技的發展與全球化兩大趨勢與推力深遠的影響，值得密切關注、了解與因應，今天我希望藉畢典致詞短短時間對大家做快樂啟航前的提醒：

　　1982年，美國《時代》雜誌以「個人電腦」為年度封面風雲人物，顯示數位時代的來臨；年初美國麻省理工學院教授Erik Brynjolfsson與Andrew McAfee合著出版《第二次機械時代》（The Second Machine Age）1新書中，列舉人類歷史中最重要的發展，如馴養家畜、農耕、建立聚落、帝國、發展宗教、哲學思想、試行民主、書寫文字等，對社會發展與世界人口成長的效應，遠不及約兩百年前，以發明蒸汽機等機械為代表的工業革命，也是該書所稱展開「第一次機械時代」，當時人類約花兩千年時間，世界人口自約兩億增加約十億，自此急遽增加至現在的七十億；「第一次機械時代」是以機械克服人力與人所駕馭動物力量限制，而「第二次機械時代」則以數位技術超越人類智力限制；而正如蒸汽機自首先發明，不斷改進，需經約幾十年的時間，才成為推動工業革命的引擎，至今已開始展現強大的潛力，它的特性是迅速成長、資訊數位化、趨於組合性的質變，用英文來說，是exponential, digital and combinatorial.

　　未來學家Ray Kurzwell用一則西洋棋棋盤故事說明數位科技飛速成長的威力；西洋棋在公元六世紀，由印度人所發明，據說發明人將發明獻給一位國王時，這位國王非常高興，以為發明人要求不多，答應依發明人提議方式獎賞，

也就是照棋盤從第一格放一顆穀粒開始，逐格加倍，一直到第六十四格為止，不料算到第三十二格的時候，所需穀粒已達231顆，也就是約二十億顆，如要填滿棋盤，穀粒數目要比人類有史以來所生產的穀粒還多，很明顯的使國王無法遵守承諾；而在數位科技中著名的摩爾定律，正確的預測約五十年來積體電路的運算能力每一年半增加一倍，也番了三十幾番，而這種進展，正如在棋盤後半盤格子中加算穀粒一樣，進入超越人類經驗與想像的境地。

摩爾定律所揭示的指數變化，使數位科技進展讓人目眩神迷，例如美國政府為氣象研究，發展ASCI Red電腦，1996年完成時，占地約網球場大小，造價五千五百萬美金，十年後，Sony推出Playstation 3電動玩具系統，具有相同運算能力，只占十分之一平方米面積，售價僅五百美金；同時2011年Apple推出售價低於一千美金的iPAD II，其運算能力相當於造價三千五百萬美金的Cray II超級電腦。不僅如此，諸多電腦周邊設備都已指數形式快速進步。

以往一般人會認為電腦在明確指令下，擅長做運算，做簡單而重複的動作，對模式辨認、感應運動、較複雜溝通等則遠不如人，但近年數位科技發展，讓人必須刮目相看，舉例而言，Google無人駕駛汽車，自2010年上路以來，車隊已開行數十萬英里，而達到零肇事率的記錄。讓人期待的是他的偵測系統Cyclopean LIDAR，在公元2000年時，造價達三千五百萬美金，在2013年中期，已降至八萬美金，製造商並聲稱，一旦量產，售價可降至數百美金。

在Amazon倉庫中，除有少數真人引導外，外號Kiva的機器人熙來攘往，做各種倉儲工作；由Boston Dynamics公司開發，外號BigDog，如大狗的四腳機器人，可負重約兩百公斤，在超過35度崎嶇山坡、雪地、泥沼、岩塊中行走，在結冰地面授刻意衝擊而得以挺立，更能在平地上以每小時八公里速度跑動，有些機器人能跳上十公尺高的屋頂上，有些則能爬牆、爬樹，所謂飛簷走壁。Sony ASIMO機器人在2006年展示時，上樓梯走到第三階即跌倒不起，如今可輕易跑上跑下、踢球、跳舞等，運動能力遠非昔比。

另一方面，繼1997年，IBM深藍電腦擊敗世界西洋棋棋王，2011年，名為Watson的電腦又成為Jeopardy益智遊戲盟主，最新與醫學機構發展的Watson醫生，更具有相當高明的診斷與處方的能力，顯示其模式辨認的超強能力。

在語言溝通方面，Apple Siri已具備相當水準的會話智慧，美國富比士集團已採用純電腦自動撰寫「公司盈利預覽」（Corporate Earnings Preview），

Google Translate可在線翻譯六十四種文字，十五種語言，也展示在文字語言溝通上的快速進步。

與此平行的發展是所有資訊的全面數位化（Digitization of Everything），將所有文字與多媒體資訊，如文本、聲音、圖畫、照片、影片、儀器與感應器的數據等全面數位化；由於數位化的資訊有用之不竭可重複共同使用、再製容易而且幾乎不花成本的特性；再加上建立在數位科技上網路科技、無線通訊科技發展，導致傳輸革命，讓世人共享數位化資訊，使近年來成為顯學的「大數據」（Big Data）得以發揮；舉例而言，Google到1912年三月為止，已掃描幾世紀以來兩千萬本書，其中包括自十九世紀以來的五百萬本英文書，由一個跨領域團隊研究顯示，英文字彙在1950-2000年間增加了70%，名人的崛起與殞落加速，在二十世紀，世人原對達爾文演化論漸失興趣，而在Watson及Crick發現DNA結構又再掀起熱潮；在文本研究上，中研院鄭錦全院士曾分析莎士比亞等文豪著作，用字多在五、六千以下，清華名譽博士金庸多部著作，最長的《天龍八部》、《鹿鼎記》兩部書，各約一百萬字，用字都不超過4500字，約與長約73萬字《一百二十回紅樓夢》相當，其中代表正面情緒的喜、樂、笑、愉、悅、愛、親等字遠多於代表負面情緒的怒、哀、悲、憤、怨、悵等字；這些研究都直接受惠於數位科技。

數位科技無疑正深刻的改進物理世界，賦予民眾更多在經濟能力範圍內的選擇（Bounty）與便利，但也有相當的負面影響，例如贏者全拿（Winner-Take-All）、貧富差距加大、社會階層化，都會造成很大衝擊，尤其在工作機會上，會取代許多現有的人力，類比相片公司「柯達」（Kodak）宣布破產時，曾直接雇用145,000人，而在2012年柯達宣布破產時，數位相片公司「臉書」（Facebook）市值超過「柯達」最高峰幾倍，而「臉書」僅有4,500員工；在台灣，高速公路電子收費剝奪了約九百位收費員的工作則為最近的例證，而隨著數位科技更趨成熟，電腦的功能更擴大，讓人擔憂；《第二次機械時代》兩位作者的建議是：

一、與數位科技攜手並進，而非一味抗拒，

二、思索並致力從事或創造電腦及機器人不容易取代的工作：例如具有創意、創新、多面向、多視角、多感知以及非常複雜的交流工作等，

三、關照社會的公平正義。

與此平行進行的是全球化；美國著名專欄作家Thomas Friedman在2005年出版《世界是平的：一部二十一世紀簡史》（*The World Is Flat: A Brief History of the Twenty-first Century*）一書，書中分析了21世紀初期全球化的過程。書中主要的論點是「世界正被抹平」，但世人也漸有「世界很平我不平」之說；全球化助成工作機會由工資較高移轉到較低地區，台灣在「四小龍」時代，受工業國家產業外移以及日本雁行政策所賜，得以有有三十年時間，以每年8—10%成長率快速發展經濟，但在中國大陸以及東南亞國家興起後，喪失低廉工資優勢，產業轉型不及，製造業也紛紛外移，國內經濟成長大幅趨緩至3—4%；直接的後果，是讓台灣近十幾年，薪資成長停滯；在此情況下，數位科技讓天涯若比鄰，自然也對全球化推波助瀾，加上在工作機會上，會取代許多現有的人力，例如在《世界是平的》書中，所舉述的美國公司「詢問中心」（Call Center）外包大量到印度的情形，目前又因為更先進的自動化發展而回流；所以未來世界兩大沛不可禦趨勢合流，將加劇對社會的衝擊，必須及早積極因應，台灣在缺乏自然資源的條件下，反全球化不是國家發展的可行途徑，加速產業轉型，透過稅制安排和社會福利措施來緩解分配惡化，是必須嚴肅面對的。當然全球化代表挑戰也代表機會，培養人才流動能力也是各級學校教育應多加關注的重點。

　　在分配不均方面，法國經濟學者皮克提（Thomas Piketty）在今年三月出版新書《21世紀資本論》（*Capital in the Twenty-First Century*）2，一時洛陽紙貴，被諾貝爾經濟學獎得主克魯曼譽為本世紀經濟學的傑作；Piketty分析美、英、法等二十多個先進國家，上世紀或前兩世紀工業革命以來的財富累積及經濟成長統計數據，顯示資本平均報酬率（Return of Capital）大於國民生產毛額（GDP）增加率，資本所創造的所得成長率是經濟成長率的好幾倍，意味著再GDP中工資收入的比率持續縮小，以致於工資成長率很少超過經濟增長率。以近30年的情況而言，資本的年報酬率達到4%或5%，而經濟年成長率僅1-2%左右，如以每年報酬率4.5%與1.5%計，30年的累積，將造成資方增加了280%，而勞方僅60%，而非常實質的擴大了貧富差距。因此長期貧富不均現象，可主要歸因於資本作為一種生產要素的偏高報酬，富者以錢滾錢，迅速累積，成為現代世襲特權階級（Patrimonial Class），將使先天的優勢比後天的努力與才能，更為重要；同時，全球化代表資本跨國界的運作，各國爭相吸引投資，資

本家得以選擇最有利的環境，有時會繞過法規限制，消耗該地龐大社會成本，獲取最高的報酬，會在國家與國家之間，以及各個國家的內部，造成貧富差距的擴大；皮克提因而擔心，這樣的形勢如果持續下去，將對民主政治的公平與正義造成巨大傷害，因而作出了一些具體的政策建議，其中最主要的是透過妥善規劃的稅收，重新分配財富，以財富稅與高累進稅率限制財富的過度集中。在二十世紀，西方國家曾出現GDP增加率與工資所得成長率約略相等的現象，除因兩次世界大戰帶來極大的摧毀資本影響，推行高累進稅率與社會福利制度，也證明是有效的措施，紓解貧富差距擴大問題。

由於時間的限制，我只能提醒大家趨勢所在，而盼望大家深入了解相關問題，巧的是《第二次機械時代》與《21世紀資本論》兩本傑作都出版於大家畢業之年，如果各位在最近花時間精讀這兩本傑作，深刻了解未來面對的世界，將是送給自己的最好畢業禮物。

最後祝大家身體健康、家庭和樂，在事業上鴻圖大展、大放異彩。

參考資料

1. Erik Brynjolfsson and Andrew McAFee, The Second Machine Age, W.W. Norton & Company, Inc. New York, USA (2014).
2. Thomas Pikkety, Capital in the Twenty-First Century, Harvard University Press, Boston, USA (March, 2014).

清華材料系2018級小畢典致詞

2018年6月9日　星期六

　　首先我要恭喜今天畢業的同學與家長們，本人或子弟順利地自清華材料系畢業。大學畢業是人生重要的里程碑；材料系雖然不是清華最老、畢業生最多的系，但表現最突出。限於時間，我也不在此細數材料系的豐功偉績，但畢業生們應該了解，也請向貴家長說明；從清華材料系畢業，確確實實代表非凡的成就與無比的榮耀。

　　最近我在整理在校中演講時的照片，剛好看到四年前，大家剛入學時，在「新生領航營」時講述清華校史的照片；這幾年我都沒有教大學部的課，研究室又遠處「材料科技館」，所以也很可能與大多數的同學沒有再打過照面；四年前在各位入學時在大禮堂歡迎大家，今天則在大家畢業時，在此歡送大家，也是相當獨特的經驗，有一定的緣分。

　　在向大家講述清華校史時，我曾強調清華校訓「自強不息，厚德載物」代表清華精神，以我個人在清華四十年，目前是半退休的人來說，它仍是我個人依循的做人做事的準則與方向，大家未來如能好好琢磨、細細體會，也將受益無窮。

　　各位同學在清華受過四年的優質教育，在專業上達到一定的水準，畢業後，除了學以致用外，在知識爆炸而進展飛速的時代，要與時並進，必需要繼續學習以致終生學習。同時可能更要注意學習現今大學沒有教或沒有好好教的部分；美國麻省理工學院世界知名的媒體實驗室主任，伊藤穰一（Joi Ito）曾說，「Education is what people do to you, learning is what you do to yourself」，也就是「教育是其他人給你的，學習是你為自己做的」。我們常說「甘願做、歡喜受」，也就是自作自受，不能不慎重的選擇；至於要學習甚麼，去年美國出的一本暢銷書《人生思考題》主要內容，或可給大家參考：

《人生思考題》的原名是Wait, What？源自美國哈佛大學教育學院院長James E. Ryan於2016年畢業典禮中以「人生思考題」為主題致詞，錄影片後來在網路上瘋傳，觀看人數高達幾百萬次，再將演講內容延伸整理出書，於2017年出版，也迅速成為美國「紐約時報」暢銷書。Ryan院長談到人生要常自問的五個基本問題，如能常常謹記在心，用心應答，將對人生的充實與美滿很有幫助；

　　一是Wait, What？「等等，你說什麼？」弄清楚事實，才下判斷；他提到有一位老闆帶他漂亮女下屬與客戶晤談，客戶不斷稱讚女下屬美麗能幹，並要求指定為以後談生意的聯絡人，聽到這場景故事的人，大多數人會認為這個客戶可能不懷好意，另有企圖，但知道這個客戶是女性時，通常會大為改觀，明白事實的真相，是所有了解的根源；

　　第二是I wonder？「我想知道……？」凡事抱持好奇心，尋求了解，能更欣賞新奇的世界，開發新的可能；I wonder？可以是I wonder what？也可以是I wonder if？I wonder what？是要進一步了解，I wonder if？則思索如何採取行動，改善現況。Ryan本人是被領養的棄兒，由於好奇心的驅使，才發現生母是在萬不得已得情況下將他送養，母子終得重新團圓；「我想知道……？」是所有好奇心的核心；

　　第三是Couldn't we at least？「至少，我們是不是能夠……？」不要固執己見，而能以開敞的心胸，聽取他人的意見，他與太太原有三個男孩，太太一直想生第四個孩子，而他起初很排斥，直到太太說出Couldn't we at least？經過懇談後，他才仔細考慮而同意，而生下的女兒，以後成了家庭快樂的泉源，平心靜氣，認真溝通，是所有進展的開始；

　　第四是How can I help？「我能夠幫什麼忙？」幫助別人是人可貴的天性，但光是善意不夠，要切合需要，如問「我能夠幫什麼忙？」令人覺得受到尊重，了解困難，才能真正幫得上忙，是所有良好關係的基礎；

　　第五是What truly matters？「真正重要的是什麼？」藉由這個問題，掌握事實核心，了解自己的決心、信心與目標，區分事情的輕重緩急，如此幫助我們專注在需要完成的事上，能夠注重工作效率，才有時間和家人和朋友在一起，做自己有興趣的事；很多人如自問，都會把家庭納入其中，而擴及朋友、工作、嗜好與善行等人生最重要層面。是檢視人生的一個好方法，同時思考甚

麼事可做的好，為什麼會這樣判斷。「真正重要的是什麼？」，能夠幫助我們掌握事務的關鍵，找到生命意義的真諦。

另外還有一道「加分題」，他引用詩人Raymond Carver的詩句「And did you get what you wanted from this life, even so？I did. And what did you want？To call myself beloved, to feel myself beloved on the earth」，大意是說，在人生難免有甘有苦、高低起伏之時，有挫折與失望，也充滿了希望，最終追求的是「被愛並感覺被愛」，在生活中，幸福的關鍵不僅是要愛別人，並且要讓別人感覺被愛。

最後我期許所有畢業同學，在未來人生的道路上，盡其在我，也就是，「自強不息」，善待家人、朋友與社群，也就是「厚德載物」；祝福所有畢業同學，多一分珍惜、多一分感激，浸浴在愛與感覺被愛中。

▲①教育是其他人給你的，學習是你為自己做的
　②甘願做、歡喜受
◀③盡其在我，善待家人、朋友與社群

2014材料系系友會致詞

2014年12月20日　星期六

　　很高興也很歡迎大家來參加今天的系友會，清華材料系是非常特別的，在許多場合我都會提到是清華名副其實的王牌系，在不傷聽眾感情的場合，我會比較直爽的說是龍頭系，這裡有很重要的一部分是由於系友的表現，也是我要向各位系友道賀與道謝的。

　　對學科技的人來說，要下判斷，必需要有數據為憑，也就是首先要look at the data；材料系是國內成立的第一個以材料為名的所系，不僅是台灣學界公認的最優質材料系，畢業校友更是發光發亮，不久前剛獲選交通大學下一任校長，也是中研院院士的張茂中系友是本系研究所第一屆畢業生，76級的黃肇瑞系友是本系大學部第一屆畢業生，現在擔任國立高雄大學校長，本系博士班畢業生侯春看系友，則擔任雲林科技大學校長，同時76級的黃志青系友與77級的陳夏宗系友分別是今年教育部國家講座與東元獎得主，另一方面，台灣幾個主要的大學材料系師資中，也遍布本系的系友，而且有多位擔任過系主任、院長、研發長與副校長等職，表現極為優異。

　　如果還有人對材料系龍頭地位質疑的話，我會帶他到校友體育館門前勒石，很清楚的可以看到最先的三十一位人名，都是材料系系友；這是因為在清華百周年慶時，學校發動成立百人會，協助興建校友體育館，百人會每位會員至少捐出一百萬元，很感謝材料系系友一馬當先，有三十一位會員捐贈總額達三千五百萬元，勇奪冠軍，不僅贏得排名首位，而且也促成百人會成為台灣高等教育史上一項高度成功的募款活動高居的不凡地位。再者，為增強清華四大王牌系，即材料、化工、物理、化學四系的研發能量，也希望由四系系友配合教育部經費各籌募五千萬元，協同興建清華實驗室，材料系在陳繼仁系友千金一諾，獨捐五千萬元下，立即到位，也帶動其他三系達標，對清華發展再次

做出重大的貢獻。本人在校長任內，校務推動尚稱順利，材料系系友的強力支持，功不可沒。我也要藉此機會，向系友們致感謝之忱。令人深刻惋惜的是，陳繼仁系友不幸在十月底因積勞成疾，離開人世，但他是材料系系友永遠的典範，將為大家所長久懷念。

　　剛才曾炳南會長提到他已由台積電退休，正在轉換跑道，曾會長是我到清華任教後教到的第一屆學生，如今已可談到退休，讓人感到大家都已不再年輕；最近我看到一本名為*WINNING FROM WITHIN: A Breakthrough Method for Leading, Living, and Lasting Change*，中文書名為《轉念間，全世界都聽你的》的新書，作者Erica Ariel Fox提出每個人心中都有「四大面向」，交互為用，包括對未來的期待，如夢想家（dreamer），負責看到契機，勾勒策略願景；就事務優劣損益，多方思索考量，如思想家（thinker），負責釐清觀點，分析資料，管理風險；發揮同理愛顧之心，如情人（lover），特點是關懷人群，重視感情；不畏險阻，勇往直前，如戰士（warrior），強調表現，採取行動，追求目標。分別如公司中的執行長（chief executive officer, CEO）、財務長（chief finance officer, CFO）、人資長（chief in human resource, or chief people officer, CPO）、營運長（chief operation officer, COO）；在每個人內心，夢想家與思想家首先上陣，鎖定目標，規劃步驟，在面對眼前當下的事物，戰士與愛人分別掌管法理與感情面；在人生各階段，重點又往往因時而異，青少年時，不妨多些夢想，妥為規劃思索，青壯時期，是奮鬥的戰士在冷靜擘劃後施展的時機，老年時期，則是提掖後進、奉獻智慧的時期，但各時期，都要心懷悲天憫人之心，己立立人，己達達人；這是我與曾會長要特別共勉的。

　　今天據了解，會選出系友會下屆會長，我與材料系前三屆系友會會長，施義成、謝詠芬、曾炳南系友，都有相當多的互動，可以毫不保留的說，他們在任內的表現都可圈可點，也是系友會在清華以向心力強與活躍著名的主要動力，相信新任會長一定能發揚光大，開創新局，最後祝大會成功，大家身心愉快。

清華大學材料系畢業四十年與三十年
同學會致詞

2018年4月29日　星期日

　　歡迎大家來參加材料系畢業四十年與三十年同學會。回到清華美麗的校園，與多年不見師友重聚，同時重溫當年在清華的青春歲月，也是人生一大福報。

　　最近我參加台大為畢業五十年校友舉辦的「重聚五十」活動，雖然值年比大家早了十年或二十年，心境應該可能有些相似，也就是不再年輕。有人把人生分作三個階段，讀書與成長是第一階段，就業是第二階段，退休為第三階段；大家現在都極可能是處於第二階段，但也可能對第三階段開始有所思索；我個人大學畢業五十年，是處於第二階段末期，但一隻腳已踏入第三階段，也許可以「過來人」的身分，談談個人的想法，或可做大家的參考。

　　面臨退休的時刻，人生該打的仗都已告一段落，現代人退休生活可能相當漫長，及早妥善規劃是為上策。我個人大致上有兩個方向，善待眾人，以及享受知識的樂趣。善待眾人，是以兼善天下為目標，也與清華校訓「厚德載物」相通，因為限於個人能力，從善待自己、家人、親朋好友、材料系、清華大學、台灣高教材料界、高教界逐漸擴伸，盡力而為；善待自己包括維持身體健康、心情愉快等；退休後日常工作大幅減少，最適宜將精力用在最感興趣的事；我個人自小學時代就熱愛閱讀，深諳「讀萬卷書」的樂趣，而且屬於雜家，也就是人文社會以及科普書籍，都是我涉獵對象，但限於另有「正業」，往往雜而不精，希望有些補正。前些時，看到一本名為《第三人生》的書，作者期許自己，每年盡全力，做一項最感興趣的事，例如學唱歌、樂器、舞蹈、繪畫、書法等，我個人缺乏藝術創作細胞，無法依樣學習，但作者的想法，仍給我很大的啟發，尤其在我設定以一年為期，學習不同專題或學科，感覺豁然開朗；譬如說我這兩年，對人工智慧特別感興趣，所以從各種平台，如書籍、

期刊、報章、雜誌、演講等儘量了解人工智慧，其樂無窮，今年二月，還協助財團法人「中技社」主辦為期一天的「人工智慧對科技社會經濟政治與產業影響與挑戰」研討會，而目前正規劃AI對其他領域影響與挑戰研討會；同時在一、二個月前，也展開我對哲學領域的讀書計畫；如「按部就班」，初估下來，可能十年，二十年都不夠，而中間又會出現甚麼轉折或驚喜，只有歸諸「成事在天」了。這部分又合乎「自強不息」的精神。所以清華校訓，不僅教我們如何做人做事，也指引了我們的退休生活。

　　談到善待材料系，就是為材料系盡一番心力，做些事；去年我與材料系幾位擔任院系主管的老師以及系友會陳超乾會長鑑於近年來材料系系務運作的經費目前僅約為十年前的一半，發起為籌募「材料系永續基金」而設立的「材料系雙百會」。「雙百會」是源自本人在清華校長人任內創立的「百人會」。當時學校因籌建體育館，以成立「百人會」的方式，號召一百位有能力的校友每人捐贈一百萬，共捐助一億元，配合學校其他經費，興建體育館。很感謝獲得校友們熱烈響應，共有一百四十六位校友，捐助超過一億七千兩百萬元，負擔了興建體育館的全額經費；同時，美奐美侖的體育館，已於2012年11月完工啟用，並命名為「校友體育館」，嘉惠所有清華人。值得一提的是，在「百人會」籌募活動中，材料系校友在短期內就捐贈了3500萬元，為全校各系之冠！

▲ 現代人退休生活可能相當漫長，及早妥善規　▲ 善待材料系，就是為材料系盡一番心力
　　劃是為上策

感謝多位系友的贊助，「材料系雙百會」募款活動進行相當順利，總額已達25.25百萬元；今天大家看到的海報，包括即將在材料系門廳勒石樣稿，上面除略述成立「材料系雙百會」緣由，並列有「發起會員」名單，目前有二十四個贊助單位，這其中除個人系友外，還有夫妻檔系友、父子檔系友、班級系友、學生家長以及材料系教師，相當多元。包括今天在座的葉均蔚教授、78級曾炳南系友，葉宗壽與柳璐明賢伉儷都是發起會員。

　　「雙百會」另一個意義，是以十萬為單位，有兩百位系友參加；這部分88級系友已成典範。在賴志煌院長推動下，目前有十幾位系友慷慨解囊，其中一部分共同組成為「發起會員」，將呈現於勒石上，成為88級系友的榮譽標誌。據了解，88級系友有五位共七位子弟，是清華在學生，更是佳話中的佳話。當然我們也希望大家告訴大家，使訊息能更廣為周知，號召更多會員共襄盛舉，擴大成果。

「材料系業界導師」列車啟動典禮致詞

2013年2月25日　星期一

　　很高興來參加「材料系業界導師」列車啟動典禮，今天現時清華有三個活動同時在舉行，剛才我從「台積館」由清、交校友團體主辦的「梅竹講堂」開場過來，等一下我又要去參加另一活動；由於「材料系業界導師」列車啟動對材料系和對清華都有非凡的意義，所以我決定趕場一下。

　　今天的業界導師都是清華校友，除蘇宗粲所長是化學系校友外，其他都是材料系校友，也等於宣告「材料系業界導師」不限於材料系校友。清華材料系是很特別的一個系，他在1972年成立時，距1960年世界第一個材料系——美國西北大學材料系成立才十二年；巧在當初清華材料系與工學院一同成立時，徐賢修校長請美國康乃爾大學工學院院長協助規劃，而康乃爾大學工學院也正好已在1964年成立材料系，所以清華材料系在台灣幾乎沒有人曉得材料系是做啥幹啥時成立，可算因緣際會；而清華材料系也沒有讓人失望，去年當選中研院院士的張懋中教授就是材料系研究所1974級（第一屆）畢業生，前幾年有一項Thomson Reuter評比，清華在材料科學領域居全球大學第37名，去年上海交大評比，清華在化學領域居全球大學第43名，這兩項評比都是台灣在所有領域唯一居全球五十名以內排名，而都與材料系師生在研究上有優異表現有關；歷年來，材料系師生與系友們在學術界、研究界與產業界都有亮麗的表現，使清華材料系無疑的是台灣材料學界的龍頭系，在清華也有非比尋常的地位。

　　上個禮拜四，也就是二月二十一日，材料系在本講堂舉辦了「周立人教授追思會」，周立人教授在去年十二月十四日逝世，他身兼材料系的校友與教師，展現超強的能力，在研究上發光，為清華招攬學生與教師人才、校友聯絡、募集捐款、國際合作都做得有聲有色；材料系在2003年招收到大專指考第二類組榜首徐伯均，2010年延攬美國伊利諾大學電機系現職傑出教授鄭克勇及

謝光前教授到校任教，周教授都居首功；這裡也要特別感謝他同班同學呂勝宗校友與導師長期提供伯均獎學金；我在1999至2005年擔任工學院院長，2010年迄今擔任校長，立人在行政工作上，給予我很大的支持與助力，尤其在國際交流方面，邀請與接待外賓總是周到而貼切；而在募款方面，立人更是有名的一把手；與立人在實驗室同期室友謝詠芬校友與導師創立「閎康科技公司」的時候，捐贈給材料系一百張股票，就是立人所作的建議，後來這筆股票是以四百萬元出售並用來挹注材料系國際交流經費，使材料系能保障補助博士班學生至少一次出國開會的機會；我擔任校長後，請立人擔任財務規劃室副主任；首先以「校友百人會」方式號召校友捐助一百萬元以上加入「清華百人會」，協助興建校友體育館，獲得高度成功，募得興建校友體育館所需全部經費1.72億元；在「校友百人會」募款期間，立人策劃「校長宿舍茶會」、「材料系校友餐會」，陪同出席「北加州校友餐會」，並經常陪同校友到校長室一敘，譬如蘇峰正、俎永熙導師，都有很好成果；在他病情較嚴重後，好幾次尤其好友呂勝宗導師代替他引介校友，也有很好成績；「百人會」募款活動結算時，材料系校友成為會員的達三十一人，總金額超過三千五百萬元，均高居全校系所第一名，豈是偶然；同時碩禾科技董事長陳繼仁校友、導師與立人有同班與住宿同寢室之誼，除首先響應「百人會」活動，也策動國碩集團三位同為清華校友

▲ 「材料系業界導師」對材料系和對清華都有非凡的意義

▲ 把握良機，學習珍貴的做人做事的道理

的高級主管共同參與，另外在最近即將動工興建的跨領域「清華實驗室」規劃期間，繼仁也首先捐贈五千萬元，讓募款工作有相當「振奮人心」的開始，立人都功不可沒。在他去世前一天我與財務規劃室許明德主任及林樹均教授到台北仁愛醫院探視，已昏迷多日的立人突然醒來，虛弱地要大家一起唱校歌，過十分鐘又要求唱一遍，之後便平靜安睡，約九小時後往生；周教授不僅口口聲聲，而且以行動奉獻給最愛的清華，是清華材料系教師與校友典範，也是母系能夠在世界材料界占一席之地的功臣。

今天很感謝諸位業界導師，清華導師制已施行很久，有一定的功能，材料系近年來生師比一直偏高，對導生的妥善照顧當然會受影響，同時教師除少數外，都缺乏產業經驗，如今承蒙大家幫忙，以業界導師身分，提供部分學生難得的機會，讓導生們有機會分享各位的寶貴人生以及產業經驗；在此鄭重的向大家致謝，另一方面也希望參與同學能把握良機，多從導師們那裡學習珍貴的做人做事的道理，未來也成為讓材料系持續發光發亮的一份子。

材料系李三保教授榮退歡送會致詞

2018年6月14日　星期四

　　今天很不捨的來參加三保教授榮退歡送會；三保是我擔任系主任時，加入材料系的，一晃三十六年就過去了，真是「逝水韶華去莫留」，令人感慨良多。

　　材料科學到今日，仍主要是實驗科學，由於材料系統有一定的複雜度，要做有預測性而受到重視的理論不容易。三保從博士班起，就主要從事理論工作，而且有很好的成績，在差排與裂縫研究上有獨到的地方。這從他得獎纍纍，包括三次國科會傑出研究獎，一直到2005年得到「中國材料學會」最高榮譽「陸志鴻獎章」以及一些國際獎項，可以看出，非常的難得。

　　大多數人對三保的印象，可能都是沉默寡言，講話輕聲細語，所謂「悶葫蘆」一個；但如稍微跟他接近一點，就很能感受到他善良友好的一面。他在美國羅徹斯特大學博士論文指導教授李振民教授，是世界材料界巨擘，常年與國內材料學者有相當的互動，也是1988年「陸志鴻獎章」得主。三保執弟子之禮，一直都非常恭謹；在李教授七十、八十、九十大壽時，三保都是在美國舉行的「美國材料冶金與礦冶學會」（TMS）祝壽研討會的主要策劃人之一，並積極動員國內學者由國科會，或現今的科技部，補助組團參加；辦理研討會從籌劃、提案、邀請獎員、安排議程、主持會議到論文集審稿、編輯，是很繁重的工作。三次會議分別在美國可利夫蘭、舊金山與哥倫布市舉行，我個人有幸三次都躬逢盛會，慶祝會場面溫馨而熱鬧，研討會也都維持很高的水準，令人印象深刻，也很能感受到三保尊師重道的心意，以及幹練的一面。

　　三保對朋友也是非常熱情，歷年來邀請不少優秀學者到清華訪問，這裡麵包括原在香港科技大學任教，現在擔任上海大學「材料基因組」學院院長的張統一教授，以及在田納西大學任教的廖凱輝教授，也是三保口中的Peter。每次他們來，三保都熱心接待，我也因此跟他們熟識，成了好朋友。

另外可以看到三保在朋友中得人緣的一面，同事們大概一般都不會認為三保是太陽能專家，但我有一次注意到三保是太陽能大廠茂迪公司的獨立董事。好奇之下，才承告當初邀請他擔任獨立董事的茂迪董事長與總經理都是他在輔仁大學物理系的同學，由此可推論三保在大學為人處事，一定也給這兩位同學留下良好的印象。

　　三保在系裡，是屬於默默奉獻型，平常不多話，但有任務在身，也從不推託。他多年擔任彈性薪資委員會的召集人，盡量採納大家的意見，制定了非常仔細的辦法，最後都能順利運作，可謂居功厥偉。

　　我個人現正處於半退休狀態，所以對退休生活多所思考，最後結論是多讀書，不僅有讀不完的好書，而且趣味無窮。以我對三保的了解，也很適合他排遣生活。因此我今天特別準備了我近年讀到的兩本好書：《人類大歷史》與《人類大未來》，送給三保，也算野人獻曝。

　　最後我對三保有三個祝福：目前在材料科技館比較常見三保的身影是他背個書包自宿舍間往回；早幾年在胡塵滌教授尚未退休前，也常見兩人在校內一起散步，三保退休後，希望仍能常常運動，保持身體健康；往後脫離全時工作，也能發展其他興趣，心情愉快；同時因為三保是政府自今年七月一日起大砍年金首當其衝的受害人，我也祝福三保理財有方。

◀ 發展其他興趣，心情愉快

「清華化工系四十周年慶」致詞

2012年4月29日　星期日

今天很高興來參加清華化工系四十周年慶活動。清華化工四十年前與清大工學院一起誕生。原名為工業化學系，主要是因應教育部當時對設立新系所的政策，一九八零年改名為化學工程系。在發展過程中，曾有五年期間，先成立高分子研究所，再與其合併。

在工學院中，化工系一直是表現卓越的單位。我在民國六十六年到材料系任教時，清華教師人人都獲國科會甲種研究獎，每位教師都有國科會研究計畫。眾所周知，甲種研究獎在廢止前教師得獎比率年年下跌，另一方面，現今國科會研究計畫通過率已不到五成，而化工系教師不論在甲種研究獎廢止前得獎或爭取國科會研究計畫方面始終維持全壘打，絕對是全國第一系所，不能不教人佩服。

化工系教師有多人次獲得國科會特約研究獎、傑出研究獎；行政院國家發明獎、傑出科技獎；教育部國家講座、學術獎、大專校院教師與產業界合作研發績效卓著獎勵；中山學術文化基金會學術著作獎；傑出人才發展基金會傑出人才講座；侯金堆先生文教基金會侯金堆傑出榮譽獎；中國化工學會金開英獎等重要榮譽；曾先後獲天下及遠見雜誌評為化學工程系第一名。另一方面，也有多位教師榮獲傑出教學獎。清華一向以擁有優秀師資自豪，化工系教師又為其中之最，是精兵中的精兵。

化工系教師的研究方向，除了傳統的化工領域外，亦積極發展奈米科技、生物工程、光電科技、精密製程技術與能源暨環境科技等領域研究，擁有最先進的設備。同時因清華位於國內尖端科技之核心地帶，和工研院、新竹科學園區及其他各大公、民營公司單位，都有密切的合作關係，畢業生出路寬廣而優越。

化工系館建於一九九三年，共有八層樓近四千坪建築面積；目前學校正推動由化工系、材料系、物理系及化學系以每系自籌至少伍千萬元資金，參與學校興建跨領域應用科學研究大樓（簡稱清華實驗室）工程，化工系在天瑞公司捐贈三千萬元，以及蔡朝陽校友經營的上緯科技捐贈一千萬元支持下，達陣之期不遠。清華實驗室即將動工，兩、三年後化工系將新增約一千坪實驗室空間進行跨領域研究，發展前景可期。

　　前一陣子聽人說：「四十歲前是否美麗看別人，四十歲後則看自己。」化工繫年屆四十，正處自立立人關鍵時刻。以過往豐厚的基礎，面對挑戰。讓我們共祝化工系生日快樂，未來能百尺竿頭，更上一層樓，嘉惠社會，揚名國際。

人文社會中心諮詢委員會致詞

2012年2月23日　星期四

　　首先很感謝各位諮詢委員來參加今天的會議，尤其各位校外委員都是學界巨擘，願意撥冗到清華為人文社會領域發展賜予卓見，在此代表清華敬致深沈的謝意。

　　本校人文社會中心獲得教育部高度肯定，連續幾年均得到最高額補助，根據教育部補助辦法規定，教育部與學校各分擔百分之四十與六十經費，本校自樂於配合。另一方面，因為深盼人文社會中心能發揮提振本校人文社會領域研究與教學水準，本校在往年也額外提撥遠比教育部補助辦法規定多的經費給中心，以符本校人文社會領域教師對人文社會中心期待。由於種種原因，諮詢委員會至今還是第一次召開。對於中心自主研究與提振本校人文社會領域研究與教學水準這兩部分的規劃與方向，也盼望諮詢委員會能協助共同釐定。也因此今天諮詢委員會出席的成員，除校外委員外，還包括學術副校長、教務長、研發長、人文社會學院院長、科技管理學院院長以及共同教育委員會主任委員。

　　最近報載清華國學院四大導師之一的王國維先生女兒王東明女士，現為百歲人瑞，定居台北。王女士對記者表示，清華大學在北京時以文史馳名，在新竹則以理工見長。事實上，清華在1925年成立國學院，延攬梁啟超、王國維、陳寅恪、趙元任四大導師，振動學術界，自此樹立成為國內頂尖名校的基礎；1956年在台設校，雖自理工科系開始，但一直重視人文學科的發展，由原擔任理學院院長，後任校長的沈君山教授主持規劃設立人文社會學院，在理學院先後設立中國語文學系（1980）、外國語文學系（1982），到1984年水到渠成，在成立台灣第一個人文社會學院時，延攬李亦園院士為第一任院長，增設經濟學系及共同學科，再陸續成立歷史（1985）、語言（1986）、社會人類（1987）、哲學（1994）等研究所；據了解，當初李亦園院長答應來清華時，

曾提了三條件，一為人文社會學院要有獨立館舍，二為圖書館須有人文社會分館，三為須成立社會人類相關單位，後來一一實現，也奠定了人文社會學院的良好基礎。同時，學校在1992年將共同學科改名，成立國內第一個通識教育中心，2000年則成立國內第一個科技管理學院，現今人文社會領域教師約占全校教師之百分之三十二，歷年來，在教學研究上有相當優異的表現。另一方面，近數年來，清華面臨人文社會領域教師退休潮，以及流失部分教師，年資五年以內教師所佔比例很高，因此需要格外加把勁，才能更上層樓。人社領域是清華發展最重要與關鍵領域之一，學校必將鼎力運用資源支持，也將多仰賴諮詢委員們協助。最後再一次像各位委員致謝。

人文社會科學研究倫理委員會成立大會致詞

2013年4月30日　星期二

　　歡迎並感謝大家來參加「人文社會科學研究倫理委員會」成立大會；在世界潮流影響與本校自我提昇過程中，強化研究倫理制度不僅是實務所需，而且是大學面對未來新局勢與發展，必須嚴肅看待的問題。本校正規劃陸續完成研究倫理治理機制的各項建置，承蒙各界不吝支持與鼓勵，助成今天「人文社會科學研究倫理委員會」的成立，完成第一階段的建置，是一個重要的里程碑。

　　倫理常與道德並稱，交替使用，字典中定義為品格、行為的準則、道德原則以及與人類行為有關的價值、行動的對錯、動機好壞與行動結果的哲學；同時很多人常把倫理和社會慣例、宗教信仰和法律等混為一談，而沒有把倫理視為一套獨立的概念；也有學者認為倫理是有關善惡對錯的理論與觀念研究，道德則涉及實際、現世信念與實踐，有關政治、社會議題，因而有學者談及與人討論：「常有關倫理，而無涉道德」；另一劃分方式，則以倫理表示人際間行為的準則，而道德可指任何行為；例如說謊可被認為是不合倫理或不道德，但違反某些宗教之清規教律，如回教徒吃豬肉則只屬不道德範圍。

　　在1932年至1953年擔任美國哈佛大學校長的James B. Conant原是一位以研究葉綠素出名的化學家，在1952年所出的《現代科學與現代人》（*Modern Science and Modern Man*）一書中指出「科學對日常生活倫理道德已產生影響」，他以食衣住行為例，顯示行為準則已深受科學影響，以今日而言，開車要遵守交通規則，不得打手機，即為一明顯範例；同時科學與倫理有共通的價值與精神，如獨立、自由、容忍、尊嚴等；在科學進步日新月異的今天，人類對科學的掌握是否會失控，引起相當疑慮，因此對科學研究的規範是必需面對的嚴肅問題。

「研究倫理委員會」所要處理的問題很顯然是有涉他人的行為準則，有章（依據）可循的，自然較易依程序處理；美國學者Tomas Paul和Linda Elder把倫理定義為「指導我們去判斷甚麼行為對具有感情的生物是有益或是有害的一套概念和原則」，對自願性人類行為所設的道德規範或規則，則擴及有感情的生物，如靈長類的黑猩猩，而即以人類而言，在生命科學與醫學方面，幹細胞、安樂死、器官移植、基因轉殖、複製人、病毒演進、急診精神疾病處理、自殺防治、長期照護等都是爭議性很大的議題；物質科學方面智慧型機器人、先進武器、有涉隱私的無人飛行器、監視攝影器研發、基因改質、環境污染、資源開採、獵取大型哺乳類動物以至動物福利等也都是擔手可拾的例子；人文社會科學方面，利用巨量資料（big data）、獲取與利用私人資訊、盜取與誤用私人資訊、街頭巷尾普設監視攝影器等無不是值得思考與關心的議題。

　　大家應對2003年流行的嚴重急性呼吸道症候群（SARS）餘悸猶存，以最近爆發的H7N9禽流感疫情而言，病毒研究及疫苗研發刻不容緩，但研究倫理不容忽視；在禽流感病毒研究倫理方面的近例即為去年一月，生命科學學界曾因從事H5N1禽流感病毒研究，培養原來主要感染下呼吸道的病毒變種，成為會感染上呼吸道的病毒，使經由空氣在哺乳類動物間傳染可能性大增，引起軒然大波，研究團隊自願同意暫停研究兩個月，而於期間向社會大眾說明此項研究對公眾健康的益處以及解釋降低風險的防範措施，並讓政府及世界衛生組織等相關機構有時間調整其在生物安全、生物防護、監督與溝通規範政策，此項爭議即突顯研究倫理議題的複雜性，因要解決相關議題很花時間，而病毒在自然界仍不斷的在突變，在風險與效益之間取捨，是相當困難的問題；所以在釐清研究目的、行為、標準、價值、判斷後果、風險、擬定防備原則、監控、責任等挑戰性都極大，在台灣現時環境下，許多難免是摸石頭過河，因而特別需要集思廣益、凝聚智慧，清華大學在大家協助下，邁出了重要的第一步，未來也願與諸位共同切磋，有所貢獻，共同建立較完善的研究倫理治理機制，為科學發展促進人類福祉略盡棉薄。

▶ 科學與倫理有共通的價值與
　精神

科管院網路碩士學分班開學典禮致詞

2012年9月22日　星期六

　　很高興來參加科管院網路碩士學分班開學典禮，同時要感謝「當代傳奇劇場」吳興國藝術總監與林秀偉行政總監蒞臨清華大學演講「京劇的當代樣貌」以及「藝術家與企業家合作的浪漫與現實」。

　　由於網路教學在最近才逐漸受到重視，各位網路碩士學分班同學可謂處於潮流的浪頭上；世界最老的現代大學是義大利的波隆那大學（University of Bologna），成立於1088年，知識傳授方式與現今教師在課堂授課、學生聽課方式幾無二致；但從今年起，美國許多名校陸續以實際行動，包括跨校結盟（如麻省理工學院與哈佛大學，史丹福與密西根大學），大舉推動免費網路教學，一股線上學習浪潮正捲向全世界各大學校園；根據美國Pew研究中心（Pew Research Center）一項針對1021數位專家調查，有60%的專家認為，到2020年，大學教育網路教學將成主流，學校只在學生需要時才教；清華大學科管院在國內開風氣之先，開設網路碩士學分班，未來必會力求精緻，滿足學子的需要；另一方面科管院作為本校網路教學先行者，希望能與教務處密切合作並分享經驗，以為推動全校性網路課程早做準備，學校也會在人力物力上重點支持。

　　今天開學典禮，別開生面的節目是邀請到吳興國與林秀偉總監蒞臨演講；雖然我今天是第一次與吳興國總監見面，但久聞吳總監多才多藝，能演、能作、能導，為橫跨電影、電視、傳統戲曲、現代劇場以及舞蹈之傑出表演藝術家，在各種表演藝術上，均有精湛表現，並屢得大獎；在此我要特別恭喜吳總監剛榮獲今年的東元戲劇藝術類獎，主要獎勵他自1986年以《慾望城國》創團，帶領京劇走入現代並產生質變，成為臺灣劇場跨文化改編的代表。既開啟臺灣京劇發展的重大轉向，更帶動當代戲劇的「新型態」，獎額高達八十萬

元，可喜可賀。同時我也要告訴大家一個好消息，吳總監已應邀自明年三月起到本校擔任駐校藝術家，屆時必然能協助落實本校透過多元、充實、豐富的校園生活，培養學生未來活出精彩人生的能力教育理念，掀起一片風潮，是清大師生同仁所熱切期待的。

　　剛才我和吳總監談到他的成就感與使命感，我很贊同我的一個朋友的看法：「有機會演戲是很過癮的事」，演得好則必然會有「十足快感」；吳總監在表演藝術上成就非凡，演出過《三國演義》、《西遊記》、《水滸傳》、莎士比亞名劇、希臘悲劇等大戲，而在改編自莎翁名劇《李爾王》的《李爾在此》，吳總監一人飾十角，佳評如潮必定過癮非常，而他本人應是很快樂的人；吳總監顯然同意我最近常說的「快樂的人與成功較接近」，如果對所從事的工作，樂在其中，將會更加投入，精益求精，同時「當代傳奇劇場」發揚傳承傳統藝術，帶動當代戲劇的「新型態」，培養新人，高度創新，不斷求新求進，是很值的學子們學習效法的，最後祝大家在今天難得的藝術饗宴之外，能從網路碩士學分班「從心所欲」，有充實、豐富的學習經驗。

科技管理學院中長期發展諮議委員會致詞

2012年10月29日　星期一

　　首先感謝科管院中長期發展諮議委員「拔刀相助」，大家都是大忙人，不辭辛勞，為科管院中長期發展有所諮議，本校深為感激。最近看到天下文化出版的翻譯書《誰在背後挺你》，英文原名是*Who's Got Your Back*，副標題是*The Breakthrough Program to Build Deep, Trusting Relationships that Create Success - and Won't Let you Fail*。作者啟斯‧法拉利（Keith Ferrazzi）是綠訊顧問企業執行長，為全球大企業提供諮詢課程，他首先引屠圖大主教（Desmond Tutu）語：「每個人都得自他人的造就」，在每個精采成功故事的源頭，你會發現一群不可或缺、值得信賴的顧問、導師，這些群體共同點是彼此有一種獨特的關係。如果有幸擁有一個引導、鼓勵、幫助以及坦誠、督責並容許發揮全部潛能的團隊，成為一股驚人的力量協助其成功進步，這也正是我們寄望諮議委員會發揮的功能。

　　根據剛才黃院長的報告以及各位諮議委員的意見，我也提出我的看法：

一、計財系與科法所設立博士班的構想，清華大學本來就期待所有科系都要有能培育博士的教學研究能力，科管院所系要設立博士班，學校自然會全力支持，

二、科管院生師比超過22，明顯偏高，本校目前生師比約18，所以增聘師資在百分之二十以內，應是合理數字，但如何配置應妥為規劃，

三、大學部學生部分來自指考第二、三類學生，是可以發揮的特色，在培育方面應多所擘劃，

四、畢業生就業情況追蹤調查，大學部學生部分似偏低，需要加強與畢業生聯繫，

五、教師論文期刊發表成果以數字而言偏低，這當然與領域有關，重點可

能需要往標竿期刊發表努力，

六、研究案件數與金額與本校平均值而言也明顯偏低，科管院對學校的價值當然遠遠超出這些浮面的數據，但須具體呈現，

七、EMBA與MBA在國內外一片招生困難生中，要有創新突破性的作法，

八、如委員說明，科法亦為管理的一環，

九、對需求量特別大的課程，聘請兼任與有實務經驗教師是務實的作法，

十、在台北據點問題，目前金華街月涵堂有教學場所，學校亦在積極規劃更新改建工作，

十一、科管院為全國首創以「科技管理」為教學研究重點的學院，「科技」是關鍵字，學院應思考畢業生在產品策略、企劃、系統等工作所能扮演的角色，

十二、如委員所說，科管院尚未具全方位推動院務條件，應臚列優先項目，重點推動，

十三、EMBA與MBA收費標準，可加檢討，

十四、管理學科發展與介入心理學元素宜加注意，本校共教會有些優秀師資具心理學背景，可先展開對話，

十五、經濟系現有教師二十五人，頗具規模，在教學、研究與社會服務方面表現應整理並具體呈現，

十六、香港與新加坡科管院的發展有較充裕的政府支援，

大陸創清華大學科技管理學院成立於公元兩千年，是清華最年輕的學院，並為全國首創以「科技管理」為教學研究重點的學院；因應21世紀科技產業全球化的潮流及科技產業生命週期短暫的特色，結合清大原有的優異理工基礎，發展跨科技領域的管理課程與研究，以培育具紮實經濟知識基礎之科技管理、科技法律及財務金融等專業人才為首要目標。目前為擁有2系3所及4個學程的跨領域管理學院：包括經濟、計量財務金融系，科技管理、科技法律、服務科學研究所，雙專長之學士班，高階經營管理（EMBA）、經營管理（MBA）、國際專業管理（IMBA）等專業碩士學程。共有60位專任教師、約1300位學生（大學生約850位、研究生約450位）。此外，學術上跨領域的研究群計有6個研究中心，包括：科技政策、技術創新與創業、全球化經濟、生物倫理與法律、財務金融與風險控管、服務科技與管理等。另為符合產業

需求，本院開設網路學分班與、企業主管培訓課程（Executive Development Program，EDP），亦與校內其他學院以及創新育成中心等合作推動科技創新與創業菁英之培育，展現積極創新的特色。

今年適逢兩岸清華永久校長梅貽琦校長逝世五十周年，新竹清華舉辦的一系列紀念活動，包括四月底邀請北京清華名師後裔訪台、七月初「徐賢修、徐遐生校長父子雙傑，清華傳承」新書發表會、九月二十一日舉行的「清華文武雙傑，吳國楨省主席與孫立人將軍」紀念會以及本月二十六、七日的「梅貽琦校長逝世五十周年」紀念會，無不深深具有兩岸清華同根同源的烙印，也突顯清華過往的獨特與卓越，這是老清華留給我們的遺產；另一方面，清華在過去一年，在教學、研究、服務上都有良好的表現，多位教師與學生團隊榮獲國內外難得的獎項；尤其難能可貴的是新進教師表現非常優異，例如今年國科會「吳大猷先生紀念獎」與中央研究院「年輕學者著作獎」，本校各有六位與兩位同仁獲獎，除維持占全國比率最高的佳績外，比友校交大與成大多出一倍；據台灣科學雜誌「科學人」評選，今年台灣十項科技突破，清華工作占了五項，所以在清華的老本行科技領域，續有優異表現，對於新設院系，自亦有相當高的期待，尚望各位諮議委員不吝指教，為科管院的未來多所諮議。

「清華科法十年」研討會致詞

2010年11月3日　星期三

很高興今天在此參加「清華科法十年」研討會。今年欣逢科技法律研究所創所十週年，在這個別具意義的日子，歡迎各位貴賓來到清華大學。

清華大學位居科技產業發展重鎮之新竹科學園區緊鄰，並素以理工學科聞名於國際學術界。十多年前，我們開始反思「法律與科技」之間的互動關係：如何讓法律促進科技研發，且如何透過法律解決科技帶來的社會問題？

為回應社會殷切需求，本校於民國89年成立科技管理學院及其下之科技法律研究所，其中重要推手包括沈前校長君山，刁錦寰院士、張忠謀董事長、陳長文律師等諸多社會賢達。清華科法所當時是國內最早經教育部認可設立之科技法律研究所，因此，這個所的設立，對於科技與法律跨領域人才之培養，深具意義。

科技法律研究所之課程設計與教育計畫，是以培育兼具科學與法學研究能力之跨領域專業人才為目標，冀求能以高度國際化及融合傳統與非傳統的法律訓練、造就國家社會下一世代的領袖人才。

這十年來，科法所師生的努力已累積相當成果：教師們有優異的學術表現、學生報考質量穩定、在校生參與各類學術競賽更是屢傳佳績、畢業生不論擔任律師、法官、專利工程師、園區法務人員或其他法律專業工作，多充分展現獨特的跨領域專業能力。

整體而言，科法所在法律學界持續耕耘並致力於「科技與法律整合」之研究，尤其在「生醫科技法學」、「資訊與通訊法學」、「國際法與比較法學」、「環境與能源法學」以及「智慧財產權法學」等領域，提供豐富課程，使這個所具有高度特色。

我要感謝科法所同仁一直以來的努力，同時也要提醒科法所的師生，應以

最高的學術標準，自我要求，追求卓越，讓清華大學在人文社會領域有更優異之表現。在此我要特別感謝今日遠道而來的各位法律學界的學者先進，請您們繼續給予清華科法所支持與鼓勵。

　　最後，讓我們共同祝賀科法所生日快樂，也敬祝各位貴賓身體健康、萬事如意，謝謝大家！

▶ 反思「法律與科技」之間的互動關係

當代中國研究中心十周年慶研討會致詞

2013年10月18日　星期五

　　歡迎大家來參加清華大學「當代中國研究中心」（Center for Contemporary China，簡稱CfCC）十周年慶「中國研究典範之台灣與國際觀點思辯研討會」；約十年前，由於中國大陸國際政經地位迅速提升，對台灣影響越來越大，本校部分同仁推動並落實成立校級研究中心，就相關議題加以研討，是台灣研究型大學中第一個以社會科學跨學科方式，著重當代中國與兩岸關係議題的研究中心與教學團隊。CfCC的目標，除了透過研究與教學（中國研究碩士班學程）積極培養台灣的中國研究人才之外，並努力整合現有人力，設定重要議題，推動研究計畫，彙集研究成果，以期開創出具有台灣觀點與國際視野的中國研究。除深化研究內涵外，也協助台灣社會了解臥榻旁的巨人；CfCC在十年來累積了相當能量，等一下會有CfCC所出「權力資本雙螺旋」新書發表會，該書為CfCC的同仁近年來集體研究成果的呈現，可看出CfCC十年有成，可喜可賀。

　　中國大陸對台灣人來說，既熟悉又陌生，既接近又遙遠；如果說，二十世紀後半期迄今，人類社會有什麼重大社會工程，恐怕多與中國大陸有關，在最近出版的《方勵之自傳》中，可看到1949-1989年，中國大陸在共產黨統治下，知識份子的遭遇；方勵之與其夫人李淑嫻女士原同為北京大學物理系「三好」學生，獲准參加共黨，在共黨「鳴放」時期，動念上書領導有所建言，雖未來得及發出「建言書」，仍先後被打成右派，備受折磨；方勵之輾轉被分發到科技大學任教，由於被判定成份不佳，首次發表論文不得以真名發表，其後更因投稿需經政治審查通過，連發表的機會都喪失了。同時方、李在1962年合譯的Leonard I. Schiff所著《量子力學》（Leonard I. Schiff: Quantum Mechanics），正巧是我唸大學物理系時常用參考書，也因政治原因，遲到

1980年才得出版。

　　由於方、李均為物理學家，他們的遭遇多有與基礎物理衝撞的地方，描述起來，令人印象特別深刻；一是「大躍進」時期，方所下放農村，在好年成時，小麥畝產量可達四百多斤，但被視為權威的《人民日報》荒唐地報導其他不同地方畝產量從兩千斤、一萬斤節節上升到五萬斤，而根據物理學家錢學森的計算，畝產量還可以「大躍進」，被大肆宣揚，而錢學森的計算其物理根據是錯的，但因為作者是毛澤東首肯的，「論文」的結論是支持「大躍進」的，沒有人能有批評的自由，而使偽科學牽動著對十億人口有重大影響的政策。

　　二是方在從事宇宙學研究初期，出了一篇標題有「宇宙解」的論文，遭到嚴厲的批判，理由是「馬克思主義已解決了所有宇宙問題」，恩格斯的「宇宙解」是根據牛頓時代的宇宙學中兩條最淺顯的假定，而成了「無產階級宇宙學」，現代宇宙學則是「資產階級宇宙學」，是「偽科學」，「宇宙沒有甚麼數學解、物理解，但有哲學解」，「可學的宇宙觀即是對科學的專政」，幸好在文革末期，意識形態專制的震懾力逐漸削弱，使研究得以持續下來。

　　三是方在合肥科大「下放勞動」、「再教育」中，被調去磚廠燒磚，製磚廠人員，除一名真正的製磚工人外，其餘都是被專政者，黑八類，而製磚工人掌握著「看火候」關鍵燒窯技術，但實際只要一支測光溫度計即可做得更好；再者由於恩格斯認為「一切自然科學都是由於生產勞動需要才發展起來」，一個工廠比二十所大學重要，所以方在無產階級教育革命中，被派到北京照相機廠，利用簡單物理方法，控制鍍膜厚度，證明物理學符合馬克思主義，是生產勞動中的一種需要。

　　另一方面，方在書中提到毛澤東曾說：「我們沒有大學教授，全部用國民黨的，就是他們在那裡（大學）統治」、「現在學術界和教育界是資產階級知識份子掌握實權，實際上是國民黨」，一再貶抑迫害知識份子；又因為毛說「大學池淺王八多」，所以在1970年，因畏懼蘇聯攻擊，在「林彪一號命令」下北京所有大學被迫遷出北京，科大曾陷入沒有地方肯接納的窘境，最後才落腳合肥，成為「合肥科大」，饒有趣味。

　　方先生的自傳，對大陸知識份子的遭遇有系統化鞭辟入裡的剖析，可惜到其出亡後劃下句點；對於過去約四分之一世紀大陸知識份子境遇，個人僅零星看到一些報導與敘述或評論文章，很希望能從其他資料中得到補白。近閱《權

力資本雙螺旋》以及余杰先生所著《流亡者的書架：認識中國的五十本書》兩本書中，都似乎缺了這一塊，

　　由於近三十年來中國大陸政經社會變化規模之大、速度之劇史無前例，很難預測其發展；對台灣來說，大陸與香港市場占了台灣出口商品四成市場，而且台灣大幅出超，台灣人在大陸投資至少一千億美金，每年台灣大陸雙向旅客都超過兩百萬人次，台灣人在大陸工作者達數十萬人；如果中國大陸經濟持續朝正向發展，牽動的政治、社會情勢變化仍難以預料；從另一角度來看，如果中國大陸經濟停止快速發展，政治社會不穩，由於台灣與中國大陸的特殊關係，必然會承受很負面的影響；本星期二，清華「亞洲政策中心」主任，前美國在台協會處長司徒文博士（Dr. Bill Stanton）以「亞洲崛起，美國衰落了嗎？」（As Asia Rises, Is American in Decline?）演講；一個主要論點是未來最佳的情況是中、美在大體合作下，各自正向發展，但並不容樂觀；台灣在中、美兩大國競合之間如何自處，需要智慧與見識，也可看出當代中國研究重要性。

　　如果研究是為「經世濟用」的話，當代中國研究除能增進對中國的了解，自然希望就國際情勢與兩岸關係發揮影響力，這部分恐怕「知易行難」；美國最近發生國會大刪「國家科學基金會」政治學門經費事件，可見學界力量薄弱；台灣學者對本地政治發展的影響力也似乎相當微弱，寄望於與對岸「公民對話」則顯得縹緲，如何能以精闢具體研究成果影響兩岸關係發展，是需要思索以及努力的方向。

亞洲政策中心開幕致詞

2013年11月11日　星期一

　　歡迎大家來參加「亞洲政策中心」開幕典禮，清華自七月中開辦「亞洲政策中心」，匆匆已過了四個月，今天是趁「亞洲政策中心」空間裝潢完工之際，舉辦開幕典禮，在此恭喜中心同仁正式擁有自己的家，同時中心下月將舉辦的研討會，是中心成立第一次辦理的較大型活動，也象徵「亞洲政策中心」運作漸上軌道，可喜可賀。

　　「亞洲政策中心」的開辦與清華能延攬司徒文博士來擔任首任主任有直接關係；學校發展的優先順序，有時要審度時勢，發揮最大的效能，中華民國建國一百年來，第一次有美國籍大使級外交官決定長居台灣，而他又富有豐富的外交官經驗、擁有英國文學博士學位、珍視清華與美國外交與政經特殊關係，可謂「天作之合」，也促成了「亞洲政策中心」成立。清華的目標是「華人首學，世界頂尖」，對「亞洲政策中心」自然有相應的期望，而盼望在司徒文博士領導下落實。

　　在學術機構，最重要的是要有充分的自由，表達自己的看法，清華並不期待司徒文博士與其他同仁對各種議題有同樣看法；今年諾貝爾獎自然科學項下八位得主，有六位屬猶太裔。猶太裔科學家在自然科學界大放異彩並非新鮮事，但為何全球兩千五百萬猶太裔人，僅占全世界不到千分之四人口，能獨獲超過百分之二十五諾貝爾獎？很多人認為與其善於思辨（critical and independent thinking）傳統有關，不僅好學深思，而且不畏辯證；在討論中，需有人扮演「魔鬼辯護師」的角色，也就是如果人人都認為某人是妖魔，或某事萬萬要不得，一定要有人從各種可能的角色為他辯護，才不至落入「從眾附合」（Conformity）的陷阱；如最近很賣座的《末日之戰》（*World War Z*）中，以色列耶路撒冷城所以能夠支撐到最後一步，照情報主管（Mossad chief

Jurgen Warmbrunn）的說法，是因為以色列養成的十個人中，如已有九人認同一件事，第十人一定要極力反對，因而在世界各地傳來隱晦不明的「活死人瘟疫」（Zombie Epidemic）時，才得以斷然在耶路撒冷城四週樹立高牆，阻隔「活死人瘟疫」入侵，頗能道出猶太傳統鼓勵「另類思考」特色。清華鼓勵大家有不同思維，集思廣益，挑戰「預設立場」，擦撞出有開創性、建設性研究成果。另一方面，在「亞洲政策中心」，主管因有代表性，而「政策」與「政治」不容易拿捏，避免參加公開的政治活動而模糊政策焦點應是上策。

自本學期開學後，司徒文博士已給了三次演講，因時程關係，我僅能參加第二場演講，「亞洲崛起，美國衰落了嗎？」（As Asia Rises, Is American in Decline?）這是司徒文博士在三年前，主講「以矛攻盾的美國」（The Paradox of America），去年演講「數位時代外交之潛力與問題」（Digital Age Diplomacy: Potential and Problems），我第三次聽司徒文博士演講，很能感受他準備充分，清晰與真誠表達他的看法的特色，這也是司徒文博士在清華可貴的地方之一，大家沒有必要有同樣的看法，但能聽到理性的「異見」，而有檢視、思索、辯證的機會，同時我也邀請大家來參加明天司徒文博士的演講：「國家安全與台灣的未來」（National Security and Taiwan's Future），也是他本學期第四場演講，「國家安全」與「台灣的未來」是大家高度關心，但也非常複雜而困難的問題，我們聽過很多官方說法，但一位前美國外交官與清華研究中心主任的觀點如何？相信大家都會同感興趣的。

最後我要感謝多位校友的支持提供「亞洲政策中心」與「葉公超講座」初期的經費，相信「亞洲政策中心」必能不負期望，在清華校史上增添華美的篇章。

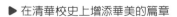

▶ 在清華校史上增添華美的篇章

清華科管院厚德會成立大會致詞

2018年9月29日　星期六

　　首先我要恭喜「清華科管院厚德會」閃亮登場，同時很榮幸成為科管院光輝歷史的見證者，尤其「厚德會」的成立與清華百人會以及清華材料系「雙百會」異曲同工，都是熱心菁英校友組合，更有效的協助清華校務或各學術單位的永續發展。

　　上個月到英國與愛爾蘭旅遊，重遊了牛津大學與劍橋大學。這兩所舉世知名的學府是我以往三次到英國都必列的行程，可謂舊地重遊。與以往不同的是，這次重遊是在我擔任過清華校長以後，特別注意到清華與這兩校資源的差異。

　　牛津大學是世界最古老的大學之一，距今約有九百年歷史，在各項排名中，一直列為世界上最好的大學之一。牛津大學教育了許多著名的校友，包括29位諾貝爾獎獲得者，27位英國首相以及世界各地的許多國家元首和政府首腦。2016年學生共23,195人，包括本科生11,728人，研究生10,941人，教師1,791人。截至2017年7月31日，他的校務基金約56億英鎊，也就是約兩千兩百億台幣，2016-17預算為14億英鎊，約560億台幣。

　　劍橋大學成立較牛津大學略晚，也有超過八百年歷史，同樣是世界上最好的大學之一。截至2017年7月31日的財政年度，教育了許多著名的校友，截至2018年8月，共有116名諾貝爾獎得主，和15位英國首相曾是劍橋大學的學生，校友，教師或研究人員。該大學的總收入為17.1億英鎊（約680億台幣），其中4.58億英鎊（約184億台幣）來自研究補助金和合同。校務基金約為49億英鎊（約兩千億台幣）。2016/17年度學生共19,955人，包括本科生12,340人，研究生7,610人，學術人員7,913人。

　　如果與清華比較，兩校與清華在學生數上，相差並不大，但在人均經費上

劍橋、牛津與清華比約為3.4：2.4：0.4。也就是劍橋、牛津學生人均經費各約為清華的八倍與六倍。

　　如果我們回頭來看北京清華大學學生人數為47,762人，包括大學部人數15,619人，研究生人數19,062人，博士生人數13,081人，2018年預算為269.4億人民幣（約1,200億台幣），校務基金約73億人民幣（約330億台幣）。學生人均經費250萬台幣，約是新竹清華的六倍。

　　猶憶2001年，本人以工學院院長身分，隨劉炯朗校長到北京參加兩岸清華九十年校慶，當時也共同與會的耶魯大學校長萊文（Richard Levin）曾在接受記者訪問時，很婉轉的說北京清華與世界一流大學相較，還有一段距離；到2010年萊文在出訪倫敦時接受英國媒體訪問，中國不僅有意願而且有資源可以達到這個目標，按照目前的投資力度，中國的名牌大學在25年內將可以趕上美國的「長春藤」名校和英國劍橋、牛津等世界著名學府。事實上2019年QS與THE世界大學排名，北京清華分居17與22名，不僅近年節節進步，而且後勢看好。這自然與大陸近年來，投入大量資源息息相關。

　　根據上海交通大學「大中華地區大學排名」，北京清華在2011-2017年連續七年均排第一，新竹清華在2011年為第四名，2012-2013年進步為第三名，2014-2015年高居第二名，2016-2017年為北京大學趕上，再居第三名，可見目前清華尚能與大陸龍頭大學一爭長短；值得警惕的是，如以北京清華積分為100為基礎，2011年新竹清華為93.1分，但2017年僅有69.9分，而北京大學

▲ 有效協助清華校務或各學術單位的永續發展

▲ 不積跬步，無以致千里；不積小流，無以成江海

為84.2分。同時台灣大學在2011年為100分，與北京清華同居第一，但2017年僅有59.5分，與復旦大學同居第九。新竹交通大學2011-2013年均列第八名，2014年後都落在十名以外，也反應台灣的大學逐漸落後。而最直接的原因，即是投入資源的巨大差異。

　　從近代歷史看，「大學強則國家強」，要振興國家，一定要有一流大學培養人才，創造新知。從近年台灣政經發展，很明顯地，支持頂尖大學晉身世界一流之林，政府在政策上要鬆綁，落實大學自主，同時要靠民間力量，在經費上多所支援。「厚德會」與「雙百會」主要的宗旨就是為清華籌募「永續基金」，雖然現在尚不能與前述世界名校基金相比擬，但正如《荀子・勸學篇》中所說：「不積跬步，無以致千里；不積小流，無以成江海。」凡事起頭難，積少成多，聚沙為塔。在此預祝「厚德會」積善成德，協助科管院「更上層樓」。

國家理論科學研究中心晚宴宴請數學大師 Serre教授致詞

2013年7月5日　星期五

　　很高興來參加國家理論科學研究中心晚宴，並歡迎College de France的 Jean-Pierre Serre教授，據了解，Serre教授是現今世界上唯一榮獲數學界三項最高榮譽的大師，包括費爾茲獎章（Fields Medal (1954)，並為最年輕得獎人）、沃爾夫獎（Wolf Prize (2000)）以及亞貝獎（Abel Prize (2003)），在代數拓樸學（algebraic topology）、代數幾何學（algebraic geometry）以及代數數論（algebraic number theory）領域有重大基礎性的貢獻；這次能到清華來，並給予系列卓越講座，是清華的榮幸。同時也很感謝Serre教授分別於2009及2011年訪問理論中心並且給了多場座無虛席、精妙入神之演講，希望以後這項每兩年一度的優良傳統能夠長久保持。

　　最近我剛從法國最知名的酒鄉波爾多（Bordeaux）參加「第六屆台法前鋒科學論壇」（6th France-Taiwan Frontiers of Science Symposium）。清華大學很榮幸接受國科會委託辦理這項盛會；在會議開幕時我提到去年訪問清華大學的1997年諾貝爾物理獎得主法籍Dr. Claude Cohen-Tannoudji，在演講中，歸因獲得非凡成就，受到在法國學院（College de France）擔任教授時經驗的深刻影響；法國學院教授可自選所教課程，但每年必須教不同課程，促成他擴展知識範圍，嘗試新領域，而他榮獲諾貝爾獎的代表作，即是他在進法國學院以後投入新領域的成果；巧的是2012年諾貝爾物理獎得主Dr. Serge Haroche正是College of France的「量子物理講座」，並在得獎前被推舉為該機構的 administrator；尤其特別有意義的，Dr, Serre 原來也是College de France的教授，另一方面，我這次也參訪南巴黎大學，即原巴黎第十一大學（University Paris-sud，即原University of Paris XI），而南巴黎大學數學系以在二十一世

紀費爾茲獎章三次連莊出名（Laurent Lafforgue (2002), Jean-Christophe Yoccoz (2006), Wendelin Werner and Ngo Bao Chau (2010)），且出過兩位諾貝爾物理獎得主（Pierre-Gilles de Gennes (1991), Albert Fert (2007)），Fert教授並曾於2009年1月23日在清華作兩場演講；講題分為「電子自旋學：從電子自旋至今日電腦與電話」與「未來自旋電子學中頗具希望的選擇——奈米碳管（在自旋傳輸中的源極和汲極之間優於半導體的選擇）」；同時這次也有機會參觀Serre教授獲得博士學位的University of Paris IV - Paris-Sorbonne，另外Serre教授最先工作的法國國家科學研究中心（Centre National de la Recherche Scientifique，CNRS）為這次「台法前鋒科學論壇」主辦單位之一；一方面，恰巧與清華有關的College de France、University Paris-sud、University of - Paris-Sorbonne、CNRS均與Serre教授有淵源，另一方面，深感台灣對法國學術界認識不足，未來應加強交流才是。

　　國家理論中心於一九九七年八月一日，由行政院國家科學委員會設立。中心位於新竹市之清華大學校園中，由國立清華大學與國立交通大學協同贊助。中心的目標有：1. 提升數學與理論物理的研究。2. 延攬傑出的數學家與理論物理學家加入中心。3. 鼓勵數學領域與物理領域的跨領域合作，以及區域性的合作研究。4. 提倡與全球科學家的國際交流、合作。並以成為亞太地區最卓越的數學與物理研究中心為目標。這次系列卓越講座，可看到中心的部分功能，由於理論工作重要但所需經費相對少，持續支持是關鍵，但也希望理論中心能將觸角外伸，多與實驗科學家合作，放大突顯績效，對未來爭取國科會或各校支持時，會有很大的助益。

▶ 台灣與法國學術界應加強交流

兩岸清華企業家協會（TEN-TEEC）晚宴致詞

2018年11月9日　星期五

中國人有句俗語說：「無巧不成書」，今天有緣在日月潭雲品飯店向兩岸清華企業家協會會員致意真是有一連串的巧合。首先是我今天下午在隔壁房間開會，到新竹清華企業家協會（TEN）成群傑秘書長進來跟我打招呼，才知協會年會也在此召開。其次是我參加的會議正是攸關清華歷史的「中華教育文化基金會」董事會（中基會）。

所有清華人都知道，清華是由美國退還多索的「庚子賠款」（庚款）所設立，而由庚款支持為中國培育了許多頂尖人才，並使清華財務較為健全，迅速壯大；而庚款多年來是由「中基會」負責保管與支配。這當中又有一段曲折歷史。原來美國於1924年對中國有第二次退還庚款之舉，因而成立「中基會」負責保管與支配。由於績效卓著，有關各方議決由1929年起，也同時管理美國第一次退還庚款成立的「清華基金」，迄今已達八十九年，可謂與清華大學關係源遠流長，並扮演舉足輕重的腳色。

另一項巧合是我剛好昨天在台北孫運璿科技·人文紀念館，為北京清華EMBA至國立清華大學之境外學習學員講習。當初主辦的新竹清華EMBA主任和執行長表示科管院EMBA與北京清華EMBA兩岸交流多年，彼此用心維護這難得的情誼，希望藉由對清華史的了解與解說，讓學生們更加珍惜這得來不易的緣分。所以我就打算以「兩岸清華」為主題演講；不意在之前兩天北京清華EMBA帶隊老師來函謂北京清華（北清）同學反饋，由於他們已經聽過不少清華歷史，有些甚至是由校史館專人解說，因此想詢問是否可以就我的專業，聊聊關於材料方面相關新知？讓情況變得比較複雜。

清華是一本大書，內涵極為豐富，事實雖然只有一個，但對歷史的解讀，

卻可有不同觀點，而且疏密有別；尤其兩岸分離相當久的時間，對共同歷史看法都可能有相當落差，何況近幾十年來，又有不同的歷史發展軌跡，所以仍認為原來主題應對學員們有些幫助；但為保險起見，我還是我準備了兩套講稿，多出來的一套是有關科普的講題，已備不時之需。所以我在演講開始，先與學員們進行簡單的對話，以測驗其對清華歷史了解的程度，幾度問答下來，讓我心情不如先前的沉重，決定照最初計畫進行。到兩小時後結束時，學員的反應可以說相當熱烈，似乎意猶未盡，表示受益匪淺，對我來說是一個相當有趣的經驗。另一方面，「身為清華人，應知清華事」，還有待大家多發掘，多了解，多討論。以我多年致力爬梳清華歷史的經驗，仍不斷有進一步的了解。即以「中基會」而言。在我我新擔任「中基會」董事前後，就對庚子賠款前因後果，「中基會」與清華的關係等有了新的認識。而我心願之一就是能掌握「中基會」對新竹清華資助的歷史資料，而做一系統化的整理，作一存證。

　　剛才我聽說新竹清華企業家協會蔡進步會長即將卸任，TEN在蔡會長領導下一直有進步，我也在此祝兩岸清華企業家協會一起更進步。

▶ 身為清華人，應知清華事

三、建物動土上樑啟用與落成

記錄近十年來，清華學生宿舍、體育館、實驗室、研發中心等各大建物的動土與落成情形，展現清華校方積極建設與校友對母校的慷慨回饋之情形，致力提供清華學子完善的學習活動與學術發展的空間。

旺宏館落成典禮致詞

2011年4月24日　星期日

今天我以非常興奮的心情來參加清大旺宏館的落成典禮。剛才我與那些同仁與校友從清華校史上第一次完全由校友捐贈的多功能體育館的動土典禮趕過來，所以時間有些耽誤，很是抱歉。多功能體育館的動土典禮與現在進行的旺宏館落成典禮共同之處可感受到都是喜氣洋洋。這幾天因校慶活動集中舉行，每天行程滿滿，有人好奇問校長感覺如何，我說校長越忙表示學校越旺，樂在其中，這部分剛好跟旺宏館命名是不謀而合，清華有了旺宏館以後一定更加興旺。我們當然也祝福旺宏電子未來也是一天比一天興旺，正如胡董事長在上次吳董事長名譽博士授予典禮上所言，如果旺宏更興旺，清華也會更興旺，所以我們對興盛的未來是充滿了期待。

今天終於得以在這美輪美奐的建築物舉行落成典禮，可謂「千呼萬喚始出來」，雖然等一下吳董事長或胡董事長可能會抱怨，旺宏館從得到旺宏電子以創記錄的大手筆捐贈並獲得教育部支持，決定興建以來，歷經四任校長，長達十年才完成，其中從經費籌措、拆遷原有建築、工程核定、施工以及滿足各種法規的要求等，須通過重重關卡的艱辛原由，雖然大家都很清楚，總是令人遺憾；另一方面，我要向大家保證，清華未來一定會好好的經營。事實上，因為經費限制，內裝也有延宕，承蒙旺宏電子又再次慷慨捐贈一億元，讓我們可以把內裝工程做得更好。為不負各界期望，我也建議我們的同仁，到各地去參觀、取法，看看有些學校十年前就做得很好的工程，如果現在沒有做好妥善規劃，圖書館的外觀、內建品質以及服務還不如先行多年的友校，那就有愧做為清華人了。清華一向要求精益求精，永遠的追求卓越，同仁們一定要充分發揮清華行勝於言的精神，相關單位群策群力，將旺宏電子的一番美意予以落實與發揚。

目前校內還有很多工作亟待進行，我們會抱著戒慎恐懼之心把事情做好，另外，在今天落成典禮的前四天，也就是四月二十號，本校在旺宏館前面，舉行世界知名雕塑大師、有「二十世紀最傑出雕塑大師」之譽的羅丹最著名的作品，「沈思者」揭幕典禮，對應著旺宏館學習資源中心及國際會議廳的用途，應是相得益彰，也是最好的開始，羅丹在這個作品完成時曾說，世界上如果有永垂不朽的事物，那我這個作品一定會永垂不朽。我想今天啟用旺宏館，我們同樣要抱持著旺盛的企圖心，好好的利用學習資源中心，把它當作思索者的社群集中地，充分發揮其功能，針對世界未來的重要議題，多學習，多思索，讓清華大學與旺宏電子深刻的結緣在世界上能夠永垂不朽。

　　最後我要再次感謝各位光臨盛會，祝大家身體健康，萬事如意。

▲ 清華有了旺宏館以後一定更加興旺

▲ 清華一向要求精益求精，永遠的追求卓越

校友體育館動土典禮致詞

2011年4月24日　星期日

今天我們在這裡見證清華的歷史，一百年來第一次由校友捐贈全部經費的體育館舉行動土典禮，剛才司儀宣布今天到場的部分貴賓時，我以為他要一直唱名下去，因為今天到場的全部是貴賓，全部都是清華的貴人。

我們在一年多前校長就任典禮時，提出百人會的構想，很令人振奮的是迅速獲得校友們熱烈的響應，踴躍情況遠遠超出當初的預期，讓身為校長的我，感到非常驕傲與感動。清華校友對母校的愛護之情，不是其他任何學校的校友可以做到的。最近一年多來，經常有機會在各個場合跟校友互動，每當提及百人會構想時，校友都極為支持，沒有一次讓我失望。

很感謝曾子章理事長在第一時刻，就認捐五個單位，其後又發動所領導的企業集團中五位總經理級校友個認捐五個單位，在我拜訪正文科技陳鴻文與楊正任校友時，他們很爽快的各認捐三個單位，碩禾電子的陳繼仁校友也循曾子章理事長模式，除個人認捐四個單位，也發動旗下三位校友認捐。還記得去年四月受邀至校友高球賽致詞時，口頭邀請賴文針董事長加入百人會，他二話不說當下應允，之後，范傳銘校友主動把我拉到角落，問我有沒有機會加入，我說當然歡迎，還有，我邀請蘇峰正總經理到學校談談，結果一談之下他就加入了百人會。在張一熙校友退休茶會上，我說希望他未來有機會一定要加入百人會，他當場宣布加入，不久後，當時在茶會現場的葉均蔚與簡朝和校友也共襄盛舉。

另外近來對學校有重大捐贈的校友，如核工69級李偉德校友獨自捐贈一億五千萬元，協助學校興建「綠能館」，物理73級謝宏亮校友，捐贈有「二十世紀最傑出雕塑大師」之譽的羅丹最著名的作品，「沈思者」大型銅雕，在得知百人會活動後，都堅持另外捐獻，參加百人會；諸如此類感人的故事不斷地重

演，所以一年多來跟校友的互動，從來沒有一個場合是空手而返的，我想這是其他的學校做不到的；各位百人會的會員都是清華的貴人，清華對大家是衷心的感謝。爾後，你的公司、你的事業、你的家庭有甚麼需要校長的地方，校長義不容辭，你的公司要開工，你的公司要慶祝，你的寶眷有什麼喜事，都可以跟學校聯絡，南來北往，在所不辭；雖然之前已經參加過很多類似活動，但我欠各位百人會會員每人最少一次，第二次當然也可以商量，不排除也可能提別的計畫，共襄盛舉。

今天非常高興能在清華百周年校慶時，順利舉行校友體育館動土典禮，等一下大夥要移師到大草坪旁，化工館旁的新圖書館，也就是旺宏館，參加落成典禮，歡迎大家也去共沾喜慶之氣，最後再次謝謝大家。

▶ 見證清華一百年來第一次由校友
　捐贈全部經費的體育館動土典禮

校友體育館上樑典禮致詞

2012年3月5日　星期一

　　校友體育館是清華建校一百年來第一次由校友捐贈全部經費的體育館，今天很高興已到達擇吉上樑的時刻，是建館工程的重要里程碑。約半年左右後，一座美奐美侖的體育館就將在此落成啟用。上禮拜我在梅竹賽誓師場合向同學們宣布時，同學們都很開心。新體育館落成啟用是所有清華人所期待者。

　　今年適逢梅校長逝世五十周年，梅校長在〈清華大學與通才教育〉一文中，闡述體育的重要。清華校友梁實秋先生，在其名作《秋室雜憶》中，也提到清華大學對體育特別注重。對體育的重視，是清華的傳統。在清華歡慶百周年之際，非常感謝校友們熱情的響應學校的號召，共同寫下台灣高等教育史與清華歷史上光輝的一頁。

　　清華以擁有許多傑出而愛護學校的校友為榮。一年多來，除校友體育館外，有工程與系統科學系（原核子工程系）1969級校友李偉德博士捐贈新台幣壹億伍千萬元協助興建「綠色低碳能源教學研究大樓」；1973級物理系校友謝宏亮董事長，捐贈價值不菲的羅丹巨型銅雕「沉思者」；今年即將動工的清華實驗室，將供材料、化學、化工以及物理系四系進行跨領域的實驗研究使用，目標向校友募款兩億元，也迅速獲得超過壹億五千萬元捐贈，達陣之期不遠。另一方面由企業界校友籌設的大清華基金，募得三億元資金，去年粗估植利率高達百分之二十五，亦將以部分獲利所得挹注學校發展。我另外也要特別感謝校友會曾理事長，除在百人會出錢出力以外，最近為推動校友會工作，又個人捐贈三百萬元，校友會在你的卓越領導下，與學校良性互動頻繁，是學校發展的一大助力。

　　我在去年百人會聚餐與表揚大會中提過，各位百人會的會員都是清華的貴人，清華除衷心感謝之外，也希望能對各位經營的事業有所增益。過去一年，

我參加過許多百人會會員經營公司慶典與寶眷喜慶活動，最近一次將是下星期參加呂志鵬總經理在雲林斗六市新廠落成典禮。在現在高鐵貫穿台灣西部時代，以時程來看，斗六可算是從新竹出發最遠的地方，也表示學校會儘量配合百人會會員在本島舉行希望學校共襄盛舉的活動。當然你在境外的活動亦可商量。

　　我每天在校園散步時都會繞經體育場，駐足觀看校友體育館工程進度。與許多其他工程不一樣的是，自開工以來一直看到許多工人在積極施工，這點要感謝建築師、施工單位與本校營繕組同仁，希望未來也能切實把握工期、注重工程品質，讓校友體育館如期完工。最後歡迎與感謝各位來參加校友體育館上樑典禮，再次謝謝大家。

教學大樓台達館啟用及台達與清華啟動
雲端合作計畫典禮致詞

2011年10月13日　星期四

　　很感謝各位今日專程撥冗參加本校教學大樓──台達館的落成啟用典禮。在鄭董事長鼎力支持下，配合政府補助清華「邁向頂尖大學」款項，台達館於97年10月動土，在座的多位貴賓，三年前也在這個位址參加過台達館的動土典禮，今天能再度聚首於此，除見證清華第一棟綠建築的落成啟用，也見證清華推動「新能源綠色校園」，為環境永續發展盡心力的決心。今年六月清華大學畢業生聯誼會舉辦畢業舞會，主辦同學精心策劃了一個以「出嫁」為主題的行動劇在舞會前演出，將校長裝扮成原北京清華大學中文系系主任朱自清先生的父親，穿上長袍馬褂，手中拿著一袋橘子，將身穿白紗的畢業生代表，交給企業主，象徵清大畢業生與業界結為連理。事後我對此有所思索，清華要培育什麼樣的人才，託付給什麼樣的企業主。我想清華要培育像鄭董事長一樣，樸實努力、奮發進取、注重創新研發、愛護員工、回饋社會的人才；另一方面，如果清大把畢業生交給鄭董事長這樣卓越的企業家將是最放心不過。鄭董事長是台灣企業家的典範，台達電是台灣企業的標竿，榮獲天下雜誌最佳企業公民，以及標竿企業電子業的榜首，今年又以「綠建築的倡導者」榮獲「2011遠見雜誌企業社會責任獎」首獎。2006年鄭董事長獲頒清華大學名譽博士，代表清大同仁最高的肯定。

　　鄭董事長多年來深耕「節能環保」與「文化教育」二大永續事業，也與清華大學努力目標一致。台達電子是世界電源供應器龍頭企業，而將電源供應器效率提升到九成以上。同時積極投入實施綠色製程、資源回收再利用、廢棄物管理等計畫。首次推出節能效率達90%的發光二極體（LED）燈泡，即是以堅強的技術能力為全球氣候變遷作出具體貢獻的表率。本人於2010年就職清華校

長時即宣布，首要推動的工作之一，即為打造清華成為新能源綠色校園，這與台達電子秉持「環保、節能、愛地球」的經營使命不謀而合。

在「文化教育」方面，鄭董事長與台達電多年以來，慷慨捐資興學。清華大學與鄭董事長結緣始自2000年，鄭董事長捐贈時值一億元台達電股票，以現金股利設置「孫運璿講座」；2008年除捐助興建台達館並與清大合設「台達／清華聯合研究中心」，從事新能源開發、儲能、節能與環境電子、電源供應器等相關技術研究計畫，攜手共創產學合作新契機。今天更加碼捐贈台達館所須太陽能發電與教室投影設備，以及雲端科技相關軟硬體與合作研發經費，清華大學對鄭董事長的青睞與厚愛，充滿感激之情，除戮力於早日晉身於世界頂尖學府之林，並將以具體研發成果有所回饋。

前幾天有一位與我合作研究的UCLA教授透過Dropbox跟我共享雲端資料，讓我驚覺到雲端科技時代已進入研發領域，不再是遠在雲端。昨天我回想去年以來與鄭董事長在公眾場合的互動時，就在網路上輕易找到：

一、去年一月十一日在總統府月會中，邀請美國紐約時報專欄作家，三次普利茲獎得主湯馬斯·佛里曼（Thomas L. Friedman）演講，而與會者都獲贈一本其所著《世界又熱又平又擠》中文版新書，而這本闡述啟動「綠能革命」，解決人類危機新書，正是由台達電贊助出版。

二、台達電贊助推動環保的美國前總統克林頓於去年十一月十四日在台北國際會議中心以「預瞻台灣2010年起經濟前景及方向」為題發表演講。

三、今年七月五日故宮博物院舉辦台達之夜活動，觀賞黃公望「剩山圖」與「無用師卷」合璧之「富春山居圖」。

也代表未來行事曆記事等各種資料，儘可自雲端取用，發展潛力無窮。清大擁有堅實卓越的雲端科技研發領域團隊：例如本校資工系學生團隊榮獲去年全球最大規模的超級電腦研討會「國際高速計算會議學生叢集電腦計算競賽」世界冠軍，今年則勇奪微軟全球潛能創意盃「嵌入式系統組」冠軍；將在鍾葉青教授領導下，整合校內外十餘位教授與約五十位研究生與台達電子進行合作，研發分散式雲端運算中介軟體，運用台達電子捐贈，置於校區內的雲端機櫃提供日常研發所需之運算及儲存資源。也將進一步透過網路連線，彈性擴充到遠端台達電子的「超節能雲端資料中心」，成為雙方的研究與教學平台。

「台達館」設計之初，就將台達電子致力於環境保護，推廣綠建築的實踐

力納入設計構想中，將地形、氣候、風向及溫濕度等因素進行分析考量，以創造一個永續、宜人、節能且環保的綠色建築。「台達館」不僅通過內政部建築研究所：綠化量指標、基地保水指標、日常節能指標、室內環境指標、水資源指標、污水垃圾改善指標等六項綠建築指標，更取得銅級綠建築標章，將能有效降低未來大樓使用的耗能支出。

　　「台達館」外觀設計上除保留「紅樓」的原始意象，更以「兼重人文藝術與科技」、「綠能校園」為主要的訴求。樓地板面積約為29,185平方公尺（8,828坪），啟用後，除提供資工系、材料系及奈微所等單位共同使用外，「台達／清華聯合研究中心」也將座落於台達館內。值得一提的是英國高等教育調查機構QS公司，於今（2011）年四月公布全球大學工程與技術領域排名，本校材料與資訊科學領域，排名分別在全球51-100與101-150名之間，而奈微所目前為亞洲地區屬一屬二研究所，三個表現優異系所，必會善用新增空間，更上層樓可期。

　　感謝台達電子工業股份有限公司及在座貴賓長期對於清華的支持，並再次感謝各位貴賓撥冗參加「教學大樓」落成啟用典禮。最後，祝福各位身心健康愉快、萬事如意！

▲「台達館」以「兼重人文藝術與科技」、「綠能校園」為訴求

▲鄭董事長多年來深耕「節能環保」與「文化教育」二大永續事業

清齋啟用典禮致詞

2012年2月15日　星期三

　　很高興參加今天清齋的啟用典禮。清齋是繼九十八年度新建學儒齋使用後，學校最新落成的宿舍。學儒齋當初規劃996個床位，清齋則有993個床位，為何不乾脆各規劃超過1000個床位，以後恐怕會成清華校園的話題之一。

　　清齋的落成，是本校營繕單位、專案管理單位（PCM）、建築師、營造商以及關心人士共同的成果，是大家努力的印記，我要代表學校向各位致謝。但不容諱言的是，也有許多需要檢討改進之處。清齋的落成啟用，可以「千呼萬喚始出來」形容，同時正如白居易所說「猶抱琵琶半遮面」。消防設施前後經過十幾次才通過，驗收也多有波折。我想部分參與同仁會想，這些情況與以前本校許多建築情況相似，這正是我要提醒而未來必須責成改進之處。在學校，或者一般公家單位，很多人因循成習，但有極大改善空間。舉例而言，最近學校一些小工程，工期竟然長達五十天，而百分之八十的時間，不見有人工作。今天在報上看到，新任內政部長李鴻源表示，為了公共工程品質著想，他在部長任內原則上不鼓勵所屬採最低標，也儘量不用最低標，而用異質最低標或最有利標。事實上，我在國科會擔任副主委時，即在行政院內公共工程委員會召開會議中，得到類似訊息，最近我在校內會議中，也強調在操守無虞下，以後校內重大工程將遵循此原則。

　　另一亟須改進之處為驗收不實，導致一些安全問題。我以前在別的場合有提過，美國開國元勳富蘭克林曾說「把事情做好，不是靠信心，而是靠沒信心，」主管如果沒有對負責同仁做審慎考核，而放心賦以重任，而不盡責監督的話，自然問題叢生。這兩點我希望營繕組同仁必須澈底改進，才不負清華師生同仁的期望。

新宿舍的落成，對本校而言當然是可喜可賀的大事。我在台灣大學大一時住學校宿舍，八人一間，作息甚為不便，大二暑期到清華參加救國團辦的科學營，體驗清華學生宿舍，覺得這才是適合大學生學習生活的居處，留下良好印象。另一方面，清華大學校友對學校向心力最強，也與清華自在台建校以來，即有大學部新生一律住校傳統，大家留存共同美好記憶有關。清齋的落成，代表學校以新的思維，新的營造與軟體技術所完成的最新建設，目前規劃為研究生宿舍，希望未來看到許多曾住過清齋的傑出校友，在各種場合，談笑述說在清齋度過的豐富、多元、充實的生活，還需學務處住宿組與總務處營繕組與事務組的同仁多多費心，通力合作，做好服務。

▲①清華自在台建校以來,即有大學部新生一
　律住校傳統
　②代表學校以新的思維,新的營造與軟體技
　術所完成的最新建設
　③把事情做好,不是靠信心,而是靠沒信心
　④談笑述說在清齋度過的豐富、多元、充實
　的生活
▶⑤千呼萬喚始出來

名人堂上樑典禮致詞

2012年10月28日　星期日

很歡迎與感謝大家來參加「一招B棟上樑典禮」；一招B棟原為本校第一招待所的一部分，另一部分就是現在的蘇格貓底餐廳。第一招待所原名百齡堂，於民國54年12月11日落成啟用，因時逢國父孫中山先生百年冥誕而命名。以前是學校招待貴賓與舉行重要活動場所；由於建築雅致，早年常成為電影公司拍外景之地，本人即曾親眼目睹當年玉女影后林青霞在堂外拍外景；而學校許多重要活動，如校長與教授午餐會談、小型典禮、歲末聚餐、導師與學生餐聚以及同仁或校友婚禮等，比較特別的是57年12月23日兩校代表於清華百齡堂舉行梅竹賽第一次籌備會議。會中並擲幣決定梅竹次序。

另外民國80年，清華慶祝80周年校慶，邀集四位頂尖科學家清華校友，即諾貝爾物理獎得主楊振寧與李政道先生、諾貝爾化學獎得主李遠哲先生、數學沃爾夫獎得主陳省身先生，同時蒞臨新竹校園，一日在百齡堂早餐時，促成兩岸清華1949以來第一次正式「通話」；當年兩岸之間沒有任何正式的往來，還是處於「不接觸、不迴避、不……」的時代，兩岸的清華大學也沒有正式聯繫；在陳省身先生提議下，劉兆玄校長即席寫了幾句話給北京清華的張孝文校長，大意是兩岸清華共同慶祝建校八十周年，傑出校友楊振寧、李政道、陳省身、李遠哲同蒞新竹校園共襄盛舉，特此致意，由各校友與校長共同署名，請主秘李家維教授電傳北京清華，據李主秘事後告知：「短訊傳過去約十分鐘，他接到北京清華來的電話，對方詢問方才接到一封署名劉兆玄校長的短信，是否是真的？當家維回答確認後，電話中聽到對方揚起一片掌聲及歡呼聲」。兩岸清華從1949以來，有四十多年不相往來，第一次的正式「通話」卻是在這種情況下完成，實在令人感慨。

這裡順便向大家報告，前天在舉行「梅貽琦校長逝世50週年研討會」時，

北京清華顧秉林前校長以一張當年清華與交大比賽足球的照片表示「清交梅竹賽其實早在大陸時期即已開打」，據說結果是清華勝，我已請隨行的北京清華校史館館長確認比數，否則恐怕交大會不服氣。總之，百齡堂是很多清華重要事件發生的場所，是許多清華人共同美好的回憶。而學校已決定保留一招A棟部分為歷史保護建築。

由於招待貴賓功能，約在十餘年前，在本校另一招待所，即現今第二招待所落成後，百齡堂又名第一招待所，九十五年起，隨「清華會館」啟用，客房部分停止營運，改由行政單位暫時使用，而後有一招B棟改建之議，並於年前動工；在用途方面，正朝多功能方向規劃，包括訪客與接待中心、名人堂、教師與校友聚會所等，新建工程預定於明年校慶前啟用，在此我要感謝本校退休同仁籌組志工團，未來與學校配合經營訪客與接待中心；在本月二十四日最近一次的校友會理監事會上，也欣見未來校友會將對一招B棟規劃以及發揮功能多所協助，最後要感謝同時拜託施工單位持續盡心盡力，讓工程盡善盡美，如期完工，達到明年4月28日校慶日啟用的目標。

「校友體育館」啟用典禮致詞

2012年11月15日　星期四

今天，中華民國一〇一年十一月十五日，是清華大學校史上的大日子，也是清華大學校友的大日子，因為清華建校一百年來第一次由校友捐贈全部經費興建的「校友體育館」將於今天啟用，在此良辰吉時，讓我們一起歡慶清華的大喜事，也讓我們給捐款興建的校友熱烈的掌聲。

新竹清華大學最早的體育館落成於1971年，現在使用的體育館於1993年完工，有一陣子叫新體育館；當年在校生不到六千人，近年來，學生人數倍增，體育館舍設施嚴重不足；去年適逢清大百周年校慶，希望能結合校友的力量，成立清大百人會，以每位校友捐贈一百萬元的方式，加上其他的捐助，共同募集建造總經費達一億七千萬元的多功能體育館，最初目標為一億元，在校友的熱烈響應下，不僅順利達陣，捐款總數達到一億七千兩百萬元，同時為感念校友們對母校的愛護與支持，經學校正式程序，命名為「校友體育館」，新體育館被評定為「黃金級」綠建築，包括八面羽球場／兩面排球場與供韻律操以及啦啦隊使用的挑高活動場地，原羽球館將改為桌球館，現桌球運動場地將移用為較目前規模大三倍的健身房，使學校體育館舍設施整備度大為增加。

校友體育館的啟用，可謂集天時、地利、人和的大成；清華校訓「自強不息」取自《易經》卦辭「天行健，君子以自強不息」，即揭示強身健體的重要，對體育的重視，是清華的傳統。梅校長在〈清華大學與通才教育〉一文中，闡述體育的重要。清華校友梁實秋先生，在其名作《秋室雜憶》中，也詳述清華大學對體育特別注重的情狀；新竹清華五十六年前在梅貽琦校長領導下，繼承北京清華「體育大校」傳統，強調學子要有健全體魄，才能擔負艱鉅工作，並自國外延聘國手級校友張齡佳教授為體育室主任，積極推動體育教育；多年來校園體育風氣蓬勃發展，大家在入口處可看到教育部頒發的101年

度大專組體育績優學校獎座。教育部每年度由全國165所大專校院中，評選兩所學校獲獎。本校能脫穎而出，除了學校慣有的靈活策略成功推行體育政策，而教師、職員、學生們向來重視體育發展，對於各項體育活動都能團結合作共同達成也是重要的因素。獲獎不僅是肯定學校體育的發展，更是肯定清華向來堅持德、智、體、群、美五育均衡發展的教育理念。另一方面，今年的梅竹賽雖然未能賽完，但在正式宣布停賽之前，清華已在桌球、羽球、棒球賽節節勝利，尤其羽球已連續十一年飲恨，棒球也連續七年沒有贏，但在將士用命、士氣如虹下，均奪得錦標歸，另外桌球是長勝軍，今天也讓我們一起向教練與健兒以熱烈的掌聲鼓勵。

清華的校友是學校的瑰寶，最新統計已接近六萬人，除了貢獻社會有傑出表現外，對母校的向心力不是任何其他學校校友可以比擬，在此預告學校正在規劃並將於近日推出認同回饋卡制度，將依校友歷年來對學校或院系累積的捐助分設行健、自強、不息、厚德、載物、梅花、紫光、月涵卡，各位百人會將獲贈厚德卡，象徵對母校「深厚的德意」，如累積達到五百萬、一千萬、五千萬、一億元，將分別獲贈載物、梅花、紫光、月涵卡，目前正請各院系統計回報中，初步掌握的資訊是李偉德校友將持有月涵卡，李義發、謝宏亮與陳繼仁校友為紫光卡主，張子文、曾子章、吳子倩、蔡朝陽校友為梅花卡主，載物卡主則已有十餘人，相信未來在學校與校友的緊密互動下，必能對學校提供更多更大的幫助，讓清華品牌更能發光發亮。

美奐美侖的新體育館落成啟用，除非常感謝校友們熱情的響應學校號召，共同寫下台灣高等教育史與清華歷史上光輝的一頁，同時要感謝本校財務規劃室、校友服務中心、體育組、營繕組同仁以及建築師、施工單位；這一年多來，我每天在校園散步時都會繞經體育場，駐足觀看校友體育館工程進度。與許多其他工程不一樣的是，自開工以來一直看到許多工人在積極施工，而能如期完工，這點要感謝廖建築師與施工單位以及本校營繕組同仁，最後要感謝本校名譽博士紀政女士蒞臨，與兩位奧運女國手到場表演，共襄盛舉。

▲ ①校友體育館的啓用，可謂集天時、地利、人和的大成
　②一起歡慶清華的大喜事
　③清華向來堅持德、智、體、群、美五育均衡發展的教育理念

學習資源中心旺宏館總圖啟用典禮致詞

2013年3月4日　星期一

今天是清華大學一個非常值得紀念的日子，剛才我們參與了「手傳手，心連心」傳書活動，將原圖書館最後一批館藏，以接力方式穿過鴿子廣場、循著沈思者的方向，傳入位於學資中心的新總圖，將屬於所有清華人的智慧寶藏帶到新家，而歷經十二年擘劃有成，全新總圖敞開大門歡迎所有清華人的蒞臨。

在兩年前我參加圖書館主辦的活動，曾問圖書館的同仁：「你會鼓勵你的子弟唸圖書館系嗎？」答案可能具有相當的不確定性，反應資訊科技突飛猛進時代，圖書館的角色定位問題；我在學生時代以及到清華任教的前期，是圖書館的常客，但在當校長以前十幾年，幾乎沒有到過圖書館，一方面，所有會查閱的期刊都有電子化，在辦公室裡，或家中甚至在旅途，都可輕易自網路查閱文獻；我在美國時以及在台灣曾分別購買二十幾巨冊的《大英百科全書》，而《大英百科全書》紙本已經停刊，大家現在常看的是「維基百科」，到昨天為止，英文條目達4,176,916條，中文條目達676,652條；條目要比《大英百科全書》約十萬條豐富很多，內容足夠提供初步資訊，且不斷更新，而不收費，逼使約有兩百五十年歷史的紙本《大英百科全書》停刊，僅餘網路與電子版；《世界是平的》暢銷書作者，美國紐約時報專欄作家Thomas Friedman說：「我寫這本書所準備的資料幾乎全從Google上搜尋而來」；各式電子資料庫與電子書逐漸普及，對傳統圖書館產生很大的衝擊。

清華大學在台建校初期的圖書館位於行政大樓（化學館現址），隨後因應師生人數增加需求擴大而三度遷館。1968年首度遷館至紅樓（台達館現址），1985年遷至綜合二館。2000年校方著手規劃新圖書館興建專案，考量數位時代的圖書館功能轉變，而須反應數位時代的來臨，擬定新館將以學習者為主體的資源利用與交流平台，獲得旺宏電子公司肯定，捐助三億元作為興建基金。由

於建物規模龐大，直到2005年才獲得教育部補助預算，2008年通過細部規劃後動工。2010年旺宏電子公司為贊助內部裝修再加碼捐款一億元。

這是清大在台建校超過半世紀以來第三次、也是規模最龐大的圖書館遷建。新館經費主要來自於旺宏電子公司捐款，全館規劃強調互動與共享，因此定名為「學習資源中心旺宏館」，總面積約27,000平方公尺。館內多項創新設施包括：全國大學首創的「手機亭」、專供夜間讀書的「夜讀區」、二十四小時不打烊的智慧型自助還書服務，並透過建置UHF RFID智慧型圖書管理系統，配合多功能空間設計、新穎的多媒體互動與影音視聽設施，為讀者提供更貼心的服務；而呈現清華歷史縮影的「校史展示區」與陳列清華教師著作的「清華書房」，更是清華人多年耕耘成果的具體展現。

常言道：「開卷有益」，不論以紙本或數位形式，讀書仍是深化知識的主要來源，「學習資源中心」作為資源利用與交流平台，配備新穎的多媒體互動與影音視聽設施，重要的是提升學習效能；統計學者Nate Silver曾估計，目前世界上，每一秒鐘所產出數位資訊數量相當於美國國會圖書館紙本館藏三倍的資料，他們大部分是噪音，如何化資訊為知識是學習的要旨；孔子說：「學而不思則罔，思而不學則殆」，學與思必須並行，館前的羅丹「思索者」雕像是最佳的提醒。

今天活動很感謝旺宏電子吳敏求董事長親自來參加，「學習資源中心旺宏館」沒有旺宏是沒有辦法落成的，在規劃建設期間，大家也念念不忘要達成旺宏慷慨捐助的期望，今天是交出初步的成績單；未來清華必會持續的與旺宏互動，妥善經營並發揮最先進與美奐美侖的「學習資源中心」的功能，讓清華與旺宏品牌同時發光發亮；最後祝大家有豐富充實的學習經驗。

▲ 全館規劃強調互動與共享

▲ 讀書仍是深化知識的主要來源

學習資源中心旺宏館啟用典禮致詞

2013年4月11日　星期四

　　今天我們是以歡欣鼓舞的心情來舉行「學習資源中心旺宏館」啟用典禮；上個月四日清華大學舉行了「旺宏館總圖」啟用典禮，今天是整個「旺宏館」啟用典禮，差別是除總圖書館外，新的「國際會議廳」、階梯講堂、遠距教室、視訊會議室等也加入了學習中心的行列，「旺宏館」將成為一個更具學習功能的場館；同時呈現清華歷史縮影的「校史展示區」與陳列清華教師著作的「清華書房」也正式開放，將具體展現清華人多年耕耘成果。昨晚清華已先在「國際會議廳」為鄭愁予教授舉辦八十壽誕詩樂禮讚，是清華在中國新詩推動與發展歷程中的華美篇章，也是一個閃亮的開始。

　　今天很感謝旺宏電子胡定華前董事長與吳敏求董事長、劉炯朗前校長、陳文村前校長親自來參加；「學習資源中心旺宏館」沒有旺宏是沒有辦法落成的；旺宏館歷經四任校長，長達十二年才完成，約兩年前我們在此曾舉行落成典禮，是緊接著「校友體育館」動土典禮之後，「校友體育館」已於去年十一月十五日啟用，何以「旺宏館」「千呼萬喚始出來」？這當中原因很多，但可向大家明白交代的是，清華同仁是盡心盡力的希望為清華校園建設一個「令人驚豔」的亮點；新館除美奐美崙的建築外，館內多項創新設施包括：二十四小時不打烊的智慧型自助還書服務、全國大學首創的「手機亭」、專供夜間讀書的「夜讀區」，並透過建置UHF RFID智慧型圖書管理系統，配合多功能空間設計、新穎的多媒體互動與影音視聽設施，為讀者提供更貼心的服務；而從新總圖開館以來校內校外佳評如潮看來，初步成效已顯示出來，尤其聽到有同學說：「以後天天要跑圖書館」，更讓人開心；上星期日下午五點多，我到圖書館走動時，發現人氣很旺，幸好隨之而來的龐大電費帳單到現在還沒收到，尚可保持良好心情；在此除再次感謝旺宏電子公司外，同時我也要感謝「諮詢

委員會」的委員們的協助規劃，據了解諮詢委員中有多位是友校圖書館主管，清大新圖書館規劃是以各友校圖書館為標竿，精益求精，承蒙大家發揮夥伴精神，讓台灣圖書館建設一同向前跨了一大步；當然我也要感謝清華相關同仁的同心協力，不辭辛勞到各地去參觀、請教、取法，發揮團體智慧，力求盡善盡美，交出漂亮成績單，在清華校史記下不可磨滅的大功。

　　兩千年前羅馬哲學家、雄辯家西賽羅（Marcus Tullius Cicero）曾說：「如果你有一座花園和一間圖書館，就有了你所需的一切」（If you have a garden and a library, you have everything you need），強調圖書館對人的精神生活與發展的重要，「學習資源中心」的功能遠遠超過傳統圖書館，對人的精神生活與發展更為重要；新啟用的「國際會議廳」預期會常有全球各界頂尖學者專家聚集交會，促發出靈動意念，綻放智慧花朵，遠距教室藉由現代科技，傳播知識；美國開國元勳富蘭克林（Benjamin Franklin）說：「如果你僅告訴我，我會忘記，如果你教我，我會記得，而如果你讓我參與，我會學到」（Tell me and I forget. Teach me and I remember. Involve me and I learn）；現代教育不僅是

▲①如果你讓我參與，我會學到
　②如果你有一座花園和一間圖書館，就有了你所需的一切
◀③現代教育不僅是教與學，而是要讓人學會自學，能夠終生學習

教與學，而是要讓人學會自學，能夠終生學習，從書本、教材、教師、同儕學習，而在互動中成長，學習資源中心提供一個良好的園地，協助使用者學習，提升學習效能，多學習，多思索，這也是學習資源中心的目的，而期待充分落實，讓學習在「旺宏館」恢宏的建築加持下，倍加興旺。

奕園揭幕典禮致詞

2013年6月1日　星期六

　　非常歡迎大家來參加「奕園」揭幕典禮，建設「奕園」為沈君山前校長的心願，他在2006年第三次中風不省人事前，曾手書略為：「余自1956年與清華結緣，1973年長期返台，迄今已33年，以後亦不會離開清華園，故對新竹清華有特殊感情，擬捐助奕園，原則如下：一、地址須在清華校園，二、園中不砍一樹，全園少用水泥（最好不用）」；在劉炯朗與陳文村前校長努力下，在本校南校區生態區建設「奕亭」，已於2010年元月20日揭牌啟用；而進一步造景建設「奕園」則在沈前校長昔年棋友蔣亨進教授等倡議下，於2011年十月起開始啟動；籌建小組提議蒐集圍棋大師墨寶及珍貴棋局展現於園中，同時公開徵求設計團隊，在蒐集圍棋高手墨寶及經典棋局方面，在林海峰國手協助下，在2011年十二月蒐集到包括吳清源、林海峰、日本木古實、韓國曹薰鉉、中國大陸聶衛平以及陳祖德大師墨寶及經典棋局，讓奕園深具潛力成為未來的世界圍棋勝地；在其後「奕園」規劃討論會並決議由藝術中心主辦，結合圍棋主題與融合於環境的公共藝術方式進行，採公共藝術邀請比件方式，而由楊尊智老師率領團隊脫穎而出，順利於最近完成，而在今天正式揭幕；另一方面，沈前校長胞妹慈源女士與妹婿盧博榮博士在得知學校規劃後，決定將他們代管的沈前校長在美國的退休金匯回作為興建「奕園」費用，因此也完成了沈前校長捐款興建「奕園」的心願，別具意義。

　　「奕園」位於清華大學南校區自然生態園區及草原區內，園內設有碑群，分別刻有吳清源、木谷實、林海峰、陳祖德、曹薰鉉及聶衛平六位圍棋大師的墨寶、自選平生重要棋局棋譜以及其小傳，供大家欣賞，草原區則展示以圍棋子造型為基礎的公共藝術創作「對奕‧對藝」，將成為臺灣乃至全世界最具特色的圍棋勝地。

沈校長唯一圍棋著作《沈君山說棋王故事》，由漢聲圖書公司出版，尤其口述故事向小朋友介紹棋王故事；沈前校長以自身對圍棋的喜愛、對世界棋壇的認識和瞭解，選出近代最具代表性的五位棋王，正是吳清源、林海峰、木古實、曹薰鉉、聶衛平等五位大師。他並以五位棋王的成就以及對棋壇的貢獻和特色，取了不同的稱號，分別是：「棋神」吳清源、「棋師」木谷實、「棋聖」林海峰、「棋俠」曹薰鉉，以及「棋雄」聶衛平；他在序言裡說：「這個棋王故事，說的人開心，聽的人開心，編寫的人開心。希望看書的人也同樣開心，如果還能有所收穫，學到東西，那我就更開心了」，饒足趣味。

沈校長是本校1956年建校時，首批招募的四個員工之一，赴美深造學成後在美國大學任教，1973年返國服務，擔任「理學院」第一任院長；由於沈前校長有很高的人文素養，並有豐沛的人脈，受託規劃「人文社會學院」，而促成該院於1984年成立，以後以同樣方式促成「生命科學院」與「科技管理學院」分別於1992年與2000年成立。而在校長任內，「電機資訊學院」經教育部核准設立，可謂一手協助清華成立五個學院，1994—1997年擔任本校第一任「遴選校長」，任內推動兩岸清華交流、設立共同教育委員會、開辦中等學校教育學程、參與東亞研究型大學協會設立、成功爭取國家理論科學研究中心在本校設立，功在清華。

沈君山前校長年輕時能文能武樣樣精通，被稱為「才子」；在圍棋方面，曾是三次美國圍棋本因坊冠軍，同時他是圍棋界有名的伯樂，珍敬天才；許多成功的旅日棋士如王立誠、王銘琬到張栩，赴日前都曾通過沈前校長的「考試」，拔識出多位「千里馬」！當初圍棋高手王銘琬興趣很廣，他特別告誡說：「圍棋如人生，是藝術也是競賽，追二兔不得一兔」，也就是專心做一件事，才會成就大業，王銘琬於2000年拿下日本「本因坊」桂冠後，特別來到清華，在成功湖湖中亭與沈校長對奕，成為清華圍棋盛事與佳話。在日本曾獲七大頭銜的張栩九段，是林海峰大師的弟子，也是沈校長的義子，「由此可見他們兩位關係的密切」。

這次「奕園」的建設，承蒙公共藝術核心執行小組在主席，藝術中心前主任，劉瑞華教授及諸位委員的指導協助，蔣亨進教授協助策劃，除諸位大師貢獻墨寶與經典棋局外，沈校長好友、也是清華名譽博士的金庸先生為「奕園」題字；楊尊智老師在「奕園」公共藝術邀請比件中獲得優勝，他也是去年文化

部第三屆公共藝術獎「最佳創意表現獎」得主，很感謝楊老師精心設計以及悉心監督的公共藝術傑作得如期完成，展現在世人面前。

最後要特別為「奕園」正名，「奕園」的建設，不久前經媒體披露後，本校收到不少迴響，認為應名「弈園」，而非「奕園」，事實上根據「教育部重編國語辭典修訂本」，奕通「弈」，而奕本身有美好、盛大、超群、舒適、安樂之意，到有圍棋意象之園，得以神采奕奕，豈不更佳？另外，在字典中，國字同奕字音的多達188個，而多為美字，遊客隨性所致，可以有閒情逸致、精益求精、記憶猶新、多才多藝、技藝超群、剛毅果決、超軼絕塵等想像，這又是文字語言的巧妙與威力了。

沈校長曾說：「歷史的步伐是如此的巨大，個人的生命，朝代的興衰，在他起伏的間隙中流過，唯有文化民族源流，一以貫之，悠悠不絕」，我們希望「奕園」的建立，代表沈校長、圍棋、清華與公共藝術永久結合，悠悠不絕，最後謝謝大家的光臨，見證一個新的圍棋聖地在清華誕生。

▲ 完成了沈前校長捐款興建「奕園」的心願，別具意義

▲ 新的圍棋聖地在清華誕生

清華名人堂開幕典禮致詞

2013年12月19日　星期四

　　很歡迎大家來參加「清華名人堂」開幕典禮。「清華名人堂」的設立是
希望突顯清華立校以來，為清華、社會、國家、世界「立德、立功、立言」
的清華人；一方面感謝他們的重大貢獻，永誌紀念，「尋清華源流，留世間絕
響」，一方面也由彰顯清華人的事蹟，在人格、事業、著作方面有永遠存在的
價值。激勵莘莘學子，引為典範，「觀賢人之光耀，聞一言以自壯」。同時也
希望能讓參訪賓客與民眾了解清華大學能推出如此鑽石級「名人堂」的特色。
　　有悠久歷史與優良傳統的大學，「校史館」中常有「名人堂」。清華歷
來大師雲集，校友人才輩出，不僅璀璨杏壇，更深刻影響社會思潮、嘉益人
群；「清華名人堂」為沈君山前校長所提議設立，原為本校數位校史館的一部
分，如今適逢原第一招待所改建為多功能會所，包括名人堂、接待中心、校園
導覽中心、教師員工聚會所以及「清華樂集」練習及表演場所，而以「清華名
人堂」為名；第一批「名人」，包括大門口梅校長與四大導師浮雕以及胡適、
楊振寧、李遠哲三先生半身銅雕，門前「清華名人堂」五個大字則由集胡適先
生墨寶而成；規劃中「名人」還包括其他有功清華「名人」、新竹清華傑出校
友、名譽博士、歷任校長、講座教授等。特別榮幸與高興的是楊振寧與李遠哲
校友以及兩位前校長能親自來參加今天的揭幕儀式，同時也要感謝謝棟梁、吳
為山與曹宏恩三位大師分別為胡適、楊振寧與李遠哲先生塑像，並親臨參加。
　　清華「直接留美班」第二屆校友胡適先生在民國八年，五四運動前夕，
於〈社會的不朽〉一文中說：「『德』便是個人人格的價值，像墨翟、耶穌
一類的人，一生刻意孤行，精誠勇猛，使當時的人敬愛信仰，使千百年後的
人想念崇拜。這便是立德的不朽。」在清華人中，梅貽琦校長是立德不朽的
代表。梅校長逝世十周年紀念會中錢思亮先生（民二十年清大畢業，曾任臺

大校長、中研院院長）代表各界所致紀念詞：「梅先生對國家的貢獻很多很大，每一件對別的人說都可稱為不朽。梅先生民國二十年接任清華大學校長。那一時期清華的校長連年更迭，學校很不穩定，校長很少作得長久的；自從梅先生接掌以後，就一直安定下來，就只這件事在教育史上已是不朽；清華自梅校長執掌不久，就已在世界有名大學中奠立學術地位，這貢獻對任何人說都是很大的功績；抗戰時搬到長沙、昆明，與北大、南開合組西南聯大，三大學合作無間，並把學校辦得很好，梅先生事實上對學校行政負責最多。只就此一事也足稱不朽；戰後復員到北平，梅校長重整清華園，兩年多的時間，清華的規模與素質比以前更擴大提高了。大陸淪陷後在新竹重建清華，極節省的、一點一滴的親自打下好的基礎，這件工作給任何人，也足稱不朽；建立了中國第一座原子爐，以最少的人、最少的錢、最短的時間，一次就成功了，這件事功給別人一生中都是不朽的。」梅校長主要以「專、大、公、愛」四種高貴品格；梅校長專心辦學、有容乃大、公正廉明，同時愛學校、愛國家、愛同仁、愛學生，深得師生愛戴，而能在兩岸清華擔任二十四年校長；錢思亮先生說：「梅先生一生在清華服務，梅先生忠於國家，敬業不遷，平易近人──雖有崇高學術地位，但對任何人都是那樣平易」，「他的為人做事許多方面，都合中庸之道，平和但有原則，事必躬親，對大事的決定也能果斷」。梅校長受到清華師生校友很高的評價：「提到梅貽琦就意味著清華」，「梅貽琦是清華永遠的校長」。

對於立功，胡適先生接著說：「『功』便是事業，像哥倫布發現美洲，像華盛頓造成美洲共和國，替當時的人開一新天地，替歷史開一新紀元，替天下後世的人種下無量幸福的種子。這便是立功的不朽」。胡適先生在近一百年前，將牛頓、達爾文一類的科學家，列為由立言而不朽；以今日眼光，科學承先啟後，開創近代文明，偉大的科學家為人類立下不朽功勳；清華人中，當然是以華人中最先獲得諾貝爾物理獎的楊振寧與李政道先生，以及第一位得諾貝爾化學獎的李遠哲先生為代表。

至於以立言而不朽，胡適先生說：「『言』便是語言著作，像那《詩經》三百篇的許多無名詩人，又像陶潛、杜甫、莎士比亞、易卜生一類的文學家，又像柏拉圖、盧梭、彌兒斯一類的哲學家，又像牛頓、達爾文一類的科學家，或是做了幾首好詩使千百年後的人歡喜感歎；或是做了幾本好戲使當時的人鼓

舞感動，使後世的人發憤興起；或是創出一種新哲學，或是發明了一種新學說，或在當時發生思想的革命，或在後世影響無窮。這便是立言的不朽。」梁啟超先生包括《飲冰室文集》以及胡適先生《胡適文集》等，著述各超過1,400萬及1,800萬字，分別被認為是中國現代化過程中，五四運動前與後，影響國人思想最大的學者；清華國學院的設立是當時曹雲祥校長委請胡適先生設計的。胡氏略仿昔日書院與英國大學制度擘劃，以現代科學方法整理國故。1925年設立國學院，禮聘梁啟超、王國維、陳寅恪、趙元任四大導師，震動學術界，在文史領域，迅速提升為一方重鎮。王國維先生國學造詣深厚，兼習西方哲學、文學暨美學，深造有得，用西方美學的觀點考察中國文學，獨闢蹊徑，達空前之成就，對於殷墟甲骨研究深細，治遼金元邊疆民族史地。其主要著作收入於《觀堂集林》中，另有《人間詞話》、《宋元戲曲史》、《蒙古史料四種校注》等書。陳寅恪先生評其學術成就「幾若無涯岸之可望、轍跡之可尋」。陳寅恪先生博通多國的語言文字，以外文資料與中土舊籍相參證，多所創獲。其講學研究之範圍不限於晉唐一段，南朝迄元亦多涉獵，兼及中原草原之關係。亦曾授梵文及佛教文獻等課。所著《唐代政治史述論稿》、《隋唐制度淵源略論稿》為士林推重。專著另有《元白詩箋證稿》等多種。胡適先生稱：「寅恪治史學，當然是今日最淵博、最有識見、最能用材料的人。」傅斯年先生說：「陳先生的學問近三百年來一人而已。」趙元任先生是中國語言科學的創始人，當今科學的中國語言研究可說是由他奠定了基石，被推崇為中國語言學之父。英文著作有《中國語字典》、《粵語入門》、《中國語語法之研究》、《湖北方言調查》等。另出版的有《語言問題》、《語言學跟符號系統》、《中國話的文法》、《白話讀物》等。胡適先生與四大導師是「清華人」立言的代表。

　　胡適先生在同文中提出「社會不朽論」，以為「社會的歷史是不斷的，前人影響後人，後人又影響更後人，個人造成歷史，歷史造成個人。」、「社會的生活是交互影響的：個人造成社會，社會造成個人。」、「一代傳一代，一點加一滴；一線相傳，連綿不斷；一水奔流，滔滔不絕：——這便是一個『大我』，是永遠不朽的，故一切『小我』的事業，人格，一舉一動，一言一笑，一個念頭，一場功勞，一椿罪過，也都永遠不朽。這便是社會的不朽，『大我』的不朽。」「把那『三不朽論』的範圍更推廣了。冠絕古今的道德功業

固可以不朽，那極平常的『庸言庸行』，油鹽柴米的瑣屑，愚夫愚婦的細事，一言一笑的微細，也都永遠不朽。」正如現代物理「混沌」理論預測相合，有名的「蝴蝶效應」即為一例。所以任何人不應妄自菲薄，而應取法乎上，為自己言行負責。如胡適先生所說：「我應該如何努力利用現在的『小我』，方才可以不辜負了那『大我』的無窮過去，方才可以不遺害那『大我』的無窮未來？」是社會上所有人都應效法的。

今天很感謝許多貴賓遠道而來共襄盛舉，包括北京清華的顧秉林前校長與西南聯大的延續真傳雲南師大葉燎原書記與諸位師長；而現址在兩岸清華交流上正有歷史性意義，在民國80年，清華慶祝80周年校慶，邀集四位頂尖科學家清華校友，即楊振寧、李政道與李遠哲先生、數學沃爾夫獎得主陳省身先生，同時蒞臨新竹校園，一日在第一招待所早餐時，促成兩岸清華1949年以來第一次正式「通話」；當年兩岸之間沒有任何正式的往來，還是處於「不接觸、不迴避、不……」的時代，兩岸的清華大學也沒有正式聯繫；在陳省身先生提議下，劉兆玄校長即席寫了幾句話給北京清華的張孝文校長，大意是兩岸清華共

▲ ①清華百年風華，有大師前賢光耀
　②清華歷來大師雲集，校友人才輩出
◀ ③尋清華源流，留世間絕響

同慶祝建校八十周年，傑出校友楊振寧、李政道、陳省身、李遠哲同蒞新竹校園共襄盛舉，特此致意。兩岸清華從1949年以來，有四十多年不相往來，第一次的正式「通話」卻是在這種情況下完成，實在令人感慨。

　　清華百年風華，有大師前賢光耀，發揚光大是現今清華人的責任與使命。我師生同仁、校友更當效法先賢，再樹典範，為「清華名人堂」注入活力，歷久彌新，光輝燦爛。

學人宿舍動土典禮致詞

2014年1月2日　星期四

　　歡迎大家在風和日麗，喜氣洋洋的大日子來參加學人宿舍動土典禮。清華在新竹建校開始，就很重視教師的居住問題，這由第一批建築就包括學人宿舍可以看出。這第一批建築也就是名建築師王大閎先生所設計建造的東院1-10號宿舍。在梅貽琦校長日記中，多有記載。清華教師自建校伊始迄今人均表現在台灣一直最為優異，追溯原因，與早期能夠充分提供教師職務宿舍有重要關係，一方面利於延攬優秀師資，一方面讓住校教師得以「安身立命」、「安居樂業」，以校為家。

　　我在1977年自美返國任教後，很幸運的立即分配到宿舍，從此開始約二十年的早上七點到辦公室，晚上十一點回宿舍的7-11生活，這種教授報到能立即分配到宿舍的情況，不久後即因新到教師人數激增，而無以為繼，到1983年，我擔任材料系系主任時，新到教師已需要靠抽籤才可能分到宿舍，以後情況一直未見改善，倒是值得一提的是，某次我代尚未報到的兩位教師抽籤，手氣極佳，雙雙中籤，由於其中一位教師最近已退休，而搬離宿舍，堪稱陳年往事。

　　住在校園中的宿舍，有地利之便，省卻很多通車的麻煩與時間，而辦公室與宿舍界線不清的結果，教師在教學研究上所花費的心力、與同事與學生接觸的時間大增，自然表現象相對優異，同時可就便享用清華優美的環境，完善的運動與圖書館設施，運動休閒兩宜，提升生活品質，有益身心，另一方面，不同專長教師成為近鄰，居家生活多所接觸，也有助「人文學科」、「社會科學」與「自然科學」，所謂「三個文化」學者間之相互了解，再加上親屬間來往、第二代子弟共同成長之誼，對凝聚學校整體向心力以及團結氛圍有顯著的加持作用。再者，在台灣房價不斷高漲之際，如果新進教師能夠在初期不需為居住問題煩惱，當然有助於學校延攬國內外專業學人及教師。

基於以上種種原因，本校積極籌劃興建學人宿舍。提供兩房型55戶、一房型24戶，汽車停車位81部；公共設施有管理室兼會客室、書報閱覽室、會議室、儲藏室；戶外設有兒童遊憩區、羽球練習場、景觀水池和草地，可增加學人們互動及交誼。本棟宿舍已於102年6月中旬動工，由林志成建築師設計，誠蓄工程顧問股份有限公司專案管理，偉邦營造公司、巨人水電工程有限公司承造，總經費2億5,109萬餘元，本校以全數自籌貸款興建，預計於104年4月中旬完工。

　　最後我要感謝本校總務處、校規室同仁的辛勞，也要謝謝交通大學與工研院的協助。交通大學借用校地做為聯絡的通道，並在建築物完工後繼續使用。感謝工研院的配合與協助，讓施工的動線比較順暢；日後施工期間，當竭力讓施工噪音以及其他不便能降到最低，如仍干擾到部分的光明新村的住戶、交通大學與清華大學住宿學生，尚請海涵。

　　今天典禮之後，明天另有綠能館及清華實驗室動土典禮，後天則有生醫三館動土典禮，再加上六月份動土的育成中心，因此在104年4月學人宿舍竣工前，在校園中有五大工程同時進行，一方面盛況空前，可喜可賀，另一方面，對校園生活也會有相當的衝擊，這點我要拜託施工與監工單位，特別費心，多溝通協調，共同解決困難，並能掌握工期與進度，如期完工，最後祝施工順利，大家新年快樂。

▲①讓住校教師得以「安身立命」、「安居樂業」，以校為家
　②提升生活品質，有益身心
　③凝聚學校整體向心力以及團結氛圍
　④有助「三個文化」學者間之相互了解

發佈「綠色低碳能源館」捐贈新聞記者會致詞

2010年5月18日　星期二

　　本人今天以非常興奮的心情，向大家宣布一個清大校友對母校巨額捐款的好消息。

　　清大核子工程系1969年畢業（69級）李偉德校友為紀念其尊翁李存敏先生，個人捐贈清大一億五千萬元協助興建「綠色低碳能源館」，並由清大將落成之新館命名為「李存敏館」。李校友昨日已與清大完成簽約手續，由於李校友希望在未來再找機會與媒體朋友會面，故今天由學校出面發佈新聞。

　　此項捐贈將是清大在台建校五十四年以來，由校友個人捐贈最高額捐款。清大在台建校畢業生已超過五萬人，在各行各業都有極為傑出的表現，由建校後設立的第一個學系畢業學長率先對母校慷慨捐輸，具有歷史性與指標性的雙重意義。

　　李偉德校友現居美國矽谷，在獲得核子工程博士學位後，曾在美國奇異公司從事專業工作，後在其尊翁李存敏先生鼓勵下自行創業，經多年慘澹經營，卓有成就，乃在母校將屆百年校慶之際，動念有所回饋；李校友在簽約儀式上表示，希望能效法其故鄉先賢武訓先生興學的義舉，略盡個人棉薄，協助母校早日進入世界百大，為台灣學子生升學的第一選擇，並成為綠色低碳能源研發重鎮。本人對李校友愛護學校與關心人類面對能源短缺、氣候變遷重要議題深表感謝與敬佩。「綠色低碳能源館」興建將成為清大全面推動「新能源綠色校園」工作之旗艦表徵，清大將持續努力向成為華人地區首學邁進。這裡特別值得一提的是，本人在上月到美國矽谷拜訪李校友時，李校友除引導參觀其住家廣達約五公頃的林園外，並希望由本人為其中旁有清溪小徑命名，最後決定以「清華小徑」為名，更見其愛校之殷；同時在隨後與舊金山灣區校友歡聚之

時，當本人提及李校友對母校的慷慨捐贈時，校友們都非常興奮，讓人十足欣慰。

　　最近與一位高科技界重量級先進見面時談到，清大即使加上教育部五年五百億特別預算，每名學生平均經費僅約為美國麻省理工學院之十分之一，甚至僅約為北京清大之二分之一。台灣的大學經費短缺為普遍的問題，在力求成為世界頂尖名校的競爭上，可謂處於相當不利的地位。在國內大學數目急遽膨脹，政府財政困難，而在可見將來不易改善的情況下，唯有私人與企業對辦學績優的大學作長期而充分的挹注，才有可能辦成世界一流大學。例如美國哈佛大學，校務基金超過三百億美金，而每年平均以基金百分之四，也就是十二億美金的金額挹注學校發展，是舉世知名的範例；據本人了解，李偉德校友並非巨富，但盡力回饋母校，支持母校追求卓越的努力，開風氣之先，樹立的典範，希望能為其他私人與企業效法，開啟我國高等教育卓越化的契機。

▲ 清大在台建校五十四年以來，由校友個人捐贈最高額捐款

▲ 開風氣之先，樹立典範

綠能館簽約與動土典禮致詞

2014年1月3日　星期五

　　歡迎大家來參加「綠色低碳能源教學研究大樓」（綠能館）簽約與動土典禮。今天的典禮代表的意義在清華校史上創造了許多第一，首先李偉德校友捐助金額高達一億五千萬元，創清華校友獨自捐贈的記錄；其次是以捐贈者尊翁李存敏先生大名命名，再者，是先建後贈，「綠能館」完全由李偉德校友出資興建，完工後再贈與學校。

　　李偉德校友是本校69級核工系畢業校友，約三年半前發念慷慨捐贈母校鉅款興建綠能館，並為紀念其尊翁李存敏先生，以「李存敏館」命名。其間經過各種法規、經費、時程考量，決定以先建後贈方式達成當初意願，經過多方努力，終於促成了今天的簽約與動土典禮。

　　在清華校友中，李偉德博士無疑的是一個閃亮的典範。李校友飲水思源，在事業有成，人生面臨巨變之際，緬念其尊翁李存敏先生，毅然決定捐贈鉅款給母校建設之用，我雖然不知道一億五千萬元占李博士當時財產幾分之幾，但了解是相當實質的一部分，更是難得，不久前，欣聞李博士告知，他現在的財務狀況又比當年決定捐贈之時，又好了許多，常言道「積善之家，必有餘慶」，還真是有幾分道理，尤其我在99年4月初見李博士時，他尚帶有病容，後來見到，身體一次比一次健康，不僅長出濃密頭髮，而且面目豐潤，漸符合我戲稱的「小生相」，可喜可賀。

　　李校友的愛校事蹟還有一籮筐，他將自己家中樹林小徑命名為「清華小徑」，在得知學校籌組「百人會」以協助興建多功能體育館時，堅持另外捐款，加入「百人會」；他送愛子李文鑫（Brandon Lee）自美國高中畢業後，到清華唸大學，不僅提議母校到美國招生，而且親自協助並率先捐贈十名全額獎學金，今天下午即將與學校正式簽約，清華有這樣盡心盡力的校友，是極為

幸運與引以為傲的。

　　建築物的設計，正如館名，融入永續經營的設計理念（Design Sustainability），並貫徹執行由規劃、設計、建造乃至使用監測的所有過程。本案設計理念以整合環境資源、開發理想生活型態，並著重綠色創意、建築環境及再生能源的應用，落實並呈現在地健康、節能的生活空間型態。透過敬業而縝密的規劃設計，人與環境是可以相容而生活愉快的，秉持對自然（Nature）、健康（Health）及休閒（Leisure）的相生理念，期望創造一個天人合一的美麗場館。

　　本案設計構想包括：

　　（1）與自然環境對話：以建築量體抵禦東北季風，於西側草坪創造較為
　　　　　舒適之微氣候。遵循永續校園規劃，善用綠色建築技術，達到節能
　　　　　減碳永續建築。利用電腦軟體模擬出各季節氣候環境，利用設計手
　　　　　法來順應氣候環境。

　　（2）科技與生活：建築外部公共空間提供戶外平台區，與自然環境成為
　　　　　校園活動之場所。公共空間並引入內部各樓層，視窗之造型除可引
　　　　　入自然景觀，並可供師生活動使用。空間造型並反應於建築外觀，
　　　　　意象呈現歡迎交流及促進活動之產生，成為校園景點。

　　本案從籌建到發包，本校總務處、校規室同仁備極辛勞，建築工程由九典建築師事務所設計、麗明營造股份有限公司興建，為地上6層鋼筋混凝土造建築，建坪為6,435.42m2，預定完工日期為104年6月。

▲ 飲水思源，閃亮的典範

▲ 積善之家，必有餘慶

這幾天本校熱鬧滾滾，先是昨天有學人宿舍動土典禮，今天除綠能館典禮外，隨後有清華實驗室動土典禮，明天則有生醫三館動土典禮，再加上六月份動土的育成中心，因此校園中將有五大工程同時進行，一方面盛況空前，顯示學校欣欣向榮之氣象，可喜可賀，另一方面，對校園生活也會有相當的衝擊，這點我要拜託施工與監工單位，特別費心，多溝通協調，共同解決困難，並能掌握工期與進度，如期完工，最後祝施工順利，大家新年快樂。

「清華實驗室」四系募款達成里程碑
記者會致詞

2012年3月19日　星期一

　　今天很高興召開「清華實驗室」四系募款達成里程碑記者會。清大在去年首開國內集「眾志成城」的力量，以百人會形式募得「校友體育館」興建工程全額款項後，如今再度引用使用者部分籌資的概念，推動學系自行籌募部分工程款，首創聯合參與學校興建研究大樓的先例。已完成規劃設計的應用科學研究大樓（簡稱清華實驗室），繼日前材料系宣布五千萬元資金到位後，物理系、化學系及化工系也在系友及企業的捐助下募集超過一億元資金，座落於清大南校區的清華實驗室近期即將動工興建。本次記者會除向各位報告籌建清華實驗室的進度外，也希望透過媒體報導，讓關心愛護清華的社會人士與校友有機會共襄盛舉。

　　國內企業或大眾捐款大學興學的風氣方興未艾，目前捐助大學興建大樓的實例也多是由單一企業或個人捐贈，而經由多個學系聯合發動募款活動，再將資金與學校經費共同興建大樓的方式，清大可能是第一個成功的實例，相信這將對國內大學募款機制啟發示範作用。美國石油大亨約翰・洛克菲勒曾表示，「個人最好的投資就是芝加哥大學」。近年各界對清大的捐助證明了清大在各方面的表現受到肯定及期許，這分肯定及期許也是鞭策清大不斷向上提昇的動力。

　　去年七月材料系獲碩禾電材捐贈五千萬元、繼之化工系獲天瑞公司、上緯企業資助共四千萬、物理系則有系友承德油脂董事長李義發等多人以聚沙成塔的力量募款金額已達三千五百萬，同樣的化學系在系友鼎信顧問公司董事長呂正理等人捐助下也順利募得三千萬的資金。不論是清大校友，或是企業界的捐贈者都「別具慧眼」，很有投資眼光，選擇了清大這個績優股，清大有信心在

更優質的研究環境下，會有更創新的研究產出。

　　清華實驗室座落於南校區研教一區，為一地上九層地下一層的建築物，建築樓地板面積約5000餘坪，除了材料系、化學系、化工系以及物理系四系各分配二個樓層使用外，其餘樓層將由研發處統一控管，以作空間使用上的最大效益。清華實驗室與已接近規劃完成階段的創新育成中心大樓緊鄰，功能上互為表裡，未來更可發揮創新基礎研究，由學術研究扶植新興產業，共同為我國產業轉型及尋找下一個革新性關鍵產業而努力。

　　碩禾電材為國碩集團所有之子公司，公司主要製造太陽能電池用之銀漿、鋁漿及銀鋁漿（背銀漿）等各項導電漿料。2011年7月碩禾與海外電池廠合作研發新漿料，目標為提升太陽能電池轉換效率達20%以上，開發範圍除太陽能電池外，也擴展至薄膜、CIGS太陽能等。2011年12月，碩禾宣布規劃投資2億元設立太陽能系統控股公司，以轉投資太陽能電廠或相關模組及系統設計公司。

　　承德油脂董事長李義發為清大原科系碩士班64級校友，也是第五屆傑出校友，歷年來，慷慨捐贈「興建學生宿舍」、「梅貽琦獎學金」、「梅貽琦論文獎」、「還願獎學金」、「逐夢獎學金」、「興建多功能體育館」等，此次捐贈一千萬元。所經營的承德油脂公司為國內最大的生質柴油製造廠商。

▲ 引用使用者部分籌資的概念，推動學系自行籌募部分工程款

▲ 肯定及期許鞭策清大不斷向上提昇

鼎信顧問公司董事長呂正理為清大化學系72級及應化所76級校友，現亦擔任清大化學系系友會會長兼水木化學文教基金會董事長，辦理清華盃全國高級中學化學科能力競賽推廣化學教育及培育化學人才，備受好評。他也是清大校友會理事，對學校校務發展多方協助。所創辦的鼎信顧問公司，專注於協助企業進行策略、管理之變革及組織再造。呂正理校友著作《另眼看歷史》榮獲2011年台北書展「非小說類」大獎。

　　天瑞公司成立於1986年，以自有品牌（XPAL）行銷全球市場，專業生產可攜式移動電源產品（Energizer勁量）及軟性排線模組，該公司2008年取得授權WWI（Works with iPhone）認證，XPAL已成為iPhone最佳夥伴，而2011年萬用移動電源及展翼式太陽能板移動電源更榮獲2011年台灣精品獎。

　　上緯公司成立於1992年，以高性能樹脂為主要產品，屬於新材料之複合材料（Composite）產業。產品主要應用領域為高度耐腐蝕材料、風力發電用葉片、質輕高強度之複合材料及LED封裝等。上緯公司以自有品牌（SWANCOR）行銷全球五大洲，品質與技術深受國內外客戶肯定，與世界一流公司的品質並駕齊驅，並已成為複合材料界知名品牌。

清華實驗室動土典禮致詞

2014年1月3日　星期五

　　歡迎大家來參加「清華實驗室」動土典禮，清華實驗室原先規劃為跨領域研究大樓；由於主要供電資學院使用的「台達館」新近落成，又有李偉德校友捐建「綠能館」，尹衍樑先生協助捐建「生醫三館」，可滿足部分需要，情況改變，加以經費龐大，在99年8月「籌建委員會」會議中決議暫緩，而適逢擬議已久的「雙化館」籌募經費也遇到瓶頸，無以為繼，經考量各方的需要，並與理、工學院充分溝通討論下，決議動員物理、化學、化工、材料四系主要是校友的力量，由四系籌募各至少五千萬元，再加上學校配合款興建，很高興得到熱烈迴響，募款工作進行相當順利，基本上已經達標，因而積極展開籌建工作，而促成今天的動土典禮。

　　未來「清華實驗室」將為地上九層地下一層鋼筋混凝土造建築，總樓地版面積13,950平方公尺。新建工程是與楊瑞禎建築師事務所、台聯工程顧問股份有限公司、英建工程股份有限公司（機電）與豪昱營造股份有限公司（土建）合作興建，預定完工日期為105年2月。一樓整合校內各共用實驗室，包括跨領域奈材中心無塵室、物理系貴重儀器室、材料系精密儀器實驗室、化學系重型精密儀器室，二、五樓為物理系，三、四樓為材料系，六、七樓為化工系，八、九樓為化學系。同時保留約三百坪空間由研發處掌控，供有需要大型計畫研究團隊使用，另一方面，則積極鼓勵進駐四系同仁間跨領域合作，從事尖端科技研究。清華實驗室與興建中的創新育成中心大樓以及科技管理學院緊鄰，彼此支援，更可發揮創新基礎研究，由學術研究扶植新興產業，促進我國產業轉型並開創革新性關鍵產業。

　　「清華實驗室」成案興建要感謝陳繼仁校友率先捐贈5000萬元讓材料系迅速達標，物理系李義發、曾子章、陳鴻文與楊正任校友、化工系蔡朝陽與張綱

維校友以及化學系呂正理校友代表的「財團法人水木化學文教基金會」，以及以林進田總經理為代表的「天瑞企業股份有限公司」均是募款成功的大功臣，另外教育部「邁向頂尖大學計畫」經費亦補助清華實驗室新建工程，在此深摯感謝。本案從籌建到發包，本校總務處、校規室同仁備極辛勞，也在此一併致謝。

　　這幾天本校熱鬧滾滾，先是昨天有學人宿舍動土典禮，今天稍早有綠能館動土典禮外，明天則有生醫三館動土典禮，再加上六月份動土的育成中心，因此校園中將有五大工程同時進行，一方面盛況空前，顯示學校欣欣向榮之氣象，可喜可賀，另一方面，對校園生活也會有相當的衝擊，這點我要拜託施工與監工單位，特別費心，多溝通協調，共同解決困難，並能掌握工期與進度，如期完工，最後祝施工順利，大家新年快樂。

▲ ①鼓勵同仁間跨領域合作，從事尖端科技研究
　②陳繼仁校友率先捐贈五千萬元
◀ ③與興建中的創新育成中心大樓以及科技管理學院緊鄰

生醫科學館動土典禮致詞

2014年1月4日　星期六

　　很歡迎大家來參加「生醫科學館」動土典禮，這是本校三天來第四個動土典禮，先是前天有學人宿舍動土典禮，昨天則進行綠能館與清華實驗室動土典禮，再加上六月份動土的育成中心，校園熱鬧滾滾，顯示學校欣欣向榮之氣象，是非常讓人欣喜的。各場館從籌建到發包，本校總務處、校規室同仁備極辛勞，首先我要代表學校向大家致謝。

　　本校因拓展生物科技領域之研究發展需要而興建「生醫科學館」，規劃興建目的，不只是解決校園內生醫科技發展的空間需求，它更將豎立起清華生醫科技研究、教學與服務重要的里程碑，象徵清華在生醫領域上將成為世界頂尖學府的新標竿。

　　「生醫科學館」所以在今日此時得以舉行，要特別感謝尹衍樑先生，尹先生對生醫科技的發展，極為重視，除投資多家先進生醫科技企業，並深耕布局生物科技；清華有幸與尹總裁結緣，承蒙他了解本校的需要，很爽快的決定慷慨捐贈一億七千萬元，協助本校興建「生醫科學館」，而使全案首見曙光，得以順利進行，是「生醫科學館」名副其實的貴人。值得一提的是，當初尹先生惟一的要求是要儘速進行，他曾說：「生命有限，速度要快，」本校在決定興建「生醫科學館」後，也遵循期望，儘速進行，奈於各種法規，以及審查期程限制，在約三年半後終於得以動工，雖然盡了力，還是有負尹先生期望，不禁汗顏。

　　「生醫科學館」座落於南校區東側，屬南校區之研教五區，新建工程由張瑪龍建築師事務所設計、誠蓄工程顧問股份有限公司專案管理，偉邦營造公司、巨人水電工程有限公司承造，預定完工日期為105年4月。基地面積4,396 m^2，樓地板面積17,241 m^2，高度36 m，為地下一層地上八層樓之教學、研究、實

驗大樓，提供本校腦科學中心、生醫中心、醫工所、生科院、動物房五個單位現代化且具前瞻性的教學研究空間。

「生醫科學館」地下一樓為停車場與資源回收中心，一樓為大廳與系所共用的教學與研討空間，二樓屬於腦科學中心、生醫中心實驗室、三樓屬於生醫中心實驗室、四樓為屬於醫工所實驗室、五至七樓屬於生科院實驗室、八樓屬於生醫中心實驗室與獨立之動物實驗設施。大樓以永續健康建築之概念規劃，室內採自然通風採光佐以機械換氣，研究室環繞著綠意盎然之中庭，提供最寧靜健康之研究環境。停車場亦以天窗採光換氣。整棟大樓採用模矩化、統一標準、實驗室獨立配電盤、中央走廊垂直管道間，種種設計細節旨在增進機能擴充彈性，有效減少浪費。

「生醫科學館」配置也以保護珍貴的自然環境為宗旨，除規劃水土保持設施以外，保留周邊濃密喬木，收集雨水補注鄰近之生態池，減少戶外燈光干擾生物棲地、減少硬鋪面，雨污分流，實驗廢氣分為有機與無機處理始得排放。外觀統一以南校區磚紅色系規劃，保留南校區大草坡之視覺一致性。

在知識經濟時代，全球競逐的現實中，設立頂尖生醫研究群聚區為必要作為，本大樓的興建將扮演重要的角色，可作為延攬世界頂尖生醫領域學者來進行學術交流，使本校在該領域臻進世界頂尖水準。

▲ 要特別感謝尹衍樑先生慷慨捐贈

由於在未來兩、三年，校園中將有五大工程同時進行，對校園生活會有相當的衝擊；生醫科學館與學人宿舍都是由偉邦營建公司承造，希望在清華能發揮優良夥伴精神，特別費心，與監工單位密切合作，多溝通協調，並能掌握工期與進度，如期完工，最後祝施工順利，大家新年快樂。

▶①校園熱鬧滾滾，顯示學校欣欣向
　榮之氣象
　②豎立起清華生醫科技研究、教
　學、服務里程碑
　③清華在生醫領域上將成為世界頂
　尖學府的新標竿

「創新育成中心新建工程」上樑典禮致詞

2014年10月6日　星期一

今天因賀陳校長臨時接到通知公出，本人很意外地來主持「創新育成中心新建工程」上樑典禮；舉行上樑典禮代表工程的一項重要里程碑，也向中心的正式啟用邁進了一大步，據了解，從去年六月動土，到今天上樑，工程進行非常順利；我們除了要感謝施工、監工與本校相關單位同仁的辛勞外，也期盼大家共同努力，能在不久的將來，讓工程如期、如預算、如規格順利完工。

學校進行一項重大工程，一般除了是適應需要外，也代表對未來的期許；清華當初規劃比現今規模大一倍有餘的「創新育成中心」，就是展現要在「創新育成」領域大展鴻圖的強烈企圖心。由於國際產經情勢的急遽變遷，可預見其重要性會與日俱增。

上星期三，也就是十月一日，本人有機會在台北一場國際論壇以「全球化與數位科技對社會衝擊（Social Impacts of the Twin Force of Globalization and Digital Technology）」做專題演講；全球化與數位科技都有相當的歷史，目前則是這兩項影響全球經濟與就業機會的力量正同時席捲而來，並互為表裏，加速增強，促成更大的變動，值得密切關注、了解並因應。

在過去二、三十年，全球經濟，兩大趨勢是產業外移（offshoring）與外包（outsourcing），工作機會由已開發國家轉移到開發中國家，因此大陸才會成為「世界工廠」，印度等地成為「外包中心」，但最近的趨勢是產業回流（reshoring）與內包（insourcing），原來外移工廠回流或內包，又影響開發中國家工作機會；對台灣來說，產業大量外移到大陸多年，近年又移往工資僅五分之一的東南亞國家，而大陸則以跳蛙式，積極將部分產業外移到工資僅十分之一的非洲，代表全球化對已開發國家與開發中國家影響有如雙面刃，有全球性的效應，利弊互現，且隨時間而有所變動。

數位科技的快速進展，固然創造了許多機會，但智慧型機器或機器人會取代許多人力，類比相片公司「柯達」（Kodak）在2012年宣布破產時，曾直接雇用145,000人，數位相片公司「臉書」（Facebook）市值超過「柯達」最高峰幾倍，而「臉書」僅有4,500員工；在台灣，高速公路電子收費剝奪了約九百位收費員的工作則為最近的例證；同時以往一般人會認為電腦在明確指令下，擅長做運算，做簡單而重複的動作，對模式辨認、感應運動、較複雜溝通等則遠不如人，但近年數位科技發展，讓人必須刮目相看，舉例而言，Google無人駕駛汽車，自2010年上路以來，車隊已開行數十萬英里，而達到零肇事率的記錄。讓人期待的是他的偵測系統Cyclopean LIDAR，在公元2000年時，造價達三千五百萬美金，在2013年中期，已降至八萬美金，製造商並聲稱，一旦量產，售價可降至數百美金。而美國現今約有二十五萬計程車司機，約三百五十萬卡車司機，一旦不會疲勞、鬧情緒、分心，安全性較高的無人駕駛汽車上路，衝擊將會極為巨大；而此僅為冰山上之一角，智慧型機器預期會大量取代人類腦力，將人類社會帶入高度不可預測的情境，必須及早思索因應。

　　台灣在缺乏自然資源的條件下，反全球化不是國家發展的可行途徑，而數位科技產業正是主力產業；處於全球化與數位科技雙重旋風下的台灣，必須加強創新，面對未來挑戰，清華大學「創新育成中心」的擴建，宣示清大的努力，在歷史洪流中，與時俱進，业產生引領作用，以創新創造不易被取代或外包的工作機會；最後在此預祝大樓工程順利，未來「創新育成中心」能充分發揮功能。

清華創新育成大樓正文廣場揭幕儀式致詞

2016年4月24日　星期日

　　今天很高興來參加清華大學育成中心正文廣場揭幕儀式，正文科技是清華之光，是由分別當選過清華傑出校友的陳鴻文和楊正任兩位校友創立；兩位校友除在事業上有非凡成就外，對清華的關心與愛護也是少人能及；特別是在本人擔任校長期間，在針對校友的勸募活動中，舉凡校友體育館、清華實驗室、「永續基金」等活動，兩位校友都率先響應，也促成各項活動的圓滿成功。讓我記憶最深刻的場景，是在我初任校長之時，推動成立「清華百人會」，希望號召一百位校友，每人捐贈一百萬元，共集資一億元，以籌募捐助興建體育館部分經費；正文科技是我最先拜訪的校友經營的企業之一，還記得與兩位校友一席談後，他們立即表示各捐助三百萬元，讓活動氣勢迅速升高，最後一舉凝聚一百四十餘位清華人之力，集資一億七千兩百萬元，全額支應現已落成啟用的「校友體育館」興建，成為台灣高教史上的盛事與佳話。其他各種點點滴滴，不勝枚舉；在此我要再次代表清華向兩位校友致上最深的謝忱。

　　今天兩位校友同時到場，參加盛典，是正文合體；我在校長任內，曾在新生領航營中，鼓勵學生有幸進清華如入寶山，要好好保握時光，吸取清華風華，畢業時得以滿載而歸；並借題發揮，指引同學在校園尋寶，如胡適題字、培根雋語、梅貽琦校長銅像、羅丹「沉思者」大型銅雕、名人墨寶等；今天正文廣場揭幕，未來自然會成為校園中響亮標誌，讓我想起，將來在適當場合，可以問一個好問題，也就是在校園中還有其他甚麼地方，可以同時看到正與文；我想目前只有我答得出的是，另有三個地方，包括在「校友體育館」外牆的「清華百人會」與「永續基金」勒石，以及昨天早上剛揭幕的「清華載物芳名牆」，均同時刻有陳鴻文和楊正任兩位校友大名，也充分見證兩位校友對清華母校多年來的強力支持。

清華大學積極規劃打造創新育成大樓為生技醫療、IOT物聯網與「創客maker」的夢想搖籃，在技術研發、硬體快製與網路雲端平台等提供完善後援。正文科技是本校育成中心的畢業生，同時是國內無限通訊科技先驅，目前正積極從事雲端應用開發，捐助在創新育成大樓中設立正文廣場別具意義；而今天也正在此展出「自造者Maker／IoT物聯網聯展」，將現正於世界風行的「自造」風潮與全球關注的物聯網技術發展，一次展現，是一個亮麗的開始。

　　最後我對正文廣場之名稱有一個小小的建議；廣場顧名思義，一般是指室外開放空間，容易引起誤會，而以目前場地情況以及可能用途，也許可以改名為正文展演場或正文展演廳，較為名副其實，或可有益於與招攬有興趣的企業團體，在此舉辦各項活動。

〔後記〕正文廣場已改名為正文展演廳

▲ 建議改名為正文正文展演廳

▲ 正文科技是清華之光

清華土地公廟開廟典禮致詞

2015年7月10日　星期五

　　今天很有緣到這裡參加「清華土地公廟」開廟典禮；如果精確一點說，是參加「清華土地公廟」遷建後開廟典禮；回溯起來，此緣分大約始於三年前，在我擔任清華校長任內，曾在一次校內行政會報中，討論奕園意象改進方案，當時有人提到奕園附近有一座土地公廟，希望一併規劃；但後來由於一些技術原因，在整建奕園工程徵求設計時，並未包含在設計案中，很感謝人社院蔡院長與張永堂教授，主動的承接土地公廟遷建計畫，中間經過一番校內必要程序，終於在年初定案；期間承蒙許多信眾捐獻，據瞭解，新建的土地公廟完全由信眾捐建，而剛才張總務長也告訴我，學校自然會負責整理附近環境，是一個嶄新良好的開始。我們欣見新建土地公廟以朱紅色的屋瓦及亮麗的彩繪為土地公擋風遮雨，紅底金字的匾額刻上「清華土地公」並在左右雕上飛舞的金龍，配以金碧輝煌的香爐，意象十足。

　　關於「清華土地公廟」的遷建，學校不是沒有經過一方考量，其一是土地公雖是民間信仰，但也容易與迷信牽連，當年在清華人社院大樓落成時，曾特別邀請宜蘭傀儡劇團及屬下道士表演，招致校內外「迷信」的批評，當時人社院院長還特別撰文闡述其意義，駁斥迷信的指控；本人認為尊重信仰，並不代表迷信，而土地公又名福德正神，傳統上是善良民俗的表徵；社會學巨擘韋伯有名的主張之一為「清教徒倫理使資本主義得以發揚光大」，雖嫌武斷，但清教徒文化確實對西方文明發揮重要的正面影響；觀諸現今世間，許多宗教對於人心有相當正面的作用，不需要太過避諱。

　　剛才蔡文進老師的祝詞中有「官運亨通」一語，說到任官，我在「國科會」服務的時候，有第一手經驗體會到「不到台北，不知道自己官小」的說法。台灣地方官的職級，與中央部會官員落差相當大，如清華職級最高的人事

或主計主任是十職級，而在「國科會」裡，十二職級的官員比比皆是，所以我常為清華許多能力很強，勞苦功高的同仁叫屈；土地公是地方官，在官序上屬於基層官員，雖然可能不像在西遊記中描寫的一樣，被一些神怪喝來吆去，但也似乎沒有聽說過他有任何屬下，可供差遣，是一位事必躬親的基層公務員，但身負重任，全天候呵護整個清華校園，備極辛勞，我們應對他致十二萬分的敬意與謝意。

清華土地公廟遷建開廟，有許多有功人士，包括人社院蔡英俊院長、張永堂教授、蔡文進老師，許多信眾踴躍捐獻，學校總務單位的積極配合，是大家要共同感謝的。

剛才遵照蔡文進老師指引，隨俗在左右的樑柱上對聯「福臨寶山蔭眾生，德被清華來國士」上方以硃筆點註，除深切盼望「清華土地公」賜福給大家外，也同樣能庇蔭清華學子在德行上有所精進，將來能造福社會，最後祝大家健康快樂。

▲ ①福臨寶山蔭眾生
　 ③尊重信仰，並不代表迷信
　 ②德被清華來國士
　 ④土地公傳統上是善良民俗的表徵

四、單位成立設施啟用

記述清華大學RFID智慧圖書館、無塵室、台積館義美門市、超高磁場生物用核磁共振儀開幕；亞洲政策中心、先進特殊合金工程研發中心成立，及清華材料系84實驗室揭牌等單位成立設施概況。可見清華匯聚學術與產業的資源，朝追求學術卓絕邁進。

RFID智慧圖書館體驗開幕典禮致詞

2011年12月7日　星期三

　　今天很高興來參加圖書館RFID体驗活動。據知清華大學圖書館RFID系統建立是國內圖書館首創，採用1次可以讀取多本書籍的晶片，比起以前的條碼要逐本讀取，對藏書量龐大的圖書館而言，方便又有效率，是一個重要的里程碑。圖書館同仁盡心盡力，求新求進，為清華大學在圖書服務上再度拿到一個第一，本校RFID智慧圖書系統啟用我要感謝與恭喜諸位同仁，同時也要謝謝承辦專案的艾迪訊公司蘇亮總經理以及工作人員如期完成系統的架設。

　　近年來RFID日漸風行，用於識別或追蹤庫存、資產、人員，特色是大量、平行與及時讀寫、記錄與傳送。廣泛用於車輛、設備、書籍等貨品。另一方面，現代技術已可將RFID標記（tag）縮小到頭髮直徑大小，不久以前報載有科學家將RFID標記黏在活螞蟻身上，藉以追蹤以研究其行為，可見其潛力無窮。

　　清華大學學習資源館不久後將落成啟用。圖書館在屢創新猷之餘，必需要思考圖書服務，甚至視聽教育的未來以及因應方案。約兩個禮拜前，我曾接受IC之音的專訪，主要是談讀書的趣味，行前我特別數了一下我在校長宿舍書房裏的書，大約約略有七、八百本，由於這些書極少例外，都是我當校長以後買的書，算起來，平均每天買書超過一本，因此我可稱為愛書人。另一方面，近十幾年來，我僅到本校圖書館兩次，一次還是去年在此召開的新書發表會。一個愛書人近十幾年來幾乎沒有上圖書館，可看出大學圖書館正面臨巨變。

　　上週六（12月3日），在成功大學舉行的「邁向頂尖大學」計畫成果發表會中，廣達電子林百里發表「高等教育的社會運用」專題演講說，現今「C（雲端科技）世代」，「學習搜谷歌、交友玩臉書、集會靠推特、購物上亞馬遜」，重視人性化設計，進行毀滅性的革命（destructive revolution）。曾經引

領風潮的「隨身聽」，而今安在？喧騰一時的Erickson, Nokia手機，甚至對資通訊產業有推波助瀾之功的Intel, Microsoft, Yahoo無不面臨被取代的威脅。今天教務長也在座，前幾天我跟他談到現在網路上許多開放式課程，精緻而動人，學習不受時空限制，未來課堂教學必會受到極大的衝擊，本校必須未雨綢繆。

現今書籍相對便宜，愛書人喜歡的書，儘可買回家看，同時電子書逐漸風行，電子期刊幾已完成取代紙本期刊，在科技發展日益加速的此時現刻，圖書館不誇張的說，正面臨生存危機，必須警惕，認真思考未來方向。各位同仁可想想我們是否會毫不猶疑的鼓勵我們的子弟投身圖書館專業？必能體會到急迫性。在今天本校超高頻無線射頻智慧圖書系統啟用之際，願與各位共勉之。

▲ ①大學圖書館正面臨巨變
　②圖書館同仁盡心盡力，求新求進
▶ ③圖書館必須認真思考未來方向

「化合物半導體技術論壇」與無塵室開幕典禮致詞

2011年11月21日　星期一

很歡迎大家光臨「化合物半導體技術論壇」與無塵室開幕典禮。今天與會的有學界巨擘，有業界領袖，有各路貴賓，群賢畢至，一部分可能因為是清華的親朋好友，前來致賀，更主要一部分應是喜於見證一個一流化合物半導體研究室的成立。

去年二月，我間接聽到鄭克勇與謝光前教授有回台工作的可能，而迅速與他們聯繫。根據以往的經驗，能延攬到一位就算成就非凡，也許是機緣已到，最後很幸運的請到兩位傑出學者同時到清華任教。鄭克勇與謝光前教授到校時，我曾跟他們說，清華請他們來，並不僅是用來做招牌，而是希望他們能有所發揮。一年多來，清華很感謝他們分別在電資院院長與奈微中心主任任上做了許多貢獻。而今天化合物半導體研究室的成立，也表示兩位整合校內外資源，有初步成果，未來必將大展鴻圖。

化合物半導體研究室的成立除斥資引進先進設備，並同時提升無塵室設施，承蒙晶元光電慷慨捐贈價值不菲的先進製程設備，首度實現國內學術界由磊晶生長到元件製作及測試一氣呵成的整合性研究，同時培養促進國家社會進步的人才。未來清華化合物半導體研究室在兩位頂尖學者領導下，研發發光二極體（LED），以及高功率、大電壓電晶體，將大幅度提升照明系統、通訊系統電動車的驅動元件和使用效率，達到領先世界的水準。

化合物半導體素有未來材料毀譽參半之名聲，記得有一次聽台積電張忠謀董事長提到，他半世紀前做博士論文研究，即以化合物半導體元件為主題，那時化合物半導體即號稱未來材料。雖然最近世界LED產業碰到一些困難，但固態照明前景可期，而國內相關產業已打下很好的基礎。剛才我在向晶元光電周

銘俊總經理致謝時，他說今後如果清華有什麼需要，晶元光電會持續支持，我開玩笑說，現在就需要。事實上，化合物半導體研究室的成立主要目的之一即做為相關產業之後盾，未來必能在產學合作上，創造佳績，增強產業競爭力。另一方面，此實驗室研究團隊以發展綠能源為目標，研製替代能源之所需相關半導體主被動元件，實現減少對於石油過度依賴，開拓零污染環境。清華有建設綠色校園的願景，而正在評估成為全台第一個LED校園的可行性，如能得到各位在軟硬體上，鼎力相助，將感激不盡，也將為台灣LED發展史寫下光輝的一頁。

▶ 見證一個一流化合物半導體研究室的成立

台積館義美門市部開幕致詞

2012年10月2日　星期二

很高興參加「台積館義美門市部開幕典禮」，尤其今天是天清氣朗，惠風和暢的好日子，在良辰吉時舉行嘉禮，是難得的際會；平常人一日三餐是不可缺少的，飲食是「一日不可無此君」；老子有言：「聖人之治，虛其心，實其腹」、「五色令人目盲；五音令人耳聾」、「聖人為腹不為目」，以滿足腹食需要為本；《漢書・酈食其傳》載有「王者以民為天，而民以食為天」，以食為第一順位；前清華學校教師，有幽默大師之譽的林語堂先生在《生活的藝術》一書中有言：「屈指算算生活中真正令人快樂的事物時，一個聰明的人將會發現『食』是第一樣」；兩岸清華永久校長梅貽琦校長是謙謙君子，他的日記有言簡意賅特色，但屢有對餐宴品評，也有認為清華師傅廚藝有待改進之記載；我想大家會同意，吃美食是很快樂的事，小孩子喜歡過年過節，當然與應時食品有關，林語堂先生更進一步說：「很多美好的回憶與美食有關」；文學家與教育家夏丏尊先生在〈談吃〉一文中說：「中國人是全世界善吃的民族」，「吃的重要更可於國人所用的言語上證之。在中國，吃字的意義特別複雜，什麼都會帶了『吃』字來說。被人欺負曰『吃虧』，打巴掌曰『吃耳光』，希求非分曰『想吃天鵝肉』，訴訟曰『吃官司』，中槍彈曰『吃子彈』，此外還有什麼『吃生活』、『吃排頭』等等。相見的寒暄，說：『吃了飯沒有』？」、「衣食住行為生活四要素，人類原不能不吃。但吃字的意義如此複雜，吃的要求如此露骨，吃的方法如此麻煩，吃的範圍如此廣泛，好像除了吃以外就無別事也者，求之於全世界，這怕只有中國民族如此的了」，吃雖不能說是中華民族「經國之大業，不朽之盛事」，重要性還是很高的。

台積館是本校南校區第一個場館，在現階段尚屬學校邊緣地帶，師生食的問題一直是學校亟待改善的地方；「義美」是台灣聲譽卓著的食品公司，「義

美」食品工廠是去年國內塑化劑風暴，極少數倖免於難的食品工廠，顯示對品質控管良好；這次在清華開門市部是結緣的開始，「義美」是近八十年老店，清華堪稱百年老店，希望因此長久結緣，而「義美」能在台積館以優質服務贏得科管院師生的認同，讓科管院師生與訪客吃得健康，吃得快樂，吃得滿意，有道是：「抓住大家的胃，就能抓住大家的心」，如此一來，不遠處的人社院與生科院師生將會經由口耳相傳，聞風而來，達到孔子所說「近悅遠來」的境地；同時要向大家預告的是，台積館旁即將動工興建約共有一萬建坪的「創新育成大樓」與「清華實驗室」兩棟大樓，另外在不遠處也正規劃興建博物館，再說遠一點，台積館西側6.43公頃市地，市政府已同意撥用給清華使用，初步有擴建場館以及宿舍規劃，人氣將更為旺盛，可謂後勢看好，也代表「義美」食品公司的遠見。最後祝本門市部熱鬧滾滾，與清華共吉共榮。

▲ 很多美好的回憶與美食有關

▲ 吃得健康，吃得快樂，吃得滿意

亞洲政策中心成立及葉公超講座記者會致詞

2013年7月17日　星期三

清華大學今天很高興宣布在清華校友們的支持下，成立「亞洲政策中心」，並設置「葉公超講座」。該中心將結合清華相關學術及研究資源，扮演中立的智庫角色，發揮政策建議功能。同時，首任中心主任兼「葉公超講座教授」將由美國在臺協會（AIT）臺北辦事處前處長司徒文博士（Dr. William A. Stanton）擔任。

著眼於亞洲崛起，以及清華的創校與國際關係的發展息息相關，更基於清華作為國內一流頂尖大學的責任，清華決定成立「亞洲政策中心」，並敦聘當代傑出外交人士加入清華團隊，經與司徒文博士多次洽談，得以禮聘這位重量級退休外交官擔任首任中心主任兼「葉公超講座教授」；葉公超先生曾任清華大學外文系系主任，也是對國家有極大貢獻的外交家，曾任外交部長及駐美大使等職。

清華大學前身是「清華學堂」，由當年清廷用美國退還多索的庚子賠款設立。清華建校後一直和美國外交官有密切交流，胡適、葉公超、蔣廷黻等清大師生也曾擔任駐美大使；1905年至1909年任美國駐華大使的柔克義（William Woodville Rockhill）先生，在任上成功協助清廷駐美公使梁誠先生堅持將美國退還多索的庚款作為教育之用，對清華的建立，功不可沒；而司徒文博士是中華民國建國百年來，第一位在我國大學任教的美國大使級退休外交官，與葉公超大使一樣主修英語文學，與百年清華、葉公超大使以及百年前的柔克義大使交相輝映。

人類社會的發展在歷經追求自由、民主、平等等階段之後，將面臨的是「和平」的問題。亞洲不論是在經濟、民主政治、文化，及軍事層面的發展，

已經成為當前國際關係的焦點。臺灣掌有地理位置的戰略優越性，若能善加利用本身特色與在亞洲關係網絡中的優勢，將可在亞洲政治舞台上扮演重要角色。清華設立「亞洲政策中心」，希望透過對亞洲民主發展與民主鞏固等議題的關注，並彌補國內對亞洲研究的不足，以中立的角度，扮演國內大學中唯一政策建議的適當平台與智庫。

二十一世紀的亞洲充滿了變動性，及前瞻性，是臺灣的機會也是挑戰。司徒文博士資歷豐富，先後派駐到包括北非、巴基斯坦、澳洲、韓國、中國大陸等地，擔任美國在台協會處長三年後卸任，加入清華這個大家庭，一定能以他的高度，為清華具特色的亞洲政策中心有不凡的作為。希望強化清華大學在國際關係領域中的話語權與領導力。未來將以「亞洲政策中心」為運作平台，強化臺、美、中之間的互動，同時進一步促進亞洲間的和平發展。

清華大學「亞洲政策中心」將聚焦於：一、更廣泛、全面認識臺灣當前所處的亞洲，除關注與大國之間的關係外，更強調對周邊國家的認識，以及國際對亞洲的影響。二、關注亞洲的民主發展與民主鞏固、政治與經濟的變動、社會文化發展、科技等相關議題。三、提供政府在應對亞洲各項重大議題、雙邊或多邊關係上的政策建議。

為此「亞洲政策中心」也將舉行一系列重要演講，涵蓋政治、經濟、軍事及外交等各項重要議題，邀請國際知名人士擔任訪問學人、同時擴大國際合作，舉辦各項會議活動，保持與臺灣社會密切互動，以拓展清華大學在國關領域能見度。

▲①禮聘司徒文博士擔任首任中心主任兼「葉公超講座教授」
　②清華建校後一直和美國外交官有密切交流
　③國內大學中唯一亞洲政策建議的平台與智庫
　④第一位在我國大學任教的美國大使級退休外交官

超高磁場生物用核磁共振儀開幕式致詞

2014年2月15日　星期六

　　很高興來參加並見證今天的「超高磁場生物用核磁共振儀開幕式」
（850MHz NMR，Bio—NMR）；今天是我在2月1日卸任校長職務後第一次在
清華參加公開活動；在歐美，甚至香港的大學，常有校長卸任休假一年的制
度，但在台灣，對於延退的教授，依邏輯無法休假，所以我也只有留在清華，
但會儘量減少參加公開活動，以避仍然過問校務之嫌；今天所以破例，乃因覺
得應對清華設置Bio—NMR前因後果作個交代，以為清華光榮歷史見證，尤其
這部貴重儀器是台灣除中研院之外，第一台850MHz NMR，並隸屬國科會貴
重儀器中心，是一個重要的里程碑，啟用之後，對國內學術界研究，必有很大
幫助，可喜可賀。

　　近年來與港澳大學校長晤談，比較台港澳三地高教經費，常會讓對方感
嘆，台灣頂尖大學以相對少的經費，而仍有相當競爭力，如果初步分析，台灣
的人事費相對低，例如大家熟知台灣的大學教師薪資約為港澳的三分之一到四
分之一，而行政人員偏少而待遇較低，好消息是研究經費相當，另一個因素可
能要歸功於國科會貴重儀器中心制度，由儀器專家管理，提供校內外研究人員
使用，通常可保持儀器的最佳使用狀態，而能讓其他專業或甚至不是那麼專業
的使用者共享，是一種相當有效率的作法。過去幾年大學在創造新知方面的學
術成就大幅成長，這與許多大學中的科學家們得以便利使用到世界一流的先進
設備有很大的關聯。

　　另一方面，貴重儀器中心制度也面臨相當大的挑戰，由於粥少僧多，國
科會在補助購買儀器時常要求申請單位要提供配合款，以往在申請時即由學
校畫押提供三成配合款，一般學校也無法推拒，但近年來核定經費往往遠低於
所需經費之七成，如此學校負擔也大增，所以每次學校在申請貴重儀器時傳來

捷報，反是頭痛時刻，今天啟用的850MHz NMR即為一例；當初呂平江理事長與張院長來報告喜訊時，也正是學校傷腦筋的開始，特別是差價非常大，如莎士比亞悲劇Hamlet王子一樣，問題變成To invest or not to invest，that is the question。最後學校決定支持，很大一部分的原因是生科院表達全力支持，並負擔一部分經費，充分顯示這項儀器的價值與重要性；這種情況在往後政府財政與學校財務都越來越困難之際，大概是會常遭遇到的問題，也是相當大的挑戰。

「超高磁場NMR」是結構生物學研究的利器，綜觀NMR發展，從基礎科學開始，先後得諾貝爾獎的包括Otto Stern於1943年因「發展核物理研究中的分子束方法並發現質子磁矩」（for his contribution to the development of molecular ray method and his discovery of the magnetic moment of the proton）獲得物理學獎、Isidor I. Rabi於1944年因「發展記錄原子核磁性質共振法」（for his resonance method for recording the magnetic properties of atomic nuclei）獲得物理學獎、Felix Bloch與Edward M. Purcell於1944年因「發現精確量測核磁性質新方法與相關發現」（for their discovery of new methods for nuclear magnetic precision measurements and discoveries in connection therewith）獲得物理學獎、Richard R. Ernst於1991年因「發展高分辨核磁共振光譜學方法」（for his contributions to the development of the methodology of high resolution nuclear magnetic resonance (NMR) spectroscopy）獲得化學獎、Kurt Wüthrich於2002年因「發展決定溶液中生物大分子結構核磁共振光譜學方法」（for his development of nuclear magnetic resonance spectroscopy for determining the three-dimensional structure of biological macromolecules in solution）獲得化學獎，較近的是Paul C. Lauterbur與Peter Mansfield於2003年因「與核磁共振成像有關發現」（for their discoveries concerning magnetic resonance imaging）獲得生理醫學獎；可見相關領域焦點有自基礎科學轉向化學再往生醫領域發展趨勢；俗話說「工欲善其事，必先利其器」，期待今天啟用的Bio—NMR利器不僅能為清華，也能為台灣學術界大放異彩，這裡我要特別一提，在清華也屬於貴重儀器中心的高分辨穿透式電子顯微鏡（Cs—Corrected Transmission Electron Microscope）於2011年12月啟用，到2012年8月即協助在「科學」（Science）其刊上發表成果，成為佳話，是令人振奮的先例；另一方面，清華也很幸運與

國家同步輻射中心緊鄰，約在一年後，同樣是結構生物研究利器的3.0 Gev同步加速器輻射設施也將啟用，未來研究工作必會有更多令人驚豔的成果，讓我們靜候佳音。

先進特殊合金工程研發中心成立大會致詞

2015年6月10日　星期三

　　今天來參加「先進特殊合金工程研發中心成立大會」，如果說是「百感交集」是太超過，但確有兩點特別的感想，一點是「千呼萬喚始出來」，另一點是「來的早不如來的巧」。

　　前一陣子與賴主任談起本中心成立，可以「千呼萬喚始出來」形容，主要是五年多以前，我還在國科會服務的時候，賴主任就與中鋼在科技大樓共同舉行一個盛大的成果發表記者會，頗引起媒體與社會大眾的注目，顯示出雙方合作不僅愉快而且有卓越成效；再往後是在2012年2月，中鋼王錫欽技術副總曾率團到清華來商討合作可能性的座談會，用我在上月與王副總一起到寧波參加「兩岸材料論壇」時學會的當地話說，雙方會談似乎談得很「入港」，成立聯合中心有相當的眉目，也許是中鋼方面力求慎重，遲遲沒有水到渠成；後來賴主任曾希望中心能在我於2014年1月卸任校長前能夠成立，也未能如願，幸好中心在賴主任本人卸任主任約兩個月前正式成立，英語中有better late than never之說，也就是來的遲要比始終不來好得多，是大家所樂見的。

　　另一方面，是「來的早不如來的巧」。清大材料系在1972年成立時，離世界第一個材料系——美國西北大學材料系成立僅有十二年，材料科學領域的誕生可看為是由於冶金學與固態物理的結合而來，而與世界大多數有相當傳統的材料系相似，清大材料系最初也是以合金材料為主要的研究方向；冶金科學以及相關固體擴散、固體相變化、材料特性、缺陷、分析是教學研究核心內容，譬如說與材料機械性質與電性有密切關係的差排理論、固體擴散、固體相變化等，至今仍幾乎是材料科學的獨門絕學，但在1980年代中期以後，由於台灣半導體與相關電子產業的蓬勃發展，不僅教師的研究方向、學生選擇領域的興趣甚至教學內容都深受影響，有了相當大的變化，這可從在1980年代，有一年材

料系招收的四十名碩士生中，在自選研究領域時，竟然僅有一位選金屬材料，其他三十九位都選電子材料看出；這種情況維持了相當長的一段時期，而對材料科學經典知識的傳承，並沒有發展出妥善的替代方案，這雙重效應同時也造成了人才有斷層之虞。幸好近年來，材料系同仁感受到危機當前，漸漸凝聚了有以匡正的共識，接連聘請了好幾位金屬領域的教師，據了解，他們也都有機會參與中心的工作，所以從另一個角度來看，中心的成立，也可謂正是時候，這點我們也要佩服中鋼的獨具眼光，慎選時機。

　　先進特殊合金工程研發中心的成立代表清華合金研究的里程碑，清大材料系在早期與中鋼有相當密切的合作關係，我本人在其間也曾在中鋼開過短期課程，但似乎漸行漸遠，如今可謂「重拾舊歡」，在賴主任的卓越的領導與雙方妥善的規劃下，必能屢創佳績，達到在培育人才以及先進研發雙贏的境地，在此預祝中心運作順利，發光發熱。

「高熵材料研發中心」開幕揭牌典禮致詞

2018年9月7日　星期五

　　首先我要恭喜葉均蔚教授領導的團隊，在激烈競爭下脫穎而出，同時獲得教育部「深耕計畫」及科技部共同補助而成立「高熵材料研發中心」。這是繼前年十一月清華主辦「第一屆國際高熵合金材料會議」，另一個重要的里程碑；期間我們喜見科技部以大型計畫支持「高熵合金原理及開發專案計畫」，在今年六月底於香港城市大學舉行的Nano—2018，也就第14屆國際奈米結構材料會議，「高熵合金奈米結構」（Nanostructure in High Entropy Alloys）也是主題之一，可見「高熵合金」研究仍繼續為國際學術界極為重視的前沿領域，備受國內外肯定。

　　「高熵材料研發中心」受到支持的力道與廣度皆為空前，可喜可賀。清華是「高熵合金」領域誕生地之一，此時此地在「高熵材料」發想人葉均蔚教授領導下，整合清華材料系、化工系、工科系、物理系以及台灣大學、交通大學、中興大學、逢甲大學、明志科大相關領域28位優秀教授參與研究開發，跨校跨領域，甚為難能可貴；據了解，共執行九個子計畫：（1）鑄造及鍛製高熵合金之開發及應用、（2）高熵超硬合金及超耐溫複材之開發、（3）功能性高熵薄膜之開發及應用、（4）高熵材料腐蝕及防制之開發及應用、（5）耐火高熵材料之開發及應用、（6）高熵合金在核能結構材料電化學行為探討、（7）功能性高熵陶瓷之開發及應用、（8）生醫高熵材料之開發及應用、以及（9）微結構分析及學術理論之強化。從塊材的鑄造及鍛製、薄膜、超硬合金及超耐溫複材、耐火材料、陶瓷材料、生醫材料、腐蝕及防制之開發及應用，涵蓋面甚為廣泛。

　　除學術研究外，中心另一目標是發展高熵材料技術及建立智財權，推廣於5+N中「智慧機械」、「綠能科技」、「國防」領域。如發展工具、模具、刀

具，解決鈦合金、超合金、非球面玻璃模造、高熔點塑膠射出、IC封裝加工業之耐磨耗、抗黏、長壽命等瓶頸；又如發展發電及推進系統之葉片葉輪以及超臨界水發電系統管路之耐熱合金，都相當令人期待。

　　政府以專案支持大學實體研究中心，在以往即使不是空前，也是極為少見，所以政府支持大學實體研究中心是一種新的嘗試，也是一種考驗。同時教育部「深耕計畫」及科技部補助為期五年，但依我主持教育部「追求卓越」五年計畫的經驗，時間過得比想的快，如何永續經營，可能是現在就可以開始思考的問題。

　　中心的的兩個主要目標，追求學術卓越以及發展臺灣特色產業，都切合目前台灣學術界與產業界的需要，但也是「知易行難」的目標，也是未來的挑戰。拿破崙說：「規劃的好很好，說的好更好，做的好最好」，「高熵材料研發中心」做了很好的規劃，也因有很適切的陳述才能獲得評審青睞，所以在發展技術方面，要落實做的好才最好。這點可能要早日與產業界合作才辦得到，今天很高興看到許多產業界的先進光臨，是一個好的開始。另一方面，在學術卓越方面，做的好仍有不足，要在頂尖期刊如Science and Nature發表論文，會講動人的故事，也就是說的好同樣重要，「高熵材料研發中心」在「高熵合金」領域起源地成立，集跨校、跨領域學者專家於一堂，又有相對長期與豐厚的資源支持，同時有天時、地利、人和，希望能期許或鞭策中心扮演領頭羊角色，在國際上大放異彩。

　　今年二月我曾協助財團法人中技社舉辦「AI對科技、經濟、社會、政治與產業影響與挑戰研討會」，在準備「AI對科技影響與挑戰」演講資料時，材材料方面，最先想到的就是在「高熵合金」方面的應用。因為高熵合金結構的複雜性，不論是結構分析、理論模擬、製程控制、特性量測，應是AI可以發揮很大助力的地方；科技部工程司從107年度剛開始補助進行的「智慧仿生材料與數位設計平台」專案研究計畫，即明白要求導入材料數位基因平台模擬運算及運用人工智慧能力，而中心擁有相當資源，有條件領導風氣，或可做為參考。另一方面，我也要提醒，一個執行九個子計畫的中心，密切整合，相互支援，才能發揮綜效，這些可能是中心主任與副主任最重要的任務。

　　最後我要再次祝賀葉均蔚教授領導的團隊，促成中心的成立；並預祝中心運作順利，捷報連連。

▲ ①清華是「高熵合金」領域誕生地之一
　②預祝中心運作順利，捷報連連
　③密切整合，相互支援，發揮綜效
　④中心扮演領頭羊角色，在國際上大放異彩

清華實驗室「材料系84實驗室」揭牌儀式致詞

2018年5月11日　星期五

今天來參加清華實驗室「材料系84實驗室」揭牌儀式，別具意義。事實上，我們可以說，沒有材料系84級，就沒有「清華實驗室」，而其中最大的功臣，當然是我們非常感謝與懷念的陳繼仁系友；當初是繼仁一舉捐款五千萬元，才讓清華再重啟興建「清華實驗室」的計畫，也才有今天的啟用典禮；而84級其他系友也在愛護清華方面表現出色，不僅在當年的百人會有陳繼仁、呂勝宗、陳祖謙、俎永熙系友參加，這次更集資協助「清華實驗室」材料系空間的內裝；因而才有「材料系84實驗室」揭牌活動。我們也很感謝繼仁夫人黃娠予女士光臨。娠予不僅也自清華EMBA畢業，長子廷嘉也是清華人，最近率先參加為籌募永續基金而成立的雙百會，尤為感人。84級除呂勝宗、陳祖謙系友是雙百會個人發起會員外，整班也是班級發起會員，芳名錄將載於「材料科技館」勒石上，作為不僅是材料系，也是所有清華校友的典範。

剛才在啟用典禮中，大家了解到「清華實驗室」的興建經歷一波三折，計畫趕不上變化。由於自2014年起，教育部邁頂計畫經費大幅降低，學校採取應變措施，是將原預定興建的「生科三館」與「清華實驗室」共構。對材料系來說，比較遺憾的是，當初規劃可以有一千坪的空間可以使用，在計畫改變後，僅得一半空間，扣除約三成公共設施，只有三百多坪可使用。三百多坪本來也可供七、八個研究室使用，問題在離材料系教室、研究室、實驗室集中的台達館與材料科技館有一段距離，除非有特殊需求，教師們比較沒有意願到偏遠地區，這是當初始料未及的，也變成未來材料系一大挑戰。

另一方面，材料系在研發處協助下，暫時做「包租公」，有一些收益，對系務順利運作不無助益。同時也給予材料系未來成長的彈性；如果找到適當的

師資，或是教師在某階段因主持大型計畫或產學合作有特殊的需求，不會有找不到空間之苦，還是對材料系未來發展還是很有幫助。

今天大家在此歡喜揭牌，但還是不免令人想起唐朝詩人王維詩句：「遙知兄弟登高處，遍插茱萸少一人。」事實上是少二人，除繼仁外，還有當初陪同他一起到校長室，敲定捐款興建「清華實驗室」的84級系友周立人教授。立人在大學時，是繼仁住學校宿舍的室友，曾是我指導的專題生。2001年，返校任教後，不僅熱心公共事務，本身研究也很傑出；在我擔任校長後，發揮長才，以「財務規劃室」副主任身分，協助將百人會的募款活動辦得轟轟烈烈。不幸在百人會最先的具體亮麗成果，「校友體育館」落成啟用之際，已因病未能參加，而於約一個月後病逝。與約兩年後，繼仁也離我們而去，同樣令人傷痛，是材料系與清華大學師生應永久紀念的。

最後希望進駐「材料系84實驗室」師生，能善用跨領域研究特色，迭創學術研究與產學合作高峰，大家平安康樂。

▲ 遍插茱萸少二人

▲ 善用跨領域研究特色，迭創學術研究與產學合作高峰

「清華實驗室」啟用典禮致詞

2018年5月11日　星期五

　　不久前圖書館林文源館長跟我提起，為清華口述歷史，相關人員將會找我訪談。而要談清華歷史，「清華實驗室」是一個很好的題材。因為他歷經四任校長，峰迴路轉，才有今天的啟用典禮盛會。

　　「清華實驗室」的發想，可遠溯至徐遐生校長任內，也就是2002-2006年間。徐校長在加州大學柏克萊分校（University of California, Berkeley）天文系擔任教授多年，知道UC Berkeley有世界馳名的勞倫斯柏克萊實驗室（Lawrence Berkeley Laboratory, LBL），從事跨領域的研究，所以倡言成立類似理念的「清華實驗室」。巧在我與賀陳校長與文村校長都是UC Berkeley的畢業生。我的研究助理（Research Assistant）薪資，更出於LBL的無機材料研究部門（Inorganic Materials Research Division, IMRD），並且經常在LBL計算機中心挑燈夜戰，所以對LBL稍有認識，如果要找相似機構的話，比較像台灣的中研院，加上同步輻射中心、國家實驗研究院的高速電腦中心等，但確實是鼓勵跨領域研究，如IMRD兼任計畫主持人，即包括材料、化學、物理、化工等系教授，比較像工研院的材料與化工研究所。

　　「清華實驗室」的打造過程，可以一波三折形容，中間有一度喊停。到本人接任校長後，因為成立「百人會」籌募興建「校友體育館」經費，募得一億七千兩百萬元的成功經驗，由校友表現的熱心與實力，得到莫大鼓舞。同時考量空間需求，在捐款前六名的系所中，工科與電機系，分別有綠能館的興建與台達館的即將落成啟用，其餘材料、化學、物理、化工四系都有相當的空間需求，而這四系在台灣學術界都是龍頭系，跨領域研究的機會也特別多。最後決定重起爐灶的臨門一腳，還靠已故的材料系陳繼仁校友；當時他主動的對我表示，有意捐一筆約五千萬元的款項給清華，徵詢我合適的項目；我就提起，

也許可以做為興建「清華實驗室」之用，如果再聯合化學、物理、化工三系系友，各捐助五千萬元，連同學校的經費，就可堂皇上路，也得到他很爽快認同；其後再經過校內程序，責成相關各系展開募款活動，進行也相當順利。到2014年1月動土典禮時，幾乎達標；當然其後又產生一些周折，材料系不僅在第一秒達標，與繼仁同班的84級系友又另合捐了約500萬元，做為實驗室內裝用，物理系在校友強力支持下也順利達標，因為不同緣故，化工、化學系則有相當落差，有些是因為捐款人自身發生狀況，有些則是由於系友關係經營問題，可做為學校未來募款活動的借鑑。

另外一個大的變動，也就是由於教育部邁頂計畫的大幅削減經費，學校決定將原預定興建的「生科三館」與「清華實驗室」共構。在此也要特別感謝尹衍樑先生，他在我尋求協助時，很快地決定獨捐一億七千萬元，協助興建「生科三館」。今天很遺憾未見尹先生或其代表出席，他最初是以匿名善心人士名義捐贈，並且婉拒命名權，格外令人敬佩。

▲①歷經四任校長，峰迴路轉
　②增加了跨領域研究合作機會
　③感謝尹衍樑先生與四系系友們的慷慨捐贈

由於共構的發展，「清華實驗室」的「住戶」又添加了「生醫所」以及「腦科學中心」、「生醫中心」等單位；如果正向思考，當然更增加了跨領域研究合作機會，尤其生醫與物理、化學、材料、化工各領域合作，正居現今科技發展前沿，所以希望進駐師生，不僅經常水平移動，也要常常到樓上、樓下逛逛，增加交流合作機會。另外當初也特別設計與隔壁創新育成大樓共用地下停車場，並以天橋連接，自然有助於產學合作。有人曾告訴我說，「清華實驗室」與「創新育成大樓」構成清華最美的風景線，又面對綠草如茵的大草坪，在得天獨厚的環境下，希望大家能在追求卓越時，成果豐碩，捷報頻傳。

最後我要再次感謝玉成「清華實驗室」的尹衍樑先生與四系系友們的慷慨捐贈，參與規劃、執行興建同仁的辛勞，並祝所有嘉賓一切順利。

五、各項文物與捐贈

記載各界對清華書畫、文物、標本等各項藝文捐贈，除使清華文史學科的典藏研究及展示教育更加豐富，亦使校園增添藝術與人文之美。而獎學金與實驗室的捐贈設置，則使清華學子有更良好的學研資源。

「陳俊秀先生捐贈珍稀甲蟲標本」典禮致詞

2011年3月8日　星期二

　　很感謝永安船務公司陳俊秀副總經理將五千餘件的珍奇甲蟲標本捐贈給清華大學，清大經過多時的整理，得以在今天鄭重向各界介紹這批「價值連城」的稀世珍藏，未來該批標本將作為典藏研究和展示教育之用。

　　去年四月中，交通大學張翼教授談起陳俊秀先生有意將其過去二十餘年來所蒐集的全世界各地珍貴的甲蟲標本，捐贈給學術界作為典藏研究和教育之用。張翼教授是清大校友，常在清華後山散步。去年某日我們在後山相遇，我特別帶他到附近的「清大蝴蝶園」參觀，據張教授表示，觸動了他促成甲蟲標本最適合保存於清大珍惜自然生態與生物多樣性環境的念頭。本人體認珍稀甲蟲標本對清華的教育與校園文化的意義，當即邀請本校生科系李家維教授和曾晴賢主任與張翼教授同去台北拜會陳俊秀先生。

　　曾經擔任「國立自然科學博物館」館長的李家維教授，詳細查看這批博物館或是昆蟲玩家都會羨慕的收藏之後，當下就知道其價值和重要性，因此極力的建議清華應該將陳俊秀先生的這批標本留在清大，千萬不要讓這麼珍貴的甲蟲標本流失。由於陳先生是一個完美主義者，因此在他手上的這批標本已經是無可挑剔的博物館收藏等級，也是許多甲蟲玩家會羨慕至極的極品。一些親手展肢的甲蟲幾乎就跟世界各國一流博物館所收藏的標本一樣，其中有很多珍貴的標本目前就算是有錢也不一定買得到。

　　陳俊秀先生曾打算將這些標本捐贈給他們家族贊助成立的加拿大蒙特婁博物館。但是其友人畢庶強先生：「你是否也留一些難得一見的甲蟲標本給台灣的孩子，讓他們有機會能夠欣賞這麼美妙的昆蟲！」一席話，打動了陳俊秀先生。畢先生適為張翼教授舊識，一連串的機遇促成了「寶留清華」的美事。

由於世界各地的環境日益惡化，大家對於可以見證世界生物多樣性之標本都無比的重視，尤其是在極力探討生命科學的時代裡，讓世人可以看到這些無比美妙和多采多姿的昆蟲世界，「大開眼界」之餘，更能夠激發莘莘學子的熱情與興趣。清華大學很感謝陳俊秀先生慷慨捐贈珍稀甲蟲標本，嘉惠研究人員與學子，為無私奉獻社會典範。過去半年多來，承蒙本校生科系曾晴賢主任領導的團隊悉心整理，完成陳俊秀先生原已展肢約一千隻珍稀甲蟲標本外，約三千五百隻甲蟲標本分類→編號→採集記錄拍照→軟化→整姿固定與斷肢接著→乾燥→拆固定針→修整→裝箱→標本製作，預定於本年七月底前完成其餘約一千隻標本製作，日後將分類與編號→採集記錄整理與標籤製作→鑑定→建檔→除蟲→入庫館藏，妥善保存和整理。本校現已規劃在即將發包興建之「生醫科學館」內設立「甲蟲標本陳列室」，以充分發揮典藏研究和教育展示之功能。未來一定不會辜負陳俊秀先生「人是過客，不可能永遠保有珍藏品，希望清大博物館未來是台灣最專業的甲蟲館，有系統的保存下去」的殷切期望。

▲ 一連串的機遇促成了「寶留清華」的美事

▲ 「價值連城」的稀世珍藏

羅丹大型銅雕「沈思者」（Thinker）揭幕典禮致詞

2011年4月20日　星期三

今天我以無比欣悅的心情；歡迎大家光臨謝宏亮校友為慶祝母校百週年捐贈雕塑大師羅丹巨形銅雕「沈思者」（Thinker）揭幕典禮。這座「沈思者」銅雕原本是謝董事長的個人珍藏，謝宏亮校友將這件舉世知名，價值不菲的藝術品捐給母校，並親自選址、全程監督雕像吊掛、立座工程以及表面處理，希望讓自己的收藏成為學弟學妹們的祝福，也為百歲的清華增添校園藝術與人文之美，供校內外愛好藝術人士與學子欣賞。

美國知名教育家、芝加哥大學前校長在Robert Hutchins「理想國大學（*University of Utopia*）」一書中曾說頂尖大學是一個「思索者的社群（A community of thinkers）」，期許師生在校園裡，思索普世的永恆價值。「沈思者」巨形銅雕正座落於本校即將落成「學習資源館」前，傑出藝術作品與清華學者以及莘莘學子「博學、審問、慎思、明辨、篤行」殿堂相得益彰，這件作品在清華，不僅將成為顯著地標，必將為校園營造藝文氛圍、發人深省，更希望對孕育未來思想巨擘有所助益。

今天我同時要恭喜謝董事長榮膺本年度清華傑出校友，他在事業上表現傑出，對學校有重大貢獻，是母校無上榮光、無上驕傲。謝董事長雅愛藝術，喜歡收藏油畫與雕塑作品，當初與他洽談捐贈羅丹作品時，其公司高階主管知道他要把最心愛的收藏捐出來都「大吃一驚」，可見其愛護母校之殷；謝董事長認為收藏者只是為人類暫時保存重要藝術傑作的人，願意將此珍貴的藝術品與大家共同分享，對於擁有如此傑出及具有高尚情懷的校友，清華深深引以為榮。

羅丹是與米開蘭基羅齊名的雕塑大師，有雕塑界的摩西之稱，有二十世紀最偉大的雕塑家之譽，其最著名的代表作正是「沈思者」大型銅雕，1880

年羅丹受法國政府委託製作以但丁《神曲》為主題的地獄門，其中有許多造型都是但丁神曲中的角色，而立於地獄門中間的「詩人」俯視著神曲中的悲慘景象，這詩人又被羅丹轉化稱為「詩人──沉思者」，後來更簡稱為「沉思者」，並且從地獄門這件龐然大作中獨立出來，成為一件羅丹這一生最重要的作品，也代表了羅丹一生最重要的思想！羅丹的沉思者有大、中、小三種尺寸，大約於1880年，他製作出第一版比例較小的中型沈思者的石膏原模，而第一座大型的、用銅鑄造的沈思者則於1902年完成，但直至1904年才對外展示。全世界目前有21件大型作品是羅丹本人和羅丹美術館授權製作的，另有25件是1998年起由Valsuani鑄造廠由羅丹石膏原模鑄造出來的紀念碑型沉思者，也是世上僅存的一批羅丹大沉思者。本次贈與清大的紀念碑型沉思者作品，即為法國政府公證官認證的1998年版本中編號25／25的青銅鑄造大沉思者，尺寸為180×150×94cm。

沉思者全大型銅雕世界僅有46件。美國史丹福與哥倫比亞大學都有一尊同樣的雕塑，史丹福在泰晤士報全球大學評比排名第4，哥倫比亞排名第18，清大目前是107。清華有謝董事長這樣傑出與愛護的母校校友，「百年校慶是未來登上世界前20大的起跑點」，願與大家共勉之。

▲ 頂尖大學是一個「思索者的社群」

▲ 傑出藝術作品與清華學者學子殿堂相得益彰

◀①收藏者只是為人類暫時保存重要藝術傑
　作的人
②為百歲的清華增添校園藝術與人文之美
③將成為顯著地標，為校園營造藝文氛圍

大陸絳州澄泥硯特展開幕典禮致詞

2011年4月21日　星期四

很高興也很感謝來參加今天絳州澄泥硯特展開幕典禮。為慶祝清華大學百年校慶，北京清華傑出校友藺濤與其尊翁藺永茂先生以「荷塘月色」為題，製作一百方「絳州澄泥硯」，呈現北京清華荷塘月色與新竹清華校景，搭配變幻萬千的窯變紋理，兼具實用與美觀價值。尤其感謝藺濤校友將此批「絳州澄泥硯」於特展後致贈本校留念，為百年校慶珍貴的賀禮。

硯台為文房四寶之一，讓我國書法藝術發揮到極致的大書法家王羲之於永和九年（公元353年），暮春之初，會于蘭亭，群賢畢至，蘭亭邊有茂林脩竹，而當日天朗氣清，惠風和暢。今天恰逢暮春之際，風和日麗，眾多嘉賓會於兼具湖光山色、茂林脩竹旁的人文社會學院大廳，共賞美硯與名家書畫，堪與一千多年前的蘭亭集會遙相輝映。

蘭亭諸賢仰觀宇宙之大，俯察品類之盛，所以遊目騁懷，足以極視聽之娛。夫人之相與，俯仰一世。當其欣於所遇，暫得於己，快然自足，不知老之將至。感於向之所欣，俛仰之間，已為陳迹，慨歎脩短隨化，終期於盡。興感臨文嗟悼，不能喻之於懷，後之視今，亦由今之視昔。今天與眾嘉賓共聚一堂，雖世殊事異，所以興懷，其致一也。

北京清華「荷塘月色」因曾任清華中文系主任朱自清同名散文而為人熟知，也成了清華的代表景色，「荷塘月色」曾長期為台灣中學國文教科書選錄，所以幾乎所有年輕學生都相當熟悉；新竹清華同樣以風景秀麗遠近馳名，山明水秀，美不勝收，到過兩岸清華的訪客，往往會對校景相似的引人入勝，發出由衷的讚嘆；同時兩岸清華除同根同源外，也一脈象承；在北京清華擔任十八年校長的梅貽琦校長，於新竹建校並在逝世前，曾擔任六年校長，同時梅校長之後的四任共十九年的校長，也都是北京清華校友，今日兩岸清華的教育

理念與學風，有許多相似之處，並非偶然；另外可喜的是，兩岸清華都各自發展為頂尖名校，不止地靈，而且人傑，而且兩校互動一向非常密切，在兩岸高校交流中，有多項開創性的作法，密度之高；力道之強，是任何其他兩岸高校間交流所無法比擬的；而兩岸清華更有共識，在未來攜手，擴大推動聯合研究，目前已開始作業，相信在不久的將來，定能枝繁葉茂，開花結果。

蘭濤校友在兩岸清華共慶百周年之吉慶時刻，精心製作百方名硯，將清華校景融入珍貴藝品之中，又請名家以書畫描繪對應景色，是極為難得的藝術饗宴，充分顯現獨到的工藝與創意，充分顯現對母校的熱愛，並愛屋及烏，視兩岸清華未一家，親自率團來新竹清華展示與親臨慷慨捐贈典禮，隆情高誼，深具意義。

古人將良辰、美景、賞心、樂事列為四美，今天難得四美具，願與諸位共享歡樂時光，欣於所遇，快然自足，並敬祝兩岸清華校運昌隆。

▲ 堪與一千多年前的蘭亭集會遙相輝映
◀ 四美具，二難並

「清詩華墨——宗家源詩書展」捐贈典禮致詞

2011年11月16日　星期三

很高興參加「清詩華墨——宗家源詩書展」捐贈典禮，清華校友宗家源先生不但書法藝術精湛，也善於詩詞，今年為慶祝清華百年校慶，宗校友創作以清華為主題的書法及詩詞作品，於新竹清華舉辦展覽，別具意義。很感謝宗家源校友慷慨將展覽作品義賣，所得全數捐贈給清華作為獎學金之用。

詩詞歌賦及書法是中華文化的精髓，語云「秀才人情一張紙」，另一方面，又有「洛陽紙貴」之說，薄薄一張紙，經過精湛書法加持，可以成為稀世珍寶，宗家源校友為人練達，心胸開闊，促使他的書風氣勢磅礴，灑脫不拘，被讚譽為「筆道行雲間，字裡透靈氣」。

書法是一種書寫的藝術，與詩詞結合，除欣賞形體之美外，更能發人深省，言外之意，弦外之音，「觀賢人之光耀，聞一言以自壯」。廳堂書房，常因名家翰墨，滿室生輝，倍增雅趣。高士雅人，端詳欣賞中堂卷幅，回味咀嚼，沉醉不已。大師鴻儒留世名句則常以書法彰顯；以清華國學院四大導師而言，梁啟超先生是百科全書式學者，著作等身，但最令人傳頌的是受他啟發而訂定的清華校訓「自強不息，厚德載物」；晚清至民初百年國學第一人，王國維先生有人生三重境界之說：「古今之成大事業、大學問者，必經獨上高樓，望盡天涯路，衣帶漸寬終不悔」，最高境界在「回頭驀見，那人正在燈火闌珊處」，經他詮釋，讓晏殊、柳永、辛棄疾三大詞家餘韻不盡，令人嚮往心儀；有百年史學第一人之譽的陳寅恪先生在抗戰初期所賦「南渡自應思往事，北歸端恐待來生」詩句，讀來惻然，讓人對國難家恨唏噓不已；有百年語言學第一人之譽的趙元任先生，提倡白話文，其以白話文表達的結婚誓詞膾炙一時，而其先祖趙翼「江山代有才人出，各領風騷數百年」句更成經典絕句。嘉言名句

與書法藝術，相得益彰，表達的意境旨趣，是繪畫所不能及者，不僅為中華國粹，也是世界文明的高點。

去年我甫就任校長時，承蒙宗家源校友惠贈手書「天行健自強不息；地勢坤厚德載物」中堂一幅，現正高掛在校長宿舍客廳中。「清詩華墨」展出作品中，包括十五種不同書體壽字，篆、隸、楷、行、草、章草各體清華校訓，而據了解宗校友常以書寫清華校訓墨寶贈人，堪稱書寫清華第一人，清華擁有如此愛校的書法大家為校友，實感榮幸。祝宗校友老當益壯，不減青雲之志，書藝「自強不息，厚德載物」。

最後也歡迎清華港澳同學會的貴賓，組成盛大的參訪團，到新竹清華來為身兼副會長的宗老助陣，據了解，清華港澳同學會會員包括兩岸清華校友，讓兩岸清華一家親，今天難得的歡聚，更是其樂融融，也預祝大家在新竹清華有一個豐富愉快的參訪之旅。

▲ ①筆道行雲間，字裡透靈氣
　 ②觀賢人之光耀，聞一言以自壯
◀ ③書寫清華第一人，老當益壯，不減青雲之志

中嶋隆藏教授捐贈畢生所藏的研究圖書典禮

2011年12月26日　星期一

　　非常感謝各位，今天百忙中參與這個極具意義的典禮。中嶋教授曾任本校客座教授，除了捐贈畢生所藏的研究圖書給清華之外，並將他的新書《靜坐：實踐與歷史》交付本校出版社出版，

　　四海一家是人類社會的理想，而在學術界最先落實。現今大家熟悉的大學，由中古世紀而來，向有學術無國界的世界精神傳統，學者跨國界雲遊於各大學校園。近世雖曾一度式微，隨著科學思想的推廣深化，喜得再度擴展於學術先進諸國。中嶋教授曾擔任本校客座教授，正是學者間交流、切磋、溝通，欣賞文化，促進了解與尊重的具體表徵，尤其國際學術交流思潮衝擊，往往能擦撞出絢麗火花，更能豐富校園文化，拓展眼界與思想深度，是一流大學不可或缺的滋潤養分。

　　中嶋教授，在本校中文系楊儒賓教授的引薦下，慨然地將珍藏的畢生學術研究使用，近5,000本主題涵蓋中國及日本文化研究的專書捐贈給本校圖書館典藏，這批贈書不僅讓清華的文史藏書更加豐富多元，也對文史學科研究有極大的助益。中嶋教授在今年8月開始整理這批贈書、細心製作清單，並打包裝箱；這批珍貴的贈書一共有154箱，前後共分6批，千里迢迢地，從日本仙台飄洋過海，寄到清華。有人說，對一個學者而言，畢生藏書就是他的世界，每本書就像他的小孩，中嶋教授對清華的隆情高誼，將成為清華珍貴史料的一部分，清華也必須善盡典藏之責，發揮珍貴贈書最大的功能。

　　「四海之內，皆兄弟也」，這句話出自《論語》中孔子學生子夏，德國大詩人席勒在其傳世名作《快樂頌》中亦有云：「All Men Are Brothers」。這首《快樂頌》詩歌後經貝多芬為之譜曲，Ode to Joy成為他的第九交響曲第四樂

章的主要部分。而其音樂更以歐洲之歌為名成為現今歐洲聯盟盟歌、歐洲委員會會歌。中嶋教授捐贈畢生所藏的研究圖書給清華，也契合本校校訓「厚德載物」，四海一家、民胞物與，別具深意。

中嶋教授並將他的新書《靜坐：實踐與歷史》交付本校出版社出版，這本書呈現了中國與日本的知識份子之間，文化互相傳播與交流的樣貌；由這三段機緣，可以看出中嶋教授對清華的信任與情誼，就像是知交的老朋友一樣。初唐大詩人王勃曾有詩「海內存知己，天涯若比鄰」，中嶋教授與夫人將永遠是清華的知己，再一次深深感謝中嶋教授。

▲ 大學向有學術無國界的世界精神傳統

▲ 海內存知己，天涯若比鄰

自強基金會及余明光校友捐贈本校校車典禮致詞

2012年3月20日　星期二

　　今天很高興於校內一級主管參加的校務會報前，舉行別開生面的校車聯合捐贈儀式。多年來本校一直困擾於多部校車車齡老舊，但受限公務車採購程序繁複，不易更替的問題，如今在自強基金會及合孚企業董事長、EMBA11級余明光校友各捐贈乙輛校車後獲得部分解決。清華現在同時擁有二部嶄新而舒適的公務車，服務品質一定能大幅獲得改善，同時增進行車安全，也能更有效率分配用車，嘉惠師生同仁，正合學校現時所需。為表感謝，特別於今天舉行校車聯合捐贈儀式。

　　自強基金會是由清大校友捐贈所創立的，以培育人才著稱，目前也以清華為基地，推展業務，一直都對母校校務發展鼎力支持，但較少為師生同仁熟知。前不久在董事會中有討論到，自強基金會的貢獻應讓清華社群廣為周知，今天由許明德董事長，也是核工1968級校友，代表捐贈福斯九人座校車，除因應學校需求外，也能讓師生同仁更直接的感受到自強基金會對母校的愛顧。由於公務車不適合在車身上註明捐贈的個人或單位，要特別拜託在座一級主管及同仁多幫忙宣揚自強基金會的美意。

　　剛畢業沒多久的余明光校友，為桃苗豐田汽車總經理，也是合孚公司的董事長。剛才我問余明光校友桃苗豐田汽車以桃苗命名，為什麼跳過新竹，他解釋說桃苗代表桃園到苗栗，因此新竹市居民都是他的潛力客戶群。今天余總經理捐贈母校TOYOTA七人座校車，雖然車身同樣沒有捐贈者的名號，但TOYOTA的商標還是隨車趴趴走，有主場優勢。去年EMEA招生宣傳海報上主打一名帥哥，兩位美女，美女我還無緣相識，帥哥則正是11級的余校友，據說成效宏大。桃苗豐田汽車為台灣地區車輛的領導品牌，余校友雖然畢業不久，

但是對學校的發展一直都很熱心幫忙，希望校友與同仁多多效法。

最後我要特別一提，去年清華歡慶百周年，以百人會方式籌募興建多功能體育館，每位會員捐贈一百萬元以上，許明德與余明光董事長都是率先響應的校友。兩位校友愛護母校之情，在此一併致謝。

▶ 嘉惠師生同仁，正合學校現時所需

捷鎏科技捐贈雲端視訊軟體致詞

2012年8月9日　星期四

　　首先很感謝清大資工系教授、捷鎏科技首席顧問黃能富捐贈自行開發的
雲端互動平台「ShareRoom」。黃能富教授是本校難得的教學、研究、服務三
棲傑出教授，在教學方面，是本校三次傑出教學教師獎得主，因而於九十七
年獲得清華大學特聘教授榮譽；在研究方面，他獲得多次國科會甲等及優等研
究獎，並於九十四年得到國科會「研究計畫第一級主持人獎助」，獲得教育部
「大學教師與產業界合作研發績效卓著獎」（八十七年）以及清華大學傑出產
學合作獎（九十九年）；在服務方面，他曾任資訊工程系主任，以及教育學術
網路系統安全保證及反駭客控制技術研發中心主任，行政院IPv6推動指導委員
會研究發展組召集人，他的研究專長在雲端影音互動平台技術、p2p影音分享
技術、IPv6網路、網路安全以及高效能交換器／路徑器，是極為優秀的教師。
　　捷鎏科技所捐贈雲端視訊軟體ShareRoom特色是不用安裝任何程式，只要
有電子郵件帳號，就能同時提供上百人進行線上開會、教學等即時影音互動，
平台還可以將開會過程全程錄製，大量節省因開會所需支出的交通、時間成
本。這套系統將對跨國徵才以及國際團隊的合作上，有非常實質的幫助。清大
校園廣闊，且校內外教師間合作的研究案很多，以往討論會議可能受制於距離
及空間，所以衍生許多時間及碳足跡的浪費。現在藉由這套系統，免走出研究
室或辦公室，就可以直接在電腦上影音互動，討論研究進度。清大停車位、會
議室空間不足的窘境，可因「ShareRoom」的便利性獲得局部舒緩，也降低碳
足跡的產生量。
　　等一下大家可在現場親身體驗到，只要輕點網址連結，不用幾秒鐘的時
間，線上會議室立即開通，使用者可以根據自己的喜好設定，自行調整視訊
模式及顯示畫面。本平台除可以進行簡單視訊會議外，也提供白板及投影片功

能，使用者可將簡報張貼在主畫面讓所有人觀看，平台也提供白板功能，讓多人同時在白板上畫圖，做互動討論，不管是用在討論議題、甚至是上課都非常方便。

　　一般線上互動軟體都需要安裝軟體，而這次捐贈給清大的ShareRoom首創「免安裝」功能，利用雲端平台的技術，將資訊都存在雲端，而非存在使用者的電腦中，成功解決需安裝軟體的困擾。只要有瀏覽器（例如IE、Firefox、Chrome）可以上網的地方，甚至是智慧型手機，都可以使用，讓想參加會議的老師或學生，隨時都可以上線參與討論。

　　值得一提的是捷鎹科技於2008年8月在清大育成中心中成立，主要產品為雲端互動平台及應用，提供視頻傳送及互動應用的解決方案，如即時轉播、隨選即播、及同步互動服務等等。捷鎹科技致力於影音互動服務，率先推出創新的影音互動服務，推出華人市場上的第一個P2P串流產品、建置網路直播電視臺、直播大型運動與娛樂活動，及舉辦大型線上演講等。現已開發出應用於線上教學、線上會議、線上行銷、數位電視媒體等完善的服務方案。

◀ 本校難得的教學、研究、服務三棲傑出教授

正文科技捐助清華實驗室簽約典禮致詞

2012年10月25日　星期四

　　很感謝正文科技董事長陳鴻文以實際行動支持母校清華大學研發的發展，10月25日捐贈清大物理系1仟萬元，用於資助興建應用科學研究大樓（簡稱清華實驗室）所需的工程款；正文科技是清華的驕傲，陳鴻文董事長畢業於清華大學83級物理系以及85級電機所，並當選清大第十一屆傑出校友。陳董事長於1992年時與同班同學兼室友的楊正任，以及幾位志同道合的同學與朋友集資成立了正文科技，並被大家推為董事長兼總經理。先成功地開發獲多國專利之印表機分享器產品，行銷至歐、美、日等四十幾個國家，公司亦累積了自行研發、設計、製造及行銷之能力與經驗。因為產業的快速變遷，有鑑於無線區域網路（WLAN）的前景可期，並符合現代人無線自由的需求，於1995年決定了公司經營策略的轉向，再自RF應用方案的提供者切入，進而全力執行聚焦策略，善用RF方面的實力，建立一個以WLAN為主體的專業無線通訊公司。近年來更進一步追求節能減碳及溫室氣體排放減量，以善盡企業的社會責任。

　　就營業面來說，正文自2002年上市時的營業額20億元至2008年達到215億元的營業額規模，在7年間成長約10倍，在獲利與股價表現方面，亦相當穩健，是網通類股裡的領導廠商。去年營業額已超過兩百五十億元，是一家欣欣向榮的績優公司。正文科技曾進駐清華育成中心，與學校有緊密互動，也招募了相當多的清華學子；多年來熱心支持物理系活動，在清華成立「百人會」募集興建「校友體育館」活動，陳鴻文董事長與執行董事楊正任校友各率先慨捐三百萬元，促成「百人會」募款活動順利完成。

　　「清華實驗室」的工程款約5億，經過校內的討論，決定除了部分以自籌款支應外，其餘興建款項則由進駐的材料系、物理系、化學系、化工系四個系各負責5仟萬元，並自行尋求企業捐款。「清華實驗室」目前捐款已累計超過

一億六仟萬元；所以尚未達標，主要是化學系校友希望藉值年校友之力，以三年為期逐步募集。

　　「清華實驗室」是本校首度採用使用單位自行募集配合款興建聯合大樓，部分樓層將提供四系放置貴重儀器，進行跨領域的實驗研究使用，除了可落實資源共享的精神，也為研究者與產業間啟動合作的機制，並為學生提供一個實作的場域，這是個多贏的合作計畫。正式運作後，將能使學術與產業更為緊密結合，希望各方能繼續踴躍支持本案的興建工程。

　　「清華實驗室」將座落於南校區研教一區，建築樓地板面積約5,000餘坪，除了物理系、材料系、化學系以及化工四系各分配兩個樓層使用外，其餘樓層將由研發處統一控管，以達成空間使用上的最大效益。清華實驗室與已近規劃完成階段的創新育成中心大樓緊鄰，功能上互為表裡，未來更可發揮創新基礎研究，由學術研究扶植新興產業，共同為我國產業轉型及尋找下一個革新性關鍵產業而努力。

▲ 正文科技由傑出校友陳鴻文與楊正任而命名

▲ 長年與學校有緊密互動並慷慨捐贈母校

陳琦覺先生中南半島文物捐贈典禮致詞

　　歡迎大家來參加「陳琦覺先生中南半島文物捐贈典禮」，這次捐贈比較特別的是捐贈人是我唸大學住同宿舍的老友，畢業後各奔東西，約一年多前才再聯絡上，他表示在事業有成後，也有機緣蒐集中南半島文物，現屆退休之年，擬將部分文物捐贈清華，經與人類所陳中民教授、邱鴻霖教授商議，以及透過他們的努力，促成此次由陳琦覺先生與夫人程振悌女士以紀念其尊親陳炎文先生和陳李寶珍女士的捐贈案。

　　陳琦覺先生出生於金邊，1961年來台灣就學、就業，但對那些透過建築、服飾、器用、文物、文字圖案等文化元素賦予我自身文化意識的潛移默化，四十多年來都未絲毫消減。1998年在作高灘地景觀改善規劃設計作業前的現場踏勘調查時，注意到攤商擺賣法屬印支時期的錢幣、應屬於中國漢朝的青銅鏡，同一時期西南少數民族的青銅兵器，和真臘吳哥時期的金屬檳榔灰罐雜在其中，從此展開長達十一、二年的中南半島地區的文物追尋。期間除儘量蒐集可購買得到的參考書籍，也到故宮，中央等圖書館翻閱影印各相關資料。2000年6月到越南，自北往南參觀博物館，於允許下拍攝其展示館藏，並拜會館方研究人員。也走訪了美山遺址。

　　他收集到的這些中南半島文物都來自大台北地區的跳蚤市場和骨董商賈。據販賣人，同時也是到當地集貨的台商表示，這些都是伴隨著那些美軍物資一起合法自當地出口到台灣來的。這些文物，從其表面狀況判斷，可分為出土品與傳世品兩大類：一、出土品：大部分係於掃雷時被發現，一併清出，屬年代比較久遠的文物，包含東山文化，扶南文化、占婆文化、真臘文化等文物。也包含一些19世紀反天主教風潮時被毀棄源自歐洲的宗教文物；二、傳世品：大部分應來自民居，少部分或來自官署，屬年代較晚近的文物，以大越文化文物

為主。也有少數民族的手鐲、金屬煙具等,以及法屬印支的錢幣、紙鈔、勳章、紀念章。胡志明率越盟軍於北越、寮國交界山區抗法時印行的手工粗製紙鈔等。捐贈典禮現場展出部分文物,包括刀斧武器(矛與匕首)、裝飾品、檳榔文化、生活用品、結構附件、祭器等六大類。

　　陳琦覺先生的慷慨捐贈,樹立了無私傳承的典範,「人本主義心理學之父」,以需求層次理論(Need-hierarchy theory)最為人熟悉,認為人類最高的情操超越個人或靈性的需求,能在世間留下標記,影響後人,最為可貴;猶太民族的傳統中有種活遺囑,也就是在物質與金錢之外,一個人正式把自己的信念和價值觀交付繼承人,期望在他們的生命中流傳下去,是很值得效法的傳統;相信陳琦覺先生的美意能帶動國內奉獻共享傳承風潮,而清華也必將就所獲贈之文物,妥加保管與利用,提供師生研究教學應用,並對社會大眾開放觀賞,傳播相關知識,不負陳琦覺先生期待。

◀①人類最高的情操超越個人需求,
　能在世間留下標記,影響後人
②相信陳琦覺先生的美意能帶動
　國內奉獻共享傳承風潮

楊儒賓與方聖平教授收藏書畫文物捐贈典禮暨圖錄發表會致詞

2014年1月7日　星期二

今天來參加發表會與捐贈典禮是充滿了感動，剛才有記者問，這次捐贈與我有什麼關係？我想一個間接的關係是楊教授夫婦曾是我的對門鄰居，另外很高興新竹名士林占梅先生玄孫林事樵校長也到場並捐贈一幅珍貴字畫，而林校長是我五十六年未見的鄰居，當時住家正位於我家與劉國平院士家中間，我家後來頂給彭助產士，改建後成為接生醫院，本校科管院傑出校友曾建煌校友即在該醫院出生，如果我說曾校友在我童年時住家原址出生的，可能會讓人大惑不解，但並沒有不對，也是巧合而成的趣事。

楊儒賓與方聖平教授雅好收藏書畫文物以及台灣研究及初期漢學研究藏書，窮二十年以上的時間，花了許多珍貴的精力與金錢，聚積了相當可觀的收藏，今天一舉將多年來收藏的498件珍貴書畫文物，以及台灣研究與初期漢學研究藏書747冊捐贈給國立清華大學典藏；他們開闊豁達的思維、慷慨與人分享的胸懷、歷史傳承的情操令人敬佩，對清華的熱愛讓人動容。日本「經營之聖」稻盛和夫認為，人活著就要擁有人生的目標，但今生今世累積的地位、名譽、財富，不得不全數放下，只有帶著更美麗、高尚一點的靈魂離開這個世界，才是人類存活的意義。楊儒賓與方聖平教授的義舉，深得其中三昧。

楊教授並協助國立清華大學出版社為該批書畫文物出版《鯤島遺珍：臺灣漢人書畫圖錄》、《瀛海掇英：臺灣日人書畫圖錄》。在我翻閱兩書的《珍》與《英》時，不禁興起莊嚴的歷史場景感，《鯤島遺珍》收錄的是臺灣漢人水墨繪畫與書法為主的作品，多出自文人士子之手，第一單元是宦遊來台的士人所留下的，第二單元是「兩種兩岸：『中台』與『日臺』的徘徊」，收錄日治時期台人書畫，頗多「中台」、「日臺」兩地友誼之作，留下彼時兩岸往來的

鴻爪，「日臺」之間一些唱和之作，也見證當時部分歷史，第三單元是「殖民地下的文化傳承」，書法大致維持傳統的面貌，扮演同化而非被同化的角色，第四單元是「竹塹雅集」，顯示日治時期新竹文風相當興盛，不僅包含知名的林占梅、劉銘傳、陳寶琛、辜顯榮以及林獻堂、杜聰明先生作品，也包括其他許多文人雅士高水準作品。

《瀛海掇英：臺灣日人書畫圖錄》收錄了十二位總督，除一位之外另有畫作，從其書法作品，可看出都具備漢學修養，有相當漢詩與書法水準，發揮了某種程度日台磨合作用，在軍人與官僚部分，包括伊藤博文、後藤新平、犬養毅等名人，六位日本軍司令官多參與過日本侵華戰爭，日治台灣明顯是殖民統治；其次是文人學者與僧侶作品，台灣做為異類的存在，提供了日本文人雅士異國風味的想像空間，另有部分與台北帝大有密切關係的文人學者；最後則是書畫家作品，山川留勝蹟，我輩復登臨，和軍人政客相比之下，日本旅台畫家比較能正視台灣山川與人文的特殊性。

楊教授在〈為什麼是清華？〉一文中，提及「我常被問：為什麼要將文物捐獻給清華大學？」。「為什麼要問『為什麼』？」，「由於我的工作環境以及蒐集文物的資金主要來自於工作單位給的薪資，趨勢已經很清楚。但更關鍵的因素是臺灣的國立清華大學的特殊位置使然」，「選擇清華就是交給清華選擇」、「清華的校史說明了一切！」，「成立清華的錢是由美國的『庚子賠款』退款所支付的，義和團事件──中華民國成立可以視為中國的原生現代性面對西方的現代性的一個調節過程，1900年是第一個歷史點。」，「清大成立的機緣是20世紀破曉時分的罩頭烏雲，義和團的『扶清滅洋』是全球性的反抗西方現代性的一個著名的案例。」，「但清大也是近代中國科學成就的搖籃，諾貝爾獎的得主，兩彈一星的貢獻者，都聚集於此。接納與反抗一體，屈辱伴隨榮譽共生，清華大學的校史就是近代國史的一個縮影。」

「清華校史上第二個重要的日子是國立清華大學於1956年在臺復校」，「在1949這個關鍵的年分，代表文化傳統價值的于右任、張大千、錢穆、徐復觀等人，以及代表自由民主價值的胡適、傅斯年、梅貽琦等人都選擇了渡海，而不是待在故國，這種選擇的意義非常深遠。我相信文化傳統與民主自由理念的接枝乃是中國歷史發展的正途。」，「1949後的中華民國最後的結果是華人在自己的土地上，運用自己的文化力量，完成了民主的轉化，也建立了一個

大致符合人性發展、社會正義的社群」，「在臺灣的國立清華大學正是1949的產物，也可以說是1949的象徵。」，「臺灣的國立清華大學脫離了北京的老校址，原有老清華的人員南下臺灣，在新竹另立旗幟，這種與共產中國的決裂以及與原來校名、理念的承續，正顯示了臺灣清大的重要意義。」，「它的『可能性』遠遠超出『現實性』。」楊教授語重心長的說：「我很期盼上述所說的『可能性』轉化為『現實性』後，歷史的天平能往更公正的部位平衡一點，兩種現代性匯合的內涵可以再豐富一點。」

　　兩教授曾表達希望學校建立博物館的願望，這點清華已有初步規劃，甚至預定地的環評都已完成，是在「只欠東風」階段，希望在大家共同努力下早日實現；楊教授另一願望是希望學校能「另請高明」編輯捐贈文物後續圖錄，這點恐怕不容易做到，如果大家看到這次出版精美雅緻的《鯤島遺珍：臺灣漢人書畫圖錄》與《瀛海掇英：臺灣日人書畫圖錄》，都會同意楊教授是最理想的不二人選，還請楊教授「好人做到底」，清華則會在聘任助手與其他方面盡力配合，早日得以「功德圓滿」。

①情操令人敬佩,對清華的熱愛讓
　人動容
②清華的校史說明了一切!
③莊嚴的歷史場景感

第十四屆朱順一合勤獎學金頒獎典禮致詞

2013年5月28日　星期二

很感謝朱順一董事長又再度蒞臨頒發「第十四屆朱順一合勤獎學金」；這項以朱董事長姓氏名號為名的獎學金頒獎典禮是清華近年來的年度盛事，不僅因為其金額是大學部獎學金中最高者，用以獎勵各系成績特別優異同學，而且因為獎學金是由朱順一董事長私人捐贈，朱董事長是交大校友，年年到清華頒發獎學金，別具意義。

朱順一董事長在清華設立獎學金並協助合勤演藝廳的裝修，是「愛屋及烏」，倒不是因為我們同為新竹中學校友關係，而是因為朱董事長青少年時期家住西院附近，清華可以說是他家後院，有所感念，在事業有成之時，以最有意義方式，獎勵後進並協助硬體建設，獎學金頒發至今已十四年，長期嘉惠清華學子，隆情厚誼，本人謹代表清華致最深沉的謝意。

朱董事長的行誼，讓我想起春秋時代與董事長有同名之雅的陶朱公，據《史記・貨殖列傳》記載，陶朱公「十九年之中，三致千金，再分散與貧交、疏昆弟。此所謂富好行其德者也」，也就是他在十九年之間，三次賺得千金財富，並把錢財分散給窮朋友和疏遠的親戚；這種高尚的行誼令人尊敬，所以太史公將他列入〈貨殖列傳〉第一人；這裡值得一提的是，陶朱公僅比孔老夫子小十五歲，是同時代人，但孔子去世時，范蠡58歲，輔佐勾踐克吳已有初步成果，到63歲滅吳，68歲時，越王實現霸業，范蠡即泛舟五湖；由於范蠡早年自楚入吳，退隱前生活於南方吳越間，與在北方周遊列國的魯人孔子，應沒有機會見面，否則如陶朱公散財協助至聖先師興學，將是絕佳的歷史美談。

今天我也要恭喜得獎的同學與家長，清華大學部每屆約有一千五百人，今天有十三位同學得獎，超過「百中選一」，脫穎而出，可謂菁英中的菁英，但隨著能力的肯定，也希望大家能持續努力，精益求精，榮耀你的召喚

（calling）、天賦的義務，也就是比較幸運與有能力的人，多一份在能力上多所發揮，從事對社會、國家甚至人類有貢獻的事業；在此提醒大家三點：

一、要抱持遠大的目標；大家得到這珍貴的獎項，已經證明你有不凡的能力，是良材美玉，就應盡力發揮你的天賦，有哲人說：「如果你要偉大思想，如果你要實現理想，必需要付代價」，努力向更高遠的目標前進，達到更高的境界，愛你所做的事，讓它成為你精通的事，力求與比你更大的事物共同生活，驚人的成就來自超高的期許，而這期許在未實現前叫做夢想。

二、要對「第十名效應」有所認知；這是一個被廣泛討論的現象，就是大學畢業二、三十年同學會時，環顧四周，發現成就比較高的人，往往是在學時成績在第十名附近的人，這是因為要成名立萬，除了專業表現優秀以外，也需它的特質配合；第十名代表專業達到一定水準，比較有機會經歷來自課堂外成長、成熟與發展過程，有健康的體魄，具同理心。能與他人合作，謙卑、誠信、無私，有恆心毅力，勝不驕，敗不餒，知道如何面對失敗，這樣日後才會有大成就。

三、多奉獻於公益與慈善事業；我們常說：「讀萬卷書，行萬里路，服萬人務」，能「讀萬卷書，行萬里路」的人，是比較有能力而幸運的人，對養成你的社會應有所回報，美國民權領袖馬丁‧路德‧金曾說：「並非每個人都有機會成名，不是每個人都可致富，但是每個人

▲ 朱順一董事長「愛屋及烏」

▲ 驚人的成就來自超高的期許，而這期許在未實現前叫做夢想

都可以很偉大，每個人都可以幫助別人；偉大的定義在於服務的熱誠，幫助別人是人類最高的情操」，幫助他人就是幫助自己最好的方法，生命可以用來服務更大的好事，讓你變得更好，願與各位同學共勉之。

百年紀念郵摺發行典禮致詞

2011年4月20日　星期三

　　很感謝大家來參加清華建校百年郵票的發行典禮，剛才知道今天中華郵政公司蒞臨的三位高階主管都是女士，在男女平權上，很值得清華大學以後學習改進。「中華郵政」是台灣服務界六十幾年來，最受大家讚譽的機構，多年來許多為民服務的佳話傳唱不息，轉型為民營公司後，更屢次看到創意的展現，尤其本次紀念郵摺的發行，整體內容設計精美，典禮的安排也非常適切，我在此要向中華郵政公司道謝，並祝賀中華郵政成為台灣優質品牌的象徵。而提到台灣高等教育的優質品牌，清華大學一向是不遑多讓。正如副總經理所言，清華大學在北京建校迄今，孕育出無數的傑出教師與校友，包括早期的胡適之、林語堂、梁啟超、王國維、趙元任、陳寅恪諸先生，後來的華羅庚、朱自清、馮友蘭等多位學術大師，還有諾貝爾獎得主李政道跟楊振寧先生。

　　在座許多人可能不知道，民國三十八年國民政府遷台時，局勢動盪不安，當初幫助穩定台灣基地的，包括清華1923級的孫立人校友。他在民國三十九年到四十三年間，擔任警備總司令及陸軍總司令，另外還有吳國楨校友，在三十九年到四十二年間擔任省主席。清華大學歷年來出了俞國華、劉兆玄兩位行政院長，四位教育部長，國科會的主委十三人中，有六位包括最前的三位都是清華人，而原子能委員會十位主委裡面，除了前兩位是教育部長兼任，七位是清華人，另外，中央研究院院長的前六任，五十四年中有四十四年，包括胡適之、錢思亮、吳大猷、李遠哲四任，院長是清華人，而台灣大學前面六十年，也有三十一年校長是清華校友，亦即錢思亮與閻振興校長。

　　清華大學在學術界，出了一位諾貝爾獎得主李遠哲先生，另外有十二位中央研究院的院士，教師裡面有十六位得過中央研究院院士，有十六位是國家講座，四十一位教育部學術獎得主，年輕教師裡面有三十二位是吳大猷紀念獎

的得主，清華的師資是全國第一。當年梅校長選定清華現址建校，兩年後引來了交通大學，民國六十二年又引來了工研院，到民國六十九年，科學園區也水到渠成的成立，所以新竹科學城的建立，清華大學功不可沒，而當年科學園區的建立，是前校長徐賢修在國科會主委任內完成的，工業技術研究院前四任院長有三任，包括現任的徐爵民院長，都是清華人。清華畢業的五萬多畢業生當中，有五百位是總經理級的高科技企業主管，包括校友會曾子章理事長，清華校友在各行各業對台灣社會都有重大的貢獻。

　　今天很高興台灣服務業的龍頭，跟台灣高等教育界的龍頭，能夠在這個歷史時刻結合，這次共同發行非常有紀念價值的郵票，聽說已造成搶購風潮，加印本也即將售罄，可見兩個優質品牌的結合是相得益彰。感謝中華郵政公司共同慶祝清華百周年，在發行典禮後我們還有很多精采的節目，十一點鐘接續有清華校友捐贈羅丹銅雕的揭幕儀式，歡迎大家共襄盛舉，謝謝大家。

▲ 台灣服務業與台灣高等教育界的龍頭，相得益彰

「丹斯里李金友先生榮譽校友頒授典禮」致詞

2018年6月30日　星期六

今天很高興參加「李金友先生榮譽校友頒授典禮」。清華與李金友先生結緣，是在本人於2013年7月在校長任內出訪「馬來亞大學」舉辦「新竹清華日」之時。當時承蒙台灣駐馬來西亞代表處安排，與當地僑領餐敘，其中李先生特別爽朗與熱情，令人印象深刻的是在摺疊式名片上，以處世格言等展現其深厚文化素養。由於在晚宴席中談及與清華合作在馬來西亞成立分校的可能性，而在我次日下搭機返台前，李校友特別安排於上午訪視未來可供使用的校地與部分建物，同時又赴李校友所經營而曾為1998年「亞太經濟合作會議」（Asia-Pacific Economic Cooperation, APEC）會址的六星級旅館「金馬皇宮」（Palace of Golden Horses）午餐，都很能感受到李校友經營企業的宏圖與氣魄。

在我回台後，即積極探討合作設立分校事宜，可惜在政府法令重重限制與主管部會極端保守心態下，無法繼續推動；另一方面，在也曾是馬來西亞僑生的陳國華教授居中聯絡下，與李校友一直保持聯繫，而李校友也得空於當年十月中旬來訪。由於行程匆匆，僅得於典禮現場鄰近，也在本旺宏館一樓的「斯麥爾咖啡」便餐款待。當時李校友了解清華僑外生中，馬來西亞籍的占相當大的比例，有相當的獎助學金需求，當即表示有意贊助。很感謝李校友回到馬來西亞也很快的具體落實。特別有意義的是，李校友是在協助其經營「金馬皇宮」的愛女婚宴上宣布，捐贈新臺幣1600萬元給清華大學，成立「馬來西亞綠野孝悌學生獎學金」。事實上，這時機也促成本人於卸任僅兩週前有吉隆坡一行。值得一提的是，在堪稱「世紀婚禮」冠蓋雲集賀客中，有好幾位是馬來西亞各邦世襲國王，盛況空前，也可見李校友在馬來西亞政經實力與人脈。

「馬來西亞綠野孝悌學生獎學金」正式捐贈典禮是於2014年1月19日，在

台灣駐馬來西亞台北經濟文化辦事處羅由中大使見證下，於「金馬皇宮」舉行。「獎學金」支持馬來西亞包括馬來人、華人、印度人等各民族優秀學生到清華就讀。這項獎學金自2014年8月起開始受理申請，每年提供至多10名新生名額，符合獎助資格的學生，每名每年可獲得新臺幣10萬元，且最長4年的獎助。由於李校友的慷慨捐助，使馬來西亞優秀的學生有更好的機會能到清華優質的學術環境學習，也更加豐富清華的校園多元文化，這是馬來西亞及清華大學雙方在人才培育上雙贏的局面。

李金友校友是一個極具遠見，注重教育的企業家。從李先生捐贈的獎學金以孝悌為名可見其重視「孝順父母，友愛兄弟」倫常的執著。「金馬皇宮」的特色除門口的五匹金色駿馬雕塑外，室內裝潢、擺飾與畫作，從天花板、牆壁到地板，也處處可見愛馬意象，可謂萬馬奔騰，毫不為過，相信李先生必然是「愛馬仕」。今天馬總統特別蒞臨參加典禮，應是交情匪淺，不知李先生是否馬總統粉絲，而以「金馬」結緣，但今日是確確實實的「金馬」會。今天喜見李金友先生從清華黃金級的朋友，成為黃金級的校友，也是清華大家庭的一份子，可喜可賀。最後祝「金馬」一切順利，清華校運昌隆。

▲①捐贈成立「馬來西亞綠野孝悌學生獎學金」
　②從清華黃金級的朋友，成為黃金級的校友
▶③馬來西亞及清華大學雙方在人才培育上雙贏的局面

「春之清華藝術教育發展基金捐贈典禮」致詞

2018年11月13日　星期三

　　不久以前清華物理系畢業的一位女博士榮獲第56屆十大傑出青年獎，她在致詞時感謝所有幫助過她的人，尤其是「高人指點，貴人相助」。今天我要恭喜「藝術學院」，同時得到「高人指點，貴人相助」，而這位集高人與貴人於一身的正是藝術學院榮譽院長侯王淑昭女士，也就是朋友們稱呼的侯太太。

　　侯太太不僅是藝術的愛好者，而且是國內推動現代藝術第一人。等一下會有多位嘉賓會對侯太太對藝術的投入與貢獻，做較詳盡的介紹，我們只要從侯太太相關簡歷就可很明白的看出一個輪廓。早在1978年即與其夫婿侯貞雄董事長等人共同創辦「春之藝廊」，為一個展示相對較觀念性、前衛的畫廊，主要是為了培養更多欣賞藝術的觀眾。侯太太於1999年成立橘園，是台灣第一個經營公共藝術的策展公司，希望讓公共藝術如何在城市中發揮它美化都市環境的功能。同時也在大型國際展覽、美術館營運、大型文化創意產業空間的經營，都有豐富的經驗，也累積了一定的成績與能量。同年，侯太太創設「財團法人春之文化基金會」，持續提供資源支持藝術創作、學術研究和教育推廣，同時主動推動「藝術史」研究，為台灣當代藝術建構交流平台。

　　由於「東和鋼鐵」為國內最大的民營鋼廠淵源，侯太太以結合「工業與藝術」為宗旨，於2012年創設「財團法人東和鋼鐵文化基金會」，每年邀請一台籍、一外籍藝術家，於東和鋼鐵苗栗廠區駐廠創作。相當有緣的是去年清華設置的公共藝術「葉子」是西班亞藝術家璜侯・諾維拉Juanjo Novella的作品；而他正是「東和鋼鐵文化基金會」2016年駐廠藝術家，其代表作「廢鋼小姐」，不管設置在那裡，都會成為地標。

　　侯太太不僅是藝術學院的貴人，也是全清華的貴人。「東和鋼鐵」於1991

年成立「侯金堆先生文教基金會」，設立各類傑出研究獎，獎掖傑出研究人才，歷年來清華得獎人也許可坐滿半個「清華名人堂」。而侯貞雄董事長更於2001年私人捐贈給清華兩億元，設立「侯金堆講座」，讓清華得以延聘大師級人才。今天「春之文化基金會」的慷慨捐贈，不僅是一連串義舉的延續，更是一個嶄新的開始。

　　「清華藝術學院」有很光榮的歷史傳統，藏龍臥虎，名師如林，造就人才無數。可能很少人知道，竹教大也可以算是我的母校。原因是我小學念的是竹教大前身，新竹師範的附屬小學，也就是竹師附小；我小學的音樂老師是著名作曲家楊兆禎先生，他曾創作《搖船》與《農家好》等歌曲，後來被選編為國民小學音樂教材。而楊先生在1992年，於當時國立新竹師範學院創辦音樂系；同時美術方面最知名的也許是李澤藩先生，曾是新竹師範美術老師；「清華藝術學院」目前是國內頂尖大學唯一的藝術學院，近年來更與時俱進，發展願景包括美緻、跨域、創新、卓越，有許多創新思維與做法，培養優秀的美術創作、工藝設計、音樂表演、音樂理論教育以及科技藝術跨域創作人才，得到「春之文化基金會」實質與長期的加持，當可善盡社會責任，共同把美感、創意帶入清華生活，在清華創造音樂心靈饗宴，開創科技藝術跨域基因，期望未來能成為台灣「藝術領航者」與「藝術跨域工作者」，更上層樓。

　　唐朝大詩人李白在〈春宴桃李園序〉中說：「陽春召我以煙景，大塊假我以文章」。大書法家王羲之暮春之初在〈蘭亭集序〉中寫道「仰觀宇宙之大，俯察品類之盛。所以遊目騁懷，足以極視聽之娛，信可樂也」，不知道侯太太在創立「春之藝廊」與「財團法人春之文化基金會」之時是否有想到這幾句春天的話，但亙古以來，天下萬物皆為藝術的題材，要如何發揮，讓人間更美好，是藝術家的天職，願與大家共勉之。

▲①國內推動現代藝術第一人
　②不僅是藝術學院的貴人，也是全清華的貴人
　③「清華藝術學院」有很光榮的歷史傳統
　④恭喜「藝術學院」，同時得到「高人指點，貴人相助」

六、各項合作協議

包括與國家機關、民間企業、研究中心、教育機構等各單位簽屬合作協議典禮致詞。在與各單位的合作中，使清華大學在培育輔導人才時，能提供更多元豐碩的資源，並使知識分享與流動更加充暢。

遠流「台灣學術線上」資料庫與台灣聯合大學系統簽訂學術出版合作意向書儀式致詞

2011年11月30日　星期三

　　非常高興參加今天的儀式。如果在座有人懷疑學術研究成果數位化是現在式或未來式，大多數學術界人士可以很放心的告訴大家，它是現在式也是未來式，在某種意義上，甚至是過去式，因為學術界人士有相當長的時間已習於利用電子期刊，尤其在理工領域，幾乎已到完全揚棄紙本的地步，「台灣學術線上」（Taiwan Academic Online, TAO）是華人世界新的嘗試，值得期待。

　　我個人的出版經驗，主要是在1992-2003年間擔任台灣材料研究學會所出版國際期刊Materials Chemistry and Physics主編，由於發行量少，初期拓展發行網很是辛苦，但一旦成為電子期刊，透過網路，點閱人數得以大增，投稿、與編輯通訊、審稿、改稿、校對都可在線上進行，影響因子（impact factor, IF）節節上升，目前已達2.36，不僅比日、韓、大陸、星加坡等所有亞洲國家材料科學領域期刊高，甚至遠高於目前擁有來自80多個國家一萬六千多位會員之美國材料研究學會（Materials Research Society, MRS）出版的旗艦期刊材料研究期刊（Journal of Materials Research, IF = 1.40），顯示電子期刊大勢，將不受出版地是否國富民強限制，對以台灣為基地的TAO應是佳音。另一方面，世界電子期刊出版，目前受少數幾家出版商壟斷，價格增加幅度年年遠超過圖書館預算所增加額度，歷年來帶給學術界極大困擾，寄望TAO的投入，能增加競爭，改善情況。其三則是正體字的使用，近年來正、繁、簡體字的爭議，往往造成無謂的紛擾，例如清華大學最近與大陸某校簽約，原來標準格式有一款，明示合約分兩份，我方持有繁體字合約，對方則持有簡體字合約，但最近教育部開始要求改繁為正字，引起對方疑慮，最後以刪除該款，其餘悉依舊制解決。TAO彙整台灣研究、漢學研究、人文社科、生技醫療等領域的重要學術

成果，提供使用者進行整合性檢索和電子全文服務，所建立的數位電子書刊平台也希望能協助解決兩岸之間繁、簡體字互通的困境。

當初遠流集團王榮文董事長建議TAO與台灣聯合大學系統合作，清華大學部分很迅速的欣然同意，可說是閉著眼睛同意簽約。最主要的是對台灣出版業先驅王榮文董事長有充分信心。遠流於1979年引入金庸武俠小說系列，而金大俠如今享有華人世界最具影響力作家之譽，今年清華大學也通過頒予金庸先生名譽博士學位。1996年遠流出版大陸新銳作家岳南先生《風雪定陵》一書，不僅榮獲當年中時開卷十大好書獎，並且狂銷超過十七萬冊，岳南先生目前已是大陸著作銷售達數百萬冊的馳名作家，最近受邀到清華大學擔任駐校作家。從這兩件與清華大學有關的例子，可見王榮文董事長饒富遠見，今天我們雖然閉著眼睛簽了約，但會張大眼睛注視TAO的燦爛遠景。

▶ 學術研究成果數位化是現在式也是
　未來式

中鋼—清大研究合作座談會致詞

2012年2月17日　星期五

　　首先歡迎王副總率領的中鋼公司團隊蒞臨清華大學商談合做事宜。在我所知範圍內，上一次中鋼研發副總率領團隊到清華大學材料系商談合作是三十年以前的事。當時，我還有一半時間從事鋼鐵材料研究，執行過中鋼的計畫，也到中鋼開過短期課程，與歷任研發副總魏傳曾、程一麟、鄒若齊、鄭國華諸先生都是很熟的朋友。

　　三十年前，台灣學術界材料博士屈指可數，如今光是清華大學材料系培育出的博士畢業生就超過四百人。在1970年代末期，中鋼公司是材料系畢業生最嚮往的企業。1980年，教育部委請麻省理工學院材料系教授Morris Cohen評估台灣材料學術發展。Cohen教授認為當時材料系太偏重冶金學，應發展第二專業，得到教育部的支持。不意時逢台灣電子產業起飛階段，發展第二專業空前成功，反而造成冶金學在學術界的式微。不僅新聘教授，即使原來專長為冶金的資深教授也紛紛轉變研究方向。再者，學生也受就業前景影響，一窩蜂要從事電子材料研究。清華大學材料系有一年由入學碩士班學生自行選組，結果是49：1，幾乎百分之百的入學生要往電子材料行業發展。有相當的年份，從事冶金學研究的教師們可謂處於苦撐待變的困局中。

　　對一個材料系而言，冶金學的偏廢是很令人憂心的，尤其冶金學許多經典之作涵蓋材料科學的精華，冶金學課程與訓練相當嚴謹，是至今材料科學其他領域課程或教科書所未能充分補足的，如此造成系統化知識傳承的斷層，是很令人憂心的。所幸近年來，有「風水輪流轉」的趨勢，電子產業毛利率降到百分之三到四，也就是大家戲稱的「不三不四」，長期為國內金屬產業龍頭的中鋼則屢屢交出亮麗成績單。據了解，中鋼在鄒董事長與王副總規劃下將大幅增加研究經費，清華大學材料系為國內最具歷史、表現最優越、規模最大的材

料系所，自然樂於配合。同時本校奈微與材料中心結合跨領域材料—生醫—機電—光電研究，在材料結構、製程、特性、功能各方面均有相當能量，也有產生交會火花可能。期待未來的合作，也能讓本校相關學生更了解金屬產業的發展現況和就業機會。將是互利雙贏的局面，同時為台灣產業創造新契機。另一方面，據了解，中鋼公司在多角化經營策略下，也注重各種其他高新材料的研發，如此雙方合作的機會更多，所以也盼望材料系的同仁能擴大參與。

今天的會談是一嶄新的開始，大家在增進相互了解後，一定可以發現許多共通的興趣、合作研發的機會、希望不久能看到具體可行的方案，學校方面當盡力支持雙方的合作。

清華大學與政治大學共同簽署合作協議典禮致詞

2012年4月13日　星期五

今天很高興有機會到政治大學簽署合作協議。清華大學與政治大學結盟在路人甲看來或許會覺得奇怪，清華大學一向不涉政治，是打算從此大舉過問政治嗎？對清華大學有一點了解的人可能會認為清大在社會科學四大領域有經濟系與社會、法律所，獨缺政治系所，希望有所補足；對兩校都略有了解的人會以為這是理工與法商頂尖大學的異業結合，但事實上今天兩校合作有更深層意義。

一般人也許不曉得清華大學與政治大學其實有很深的淵源。1931-1941年擔任政治大學前身「中央政治學校」教育長的羅家倫先生在1928-1930年間是清華大學校長，而當時「中央政治學校」校長由蔣中正先生兼任，教育長是實質校長。另一方面，「中央政治學校」於1946年更名國立政治大學，在1947—1949年繼蔣中正先生後的第二任校長顧毓琇先生不僅是清華畢業生，而且曾擔任清華工學院院長。再者清華大學梅貽琦校長在1958-1961年間教育部長任內，也屢與政治大學有重要交會，除處理貴校淹水問題外，也在日記中很顯著的記述貴校第五任校長劉季洪先生聘任經過，其中提到第四任校長陳大齊先生因故倦勤，總統府授權行政院決定校長人選，行政院於1959年7月30日通過劉校長任命案，但決定暫不發佈，頗堪玩味，也許是文史學者研究好題材。

清華大學在1925年設立國學院，禮聘梁啟超、王國維、陳寅恪、趙元任四大導師，震動學術界，在文史領域，迅速提升為一方重鎮。今年三月底台師大修復梁實秋先生的故居「雅舍」，正式開放參觀，成為台北市第五個文學家故居。在此之前台北市有四位文學家，包括胡適、林語堂、錢穆、殷海光諸先生的故居開放參觀，這五位先生的共通點是他們都是清華人。不久前報載清華國

學院四大導師之一的王國維先生女兒王東明女士，現為百歲人瑞，定居台北。王女士對記者表示，清華大學在北京時以文史馳名，在新竹則以理工見長。事實上，新竹清華大學早在1984年成立人文社會學院，1990年成立國內第一個通識教育中心，2000年則成立國內第一個科技管理學院，人文社會領域教師約占全校教師之百分之三十二，歷年來，在教學研究上有相當優異的表現。

　　清華大學一年來繼與國立臺北、臺南藝術大學、國立金門大學簽署學生交流協議，今天有幸與具人文社會科學優良傳統的政治大學簽約結盟。清華陸續推動跨域結合計畫，主要是希望讓優質學科有機會擦撞出全新的火花。今天簽署學生交流協議後，兩校學生將可自101學年度起進行相互交換學習，藉由不同的學習場域來激發創意思維，拓展與豐富學習成果。希望兩校學生，能把握良機，充分體驗不同的學習氛圍。清華大學的願景在「人文薈萃學術殿堂、博雅專業人才搖籃、前瞻創新科技重鎮、進步社會推動基地」與政治大學「以培養具有『人文關懷、專業創新、國際視野』的新世紀領導人之重要使命」有相同的目標，都是希望培養學生在專業能力外具人文關懷及國際觀。今天兩校結盟，應只是起步，雙方從「走親戚」開始，未來尚有賴雙方刻意經營，善用雙贏互利之局，促成更進一步的合作。

▲ 清華大學與政治大學其實有很深的淵源

▲ 雙方從「走親戚」開始，未來尚有賴刻意經營

內政部入出國及移民署與國立清華大學
策略聯盟協議簽約典禮致詞

2012年7月12日　星期四

　　很歡迎移民署謝署長以及各位貴賓遠到簽訂策略聯盟協議；清華大學雖是國立大學，但與官署簽約，今天應是首開記錄。尤其是由移民署主動發起，可見署方求新求變，加強服務的用心，更屬難能可貴。雙方同意簽訂本協議書，是為促進合作與交流，整合資源建立相互交流體系，以提升合作夥伴關係，拓展服務成效；達成資源共享、人才培訓、案件申辦、交流合作及回饋鄉里之宗旨。

　　具體的來說，學校可使上力的，包括結合社區與校園資源，拓展新移民服務專業志工，另配合大專院校實習課程，培育新移民服務專業社工，整合教學與研究之人才及設備資源，推動策略聯盟。

　　目前臺灣面臨的移民問題，包括新移民的適應與子女教育問題，以及專技人才延攬等。在世界先進國家，生育率普遍降低，人口呈萎縮之勢，只有美

▲ 無論學術上、實務上均可擴大交流合作

國一支獨秀，除人口增加外，科技創新源源不絕，主要是由於其開放的移民政策。重視世界級人才的延攬，僑外生及陸生的招攬與留才，方得使我國的教育投資達到最大效益，這也將是我們積極推動的目標。藉由策略聯盟，清華與移民署可就人才培訓、服務學習及專題講座等面向，不拘形式，不限主題，無論學術上、實務上均可擴大交流合作，達到資源共享，提昇服務品質的目標，今日簽約即是雙方合作的里程碑。

謝署長與移民署同仁或許還不曉得，本人與清華大學許多同仁向為「移民署之友」，多年來對移民署出入境服務，讚不絕口；每次出入境時，移民署不僅動作迅速，而且態度親切，自動通關尤其令人稱便，絕對是世界第一。以速率而言，世界上現在能跟台灣比擬的是中國大陸，但其靠計時器與旅客瞬間按鈕評等管制，總不如移民署同仁自動自發親善服務好。

最後祝移民署業務蒸蒸日上，清華與移民署策略聯盟共同開拓互利雙贏之局。

與1111人力銀行合作設立「清華職涯發展專區」簽約致詞

2012年11月19日　星期一

今天很高興出席國立清華大學與1111人力銀行合作，打造「清華職涯發展專區」典禮。大學教育不能與職業訓練所劃上等號，但畢業生必需要有謀生的技能；英文裏有一個片語making a living，意指謀生，與這相對應的是make a life，即讓生命有意義，大學教育要讓學生活出精彩人生，但首先要有一份良好職業；同時一所大學是否卓越傑出，要看其校友是否在事業上成功，對社會有重大貢獻；畢業生的出路不僅是大學關注的焦點，而且是大學的應盡的義務，才能對學生、家長與社會有所交代；值得欣慰的是在每年的「企業最愛的大學生調查」，清華長期都名列前茅，顯示清華人在企業界是有很好的表現與口碑。

台灣在約二十年前，大幅開放大學以及研究所的設立，注定會看到今天大學畢業生「高學歷低就」、「博士爭取基層工作」等現象；但因學校性質、水準不同，一般報導評論常會「一竿子打翻一船人」，譬如企業界常感嘆「求才不易」，許多畢業生則倍感「求職不易」，似有很嚴重的學用落差，而希望政府拿出辦法；但對清華理工科系畢業生，最常見的反而是企業在搶人，不僅在學校辦理的「校園徵才」會大舉徵才，甚至祭出各種優遇辦法、當場面談與錄取，因此平衡的報導才能導致適當的解決措施，至關緊要。我們要讓在校生的最後一哩職涯永續發展有無限的可能，提供他們優質的學習環境，以及良好的訓練；讓校友們得以人人都適才適所、適得其所。

另一方面，「人求事，事求人」，如果能建立適當媒合平台，將可有效的達到「人得其事，事得其人」，讓個人優點都可以發揮到極致，這間接的也將使國家投注的教育資源發揮極大的效用；清華除提供優質的學習環境，以

及良好的訓練；並希望能為畢業生與校友長期職涯發展提供更好的輔導，化被動為主動，決意建置清華校友就業專區，提供求職端及聘用端很清楚的媒合平台，也讓學生及校友的就業機會有多元的選擇性。很幸運的在規劃階段，知道1111人力銀行也有類似構想，雙方迅速達成合作共識，打造「清華職涯發展專區」，客製化網頁篩選出適合清華人的工作，提高媒合機會。專頁也提供職場情報、薪資調查、職業測評等服務，提供職涯規劃所需的知識及應有的學習態度，讓清華人提前了解職場生態，贏在起跑點。

在美國大學普遍有常設就業輔導中心（placement center），主要也就是媒合；在我學生時代，中心接受廠商、學生或校友登記，分門別類集成活頁冊，供人翻閱，現在想必已經電子化、網路化，而「清華職涯發展專區」透過網路媒合，涵蓋面、資訊完備性、方便性皆大大增加，而且不受時、地限制；同時不僅可嘉惠初入職場學子，而且有助於校友因個人生涯發展需要轉換跑道，對在校學生以及校友都是福音，協助體現「我愛清華，清華愛我」構思。

清華校友以向心力強出名，本月15日啟用的「校友體育館」就是百餘位校友以眾志成城的方式，共同捐款而成的；而校友彼此互相扶持，分享就業機會更是常事，如今透過網頁平台，與學校互動更為密切，也是另一項重要收穫。希望「清華職涯發展專區」除能確實發揮媒合功能外，也能致力於效果追蹤，卻保個資安全，同時能在互動過程中，促成在開發創新方面的合作。

最後我要感謝1111人力銀行與清華大學結盟，預祝雙方合作無間，達到今天主題的「在家靠父母，出外靠校友」境地，真正做到互利雙贏。

◀①讓學生活出精彩人生，首先要有
　　一份良好職業
　②畢業生的出路是大學關注的焦點、
　　應善盡的義務
　③在家靠父母，出外靠校友

締結策略聯盟備忘錄簽署會致詞

2013年6月5日　星期三

　　歡迎大家來見證這場清大、國研院、同步輻射中心合作備忘錄簽署會。在學術與研究機構研發經費相對緊縮的今天，是否有產業效益受到相當的重視，教育部、國科會、經濟部等相關部會無不列為施政重點，祭出各種措施，而民意機構也常表達關心，因此學術與研究機構無不卯足全力衝刺，一方面是對外界期許與壓力的回應，更重要的是善盡社會責任，協助提升國家競爭力，也藉與先進企業合作研發，在經費、設備與重要問題掌握上有所增益。

　　國家實驗研究院、國家同步輻射中心與清華大學是三個研發能量很高的單位；希望將產出化為智慧財產、以技術移轉擴散、加強產學合作，替社會培育更多的創新企業，在在都以能將研發成果轉化為對企業界生產有助益的資產，而有實質的經濟效應是共同的目標；但各單位限於資源與經驗，都有很大的進步空間；在「眾志成城」的理念下，大家一起提出這一個有創意的合作構想，這個構想備忘的簽署，一方面宣示我們要一起將現在的構想轉化為將來的行動，另一方面，我們也希望將培育創新企業的共同目標與新構想擴散出去。

　　21世紀邁入創新經濟時代，美國史丹佛研究院（Stanford Research Institute，SRI）總裁卡爾森曾言：「下一個十年、二十年的競爭是創新的競爭，『創新人才』是企業最重要的資產。」同樣的道理，「創新企業」應是國家最重要的資產，以美國為例，在製造業成長甚至萎縮、人力精簡加上自動化的趨勢下，傳統製造業所創造的工作機會相對有限，而「創新企業」則是改善就業情況龍頭；根據SRI統計分析，美國在2008年以前二十年，就業人口增加了1.8%，由新創公司增加的高達3%，原有公司反減少了1.2%，所以新創公司對創造工作機會貢獻極大；「取之於社會，用之於社會」是教育的終極精神，而創業是實現這目標的最直接宣告。清華大學不只是培養「創新人才」，同時

也培養「創新企業」。清華大學創新育成中心成立12年餘，目前進駐廠商有27家。過去已成功培育了119家企業，清大師生共同創業達61家，其中有11家完成上市櫃，這些比率高居全國大專校院之冠。且歷年來團隊經營績效卓越，榮獲校外單位肯定不斷，例如獲得經濟部A級育成中心獎、績優育成中心獎、最佳創業輔導獎等達10次以上。

國家實驗研究院儀器科技研究中心與國家同步輻射研究中心同樣都是國家重要的學術、技術研究機構，過去在建構研發平台、支援學術研究、推動前瞻科技、培育科技人才，都有重要成績。現在，他們也要將優秀的核心技術能力，人力及資源，將研發成果產業化，或者用以協助新創企業，這方面，清大育成中心已累積有相當人力與經驗，相信這種策略聯盟，絕對是明智的決定。未來三個單位將合作建立更完整的育成及產學合作環境，為台灣育成聯盟邁入新的里程碑。

另一方面，我們也要有創業不易的認知，創業家往往有樂觀的特質，勇於冒險是很難能可貴的，低估風險，則是相對危險的，看到機會也要注意危機所在；2002年諾貝爾經濟獎得主康納曼在近作《快思慢想》（*Thinking, Fast and Slow*）舉加拿大政府的數據，創業者偏向樂觀，反而需加以警示，而不聽勸告者，無一得以創業成功，康納曼說，「如果你是樂觀的人，你應該既快樂又擔心」，所以在鼓勵之際，有時需要謹慎過濾，做好把關踩剎車的工作；所以育成中心可能也需要這方面的輔導專業。

▲ 取之於社會，用之於社會

▲ 將現在的構想轉化為將來的行動

最後，清大創新育成中心預計於民國104年年底完成新大樓興建，完工後將是全台校園內最大的育成中心，將來加上結合國家實驗研究院儀器科技研究中心與國家同步輻射研究中心之研發能力及技術後，相信將提供新創企業及校園創業團隊更佳的服務。

救國團與清華大學簽署多元合作方案致詞

2013年7月8日　星期一

　　很高興有機會與救國團簽署多元合作方案，「青年救國團」成立於民國41年10月31日，以「教育、服務、公益」為宗旨，是國內首屈一指的服務青年社團法人，與清華教育目標相合，未來應有許多合作空間。

　　在我唸高中時代，每個高中學生都自然是團員，我個人印象比較深刻的都是充滿快樂的回憶，高三時除曾獲選參加「愛迪生自然科學研習營」外，並得過救國團主辦在當時新竹團部所在地「孔廟」舉辦的全新竹縣「時事測驗」冠軍，同時也參加過一些救國團主辦的康樂活動，如在新竹「民眾活動中心」觀賞「李棠華雜耍技藝團」等，大學二年級暑假時，參加救國團主辦的「暑期科學營」，巧的是地點在清華，我當時在台大就讀，教授年紀都不輕，在「暑期科學營」接觸到許多學有專長的清華年輕教授，同時感受到學生宿舍水準遠勝台大，也可能從此埋下到清華任教以致當校長的種子，果真如此，我還要深深感謝救國團的媒介；最近一次與救國團「近身接觸」則要數國科會在墾丁「青年活動中心」舉辦的「電子學門成果發表會」，在活動中心古色古香的建築內，頗能感受到其簡樸而舒適的情境。

　　清華大學與救國團一向互動良好，據了解，除合辦去年與今年的「愛迪生自然科學研習營」外，尚有與學生社團共同推動尖石、五峰等偏鄉學校之課後輔導；於青年節辦理「書香傳千里」募書活動，透過清華大學青年代表分享閱讀經驗，並贈書給尖石國中；長期於暑假與炬光社辦理「清大炬光營」，並由炬光社同學支援「圓夢之旅」活動，共有180位身心障礙者及眷屬參加；同時進行社團合作及幹部訓練，義務張老師培訓共有：一階3位、二階3位、三階1位同學參加培訓。

　　展望未來，清華大學與救國團都是國內培育輔導人才難得的資源；青年

代表國家未來的希望，但現代青年也遭遇許多挑戰，在家庭、學校與社會的教育都有相當的欠缺；清華大學的教育目標為：秉持「自強不息，厚德載物」校訓，致力培育德、智、體、群、美五育兼優，具備科學與人文素養的清華人。學校除正規專業與通識課程，提供智、體、美育學習鍛鍊的機會，更藉由導師輔導與課外活動提升道德感、價值觀念與群我互動關係，全力打造清華校園為人文薈萃學術殿堂，博雅與專業人才培育場域，創新科技研發重鎮以及多元進步社會推動基地。同時積極延攬優秀人才，增強師資陣容，提升研究、教學、服務品質，培育優秀學生，同時提供豐富校園生活以及激發學生成長機會，改善基礎設施，營造卓越研究環境，加強產學合作研究，推廣人性關懷科技，把握區域優勢，整合資源；以「青年救國團」長年在「教育、服務、公益」的豐富經驗，未來兩個單位將可朝著共同目標，相輔相成，互利雙贏，藉著合作方案的簽署，能更具體的擴大合作，規劃執行各種培訓與實作計畫，合作創新，提升青年面對未來多元發展競爭力。

「臺中──清華講座」合作簽約典禮致詞

2011年10月19日　星期三

　　很高興也很感謝參加今天「臺中──清華講座」合作簽約典禮。最近看到胡市長多年以前所著的一本書，其中說到，他在做外交官時，與某國人打交道，對方如果說yes，代表may be，如果說may be，代表no，另一方面，在約女朋友出遊時，對方如果說no，代表may be，如果說may be，代表yes，今天清華大學到臺中市來開設講堂，則是有十二萬分誠意的yes，毫不含糊。

　　「沒有三兩三，怎敢下台中」，這次到台中，清華大學精銳盡出，所有講座講師都是鑽石級陣容。但對人文鼎盛的台中市提出建議時，仍不免擔心胡市長會認為野人獻曝，大膽下台中。很感謝胡市長慧眼識英雄，才有今天的機緣。

　　現代大學的任務是研究、教學、服務，以往服務多指校內外行政服務或在學術社群中服務，但近年來在「取之於社會，用之於社會」理念下，社會服務成為很重要的一環。今年清華大學在歡慶百周年時，在校園舉辦「清華學堂」開放民眾參與，由大師學者擔綱演說，反應出乎預料地熱烈。台中市是台灣的中樞、而台灣則是亞太地區樞紐，這麼重要的地位，清華不能缺席，因此決定更進一步與中部民眾共享各領域的知識，提出「臺中清華講座」構想，很感謝獲得台中市政府，特別是胡市長的支持，讓清華大學進軍台中的願望得以實現。

　　清華大學在一百周年前，利用美國退還多索庚子賠款建校，歷年送出九百餘位赴美留學生，這些留美生學成返國後，大多成為各行各業領袖，對中國現代化發揮了很大的力量，同時清華大學也迅速發展成一流名校，在1941年，也就是清華建校三十年後，即有美國名校校長以「西土一千年，中邦三十年」稱譽清華大學的成就。而新竹清華於民國四十五年建校後，由於承繼優良的傳

統，在庚子賠款基金、政府以及校友的支持下，也在短期內成為台灣的頂尖名校，在許多領域居領先地位。「臺中──清華講座」在服務鄉親之餘，也盼望鄉親能進一步認識清華，鼓勵中台灣子弟兵源源開進清華，未來學成再返鄉投入實現大台中「文化、經濟、國際城」發展願景工作，對台中市與清華大學是共利雙贏之舉。

「臺中──清華講座」每個月進行1次，已安排的講座包括前自然博物館館長、清華生命科學院教授李家維教授主講「面對第六次生物滅絕？我們能做什麼？」，12月是行政院原子能委員會主委、清華系統科學與工程系教授蔡春鴻主講的「夢想與現實」，而明年1月則是前校長、清華資訊工程系教授劉炯朗教授主講的「劉炯朗與您談天說地」，期盼透過城市與大學的合作，提供市民高永續性的終身學習機會，促進幸福城市的知識分享，以及擴散的社會效益。

▲ ①沒有三兩三，怎敢下台中
　②對台中市與清華大學是共利雙贏之舉
▶ ③南下高雄，理所當然

七、記者會與成果發表會

記錄各項科技科學研究成果、設立博士班獎學金、國際志工、青年大使及運動會表現優異等記者會與發表會致詞,體現清華學子各方面的優秀表現。其中各項科技科學研究成果,多次發表於頂尖標竿期刊上,展現清華卓越研究能力。

「IC設計關鍵技術研發成果發表會」致詞

2010年10月13日　星期三

　　很感謝各位貴賓與產業先進，百忙中撥冗參加今日的「IC設計關鍵技術研發成果發表會」。此次發表會是由研發處產學合作辦公室、智財技轉組及育成中心主辦，感謝在座的貴賓與產業先進的支持。

　　IC設計產業近年來發展十分快速。在2009年國內IC設計業營收占國內半導體產業的30.9%，顯示IC設計業對於半導體產業的重要性大幅提升。我國IC設計產業占全球專業IC設計，也就是不包括IBM、谷歌（Google）、微軟（Microsoft）等自行設計大公司，營收約兩成，為美國以外第二大專業IC設計國。目前台灣不僅擁有全球第一的晶圓代工業如台積電、聯電等大廠，IC封裝與測試業近年來也創造全球第一的傲人成績；由於國內擁有完整半導體產業鏈，具備發展IC設計業的獨特優勢，未來產值極有潛力逐步增加，而件與業界龍頭國的美國並駕齊驅。

　　此次發表會是由研發處產學合作辦公室、智財技轉組及育成中心主辦，最主要的目的是促進產學合作、智財技轉以及創新育成，也是目前全球高等教育的趨勢；今年暑期曾有機會參訪日本名古屋大學，名古屋大學的智財技轉金額長期在日本獨佔鰲頭，主要是靠Isamu Akasaki教授在藍光發光二極體（Blue LED）的技轉案，可以引為範例。

　　在IC設計相關研究方面，本校電資學院，包括資訊工程系與電機工程系多位教授投入與深耕；歷年來，陸續成立積體電路設計技術研發中心、電腦通訊科技研發中心等研發中心，亦與多家IC設計公司，如聯詠、聯發科，成立聯合研發實驗室，積極投入IC設計技術研發。此次成果發表會邀請本校八位優秀教授發表IC設計研發成果，並特邀力旺電子徐清祥董事長以及台灣安霸蔣迪豪副總前來分享寶貴的產業經驗。藉由今天的活動，期望能夠建立與產業界的

互動，將本校IC設計的豐碩成果貢獻至產業界。特別值得一提的是力旺電子徐清祥董事長，除為本校傑出校友外，也曾是本校電機工程系教授以及電子工程所所長，在校期間，即有很優異的產學合作績效；2000年創立力旺電子，持續利用其在半導體元件方面之專長，發明利用邏輯製程即可製作之非揮發性記憶體，較傳統之作法省了10道光罩。力旺電子表現傑出，擁有國內外250項IP及230項專利，榮獲2006年度經濟部技術處「產業創新成果表揚獎」、2008年度經濟部智慧財產局「國家發明創作獎貢獻獎」以及2008年度經濟部「產業科技發展獎」；同時並對學校贈相當數額股票，前一陣子，學校發現股價高漲，有意變現，但依現行法規，需要通過層層關卡，才能執行，目前仍卡在走程序中，在此我一方面要再次感謝徐董事長美意，同時也有充分理由祝力旺電子股價維持高檔，如此對母校的回饋實值性將會水漲船高。

很感謝今天有眾多貴賓與產業先進出席「IC設計關鍵技術研發成果發表會」，期許透過今天的活動，能夠促成產學合作與交流，以提升我國產業競爭優勢，帶領台灣經濟邁向另一個成長高峰。

腦科學重大突破——清華大學發現儲存長期記憶的腦細胞記者會致詞

2012年2月13日　星期一

　　清華大學很高興在開春之際，即有機會向大家報告一項科學上的突破，也就是清華大學腦科學研究中心主任江安世教授所帶領的跨領域研究團隊，經過七年的努力，發現長期記憶的形成所需的新生蛋白質，僅發生於來自腦中少數幾顆神經細胞內。這項研究成果以長篇完整論文的方式發表在2012年2月10日的Science期刊上。

　　關於這項突破的科學內涵，等一下江安世教授會作詳盡的說明，在此我要先指出幾點：

一、這篇論文八位共同作者中有七位，包括通訊作者江安世教授，都是清華大學團隊，而其中兩位現分別在暨南大學與長庚大學任教，

二、這項研究成果以長篇完整論文（article）的方式發表，長達八頁，台灣以前在Science期刊上發表論文絕大多數是以報告論文（report）形式，通常不超過五頁，在2012年2月10日的Science期刊上，長篇完整論文與報告論文各為2篇與10篇。由於Science期刊版面競爭非常激烈，本論文得以長篇完整論文刊出，誠屬不易，亦可見受重視程度。

三、本研究受到國科會「學術攻頂」與教育部「邁向頂尖大學」計畫支持，以研究經費來說，江教授可能是國內最富有教師之一，國科會與教育部可謂「慧眼識英雄」。但與江教授競爭的國際團隊所擁有的人力、財力資源多達十倍以上，能有此佳績，誠屬不易。

四、江教授在腦神經科學研究上，已獲國際學術界高度肯定，研究成果除陸續在標竿期刊Cell與Science上發表外，有「DNA之父」美譽的諾貝爾生醫獎得主華生教授即非常讚賞研究成果，前年曾專程來台參訪江

安世教授研究室。

五、江安世教授有此優異成果因素很多，包括 1. 他採取專注於研究果蠅
（drosophila）腦神經細胞策略，因為果蠅約有105個腦神經細胞，而
人腦則有1011個腦神經細胞，果蠅腦內的神經網絡比人腦簡單太多
了，較易梳理清楚。而果蠅許多生存基本的行為（例如學習、記憶、
專注力、睡眠、探索環境等等）都與人類非常相似。而這些行為也透
過許多與人類相似的基因調控著。2. 他致力於果蠅腦神經細胞圖譜研
究，在清大跨領域團隊合作下，已卓然有成。3. 發展出關鍵技術，得
以直接且即時觀察單一神經元內新生成蛋白質的合成。

▲ 國科會與教育部「慧眼識英雄」

▲ 致力於果蠅腦神經細胞圖譜研究，已卓然有成

清華大學「植物液泡的氫離子通道焦磷酸水解酶之膜蛋白分子結構」研究成果發表記者會致詞

2012年4月6日　星期五

　　清華大學今天很高興有機會到國科會向大家報告清大與中研院蕭傳鐙研究員團隊，三月二十九日在頂尖期刊「自然」（Nature）上發表的研究成果。這是繼二月十日江安世教授在「科學」（Science）期刊報導發現儲存長期記憶的腦細胞以後，清大生命科學院另一項重大發現。值得一提的是清大生命科學院張壯榮助理教授與陽明大學等研究團隊在二月十七日在全球生化及分子生物領域排名第一的頂尖科學期刊「細胞」（Cell）上發表有關減緩腦退化性疾病的分子機制研究成果，使清大在兩個月內分別在nature, science and cell發表論文，也就是達到在NSC發表論文的輝煌成果，可謂對真正的NSC，也就是支持這三項研究的國科會（National Science Council）交出漂亮的成績單。

　　頂尖論文所以突出，至少有兩個因素，一是其重要性，二為其獨特性。在重要性方面，此獨步結果讓人瞭解植物如何調控細胞酸鹼值，如何有效利用代謝副產物所含的能量進行氫離子的傳輸。植物中的焦磷酸水解酶可影響植株生長速度以及耐鹽、抗凍、抗旱的能力，為經濟作物發展與改良中的一個關鍵酵素。另一方面，病原菌如破傷風桿菌、牙周病菌、與螺旋桿菌的細胞表面也存在此類酵素，是故其適合作為生醫發展的特定藥物標靶。本研究在環境、綠能、農業與醫藥方面皆具有很大的發展潛能。在獨特性方面：膜蛋白占細胞所有蛋白質的30%，卻只有1%解得，主要由於膜蛋白不易自細胞膜萃取，困難長成膜蛋白結晶，難以建立高解析度的分子結構。本研究在達成長晶突破後，利用國科會同步輻射研究中心所提供的光源，掌握結構生物關鍵技術，以X光晶體繞射方法將複雜結構解開，成功地得到高解析度的氫離子傳輸焦磷酸水解

酶的立體結構，為臺灣第一個成功解析之多重穿膜膜蛋白結構。

據潘教授與孫教授告訴我，這主題探究如一個評審者所說的，科學界等了20-30年，給台灣的科學家完成，是相當了不起的突破。而後續還有很多的工作，很大的挑戰，都是世人注重的題目，卻很難完成，這些工作預計將來可以再登高峰。清華大學自然將與國科會協力支援這項不凡成就的後續發展。

最後我除了要感謝國科會、同步輻射研究中心的支持，向研究團隊道賀外，也要感謝兩位清大「榮譽講座教授」黃秉乾與龔行健院士參酌意見與協助論文撰寫。

▶ 頂尖論文必須具有重要性與獨特性

清華大學「電漿子奈米雷射」研究成果發表記者會致詞

2012年7月30日　星期一

　　清華大學今天很高興有機會到國科會向大家報告清大與美國奧思汀德州大學施志剛教授等於七月二十七日在頂尖期刊「科學」（Science）上發表「利用磊晶銀薄膜之電漿子奈米雷射」（Plasmonic Nanolaser Using Epitaxially Grown Silver Film）的研究成果。本研究通訊作者施至剛教授是清華物理系1977級校友，美國奧思汀德州大學物理系教授，且是另一位共同通訊作者，現任清大研發長果尚志教授1993年的博士論文指導教授，果教授同時是施教授的開門弟子。施教授與果教授都是奈米光學國際知名學者。這次整合奧思汀德州大學、清華大學、中國科學院與交通大學研究團隊在奈米雷射研究上獲得突破性的成果。

　　半導體雷射的微小化是未來發展高速、寬頻、低功耗光運算器與光通訊系統的關鍵。尤其將半導體雷射的三維尺寸縮小至次光波長等級，以與積體電路中的電晶體尺寸相匹配，且其操作速度可高過電晶千倍以上，更是當今電科技的研究焦點。然而傳統半導體雷射受限於光學繞射極限，其光學共振腔尺寸至少需在其發射光波長的範圍；如何成功發展出可突破繞射極限之新型半導體雷射已成為當今光電與材料科技之重要挑戰。

　　奈米雷射是晶片上光學傳輸與運算系統關鍵組件，可促成奈米光學與奈米電子學的整合應用。此次開發奈米雷射為利用表面電漿子共振產生的激光，稱為電漿子奈米雷射，或Spaser（Surface Plasmon Amplification by Stimulated Emission of Radiation）。電漿子奈米雷射在不到十年前，才有理論預測其可能性，三年前獲得實驗證實；本研究利用特別材料組合與結構以及製程技術製作特性優異，尺寸最小的電漿子奈米雷射，並經原子分辨結構分析以及理論模擬

驗證。所製成之奈米雷射尺寸已與最先進之電子元件相容，除臨界功率低外，並可以連續波方式運作。大大提高實際應用的可能性。在二十一世紀是光學資通訊時代的背景下，解決光學儲存、傳輸以及運算問題，至關重要，尤其本電漿子奈米雷射已克服光波繞射極限，對利用光學顯微鏡觀測生物影像、光刻微影術、光學積體電路會有很大的助力。

製作特性優異，尺寸最小的電漿子奈米雷射關鍵之一是製備原子層級平整與單晶的磊晶銀薄膜，另一則是InGaN@GaN核心－外殼六角形奈米柱結構，磊晶銀薄膜有低損耗特性，而InGaN為高光增益介質，同時精密的電子顯微鏡結構分析更奠定了理論模擬驗證基礎，透過介電質間距的縮小，可使得高光增益介質與表面電漿極化子間產生耦合而發光，這些都靠各團隊多年累積的經驗與功夫，所謂十年磨一劍，適時整合而達成突破。

值得一提的是本論文是跨國、跨領域研究成果，同時研究主力包括多位國內培育的人才，第一作者呂宥蓉同學與王俊元同學是清大物理系博二生，物理系陳虹穎博士與材料系呂明諺博士均為清大博士畢業生，顯示國內優質的研究生教育能培育出從事頂尖研究的優異人才，在國內一片惋惜留學生大幅減少聲中，可為反思的參考。

本論文是清華大學今年在「自然」（Nature）、「科學」（Science）、「細胞」（Cell）三頂尖標竿期刊上發表的第五篇論文，如此佳績直追清大前五年在此三期刊發表論文的總和，進步驚人；在此要特別對支持這五項研究

▲ 在奈米雷射研究上獲得突破性的成果

▲ 國內優質的研究生教育能培育出從事頂尖研究的優異人才

的國科會（National Science Council）表示感謝。另一方面，本研究成功關鍵之一是清大善用國科會「貴重儀器中心」的矯正球面像差穿透式電子顯微鏡（Cs-corrected transmission electron microscope, Cs-TEM）得到奈米雷射精確原子結構資料，尤其在Cs-TEM裝機僅略過半年內即有此佳績，可謂充分發揮功能，有很高的成本效益，也對國科會交出漂亮的成績單。相信未來更會捷報連連，與國科會同享榮光。

清華大學「全球最大通道的無機晶型結構」記者會致詞

2013年2月26日　星期二

　　清華大學今天很高興有機會到國科會向大家報告化學系王素蘭教授所帶領的研究團隊（由七位清大研究生和三位分別來自中原大學、中央大學及加州州立大學的共同研究者所組成），於2013年2月14日在Science 期刊中發表了一篇研究論文，標題為「Crystalline Inorganic Frameworks with 56-Ring, 64-Ring and 72-Ring Channels」。此項研究主要是在國科會自然處與清華大學經費的支持下完成。王教授的研究結果，解開了學術界過去數十年來一直存在的晶型奈米孔洞物質缺乏系統性合成的難題；除此之外，超出當代物質科學家的實驗技巧與理論範疇，王教授研究室發展出一個名為「清華大學十三號」的系統（NTHU-13），首度成功跨越微孔（microporous）與介孔（mesoporous）的界限，製作出全新型式的晶型介孔物質。這也是人工合成第一次能夠超越自然界已知的最大晶型結構通道。

　　天然界中存在著豐富、有趣的孔洞物質，例如沸石，其結構內部有0.3-0.7nm （奈米）大小的孔洞，可容許小分子進出，具有離子交換、氣體吸附／分離等性質；在傳統工業上，人工製作的類沸石孔洞物質，作為分子篩，有廣泛用途，亦用於核能廢水陽離子的處理與廢氣的吸收，煉製石油之觸媒以生產汽油；在近代能源環保議題中，更發展出以孔洞物質儲存氫氣與二氧化碳，或是新型無鑭螢光粉的潛在應用價值。

　　自1940年代起，科學家始能夠在實驗室中合成矽酸鹽沸石結構，並使用X光繞射技術清楚的定出三度空間原子的排列與結構組成，藉此了解孔洞內部結構與活性關係；到了1980年代，發現了鋁磷酸鹽沸石結構後，各種化學組成的類沸石孔洞物質相繼被合成，孔徑也從0.7 nm逐漸擴張到1.3 nm，屬於微孔範

圍（0.3-2.0 nm）。到1990年代，科學家發現了通道孔徑超過2 nm的介孔（範圍2-50nm）製作方法。然而受限於非晶性緣故，對介孔結構的了解，只知孔洞通道排列形式，內部結構與組成難以詳細確定。自此，晶型的孔洞結構與微孔物質畫上等號。

對於物質科學家來說，發展可以調控孔徑大小的合成方法，是最具挑戰性的課題之一。從結構的觀點，孔徑大小約可用圍繞於洞口多面體的數目（簡稱元環（Ring，R）數）來表示。人工所合成的微孔環數早已超過天然沸石結構中的12元環（12R）。然而，過去數十年來，一直缺乏合成超大元環（>12R）通道的有效方法。

王教授研究室自2001年發展出24R（NTHU-1）成果，2007年創下與26R的先例2005及2009年有兩個30R結構被合成，均發表於Nature中，然而四年中仍未達成環數上的突破，且結構與合成方法均無關聯性；若干年來，晶型結構的孔徑上限停滯於30R，仍未能超越30年前在天然界發現的類沸石最大晶型通道36R。王教授研究室則在2010及2011年分別用單模板控制孔徑元環數，發展出28R與40R結構，更進而發現結構與孔道邊組成關連性，找到孔道模組擴充通式，可以預測下一個更大的通道孔徑。有此依據而產生信心，因此在短短的數個月間，便能夠將通道孔徑從48R持續往上擴增至介孔等級的56R、64R 與72R。這個結果完全超乎現代物質科學家在微孔物質的經驗、認知與預期。這是第一次在合成晶型奈米孔洞物質上成功達到系統性的合成，為一項重大突破，並預測可延伸到80R、88R等、NTHU-13系統所集結的無機通道孔徑從0.7 nm到達3.5 nm，首度證實於單一系統內可以利用模板聚集機制，達到從微跨越至介孔洞範疇的無縫接軌。合成有序側壁介孔結構的合理性設計在文獻上仍尚未被提及，直至今日才由NTHU-13系統所實現與驗證。王教授團隊的此項研究結果，在學術上有高度的創新意義與貢獻。

此項研究，有賴清華研究生在實驗上的知識經驗及高度技術、中原大學林嘉和教授與中央大學李光華教授長期以來提供的合作測量、以及加州州立大學卜賢輝教授提供介孔物質反應技術觀念與文章前言的潤筆，才能夠順利完成發表。王教授指出，「這篇論文不僅顯示實驗技術上的突破，使用單胺的界面活性劑模板，就可以持續將隧洞大小從24R逐步上推至72R，也打破長期存於孔洞材料相關領域中以為聚集型式模板所導引的介孔通道是非晶型的迷思。這個

觀念上的突破，對未來合成晶型奈米孔洞物質會產生重大技術革新與影響。」

值得一提的是本論文是在國內長期研究成果，同時研究主力包括多位國內培育的人才，顯示國內優質的研究生教育能培育出從事頂尖研究的優異人才，在國內一片惋惜留學生大幅減少聲中，可為反思的參考。

本論文是清華大學繼去年以通訊作者身分，在「自然」（Nature）、「科學」（Science）二頂尖標竿期刊上發表各兩篇論文後的第五篇論文，另外在此預告清華大學教授另有兩篇論文發表於「科學」期刊中，將在最近到國科會對大家報告，因此開春以來共已有三篇「科學」期刊論文，後勢看好。在此要特別感謝長期支持這幾項研究的國科會（National Science Council）。清華大學向國科會交出漂亮的成績單。相信未來更會捷報連連，與國科會同享榮光。

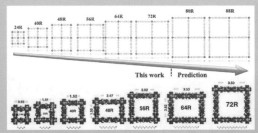

▲ 人工合成超越自然界已知的最大晶型結構通道

▲ 在學術上有高度的創新意義與貢獻

清華大學「質子確實比較小」研究成果記者會致詞

2013年3月6日　星期三

　　清華大學今天很高興連續第二星期到國科會向大家報告科學工作的突破，這次是本校物理系劉怡維教授及其研究團隊，參與瑞士、法國、德國、台灣、葡萄牙與美國跨國團隊研究計畫的突破成果，論文已刊載於1月25日「科學」（Science）期刊（Science 339, 417 (2013)）上，題為 *Proton structure from the measurement of 2S－2P transition frequencies of muonic hydrogen.* 這是劉教授與同一團隊於2010年在「自然」（Nature）期刊發表 The size of the proton（Nature, 466, 213-216 (2010)）後又一重大突破。2010論文被選為「自然」當期封面，至今已被引用超過130次。

　　質子的大小，在2010年透過緲氫的精密雷射光譜，發現比過去所公認的數值小了百分之四。該結果讓物理學的基礎出現了裂縫。至今，即使在眾多理論學家與實驗學家的努力之下，仍然無法解決這個不一致。稱之為：質子大小之謎（proton size puzzle）；日前，該團隊經由另一個緲氫原子的躍遷，再次量得質子的大小為：0.84087（39）飛秒，與之前的數據相符，但將精確度提高了1.7倍，與CODATA的差異擴大到7個標準差，並得到了質子的磁半徑（magnetic radius）。也因此更加深化了質子大小與習知理論不符之謎。

　　質子，由三個夸克所組成，是一個有著空間展延的物體。帶著電核與磁性

▶ 質子確實比過去所公認的數值小

的夸克,在空間上的組合方式,也就造成質子的電荷與磁性在空間上的分布。也就是質子的大小。該研究團隊利用緲子(一個特性像電子,但是質量為其200倍,並且生命週期非常短的基本粒子)與質子組合成緲子氫原子,透過雷射光譜學的方法,量測緲子氫原子的能階,精確地決定了質子的大小。在這樣的奇異原子中,緲子較大的質量使得它比一般氫原子中的電子更加接近質子,也就更強烈地受到質子的影響,進而造成能階的位移。該實驗利用瑞士保羅謝勒研究所的加速器所提供的高照度緲子束產生緲子氫原子,結合新的碟型雷射(disk laser)科技與精密光譜技術。最新的實驗結果,經由另一組躍遷能階的量測,得到了緲子氫原子的超精細結構光譜,不僅確認了較小的質子大小,同時將精確度進一步加以提升。這也是首次利用緲子氫原子的雷射光譜獲得了質子的磁半徑:0.87(6)飛秒。此結果與其他實驗方法所得相符,並有著相當的精確度。

今天全球的物理學家正積極尋找質子大小之謎的解答。過去以一般氫原子,或是電子—質子散射所進行的量測都被重新分析、檢視,甚至將重啟過去的實驗。來自不同領域的理論物理學家也試圖從不同的角度來解釋這項物理學中的不一致,包括超越標準模型的有趣理論架構。或是設想比現今更加複雜的質子結構,試圖在理論上進行補救。然而,這些都需要新的實驗加以驗證。在未來,新的國際研究團隊CREMA,包括清華大學物理系劉教授團隊在內,將利用既有的實驗設備加以改良,進行緲子氦原子的實驗。目前實驗已經在準備中,預計實驗結果將可以對解決質子大小之謎指出一個較為明確的方向。

清華大學物理系劉怡維教授的原子操控實驗室(AMO研究群)加入該計畫超過十年,與各國際間的研究團隊建立起緊密的合作關係。在許多不同的面向上參與實驗,特別是關鍵性的雷射系統與精密光譜技術。值得特別注意的是劉教授是該研究計畫現有三十六位物理學家團隊最初三個成員之一;同時本系列研究成果論文,在2010年於「自然」期刊發表,此次成果則在「科學」期刊發表,這兩本國際頂尖期刊競爭非常激烈,同一系列不同階段的研究成果,很難先後在這兩個期刊發表,劉教授這篇論文能夠「跳槽」期刊發表,極為少見,可見其重要性與突破性;另外瑞士是一僅有七百萬人口的蕞爾小國,但長期對本項研究強力支持,領導跨國團隊獲得亮麗成果,並非偶然;最後要感謝國科會長期支持,讓劉教授能發揮卓越的研究技能,為物理學添新頁。

清華大學「生物材料與仿生材料研究」國科會記者會致詞

2013年4月10日　星期三

清華大學今天很高興有機會到國科會報告「生物材料與仿生材料研究」成果；清大材料系陳柏宇助理教授與加州大學聖地牙哥分校合作團隊受國際頂尖期刊——「科學」雜誌邀請撰寫之文章已於日前發表，成為台灣首位在《科學》發表回顧性論文的本土學者。

台灣學者每年在《科學》發表的研究論文約十篇左右，如近五年共只有五十一篇，可見其高難度。陳教授這次雖然是掛名「共同作者」，受邀跟他在美國聖地牙哥大學攻讀博士與從事博士後研究期間的兩位指導教授一起發表回顧性論文，但一般而言，資深學者撰寫回顧性論文，通常不會邀學生一起寫，陳教授能夠受邀，代表他的貢獻很大以及兩位指導教授都非常器重他。這也是台灣材料科學界仿生科技領域第一次插旗在《科學》期刊，發表回顧性論文。值得一提的是，陳教授在清華讀書期間，曾擔任學生游泳隊隊長，上個月剛被美國礦冶與材料學會（TMS）評選為材料科學工程領域年輕領袖，是台灣學術界耀眼新星。

在科技發展中，材料科學成為一學術領域，相對較晚，約僅有六十幾年，但近年來快速發展，成為物質科學發展的關鍵，而在生物醫學上之應用日益受到重視。生醫材料研究整合了生物學、物理學、化學以及其他許多的相關學問，進而結合工程科學使生醫工程學方興未艾。

仿生學新穎概念對國內學、業界或是一般民眾而言仍處於萌芽階段；簡單來說，仿生學乃是藉由觀察、模擬自然界中各式不同生物與生俱來之獨特性質，包括其結構、功能或外顯行為等，甚至於體內引發之物理及化學過程，提供有別於傳統材料的設計途徑和系統架構的科學。相較於現今的科學技術，大自然在解決問題時採用的方法常常更加簡易、直接且效率高；在大自然中，

常可看到令人驚嘆的現象，例如「荷花出淤泥而不染」，歸功於其葉面表皮奈米級的疏水性含蠟絨毛，替自潔防汙的建築外牆、汽車烤漆或消費性電子產品捎來商機；「武林高手」壁虎可輕鬆順著牆壁垂直上下，甚至倒掛天花板展現「壁虎功」，歸因於其壁虎腳底皮瓣的皺褶上披覆著多層次結構，能輕易地與各種表面達到近乎完美的貼合，而對設計強力黏著劑提供靈感；鯊魚表皮的高深寬比結構啟發了抑制細菌生長的表面工程，可應用於諸如病院硬體設施、不易受細菌感染的導尿管等。

　　本次陳教授應邀在「科學」雜誌撰寫之文章，題目為「生物結構材料：材料對強化機制的關鍵影響」（Structural Biological Materials：Critical Mechanics-Materials Connections），有別於以往艱澀複雜的純科學理論模式，此研究內容以蜘蛛絲、海綿骨架、螃蟹殼、大嘴鳥喙、羽毛等各樣生物材料之卓越特性出發，循序漸進地釐清結構與其特殊強化機制間之關聯，期待在不久的將來可實際應用於仿生領域。

　　清華大學早在1972年即成立材料科學工程系，不僅在第一屆研究生中即培育了一位中央研究院院士，目前已有超過五千畢業生（511位博士、2213位碩士以及2473位學士），在台灣教育、學術與產業界居舉足輕重地位，陳教授是後起之秀，也是生力軍，相信在現有基礎上，能繼續發光發熱，為學校與國家爭取更大榮譽。

▲台灣首位在《科學》發表　▲在大自然中，常可看到令人驚嘆的現象
　回顧性論文的本土學者

清華大學發現神經訊號在複雜腦神經網路中如何轉軌記者會致詞

2013年6月26日　星期三

　　很高興再度有機會到國科會報告清華大學腦科學研究中心最新突破性的研究成果；腦科學研究中心主任江安世教授的團隊，利用「果蠅全腦神經網路圖譜」預測及操控特定神經迴路的訊號傳遞，發現嗅覺神經訊號在複雜腦神經網路平行傳輸及轉軌的機制。這項研究成果將有助於理解人類行為調控的機制及發展治療異常行為方法，並可應用於人工智慧仿生電腦的研究上。此成果已發表於2013年6月14日的「科學」（Science）期刊。

　　本研究是江安世教授的團隊繼2012年2月10日的「科學」期刊上以長篇完整論文的方式發表發現長期記憶的形成所需的新生蛋白質，僅發生於來自腦中少數幾顆神經細胞內的成果，又一科學上的突破；江安世教授在果蠅腦神經研究浸淫超過十年，近年來進入豐收期，成果屢為國際頂尖期刊如「科學」與「細胞」（Cell）等接受發表，尤其難得的是美國《紐約時報》在2010年12月14日全美版即曾大幅報導其研究成果，譽為是解碼人腦網路的開端。江教授的團隊在果蠅全腦神經網路上目前居世界上領先地位，是台灣科學研究非常突出的亮點。

　　多數的人都喜歡香水，但如果氣味過濃，反而會讓人討厭。過去的研究發現，每個氣味分子都有特定的嗅覺接收器，嗅覺神經元再將經由特定的神經迴路送往特定的腦區。那麼人類的腦是如何處理不同濃度的相同氣味，進而產生不同的行為呢？難道不同濃度的氣味訊號會由不同的神經迴路傳送嗎？清華的研究團隊在果蠅腦中找到一些線索。

　　果蠅在恐懼時會產生高濃度的二氧化碳，週遭的其他果蠅聞到後就會逃跑。但是發酵中的水果也會產生高濃度的二氧化碳，卻是飛行中的果蠅所喜

歡的。果蠅是如何分辨同樣的分子，產生不同的行為呢？江教授實驗室發現二氧化碳信號經嗅覺神經細胞接收且傳送到嗅葉的V小球之後，會經由多條並行的投射神經元將訊息送往數個更高層次的腦區；同時並發現所有連接V小球的投射神經元都對高濃度二氧化碳有反應，而其他非V小球的投射神經元則無反應；利用已建立的「果蠅全腦神經網路圖譜」，預測這些V小球的投射神經元可由三個不同迴路將訊號傳遞到六個特定的高層次腦區。

在低濃度二氧化碳環境時僅有其中一個路徑有顯著的反應，其中兩個路徑分別傳送低濃度或高濃度的信號，使果蠅躲避此類環境；第三條路徑，在高濃度二氧化碳時會抑制處理低濃度信號的神經傳遞路徑，所以可能讓果蠅不致將高濃度環境誤判為低濃度而導致危害；這是研究人員首次發現單一的感官訊息在腦中有多線路的平行信號處理，而且也是首次發現神經信號在腦神經網路中轉軌的機制。此類控制神經會增加信號傳遞路徑的多樣性，使行為的抉擇更具彈性。而並非如以前認為，特定的刺激只走單一的神經迴路。由於動物都使用相同的神經傳導物質，類似的轉軌機制應該也會存在哺乳動物如人腦神經網路中。清華大學腦科學研究團隊的發現，將有助於理解人類行為調控的機制及發展治療異常行為方法。

人的大腦包含約一千億個神經細胞，數以兆計聯結，極為複雜，老鼠與果蠅腦各約有七千萬與十萬個神經細胞，果蠅腦神經網絡比人腦簡單許多，但許多維持生存的基本行為（例如躲避危害，尋找食物與配偶，攻擊行為，睡眠，或更高層次心智活動——學習、記憶、專注力……等等），受到基因的調控方式卻與人類相似，已成為腦科學研究重要的模式生物。經過百年來的研究，科學家們已經在果蠅建立了豐富且精緻的基因操控工具，可以幾乎隨心所欲的操控特定神經細胞在特定時間的基因表達及訊息傳遞。透過了解腦神經網路訊息傳遞及轉軌的機制，將可以更進一步的理解腦如何處理與分析外界的訊息，做出正確且個體化的抉擇，進而產生個體的獨特外在行為。除了在醫療方面的應用，對腦神經網路運作的理解，也可能有助於發展具人工智慧的個體化仿生電腦。

美國總統歐巴馬於今年4月初宣布，將於2014年撥款一億美元，啟動「以創新神經科技從事腦科學研究計畫」BRAIN（Brain Research through Advancing Innovative Neurotechnologies）用來研究大腦，進一步解析腦細胞及腦神經的

運作；並且能幫助研究人員，找到治療、治癒，甚至是預防腦退化症、癲癇，以及腦部損傷等腦部疾病的新方法。研究須發展出新技術，迅速記錄複雜網路各細胞間的電流，並將就倫理、社會與法律面探討。

　　美國國家衛生院院長，Dr. Francis Collins，認為明年多一億美元經費的挹注對腦神經研究是好的開始，而除人腦外，也會研究較簡單的老鼠與果蠅腦系統，並可能有助於發展新電腦；這項發展，受到科學界的普遍歡迎，但也表示未來在此領域競爭將更為激烈；本研究為國科會「國家型奈米計畫」及「攻頂計畫」以及教育部「邁向頂尖大學計畫」所長期支持，未來仍需要各方鼎力協助，才能維持強大的國際競爭力以及持續產生亮麗的研究成果。

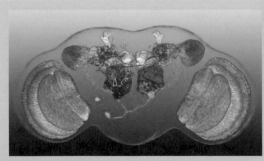

▲ 在果蠅全腦神經網路上目前居世界上領先地位

▲ 是台灣科學研究非常突出的亮點

清華大學聯詠科技實驗室成果發表會致詞

2013年8月1日　星期四

　　很高興來參加清華大學聯詠科技實驗室成果發表會；聯詠科技是國內績優高科技公司，同時是全球液晶顯示器驅動IC主要供應商，產品內容還包括視訊控制IC，SOC及其他商用控制IC，去年營業額創歷史新高，達到370億，每股稅後盈餘達到7.36元，今年上半年累計營業額已超過200億，在國內高科技產業一片慘澹經營聲中，仍然欣欣向榮，實屬難得。

　　清華大學聯詠科技實驗室是由聯詠科技股份有限公司贊助國立清華大學成立「前瞻性系統晶片實驗室」。誠如何泰舜董事長在中心開幕時強調：「系統晶片技術的研發需結合系統應用、演算法分析、雛型設計、嵌入式軟體設計、晶片整合、類比與數位電路設計、設計自動化與測試等專長，未來在各種資訊電子產品中會更廣泛的被使用，在省能源與低功耗的可攜式與多媒體應用趨勢中，系統晶片的設計與製造將會面臨很大的挑戰。希望能結合清大電機資訊學院充沛的研究能量以及聯詠科技的研發資源，探討前瞻性的產業應用技術，並培育產業界未來所需要的菁英人才，讓我們的產業更具競爭力。」根據清大—聯詠科技合作研究贊助合約，本實驗室執行期間自九十八年八月1日至一百零四年七月31日，除兩個月一次成效報告，每年七月底提出前一年八月至該年度七月所執行的計畫成效；今天是第五年度開始的第一天，承蒙何泰舜董事長、王守仁總經理，以及當年的推手，原電資院院長、現任工研院院長的徐爵民教授等親臨參加，可見大家對本合作研究實驗室的重視，相信兩單位同仁都有共同的認知，在以聯詠科技需求優先情況下，攜手打造一流的實驗室。

　　昨天晚間，我才從馬來西亞訪問歸來，這次是因馬來亞大學Jasmon校長注意到清華教授在頂尖期刊「科學」（Science）與「自然」（Nature）上發表論文有優異表現，特別邀請相關教授各作一場較通俗性與一場較專業性的演講，

因而有新竹清華日活動，馬來亞大學是馬來西亞最老同時是最優秀的大學，最近獲得政府強力支援，成為十七所國立大學中唯一獲巨額專款支持的大學，正全力衝刺，力爭上游，挾其本屬英語系統，優秀生源充沛，又有完善醫學院的優勢，未來發展空間無限，有潛力成為台灣頂尖大學的可敬對手。

另一方面，台灣頂尖大學與世界名校資源相比，以每位學生計不到其十分之一，生均經費甚至於是大陸指標性大學的三分之一，而八年來學雜費受教育部所限制不得調漲，超低學雜費收入總額不到大學經營成本的十分之一，艱困可知；等一下我要先離開，即是與其他頂尖大學一起到行政院向江院長「陳情」，希望不要將已承諾的特別預算稀釋，以致台灣頂尖大學「前有飛奔而去的先行者，中有飛步前行的競爭者，後有雄心勃勃的追兵」情況下，因資源短缺而降低競爭力；台灣教育鬆綁刻不容緩，而企業界應在培育人才方面多所挹注，就不只是利人利己，對整過社會競爭力都會有很大助益，這點我們要佩服聯詠科技的遠見，早就「身體力行」。

最後我還要借此機會感謝「聯詠科技教育基金會」針對碩士班及博士班學生辦理聯詠科技獎學金，每年獎勵三名碩士班及一名博士班學生，同時何泰舜董事長，自新學年度起將擔任電機工程學系甲組新生「企業導師」，每學期將定期與學生面對面交流與分享產業經驗，由於企業導師每學期會與導生見面訪談，一路陪伴導生從大一至大四畢業，師生之間的關係與聯繫相當緊密，也更能幫助學生瞭解所學專業與產業的關聯性，提升輔導成效。曾榮膺清華大學第九屆（2008年）傑出校友的何董事長「大手牽小手」提攜學弟妹，讓學生汲取校園外的寶貴職場智慧，諸多嘉惠學子義舉，溫馨而感人。

最後祝成果發表會圓滿成功，達到何董事長承諾的未來將「加碼擴大施行」的水準。

智慧電子國家型計畫期中成果發表會致詞

2013年10月22日　星期二

　　很歡迎大家來參加「智慧電子國家型計畫」期中成果發表會，從今天會場以及館外的大型海報，看到成果發表會自今日起進行到25日，長達四天，剛才看到宣導影片，內容非常豐富，顯現計畫成果豐碩，可喜可賀。

　　智慧電子在現代生活中，已可說是「無所不在」，今天早上出門，玄關的燈就自動開關，到辦公室停車場，在門口可看見還剩幾個停車位的自動LED標示，進大樓，要靠光學讀卡，辦公室內各種通訊網路、照明、空調設備，再加上大家身處「國際會議廳」出門即可看到的「學習資源中心」，有二十四小時不打烊的智慧型自助還書服務，並透過建置UHF RFID智慧型圖書管理系統，配合新穎的多媒體互動與影音視聽設施，為讀者提供更貼心的服務，無一不是智慧電子應用寫照。

　　在「智慧電子國家型計畫」醞釀之時，我還在國科會服務，參與部分決策過程；國科會一方面飽受各界對「國家型計畫」萬壽無疆批評，一方面也有不能輕言放棄「鎮國之寶」的認知，很高興最後「智慧電子國家型計畫」得以成形；電子科技產業在台灣無疑曾經風光一時，就人才觀點，電子科技產業可謂得天獨厚，台灣從日據時代以來，理工科系也長期是優異學子所愛，而且人數眾多，尤其電機系更長期居榜首地位，培育大量專業人才，而政府有遠見與魄力設置科學工業園區，獎勵學術與高科技產業研發，在基礎建設與經濟發展達到一定水準後，大批儲備海外人才回國，在電子科技產業興盛後，更長期連續每年吸引大批新出學校大門優秀的人才加入，可謂集天時地利人和，以舉國之力，造就電子科技產業「台灣奇蹟」。

　　另一方面，台灣電子科技產業近年來也面臨困境，從動態記憶體（DRAM）、平面顯示器（Flat Panel Display）、筆記型電腦（Notebook PC）、太陽電池

（Solar Cell）、行動電話（Mobile Phone）等產業，一個個發出警訊，甚至有滅頂之虞，「誰令致之？孰令致之？」在政府財政困難，身陷泥淖之際，可能可以從兩方面來看，一是業者的見識與企圖心，業者多急功近利，在研發以及智財權取得方面不夠重視，在技術競爭力上無法突破，同時沒有與政府合力培養人才之心；另一是學界培育人才環節，學界儘可抱怨政府之支持經費「溜滑梯」，業界「社會責任」概念薄弱，但也有許多可著力之處；昨晚我與中研院韋潛光院士餐敘時，他提到在他任教麻省理工學院（MIT）時，學校每學期十五週，後來轉到普林斯頓大學（Princeton），每學期十二週，在教同一門課時，內容減少了百分之二十，當初頗不心安，後來與幾個頂尖科技公司主管談起，都認為MIT與Princeton化工系畢業生表現不分軒輊，所以在大學裡課程的時數多寡，遠不及內容的精要適切，學界是否有在現況下，提供最佳的教材與教育，讓學生準備好面對未來的挑戰，也是值得深切檢討的。

最後我要邀請大家在成果發表會期間，抽空參觀「學習資源中心」，親身體驗「智慧電子」的成果，並祝發表會圓滿成功。

清華設立全面博士班新生獎學金記者會致詞

2013年3月27日　星期三

　　世界上高等教育的一個重要的指標是訓練出來的博士生質與量；清華大學自民國56年設立物理研究所博士班，59年培育出第一位博士，至今已超過四十年，到101年培育出311位博士，歷年來培育博士人數已接近四千人，遍佈各行各業，在學術、教育與產業界發光發亮，是台灣優質高級人力主要來源之一。博士生也是學術研究的主力之一，有高質量的博士生才可能有高品質的研究，清華大學教師人均研究表現在全國一直高居第一與多年來能招收到為數眾多而高水準的博士生有密切關係；因此培育大批學以致用的博士生一直是清華教育的亮點。

　　近年來由於高教政策失衡，十幾年間，大學院校從五十校暴增為一百六十餘校，而博士班也隨之擴增，去年畢業的博士生人數也達到三千多人，因為品質參差不齊，有部分博士班就業遭遇困難，而在各類媒體上常可看到以醒目標題報導「博士生賣雞排　意外的人生」、「苦讀多年沒頭路　博士生：我的未來在哪裡？」「流浪博士生」、「公務人員高考一級169位博士搶4個名額」、「初等考試12博士全摃龜」等訊息，讓社會大眾與青年學子普遍認為攻讀博士的「投資報酬率」不高，但對清華培育的博士生「顯然不適用」，清華培養學生競爭力強，為各界愛用人才，依據校內近六年統計，清華畢業的博士生就業情形普遍都很好，多數清華博士班畢業生在就業前即取得工作機會，就業及薪資情況相當良好。根據近期企業徵才薪資公布的資料，國內著名科技廠商徵聘人才，碩士起薪達4萬5千元，博士生起薪更可達6萬元，顯示企業對高學歷人才求才若渴。

　　有鑒於優秀的博士人才養成教育，攸關國家長期發展，為能提高優秀學生

就讀博士班意願，國立清華大學首創無名額限制、且由學校統一發放，不論就讀系所均可領取的博士班研究生入學獎學金，辦法大致為：

自102學年度開始，凡經博士班甄試、考試錄取進入各系、所、學位學程就讀，或經核准逕修讀博士學位之全職學生，符合資格者於入學後第1至4學期，每生每學期核發金額有兩個方案。

第一方案，每月至少新臺幣一萬六千元，其中學校提供6千元，其他由系所與指導教授提供（指導教授至少6千元）；第二方案，每月至少新臺幣5千元，其中學校提供5千元，系所及指導教授提供金額不受限制。

另一方面，清華現有獎學金十分豐富，校內針對博士生發的「校長獎學金」，光是100學年度就發出1,100萬，共有47人獲獎；而博士生獎助學金，100學年度也發出4,647萬元，核發人數有1,151人，再加上新設的博士班研究生入學獎學金，清華博士生在學期間，應可安心做學問。此外，清華還有針對出國交換、出國開會給予補助，另還有各學院、各學系、一些校外的獎學金等，「清華博士生在學期間比大多數人擁有更多的資源」，歡迎優秀的學生踴躍報考。

今年清華大學博士班報名時間自4月10日起至4月16日止，4月23日至5月21日由各系所辦理初、複試，5月16日及5月23日分兩梯次放榜，招生簡章已公告，詳見清華招生組網頁。

「清大國際志工、小清華原民展現世界公民力量」記者會致詞

2012年7月16日　星期一

　　首先歡迎大家蒞臨今天的記者會；清華大學秉持「讀萬卷書、行萬里路，服萬人務」理念教育學生；在中國歷史中「至聖先師」孔子，「史家之極」司馬遷都是「讀萬卷書、行萬里路」的典範，讀萬卷書可以豐富知識、涵養心性、培養卓越的眼光；行萬里路則可以增廣見聞、開闊胸襟，學習人情事理。張潮在《幽夢影》一書中說：「文章是案頭之山水；山水是地上之文章」，李白也說：「大塊假我以文章」。讀書與行旅互為依託。現代台灣學子，有許多機會可「讀萬卷書、行萬里路」，而且只要有心，也多有「服萬人務」的因緣。今天的記者會，即是向大家報告清華學子國際志工團在校「讀萬卷書」，走向世界「行萬里路，服萬人務」的故事，同時也報告小清華原住民專班代表「行萬里路」到荷蘭，體認國際社會的發展、本身在地球村中的角色地位、增強信心與寬廣視野，看見多元文化傳承的可能，以為未來「服萬人務」作準備。

　　國際志工是志願到海外服務的有志學員。在學校輔導下，學生們從2007年成立國際志工團，實際走入海外偏鄉服務，從最初2支團隊發展到先後已有6支團隊成行，參與的志工人數累計有285個人次，清大陸續出版《種籽》、《萌芽》與《扎根》三本專書，記錄這些動人的故事，也傳承清大人無國界的服務精神；成立二年的屏北高中小清華原住民專班，7月2日跨出國境，前進荷蘭參與生態研討會，以英語介紹原民的主食、獲取食物的方式、狩獵文化及糧食危機議題。清華學生正以自己的力量，對社會發展軌跡進行了解與參與質變。在「世界村」時代，兩項活動都代表清華輔導學生，積極走向國際的努力。

國際志工團員能善用時間體驗生命、把握學習機會。海外服務雖然需要克服語言的隔閡、文化的差異及種族的藩籬等困難，但是，「打破了國界疆域後，體驗了不同的生命方式，世界觀改變了，也學習到世界公民應有的廣大視野」。

再多的數據也道不出遠行帶來的感動。清大國際志工足跡遍及印尼的雨林、尼泊爾的山稜、坦尚尼亞的莽原、迦納的灌木叢、貝里斯的海濱，以及今年新出發的馬來西亞艱困地區，服務過程最大的收穫莫過於過程中的感動，以及學習到的謙卑與關懷。成果集的圖文記錄，除了希望傳遞給關心的人外，更期待能對當前社會樹立正確的價值觀，也讓新的一代珍視自己的環境及文化。

屏北高中小清華原民生到荷蘭參加生態研討會，這是原民多元教育的一大突破。相信透過這樣的機會，不僅讓國際對台灣原民文化有更深刻的認識，以及小清華原民生對自身文化更為肯定外，原民生也將會更積極參與國際社會的發展，在地球村中扮演重要的角色。符合「小清華的設置是為原住民學生的教育創造另一種可能」的理念。

清大國際志工服務及小清華原民專班多元的教育，是全人教育中重要的推動力。學生們在服務的同時，感受到自己也在受教育，也讓自己開始學習珍惜、分享的真諦。他們感受到「只要努力，就能改變更多孩子的生命」；小清華原住民專班代表由清大王俊秀及陳舜芬教授等人帶隊到荷蘭，5位來自魯凱、阿美與排灣的原民學生，用生澀的英文加上比手畫腳，以糧食安全為主題，暢談原住民生態智慧相關的永續採集、農耕、捕魚、打獵等議題。

▲ 讀萬卷書、行萬里路，服萬人務

▲ 欲改變世界，要先改變自己

印度聖雄甘地曾提到，「You must be the change you want to see in the world」意即欲改變世界，要先改變自己。當前，青年常謂自己身處一個最壞的時代，太多的不確定性，但與其抱怨，不如自己著手進行改變世界的力量。清大國際志工服務的成長，培養學生對國際社會的人文關懷及拓展國際視野，以及小清華學生跨出的第一步的努力，我們看到最好時代的曙光。

「國際青年大使」授旗典禮致詞

2013年7月9日　星期二

很高興來參加「國際青年大使」授旗典禮，還記得上次參加「青年大使」授旗典禮，地點是在舊行政大樓第一會議室，這次移師到風雲樓三樓「活動中心」，規格提升不少，軍容也壯盛不少，事實上是從一支團隊倍增到兩支，是可喜的現象；同時我也要恭喜本校的兩支團隊，在兩百多報名團隊激烈的競爭中，脫穎而出，成為入選的56個團隊之二。據了解，審查標準包括：1. 辦理國際交流事務與服務學習之經驗與潛力，學校行政部門給予團隊之支持。（25%）2. 課程規劃（交流內容）切合交流國家（城市）需要且具有調整之彈性。（25%）3. 領隊及團員蒐集資訊、獨立思考、解決問題及外語等能力。（35%）4. 經費規劃。（15%），入選要在各項優勝，很是難能可貴。

「2013年國際青年大使交流計畫」旨在推動台灣與邦交國及友好國家間之青年交流，增進各國青年對我國情及文化之認識，並達成以下具體目標：提供青年學生赴海外進行文化、藝術、科技、公衛、環保、美食、華語教學及體育等領域交流機會，拓展青年學生國際視野，協助青年與國際接軌；提供青年赴邦交國及友好國家參訪機會，增進對當地國情及文化之瞭解，並進行青年交流，深化雙邊青年交往；在國際間廣為介紹台灣優質多元文化，使各國進一步認識台灣文化並展現台灣青年之專業能力；使民眾瞭解政府推動「活路外交」政策與成效，並進而支持政府藉由推動青年交流，積極回饋國際社會並擴大國際參與。

今年經公開甄選後由國內19大專院校56個團隊（每隊1名領隊及6名學生）獲選，經過適當訓練後分赴41個國家與當地青年交流；各校自行辦理下列事項：（一）甄選及訓練各團隊領隊及學生，在出發前完成課程編排及教材準備，並自行負擔相關費用；（二）配合駐外館處及交流國家（城市）合辦／交

流機關（單位）之安排，與當地青年或社區、社團、慈善機構、中央（地方）政府及非政府組織進行交流。同時規定1. 各團隊領隊及團員全程參與本計畫所有活動（含授旗典禮、簡報、交流活動及成果發表會）等，國內相關食宿及交通費用由各校或各團隊自行負擔；2. 各團隊指派一名團員專責該團隊網路宣傳工作，每日將交流成果及心得上傳至團員個人、就讀學校及外交部本交流計畫Facebook，並每日提供當日活動影音檔或照片及簡要文字說明，由駐外館處上傳至外交部網站之國際青年大使交流計畫專區；3. 各團隊交流返國後應與國內各大專院校進行動態與靜態的成果分享與經驗傳承，提高我國青年學子走向國際及參與外交事務之興趣。4. 製作隊服：各團隊需訂製兩套以上之隊服，並繡（印）外交部規定之青年大使Logo徽章等；相當有挑戰性，也必需要有旺盛企圖心，具「吸睛、有創意」等特色，是很值得嘉許的。

台灣民眾目前出外旅遊機會雖多，但正式交流機會較少，各位既為「青年大使」，要把握機會，學習大使所應注意的禮儀（etiquette）、禮貌（manners）、儀態（bearing），以至風度（style）、談吐（style of conversation）、品味（taste）及素養（tacit knowledge），促進雙方有誼與了解，另一方面，可能有很多受邀即席發言的機會，這時能事先思索什麼是適當內容，要比邊想邊講效果會好得多，尤其與交流項目相關事物，如能事先勤作準備，更會讓人印象深刻；這些，未來在各種場合與人應對，都會有加分效果。

大使的英文是ambassador，原意是傳遞訊息的人（messenger），名稱自十四世紀即已沿用，現在一般指一國派駐他國或機構的最高代表；另一方面，現也常有非官方的親善大使（good—will ambassador），如「國際青年大使」就是。談到大使，清華有很光榮的傳統，校友中擔任大使級的外交官很多，而在我國駐美大使中，知名度最高，貢獻最大的三位分別是胡適、葉公超、蔣廷黻先生，也都是清華人；同時前美國在台協會駐台北辦事處處長，也是第一位選擇在台長期定居的美國大使級外交家，司徒文博士已自七月一日起主持本校新設立的「亞洲政策中心」，將為本校在民國外交政策之貢獻再創高峰，大家返國後可與這位「真正大使」聚聚。

最後還是要提醒一句，在外飲食與安全要特別注意，「快快樂樂出門，平平安安回家」，祝大家滿載而歸。

2013清華大學國際志工聯合記者會致詞

2013年5月3日　星期五

　　這個星期二（4月30日）早上看到國內四大報頭版頭條新聞都是關於前一天台灣旅遊團在大陸湖南張家界發生遊覽車翻車意外，造成3人死亡，11人受傷送醫消息；這事實上是相當程度反應台灣社會嚴重內化的趨勢；車禍固然可憫，但不約而同成為主要平面媒體頭條新聞，顯示根據這些報紙編輯的判斷，旅遊團在大陸發生車禍造成死傷是台灣社會最關心的問題，「天地之大，世界之寬，世事之繽紛」，何以不算大，也不離奇的車禍新聞，成了媒體的焦點，自然牽涉甚廣，而要思以矯正，也是倍力多紛；也正是在這個背景下，國際志工活動更具意義。

　　國際志工團是到國外做好事；國內也有做不完的好事需要人做，因此做國際志工重點在國際，這不是說志工的工作不重要，事實上既發心做志工，就要把他做好；《大學》開宗明義即說「物有本末，事有終始，知所先后，則近道矣」，人的生命有涯，精力有限，知所先后，才能以有涯之生，成就有價值意義的人生；因此大家在人生這個階段，決定要做國際志工，就要好好把握與國際有關的學習與體驗；例如，你要到獅子山，就要先對獅子山共和國（Republic of Sierra Leone）的歷史、地理、政治、經濟等有所了解、進而擴及其鄰近地區、西非以至非洲的國際情勢，「血鑽石」是怎麼回事？鄰國賴比瑞亞是由美國被解放的黑奴有計畫的移居建立的，甚至賴比瑞亞（Liberia），即有自由之意！他以前（1997至2003年）的總統查爾斯・泰勒（Taylor）去年為何被在海牙的國際特別法庭判處五十年徒刑？在對國際社會的關懷中，由初步了解，到身歷其境觀察、體驗以及思索，建立開拓的國際觀，把握時機，充實自己，讓遠赴異國志工之旅，也成為生命中珍貴的成長時刻。

　　今天也感謝部分贊助單位也出席記者會；國際志工團在養成過程中很重要

的一環是尋求資源，而清華的同學在這方面是有相當優勢的，一方面本校優秀同學願意投入心力擔任國際志工是能受到社會普遍肯定的，另一方面，清華熱心的校友很多，對學弟妹的壯心義舉，多會熱心支持，重要的是，要能夠很清楚把你們的規劃以及熱情表達出來，而光靠一紙文宣，效果通常不會很好；當然在勸募過程中，不宜動作太大，同時不見得所有對象都會正面回應，這時要輕鬆以對，尊重不同的看法，畢竟你的訴求不能認為別人一定會贊同，或者在每個人優先贊助之列。

上個月是本校的校慶月，有不少相關藝文活動，常會談到藝術的價值，什麼才是一流藝術作品；有哲人勉勵大家「打造如精緻藝術品的人生」，通俗歷史作家房龍（Hendrik Van Loon）在《藝術》（*Arts*）一書中曾提出「鑑賞一個藝術品時，要問兩個問題，一是藝術家打算表達什麼訊息？二是他成功了嗎？」希望大家也時時問自己類似的兩個問題：一是我擔任國際志工目標為何？二是我成功了嗎？在過程中對準目標，努力以赴，逐步改進，相信對大家國際志工行會有正面加分效果。

▶ 做國際志工重點在國際

大專運動會清華表現優異慶功記者會致詞

2013年5月8日　星期三

　　很歡迎大家來參加今天的慶功記者會；這次本校在大專運動會大放異彩，以十六金、三銀、九銅（田徑5金2銀1銅、游泳5金1銀3銅、桌球4金3銅、網球2金1銅、體操1銅），勇奪一般組（無體育系所院校）冠軍，戰果輝煌，再加上在大專聯賽一般組得到冠軍的棒球與足球隊，公開組第六名的男排、第十二名的女籃（公開組通常為有體育院系學校比賽組，一般組優勝方得晉級），是新竹清華校史上最佳戰績，而使清華成為名副其實的體育大校；新竹清華一向以打造學術卓越大校期許或引為使命，成為體育卓越大校則似乎「可望不可及」，學術卓越而同時體育卓越，才是真正的卓越，如今我們做到了，豈不可喜可賀！

　　這幾天見到副校長、學務長以及體育組的老師、教練們，總會談起「我們是如何做到的」？大概能共同接受的答案是由於學校慣有的靈活策略成功推行體育政策，教師、職員、學生們向來重視體育發展，對於各項體育活動都能團結合作共同努力以赴；問題是為什麼是今年？為什麼是現在？我想最根本的答案是我們現在擁有最優秀的教練與最優異的學生。

　　剛才我說：「學術卓越而同時體育卓越，才是真正的卓越」，是有感而發，教育是目標是培養德智體群美五育健全的人才，西諺有云：「健全的心智寓於健康的身體」，有一點年紀的人更會領悟：「失去健康就失去一切」，大專運動會的英文簡寫是NIAG，G代表game，一般意為有一定規則的遊戲、比賽，有人說「生命是一場公平的遊戲」（Life is a fair game），指的正是要遵守定下的規則，各憑本事，努力求勝，在「公平與公正」（fair and square）的情況下，勝而不驕，敗而不餒；現代大學教育的目標是培養德、智、體、群、美五育健全的人才，體育是同時牽動、增進、配合其他四育的方式與工具；除

強身健體，也在團體運動中培養合作互動、尊重紀律精神，同時具有高度韌性、培養抗壓能力；由於生命是有機體，身心平衡與健全息息相關；有健康的身體，聰明智慧才能發展到最高度，具有和善性情與正面人生觀以及努力所需堅強意志、蓬勃的生命力；曾經蟬聯多年世界首富的比爾・蓋茲的父親，在《比爾・蓋茲是這樣教出來的》一書中分享教養秘訣和傳家智慧！當中說他常刻意讓比爾・蓋茲參與各種運動或遊戲；他說：「不要小看各種運動或遊戲，它可以培養孩子冒險進取的精神，讓他學習如何追求成功，以及面對失敗」。同學們平常在優秀教練指導下，用心勤練，在比賽中，勇往直前，發揮智慧，沉著應戰，在團體競賽中知道如何與隊友互相支援，合作無間，堅忍不拔，光明正大的面對輸贏，這些都是以後為人處世成功的特質；有人說：「在大學裡你能給自己最好的禮物，是交到好朋友」，運動員們有最好的機會接觸同樣有天分、興趣相同的戰友，又有並肩作戰的夥伴情誼，是交到好朋友的「天賜良機」，最近我了解到有幾位在這學期為校爭光的年輕同仁，當年曾是校隊一份子，可以做為運動員養成有助未來發展例證。所以我也要勉勵運動員們能效法前輩，自我期許。

▲ 學術卓越而同時體育卓越，才是真正的卓越　▲ 擁有最優秀的教練與最優異的學生

2013清華大學國際志工成果發表會致詞

2013年10月14日　星期一

　　首先歡迎國際志工團載譽歸來。我在五月份國際志工行前記者會曾預祝各位「快快樂樂出門，平平安安回家」，看到大家平平安安、快快樂樂回校，也為大家高興。

　　最近在閱讀中，看到明神宗時期，義大利籍天主教傳教士利瑪竇（Matteo Ricci，1552—1610年）帶來的各種西方的新事物，特別是他帶來的地圖，令中國人大開眼界，而他製作並印行《坤輿萬國全圖》，是中國歷史上第一個世界地圖，讓中國人首次接觸到了近代地理學知識，而現今北極、南極、地中海、日本海等詞彙皆出於此地圖。在此之前，明朝中國所用地圖，還不知道大地是球，而以中國在大地中央，面積涵蓋幾乎是整個大地，不知有南、北美洲，大西洋等，在整個地球中，面積僅占不到百分之二，讓中國人有完全不同的國際觀。在此順便一提的是，利瑪竇和徐光啟等人翻譯歐幾里得的《幾何原本》，許多中文詞彙，例如點、線、面、平面、曲線、曲面、直角、鈍角、銳角、垂線、平行線、對角線、三角形、四邊形、多邊形、圓心、外切、幾何、星期等等辭彙都由他們創造並沿用至今，同時帶給中國許多先進的科學知識，是中西交流非常珍貴的經驗。

　　在地球村時代，具有寬廣國際視野是一項重要的能力；但國際化並不一定要出國留學或擔任志工，國際化是一種要了解世界的心態，今天《紐約時報》有一篇2001年諾貝爾經濟獎得主Joseph E. Stiglitz文章，題為（Inequality Is a Choice），最主要是世界「經濟不平等」情況日趨惡化，從1988到2008年，收入在前1%的人，收入增加60%，而在最低5%的人，則無改善。更有甚者，收入在前1%與8%的人，總收入達全球15%與50%。而美國情況最糟，收入在前0.1%與1%的人，總收入達全美11%與22%，同時自2009年起，增加的95%的

收入落入頂尖1%的人口袋。另一方面，在考量通貨膨脹因素後，美國人平均收入要比四十五年前少，沒有大學學位的人，平均要比四十年前少40%；美國「經濟不平等」惡化始自約三十年前，而肇因於對富人減稅以及對金融業鬆綁；由於美國目前在世界上仍處於「領風氣之先的地位」，對世界的未來將是一個嚴重的警示。另一方面，根據2011年經濟合作與發展組織（Organization for Economic Cooperation and Development）研究，西方世界「經濟不平等」在美、英從1980年代後期變得更普遍，近十年更擴及德國、瑞士、丹麥；但在智利、墨西哥、希臘、土耳其及匈牙利等國則情況反有改善，表示「經濟不平等」並非全球化必然的後遺症；在台灣平均收入在近十幾年幾乎紋風不動、貧富差距明顯拉大之際，國外的經驗就更彌足珍貴了。

在現今世界中，「國際流動性」越來越重要，很高興看到大家抱著開放的心胸「走出去」，上週末，我已在樓下穿堂參觀了志工活動攝影展，據了解，明晚會有紀錄片展，十七日晚，有招募新團員活動，到十八日止，有義賣活動，豐富而多元，可見大家的熱心與用心；正如我剛才所說，國際化最基本上還在心態，希望大家在學校裡，能儘量藉各種活動，甚至與同學接觸機會，帶動國際化的氛圍，如能像各位一樣「起而行」，就更為完美了。

▲ 在地球村時代，具有寬廣國際　▲ 在現今世界中，「國際流動性」越來越重要
　視野是一項重要的能力

八、清華專班與外國招生

記敘屏北高中小清華原住民專班畢旅晚會與成立五周年致詞,可從中窺見清華專班創立本末與發展成果;併有2013年清華大學北加州招生說明會致詞。可見清華對偏鄉教育及海外延攬人才等著力各方的用心。

小清華原民專班畢旅慶功晚會致詞

2013年7月4日　星期四

　　很高興來參加小清華原民專班畢旅慶功晚會；首先我要恭喜今年的畢業生，在三年的努力後，順利自屏北高中畢業；前些時候李家維院長告訴我，小清華原民專班將有畢業之旅，我們討論結果共同認為，小清華畢業之旅當然應來清華，因而有今晚的慶功晚會。

　　慶功自然是因為有功，那誰是有功人士呢？我想首先應感謝許多善心人士與李家維院長等多位清華大學教授在八八風災動員救災時，認為「救災要治本，必須培養一群有故鄉光榮感的山海守護神」，從教育根本做起，而推動成立小清華原民專班，得到教育部、外界捐款支持和屏北高中協助，設立於屏北高中，招收八八水災嚴重受災的六縣市原住民國中畢業生，學雜費、食宿費一律全免，希望培育優秀原住民人才；三年來，在許多屏北高中老師、清大教授與志工努力下，第一屆學生順利畢業；據了解，同學們自始學習情況良好，今年大學入學學測與甄試，都有很好的成績，大多數同學都將順利就讀於國立大學；許多人的善意與努力，再加上各位同學自愛自重，把握機會，一起交出漂亮的成績單。下星期在本校有一項紀念發明電燈泡、留聲機與電影攝影機的大發明家愛迪生的活動；愛迪生曾說：「如果我們盡力了，我們會讓自己大吃一驚」（If we all did the things we are capable of doing, we would literally astound ourselves），所以我要恭喜所有有功人士，你們的辛苦耕耘，造就了小清華奇蹟。

　　各位同學畢業後，或升學，或就業，各奔前程，在世事急遽變化時代，培養實力是非常重要的，愛迪生曾說：「機會與實力相遇時帶來好運」，另一說法是「機會是給準備好的人」（We should remember that good fortune often happens when opportunity meets with preparation）；清華的校訓是「自強不息，

厚德載物」，自強不息，是對事，求學問、做事業，都要力爭上游；厚德載物，是對人，要學會助人，不是只有自己好就行，要推己及人，讓其他的人也能分享你的好，全體的幸福才是真正的進步；時代巨輪在快速轉動，如果回想僅僅在一百年前，中國還處於滿清時代，會吃驚於至今所遭逢的天翻地覆的變化；從古以來，世遷事異是常態，我們不能畏懼變化，而要了解與掌握變化的方向，作最妥善的因應；譬如說，現在人人有手機，我們不希望大家都是「低頭族」，但也不必丟棄手機不用，而是要有智慧的利用手機；近年來，台灣社會的各種變化，無可諱言的對原住民的生活造成很大的衝擊，而原住民的子弟最能體會什麼樣的改變，最適合需要，我希望未來大家在培養實力之際，能協助守護家鄉、提升鄉親光榮感、改善生活；印度聖雄甘地曾提到，「你應積極投身於世界上你希望看到的改變的努力」（You must be the change you want to see in the world），希望大家同心協力。

　　這次畢業班同學參加學測與甄試有很好的成績，可以告慰家人與所有關心付出的人；唯一略感遺憾的是，由於科系志願等因素，沒有一位進清華，但小清華是清華的一部分，各位都是清華人，清華以你們為榮，也希望大家永遠熱情擁抱清華。

▲ 如果我們盡力了，我們會讓自己
　大吃一驚

屏北高中清華原住民專班（小清華）成立五週年慶祝會致詞

2015年8月1日　星期六

　　今天很高興來參加屏北高中清華原住民專班（小清華）成立五週年慶祝活動；剛才楊校長說我是小清華接生人之一，實在不敢當；小清華正式成立於民國九十九年八月，我雖於當年二月接任清華大學校長，但從籌備到落實的所有實務工作都是由屏北高中於當年八月一日交接的洪武智與楊榮仁校長的直接領導；從為五週週年慶祝活動所編輯的《小清華，大夢想》專書中〈專班大事記〉來對照，我在校長任內，有相當多的場合與專班同學互動，包括九十九年十月十五日「宿舍大樓捐贈啟用典禮」，一百年四月二十三、四日「清華百年校慶」，一百零一年七月十六日「清華年度記者會」，一百零一年八月十八、九日「清華營」，一百零二年七月四、七日「畢旅」，一百零二年八月十、十一日「清華營」等，勾起了許多溫馨的回憶；觀諸今天小清華的欣欣向榮，本人有幸恭逢其會，與有榮焉。

　　原住民專班正式成立，距離民國九十八年八八水災，不到一年，這期間經過民間人士的愛心捐款，清華大學熱心同仁的規劃，屏北高中校方與政府主管機關的充分配合，以高效率的方式成立，是美意善行聚集的成果，可謂奇蹟。

▶ 小清華欣欣向榮，本人有幸恭逢其會，與有榮焉

五年來，屢屢傳出佳績，到今年有第三屆畢業生，尤其難得的是，注重原住民文化之傳承，又有許多熱心志工的參與，專班雖不強調升學，但升學成績斐然，可喜可賀。

現代教育成效，常為各界所質疑，在資源如何妥善分配方面，也有許多未解的問題；例如是否應投注較多的資源到辦學績效較好的學校，但最先要解決「到底是好學校教出好學生，或是好學生造就好學校」的問題；根據美國芝加哥地區一項研究，由於學生入學原採申請制，但在申請期限過後，當地改採學區分發制，因而提供了一個難得的尋求此問題答案的機會；也就是在多年後追蹤這批學生後來的成就，結論是「好學生造就好學校」，這與我就讀的台灣大學，早期師資極為貧乏，但三、四十年後，看當時畢業生，多有相當優良的表現，經驗是一致的。專班同學容或在國中時，沒有打好基礎，但必然抱持了相當高的企圖心，而願意離鄉背井，進入專班，再加上清華與屏北高中師長的悉心教導，才會有今天的盛況；清華大學是國內首先推出繁星計畫的大學，近年又推出照顧低收入家庭的「旭日計畫」，都是與推動小清華一致的理念，讓弱勢但努力向上的學子有獲得良好教育的機會，以建構自己的未來。小清華的腳色是給予有心學習的原住民青少年適當的機會；我們喜見這是一項極為成功的教育實驗，對教育當局妥善分配資源將是很好的啟示，畢竟教育原本就是要幫助學子發現天賦。

在社會中，常有人會對某一族群的人，有刻版印象、貼標籤，刻版印象源自英文Stereotype，由印刷術一旦刻板，付印即固定而來；但Stereotype並非全為貶損，有時來自欣羨。原住民有超強的藝術細胞、運動細胞以及熱情、善良，是非常正面的天賦予印象，同學們應引以為榮，善用天賦並加以發揮；另一方面，由於生長環境的不同，也很可能是未來在生活或工作中發揮不凡創意的泉源，形成一種獨特的優勢；至於某些負面印象，則可用努力，有優異的表現，而加以排除。

最後我要勉勵各位同學，不僅要求自我發展，而且要以奉獻社會為標的，尤其要在專班所受原住民民族教育與生態保育理念基礎上，以協助提升原住民福祉為己任；最後祝大家健康快樂。

清華大學北加州招生說明會致詞（中英文）

2013年9月22日　星期日

　　非常歡迎大家來參加今天的招生說明會；這也是清華大學率台灣的大學風氣之先，首次到美國對高中生進行招生活動，具有非凡的歷史意義。大家可能會好奇而有疑問「清華大學為何到美國來招生？」、「為何到北加州？」、「為什麼是現在？」我想至少有五個好理由：

一、如所有的頂尖大學，清華希望招收到多元而優秀的學子，中國有句俗語說：「不入虎穴，焉得虎子。」（Nothing venture, nothing gains）或直接翻作（If you look for cubs, you go to where the tigers are），到美國招生，選擇的第一站自然是作為創新之鄉的北加州矽谷地方。

二、「國立清華大學」是台灣一所擁有悠久與光榮傳統的綜合性大學，最近「上海交大兩岸四地大學排名」公布2012年排名，本校排名第三，較2011年進步一名。根據這項調查，清華雖次於北京清大、台大，但是受限於規模以及資源投入，如將此兩項因素納入考慮，則清華是名副其實的「華人首學」。「國立清華大學」於1956年在台灣新竹建校，大師雲集，歷年來培育包括諾貝爾化學獎得主李遠哲先生、各界領袖等超過六萬名畢業生；同時清華位於台灣高科技產業集中的「新竹科學園區」之中，與高科技產業與創新產業互動密切。對自美來台學子，清華大學將提供美國高中生六個月的華語文輔助，協助語文上的學習，清華也已經有許多課程是英文授課，也有「必修課」英文授課配套措施，美國高中生的銜接應沒太大問題。

三、由於中國以及新興亞洲國家的快速崛起，亞洲對勇於挑戰新世界秩序人士吸引力日增；在美國，越來越多的學生利用教育流動性機會到國外學習，而到亞洲學習成為大學教育的日益風行的趨勢。台灣是一個

連結美國、日本、中國以及新興亞洲市場的理想中繼站，在世界經濟中扮演重要角色；台灣開放社會享有高品質生活，並熟稔美、日、中文化與語言，是未來從事與亞洲有密切關係工作最適當的學習環境。特別為對中國與專業學習有興趣的學子打開一扇大門，尤其歡迎有高度企圖心，不拘一格的逐夢年輕人。亞洲現在正在起飛，各產業蓬勃發展，也有許多新興的職場機會。來台灣讀書可建立未來需要的廣大人脈，若從清華畢業，就近可以在新竹科學園區就業，遠則可以到大中國地區發展。

四、如以成本效益而言，到清華學習，舉世恐怕找不到更好的選擇；清華的學術水準是「華人頂尖，世界一流」，但學雜費相對低廉，一方面因為台灣生活費用相對低廉，另一方面也由於政府長期凍漲學雜費政策；根據最近「世界銀行」數據，台灣在考慮「購買力平準」（purchasing power parity，PPP）因素後每人平均收入約美金四萬元，僅比美國約48,000元略低，但學雜費則為美國名校的十分之一；最近我訪問馬來西亞一個頂尖大學，其校長即對台灣的低廉學雜費「嘖嘖稱奇，」而為吸引優秀學子，清華準備對特優學生提供包括學雜費以上生活費用的全額獎學金，應更具吸引力。

五、清華在此時到美國招生有「投桃報李」的歷史意義；清華大學與美國的淵源深切，是華人地區沒有任何一個其他大學可以比擬的；約一百年前滿清政府在北京利用美國退還多索的庚子賠款（庚款）建校，另一方面，歷年來利用由庚款建立的「清華基金」，在全國選拔了近一千位優秀青年，以公費支持到美國名校就讀；這些學子在學成後，絕大多數回到中國，在許多行業成為領導人物，對中國現代化產生很重大的影響並有具體實質的貢獻，同時也帶動留學美國風潮，培養了一代又一代的知美與親美領導人物，另方面，台灣早年來美留學的菁英，80年代開始回台灣，創造台灣經濟起飛，許多當年留美菁英也到台灣的頂尖大學裡教學，而清華教師中絕大多數曾在美國接受研究所教育，為美國名校博士；同時「清華基金」在百年後仍持續運作，以投資獲利挹注清華大學「校務基金」；目前美國正面臨大學學費高漲，名校難申請的情況，清華大學希望能回饋當年美國歸還庚子賠

款，興建清華大學的精神，符合長期「雙贏互利」原則，亦為恰當而適切。

總而言之，到台灣唸大學，不但能學到紮實的專業知識，也與充滿蓬勃朝氣的亞洲市場更為貼近。如果你期盼同時獲得一流大學教育與美好的亞洲經驗，歡迎你申請清華大學的入學許可。

最後，我要感謝台灣駐美代表處、僑委會、清華加州校友會、北加州台灣大專校友聯合會以及灣區中文學校聯合會等單位以及許多清華之友的協助，才使招生說明會座無虛席，使台灣首次大學到美國對高中生進行招生活動，有了一個很好的開始。

Opening Speech for the National Tsing Hua University Information Session in Northern California

Welcome to the National Tsing Hua University information session for recruiting US Students. Today's event is historical in the sense that it is the first time a Taiwanese University coming to the US to recruit the high school graduates. We have never done this before: to recruit undergraduate students from the United States. This is ground breaking for us. You may ask why we are doing this. Why we are here? Why we hold an information session now? The reasons are several folds:

First of all, like all leading University in the world, we are eager to recruit a diversified and bright student body. There is a Chinese saying that "if you look for cubs, you go to where the tigers are." Where else to look for the corps of bright young persons but the hub of innovation in the US, i.e. Northern California and, specifically, Silicon Valley?

Secondly, we believe we have an outstanding academic program to offer. Tsing Hua is one of the top in Asia. After all, if we were not confident that we are among the very best, we wouldn't be here. A recently released by Shanghai Jiaotong University ranking of more than 3,000 University in greater China, i.e.

Chinese-speaking regions, National Tsing Hua University ranks no. 3. The top two Universities are three times in faculty and student numbers. Taking into account that he ranking criteria heavily favored the large-size University, the NTHU per capita is right at the very top. In addition, the NTHU is strategically located at the center of high technology in Taiwan, i.e. Hsinchu Science-Based Industrial Park. The students can also benefit from the close interactions with the world-leading high-tech companies as well as innovative new start-ups located in the vicinity. As remarked my our new Director of Center for Asia Policy, a former US diplomat, "NTHU is an outstanding university on a beautiful tree-filled campus with a world-class faculty and first-rate students who are the equal of the best you would find anywhere."

Thirdly, with Asia rising, Taiwan is the ideal gateway or springboard to the fastest growth region of the world. Taiwan is a modern and free society but also has long enjoyed the close and friendly relationships with U.S. Japan, China as well as other countries in the region. Taiwan is richly endowed with the best of Chinese culture in the center of the Asia continental rim. Many people are fluent in English and Japanese as well as well versed in these cultures. Asian opportunities are booming. In all corner of Asia, with a terrific education, a think outside-of-the-box attitude, opportunities are everywhere. It shall be very attractive for those students who are interested in pursuing a challenging career in the region. Being a student and alumni of the NTHU also means the ready connection through a strong and huge network of alumni. This is what Tsing Hua can offer you. It sits in the heart of Asia. It is a world class university, and it is open-minded. You can learn from the society and culture around you, You can learn from your teachers and fellow students. You can develop lasting relationships with future Asian leaders. There is now better place to live in Asia than Taiwan, where the future is being shaped.

Fourthly, in term of cost and benefit, you can not get a better deal. The academic program of NTHU is competitive with the best of the University in the US and available at a small fraction of the cost. It is because the cost of living is much lower in Taiwan and deliberate capping of the tuition and fees by the Government. The World Bank estimated that per capita PPP income of Taiwan is about US$40,000, slightly less than the US, but the tuition and fees are considerably lower. In fact, it is so low that during my recent visit to a top University in Malaysia, the president there was amazed by the low level of the tuition for college education in Taiwan. In addition, we offer very generous scholarship to cover all cost for top students.

Fifthly, it is a way of payback to what the US has done for the NTHU. Tsing Hua University was founded more than 100 years ago with the return of excess indemnity fund of the Boxer War from the US government. With this fund, Tsing Hua Foundation sent about 1,000 the best and brightest students to US for advanced study. Almost all of them returned to China after the completion of the study in US and became leaders of the various sectors of the Chinese societies. They contributed significantly to the modernization of China. In addition, most of our present faculties received advanced degrees form the top universities in US. On top of all these, even today, the NTHU is receiving the support of the dividends from the investment of the Tsing Hua Fund which was evolved from the original indemnity fund. It is only proper and we consider as our mission to educate US students for the mutual benefit in the long run.

Overall, if you are looking for a great education and a wonderful experience in Asia, look to National Tsing Hua University.

Last but the least, I wish to thank many persons and organizations, which are too numerous to name individually, to make today's information session possible. Wishing you all a very happy day!

▲①清華率風氣之先，具有非凡的歷史意義
　②華人頂尖，世界一流
▶③同時獲得一流大學教育與美好的亞洲經驗

九、清華與國際、大陸各項交流

編錄印度排燈節、各大學「新竹清華日」、交換生活動、兩岸四地大學校長交流等各項國際活動致詞，展現清華在國際上的活躍動能及對多元文化的支持重視。同時在與各國大學的合作交流間，使清華持續邁向頂尖。

2013年印度排燈節活動致詞

2013年10月19日　星期六

　　歡迎大家到清華大學來參加「2013年印度排燈節活動」，印度排燈節活動，有如華人新年，在清大已經連續舉辦七年，成為清大優良傳統的一部分；就我經驗所及，往年都在僅可容三百人的「合勤演藝廳」舉行，今年則移師可容一千三百人的「大禮堂」進行，「越演越盛」，看到現場熱鬧滾滾，可喜可賀。

　　清華大學有此榮幸連續舉辦「印度排燈節活動」並非偶然，大約三十年前，本校化學系即開風氣之先，招收印度籍研究生，初期只有個位數，爾後經口耳相傳，逐漸擴大到各系，到近年在校人數已接近百人，另有二十幾位印度籍博士後研究員，兩者構成台灣最大的印度學者、學生的社群，不僅豐富清華校園多元文化，而許多學者、學生在研究工作上有非常優異的表現，是清華非常珍貴的傳統與資產。在此特別值得一提的是，清華之印度籍教授雷松亞（Professor Soumya Ray）亦於101學年榮獲極為難得的吳大猷先生紀念獎，並積極協助本校的「全球書院」活動。

　　另一方面，清華與「印度駐台辦事處」也長期維持密切而良好的互動關係，清華在今年七月份為前任羅國棟（Pradeep Kumar Rawat）代表設宴送行時，曾盛讚羅代表為「清華最親密的國際友人」，畢竟如果不是最親密的國際友人，羅代表怎麼會把最親愛的女兒送來清華唸書？同時由於羅代表的促成，本人於2010年四月，隨教育部吳清基前部長訪問印度，並拜訪Sybil部長，Sybil部長表示印度亟需華語教學人才，而吳部長在了解清華與印度的淵源後，鼓勵清華在此方向努力，使清華的「印度策略」逐漸成形；清華的「印度策略」是在教育部支持下於特別選定的印度大學設立「華語中心」，一方面從事華語教學，另一方面，協助台灣的大學在印度招生，因為清華從多年經驗

中，最了解印度擁有的豐富優質人力資源，如能在招攬優秀學生方面，同時也連續兩年在印度主辦「台灣教育展」，積極為台灣的大學在印招生盡力，是互利雙贏局面。

　　本校自2010年起積極推動「印度台灣教育中心」的設立，目前已成功於印度的私立O.P. Jindal Global University（金德爾大學）、Amity University（亞米堤大學）以及國立Jamia Millia Islamia大學（8月開幕）與IIT Madras大學（9月開幕）成立「台灣教育中心」（Taiwan Education Center，TEC），持續推動華語教育輸出和擴展印度生來臺就學，派有共8名臺灣的華語教師在當地，2年多下來已有近1,000名學生修中文課，已有相當卓越的成果。TEC的教師在印度除教授華語外，也積極推廣中華文化，如舉辦放天燈、寫春聯、包水餃及各種節慶活動。2013年也成功輔導2名印度學生申請獲得臺灣的獎學金，來臺灣就學。

　　同時本校積極協助辦理臺印雙方學術交流事宜，如1月份由通識中心舉辦「20世紀前半葉的中印關係國際研討會（International Conference on 'Sino-Indian Relations in the First Half of the 20th Century）」、6月份協助臺北市電腦公會在校內舉辦印度徵才說明會等。

　　在清華推動「印度台灣教育中心」的努力中，承蒙「印度駐台辦事處」、在座的我國駐印翁文祺前大使、蕭美琴與陳學聖立法委員鼎力支持，在此一併致謝；最後我要雙手合十，向大家道一聲「排燈節快樂」（Happy Diwali）！

▲ ①印度排燈節活動，有如華人新年
　②豐富清華校園多元文化
　③清華最了解印度擁有的豐富優質人力資源
　④是清華非常珍貴的傳統與資產

介紹岳南先生與梁帆女士記者會致詞

2011年11月30日　星期三

　　很高興今天有機會向大家介紹兩位最新的清華人，一位是來自中國大陸，馳名考古紀實文學作家岳南先生，現擔任教學發展中心駐校作家，另一位是大陸倫理學、環境倫理學學者梁帆女士，擔任科技管理學院經濟系客座助理教授，這兩位專家入駐清大，使原已多元的清大校園學術文化，更顯得豐富。

　　兩位專家所以入駐清大，梁啟超先生可謂串起二位駐校教師的關鍵人物。民國三年，清華國學院四大導師之一的梁啟超先生，到清華演講時引用《易經》乾坤二卦卦辭「天行健，君子以自強不息；地勢坤，君子以厚德載物」來勉勵清華學生，學校因而訂定「自強不息，厚德載物」為清華校訓，沿襲至今，對清華優良學風和樸實校風的養成產生了深遠的影響。岳南先生在2007年的著作《1937—1984：梁思成、林徽因和他們那一代文化名人》，以及2011年以介紹梁啟超等大師故事完成巨著《南渡北歸——南渡、北歸、傷別離》，其中梁啟超，梁思成、林徽因夫婦與梁從誠先生分別是梁帆女士的曾祖父，祖父、母及父親。在《南渡北歸》第一章中，即敘及梁思成、林徽因夫婦在抗戰初期，倉皇南渡，當時五歲的梁從誡先生後來回憶說：「我父母原來是一對年輕、健康、漂亮的夫妻，九年後北歸，已成為蒼老、衰弱的病人」，讀來令人惻然。清大建校百年之際，在因緣巧合安排下，這二位學有專精又與清大有密切關聯的傑出人士，現在都從中國大陸北京來到海峽對岸的新竹清大聚首，對我們三方而言意義重大。

　　前一陣子，台灣有家企業被大陸某商業團體評為馳名企業，我了解出名分有名、知名、著名與馳名等級，以此分類而言，岳南先生著作至今暢銷數百萬冊，無疑是遠近馳名作家。他是中國大陸首位在全球具影響力的考古紀實文學作家。主要作品有《風雪定陵》、《陳寅恪與傅斯年》、《南渡北歸》三部

曲等，多次在中國大陸內外獲獎。岳南先生既不是歷史學者，也不是考古學者，卻因秉持對文化的熱愛，力求以嚴謹認真、處處有典的態度來書寫歷史，部部暢銷、本本精采，也因此奠定其紀實文學大師的寫作地位。岳南先生將自12月起在清大進行多場學術講座，包括：「二十世紀知識份子的南渡北歸──以西南聯大為主軸的起承轉合（清華通識講堂）」、「中國盜墓傳奇與考古大發現」、「曾侯乙墓超級青銅編鐘的發現」，以及講授「非虛構文學創作技巧」。

　　梁帆女士自幼即受有「中國民間環保第一人」之稱父親梁從誡的身教影響，對環境議題有很深的體認。她2010年自美國紐約市立大學獲得哲學博士學位後，受聘於中國社會科學院中─英─瑞中國適應氣候變化專案課題組擔任特聘專家，研究重點為「氣候移民當中的公平問題」。除此之外，梁帆目前最關注的學術問題涉及可持續發展（或「永續發展」）的文化內涵，尤其是中國民間傳統文化中的「綠色」智慧。梁帆女士雖然以倫理學，尤其是與經濟相關的倫理議題，包括環境倫理、生態資源配置、以及經濟學的倫理與價值論基礎等為主要專長，她對環境永續性、公平分配、以及經濟成長之間的複雜關係的議題也涉獵很深。她目前在清大經濟系教授「經濟學與倫理學」課程。並預計會承擔生態經濟學及與氣候變化相關的課程。這些以英語為主要授課語言的課程，既向學生介紹了可用來考慮經濟與環境問題之間關係的新思路、新視角，又同時從哲學層面深化了學生對現實困境的理解。以豐富學識，及對環境資源永續維護的踐行力，教育大學部同學能從多元的角度，思考全球經濟快速發展造成環境變遷、全球暖化、資源短缺、以及所得分配惡化等問題。

　　清大前校長梅貽琦著名的格言：「所謂大學者，非謂有大樓之謂也，有大師之謂也」，影響清華近八十年，也足見「人」的因素在成就一所頂尖大學所扮演的重要角色。百歲清大鍾靈毓秀，在邁向華人首學目標努力的過程，不斷從各領域吸納人才，讓校園在多元且開放的文化激盪下，能迸發更多學術潛能，也建構更優質的教與學環境。

▶ 紀實文學大師與永續發展學術新秀

江蘇訪問團蒞校訪問致詞

2012年5月25日　星期五

今天很歡迎江蘇訪問團蒞校訪問。上週週日在南京大學參加建校一百一十周年校慶與「東亞研究型大學協會理事會」，慶典後又參加吳為山大師新作「孔子」雕像揭幕典禮。孔子說：「有朋自遠方來，不亦樂乎？」、「學而時習之，不亦悅乎？」江蘇訪問團不僅遠道來訪，並且慷慨贈予本校圖書館一千多冊寶貴的圖書，又盛意邀請一百名學生到江蘇參訪，嘉惠學子學習，真是讓人快樂喜悅，並十分感謝。

清華大學於1911年在北京建校，前三屆直接留美班在全國招生，共錄取180名，江蘇籍占63名，一省錄取學生超過全額的1/3，非常驚人；「江浙人文藪」，是大家熟知的，有人認為，中國歷史上幾次南渡，大批士子南遷，讓江南讀書人的密度持續增加，因而文風大盛，以致歷朝科舉，得意的也以江南人多；明太祖朝，因為科舉錄取過多江南人，朝廷深恐引起北方士子不滿，甚至險釀成科場巨案，讓宋濂等江南籍主考官差點惹了殺身之禍；但如果仔細探究直接留美班的錄取標準，主要還是與當時全國稅收各省所占比率有密切關係，因為清華大學是由清廷運用美國退還多要的庚子賠款設立的，由於滿清政府無力一舉償付巨額賠款，和約中協議以委託外人辦理關稅業務方式，用一套複雜公式決定從所收關稅中，籌募財源，分年賠款，因而讓錄取名額與所收關稅比率掛勾；這顯示當年江蘇的富庶情況，不愧為歷代所稱的「魚米之鄉」，因此江蘇不僅人傑，而且地靈。

清華直接留美班學生在國外名校學成後，幾乎全部返國服務，多成為各界領導人物，對中國現代化產生決定性的影響，江蘇子弟自然貢獻良多，其中清華國學院四大導師之一的趙元任先生是江蘇陽湖縣人，首位畢業於美國西點軍校的華人王賡先生是江蘇無錫人。上週我到南京大學時，承蒙安排，到無錫

參觀南京大學合聘教授、北京雕塑學院吳為山院長所設計的「傑人苑」雕塑公園，看到王賡、錢穆、錢鍾書、錢偉長先生雕像，在南京大學雕塑館裏又看到費孝通先生雕像，他們都是清華人。另外南京大學在「國立中央大學」時代，三位知名校長中，羅家倫先生曾任清華校長，顧毓琇與吳有訓先生曾分任清華工學院與理學院院長，因此清華大學與江蘇早有特殊淵源。

江蘇「青山襯秀水，名園依古城」，物華天寶，雄州霧列。清華以湖光山色，山明水秀著稱，素有水木清華之譽，同為人傑地靈之地，俊采星馳。清華大學與南京大學多年來已建立很綿密的交流關係，未來將可在此平台基礎上，加強與江蘇的互動，親上加親。今天江蘇訪問團蒞校訪問代表一個嶄新的開始，預祝貴我雙方在未來加強合作，攜手並進。

▲ 江蘇「青山襯秀水，名園依古城」

▲ 學而時習之，不亦悅乎？

2012年暑期大陸交換學生歡迎儀式致詞

2012年7月10日　星期二

　　很歡迎帶隊老師與同學參加101年暑期大陸交換學生歡迎儀式。清華自2001年與大陸高校開始暑期交換學生活動以來，除2003年因SARS侵襲停辦外，今年是第十一屆，由五校34人，增加到十一校74人，另一方面，自2006年起，增辦學期交換學生活動，十三學期下來，也由三校13人，增加到二十二校73人，其中包括香港三校5人。同時配合政府於2010年訂定「大陸地區學生來台就學辦法」，第一批陸生17人已於2011年入學，今年預計會有23位碩士、2位博士新生。各項指標都顯示交流在擴大深化中，是可喜的發展。

　　約二十年前，兩岸學術界剛開始可以互訪時，有人引李白〈早發白帝城〉詩中「兩岸猿聲啼不盡，輕舟已過萬重山」句，比喻儘管雜音不斷，歷史的大方向仍不會改變；現在已很難想像1987年7月，也就是二十五年前，台灣才政策開放民眾赴大陸探親，而於11月正式上路；在2008年7月4日完成兩岸首度週末客運包機直航，去年自大陸港澳地區來台人次已超過260萬人次，今年預計會超過300萬人次，而自台灣赴大陸港澳地區人次也超過200萬人次，在兩岸交流愈趨頻繁之際，大家更應發揮誠意與善意，建立互信與互諒。

　　在台灣有人說，兩岸關係是台灣最重要的境外關係，台灣對大陸的重要性也很明顯。以Iphone為例，大陸作家曾帆在《一隻Iphone的全球之旅》一書中問「一顆蘋果誰咬得最大口？」答案是「大陸人工成本1.8%，台灣利潤0.5%，蘋果利潤58.8%」，而相較於大陸一般每月工資約2,000人民幣，Iphone售價達5,000人民幣。另外，全球最大行動電話廠商「中國移動」與「蘋果電腦」在三年前未能達成合作協議，而「中國聯通」接受「蘋果電腦」苛刻條件，合作雖提高市占率，但營收未見起色；最近Google與Microsoft分別推出平板電腦，如以蘋果電腦IPad同樣模式經營，大陸與台灣廠商將只能分得蠅頭小

利，是很值得警惕的。以台灣在資通訊產業技術與管理上的經驗，配合大陸優勢的人力與市場，未來才有可能在此高度競爭的產業繼續占有一席之地。

　　另一方面，現今世界的問題，也就是中國的問題，反之中國的問題，也是世界的問題。今天在座即使是文法科的同學，也能體認到科技對人類生活造成的巨大影響。而近年來，以中國為首的新興國家快速的經濟發展，突顯出人類社會面對未來的危機，尤其科技進步速率未能趕上需求的增加。美國企業家Peter Thiel在"The End of Future"一文中，歷數人類在交通運輸、能源、農業、醫療科技的進步在近四十年來有明顯遲滯的現象，如移動速率。從16—18世紀船速，19世紀開始的鐵路運輸，20世紀的汽車與飛機，一直增速的趨勢逐漸停滯；有人將目前班機越洋飛行速率與四十年前幾無差別歸咎於燃油費用增加，這也突顯人類社會對化石燃料的依賴與替代能源發展的不足。美國尼克森總統在1974年宣稱要在1980年前達成能源自足目標，而2011年歐巴馬總統則強調要在2020年前達成三分之一能源自足目標；目前核能發電在全球都遭遇困難，替代能源仍過分昂貴，將被迫增加使用燃煤，使地球暖化問題更趨嚴峻。另一方面，農業技術的緩慢進展，糧食增產未能與人口同步成長，威脅到世界性饑荒發生的可能，四十年前，美國國會曾於1970年代對癌症宣戰，希望六年內能取得勝利，已成為唏噓往事，與此對照的是如今對日趨嚴重的老年癡呆症一籌莫展，而重大新藥開發也有遲滯之勢。目前製藥業正開始大舉裁撤近年來少有貢獻的研發部門。處處顯示科技進步速率不足以應付如排山倒海來的礦物資源枯竭、能源短缺、地球暖化、氣候變遷、人口暴增、糧食匱乏、環境劣化等問題，所以使開發國家經濟實質成長接近於零；另一方面，新興國家快速的經濟發展，對有限資源的需求急遽增加，更使世界局勢如雪上加霜；山雨欲來風滿樓，中國處於暴風圈中，大家雖在學習階段，仍需嚴肅以對不久進入職場後的嚴峻局面，思索人類共同的未來，充實自己，協助尋求解決之道。

　　最後祝大家在清華有愉快的學習經驗，滿載而歸。

2012年暑期大陸交換學生歡送會致詞

2012年8月17日　星期五

　　上次與暑期大陸交換學生見面是七月十日大家初抵台時的歡迎會，一晃眼各位即將交換期滿，返回大陸，以往大陸交換學生在台灣與清華都有充實愉快的經驗，相信大家都不是例外，未來將成為促進兩岸更密切良性互動的尖兵。

　　上個月22—26日我曾到南京參加兩岸四地大學校長會議，是兩岸四地大學互相了解、促進交流合作的很理想的平台。會後主辦單位安排參訪南京、揚州、無錫與蘇州行程，唐朝天才文學家王勃在〈滕王閣序〉中說，「物華天寶，雄州霧列」，正是江蘇的寫照。很高興看到大陸高校教育有很長足的進步，得到相當充沛的資源支持，譬如北京清華今年的總經費達到十八億美金，以學生人均經費來說要比台灣任何一個大學要高許多。

　　大家暑期在清華的工作最主要是隨老師學習與研究。在學術研究方面，最近我做了一項統計，以理工科較具水準期刊，即科學引用指標（Science Citation Index, SCI）期刊，論文數來說，美國在2007—2011年五年間，每年均巧合的發表約五十萬篇論文，中國大陸自2007年十五萬篇增加至2011年二十二點一萬篇，增幅達47.4%，日本自2007年十一萬篇減少至2011年九點七萬篇，減幅達11.7%，與此對應的，台灣增幅為16.4%而韓國增幅為17.5%；可見美國大致持平，中國大陸快速增加，日本則在下跌中，解讀這些數字變化雖是一種反應學術實力的方式，但也與印象中各國的經濟甚至國力消長趨勢一致。

　　大家在台交換期間，與兩岸有關的最大消息應是釣魚台列嶼事件。四十年前釣魚台事件對於當時的台灣青年產生一個非常大的轉變。當時台灣還在威權時代，大學生極少參與政治活動。但事件發生時，留美學生群起抗議走上街頭。這總陸地面積約6.3平方公里，在台灣東北方約兩百公里，琉球西方約三百公里的蕞爾小島主權爭議不時挑動台灣、大陸與日本民族主義敏感神經。民

族主義是政客們善於操弄的最廉價的工具，而有極強的副作用；台灣政府目前所採擱置爭議、共同開發、共享資源立場，可能是未來最善之局。深盼大陸能確實把握大國崛起之局，在全球華人能共同努力下，以和平理性方式解決與衰退中但仍強韌的東鄰日本之間的紛爭。這裏我特別推薦美國布魯金斯研究所（Brookings Institution）研究員卜睿哲（Richard C. Bush）所著《一山二虎：中日關係的現狀與亞太關係的未來》（*The Perils of Proximity: China-Japan Security Relations*）一書，在其第六章〈短兵相接〉中，以較超然的立場，對釣魚台列嶼地理、資源與國際法觀點與中日海上互動頗有著墨，值得一讀；如卜氏所說：「中日兩國雖有彼此合作的理由，但中日關係也有黑天鵝效應的可能性」，「必須建立規範、規則和程序以避免衝突、摩擦」。也希望各位交換同學對問題的本質有所了解，未來對排難解紛，有所助益。

　　最後我要感謝這次協助接待大陸交換學生的接待家庭，你們熱誠的接待常是同學離別時依依不捨的主因，另一方面，我也要祝各位同學歸程平安，未來順利，並盼望與新竹清華長期保持聯繫。

南京大學「新竹清華日」開幕典禮致詞

2012年11月8日　星期四

　　很高興今天能到南京大學舉辦「新竹清華日」；首先我要感謝陳校長與南京大學同仁的鼎力支持。今年五月我到南京大學參加「東亞研究型大學協會」（Association of East Asian Research Universities, AEARU）理事會，而理事會當初選五月二十日在南京大學舉行，正是為慶祝南京大學建校一百一十週年；七月份我又到南京，參加貴校主辦的「兩岸四地大學校長會議」，所以這次是今年第三次到南京大學來，可謂走動非常頻繁，倍感親切。另一方面，我與陳校長上週五才在韓國首爾國立大學一起參加「東亞研究型大學協會」年會，而我們在今明兩年分別擔任該協會正、副會長，一向合作無間，後年起陳校長將接任為期兩年的會長，有很多共同推動事務的機會。

　　南京大學與清華大學的淵源可遠溯到一百一時年前南京大學建校時期，並交集到當時兩江總督張之洞；1903年2月，兩江總督張之洞上奏《創辦三江師範學堂折》，擬於江寧「先辦一大師範學堂，以為學務全局之綱領」，三江師範學堂迭經易名，最後更名南京大學，而張之洞是當初負責清華直接留美生留洋的清朝「管理憲政編查館事務大臣」，以主張「中學為體，西學為用」出名，他要求所有清華直接留美生需要有相當的國學素養；觀諸後來直接留美生，包括擔任清華校長的梅貽琦先生，返國後發揮極大影響力與深厚的國學根底有密切關係，也可窺見張之洞先生之不同凡響器識。另外南京大學在「國立中央大學」時代，三位知名校長中，羅家倫先生曾任清華校長，顧毓琇與吳有訓先生曾分任清華工學院與理學院院長；今年也承蒙南京大學協助聯繫，江蘇省政府慷慨贈送清華兩份大禮，一方面贈予清大圖書館一千多冊江蘇出版社印行的珍貴圖書，又盛意邀請一百名學生到江蘇參訪；本年七月清大學生團已應邀參加「百名清華學子江蘇行」夏令營，獲得江蘇省政府熱誠接待；另一方

面，兩校自2007年起，有學期交換學生活動，迄今已有二十一人次，如今緊接北京清華後，在南京大學辦「新竹清華日」，在在都顯示南京大學與清華大學的深厚情誼。

新竹清華大學於1956年在北京清華前校長梅貽琦主持下在台灣建校，現設有理學院、工學院、電機資訊學院、人文社會學院、生命科學院、原子科學院、及共同教育委員會，已成為一文、理、工均衡發展的學府。全職教師人數約640人，本科生與研究所學生各約6,000人。清華的優勢在教師的平均表現始終在台灣的大學中居首。台灣重要學術獎項，包括中央研究院院士、教育部國家講座與學術獎、國科會傑出研究獎得主，清華教師獲獎的比率都遠比台灣其他大學高；今年公佈的中央研究院「年輕學者研究著作獎」與國科會「吳大猷先生紀念獎」這兩項專給年輕學者的大獎，清華年輕教師同樣表現亮麗，據台灣科學雜誌「科學人」評選，今年台灣十項科技突破，清華工作即占了五項。此外，清華在台灣已培育近六萬名畢業生，校友對母校的向心力比任何其他學校強。

這次新竹清華大學校長至南京大學辦理「新竹清華日」，期使能更深刻清華與南大的互動，並使南京大學的師生對台灣的學術現況有近距離的認識。清華團隊特別邀請台灣威剛科技董事長也是清華傑出校友陳立白先生與清華教務長陳信文教授從企業與學術的不同角度，討論「兩岸高等教育人才培育」；而由九位學者也分別就化學、物理、化工、材料、物聯網、經濟、電子顯微鏡、生醫以及決策與管理等領域進行精采的專題演講。

新竹清華本次來到南大進行專題演說的學者都是校內一時之選，包括今年分別有研究成果刊登於國際著名期刊Science雜誌的物理系教授果尚志（講題：可突破衍射極限之納米光子學研究）、Nature雜誌的工科系教授陳福榮（講題：軟物質電子顯微鏡）。此外，新竹清華化學系教授鄭建鴻（講題：多重碳一氫鍵活化及其在有機合成上的應用）、化工系教授胡育誠（講題：當基因治療結合組織工程：以軟骨與硬骨修復為例）、計財系教授余士迪（講題：個體計量在經濟與金融研究的應用）、材料系教授杜正恭（講題：具高電壓正極與快速充放電負極材料之下世代鋰二次電池的開發）、資工系教授許健平（講題：物聯網與無線感測網路）、電機系教授李夢麟（講題：生醫光聲成像於乳房鈣化造影之應用），所發表的主題都是現今國際學術界各領域中火紅的研究。

當前全球人才流動現象已日趨白熾化，各國政府也都將人才網羅政策列為施政重點之一。中國大陸近年以大國崛起之勢已為國際所重視，高校教育得到相當充沛的資源支持，有很長足的進步。南京大學是中國現代科學的發祥地，也是現代儒家思想與中國文明復興的基地，與新竹清華發展脈絡相似。在同文同種的背景下，兩校若能加強合作，「如虎添翼，絕對是加分。」清華大學與南京大學多年來已建立很綿密的交流關係，未來將可在此平台基礎上，加強互動，親上加親。今天「新竹清華日」活動代表一個嶄新的開始，預祝貴我雙方在未來加強合作，攜手並進。

▲ 走動非常頻繁，倍感親切

▲ 兩校若能加強合作，「如虎添翼，絕對是加分。」

浙江大學「新竹清華日」開幕典禮致詞

2012年11月23日　　星期五

　　很高興今天能到浙江大學舉辦「新竹清華日」。首先我要感謝楊校長與浙江大學同仁的鼎力支持。常言道：「親不親，故鄉人，美不美，故鄉水」，本人是浙江人，到浙江大學倍感親切，據知楊校長從小在北京清華園長大，今天會面真可謂一家親了。

　　浙江大學與清華大學的交集可溯自擔任浙江大學校長十三年的竺可楨校長；在新竹清華圖書館有珍藏「第二次庚子賠款留美榜單」詳細紀錄了學生的姓名、籍貫與原就學學堂。胡適先生於1942南京竺可楨校長家中發現舊時油印榜文，托他抄寫一份以供保存，後來轉贈給梅貽琦校長，因校長為第一批庚子賠款留美學生之一，胡適先生與竺可楨校長同為上海澄衷中學同班同學，第二次庚子賠款留美學生，故胡適先生題寫：送給月涵「前輩」；竺可楨校長，任職期間可謂厥功至偉。他被公認為「浙大學術事業的奠基」；本次新竹清華來訪團隊中，歷史所教授李卓穎，去年即以探討十五世紀明代江南地區的地方水利專家和官員，如何通力合作，以新思維、新方法，進行水利改革，解決了江南長期的水利問題，獲頒三年頒發一次的「竺可楨科學史獎」。

　　在兩校交流方面，自2008年起，新竹清華已有45名本科生到浙大學習，而自2005年起，浙大到新竹清華學習的學生歷年來也已累計73名；8月底，新竹清華的基層文化服務社也到浙大進行長達一個月的社團互訪文化交流活動，加上一直在推動的兩岸學生暑期交流活動，以及兩校教師學術間持續的交往，以及完成簽署的校級「雙聯學位協議」，顯示浙江大學與清華大學情誼深厚；尤其清華大學自去年開始招收碩士班研究生，到校就讀的，連續兩年浙江大學校友都高居第一名，這就不能不說是有特別緣份了。

　　新竹清華在1956年由前北京清華梅貽琦校長在新竹建校，原以理工見長，

現設有理學院、工學院、電機資訊學院、人文社會學院、生命科學院、原子科學院、科技管理學院及共同教育委員會，已成為一文、理、工均衡發展的學府。全職教師人數有640人，本科生及研究所人數各約6,000人。新竹清華的優勢在教師的平均表現始終在台灣的大學中居首，台灣重要的獎項，包括中央研究院院士、教育部國家講座與學術獎、國科會傑出研究獎得主，清華教師獲獎的比率都遠比台灣其他大學高；今年公佈的中央研究院「年輕學者研究著作獎」與國科會「吳大猷先生紀念獎」這兩項專給年輕學者的大獎，清華年輕教師同樣表現亮麗，顯示清華後勢看好。此外，清華在台灣已培育近六萬名畢業生，校友對母校的向心力比任何其他學校強。

新竹清華本次來到浙江大學進行專題演說的學者都是校內一時之選，化學系教授季昀（講題：過渡金屬錯合物在發光二極體與染敏太陽電池的應用）、化工系教授宋信文（講題：多功能奈米微粒做為口服蛋白質藥物載體的研發）、光電所教授黃承彬（講題：任意光波形產生與其應用）、經濟系教授賴建誠（講題：《綠野仙蹤》不是童話故事）、工工系教授王茂駿（講題：工效學與創新設計）、資工系教授金仲達（講題：如何讓電腦消失？）、工科系教授曾繁根（講題：從浩瀚銀河到奈米蛋白質單分子陣列偵測）、歷史所教授李卓穎（講題：國家與地方社會：明代江南水利研究的幾點反思）、EMBA教授簡禎富（講題：高科技產業經營決策分析與全面資源管埋），所發表的主題都是當前國際學術界各領域中最前沿與受到重視的研究。另一方面，也感謝威剛科技王根旺總經理一起到浙江大學來，以清華傑出校友身分「現身說法」，協助介紹新竹清華大學。

這次在浙江大學舉辦「新竹清華日」，主要目的是深化兩校交流，清華大學與浙江大學多年來已建立很綿密的交流關係，未來將可在此平台基礎上，加強互動，親上加親，尤其「雙聯學位協議」的推動與落實，有賴雙方師生深刻的互相了解；今天「新竹清華日」活動代表一個嶄新的開始，我們也誠摯的邀請楊校長在不久的將來率團到新竹清華辦「浙江大學日」，預祝貴我雙方在未來加強合作，攜手並進。

▲ 浙江大學與清華大學情誼深厚
◀ 未來將加強互動，親上加親

大陸學生聯誼會冬至湯圓會致詞

2012年12月22日　星期六

　　今天很高興來參加大陸學生聯誼會冬至湯圓會；新竹清華大學自2001年起進行與大陸高校暑期交換學生活動，由五校34人，增加到今年的十一校74人，另一方面，自2006年起，增辦學期交換學生活動，十三學期下來，也由三校13人，增加到二十二校73人，其中包括香港三校5人。同時配合政府於2010年訂定「大陸地區學生來台就學辦法」，第一批陸生17人已於2011年入學，今年招收有23位碩士、1位博士新生。同時與大陸高校雙聯學位也已於今年上路，目前已簽約的有北京清華、浙江大學與南開大學，將會陸續擴展到他校；各項指標都顯示交流在擴大深化中，是可喜的發展。

　　大家到新竹清華來，就是清華人，應知清華事；新竹清華是1956年由在北京清華擔任校長的梅貽琦校長自美來台建校，從第一屆招收研究生十五人開始，第三屆研究生中即有李遠哲先生日後榮獲諾貝爾化學獎，由於有庚款基金的協助，自始建立招攬優異人才傳統，延續至今，今年台灣「科學人」雜誌評選台灣十大科技突破，清華的工作即占五項，可見一斑。

　　兩岸清華的特殊關係，可由我擔任校長不到三年期間，與顧秉林前校長有十一次交會看出，交流之密切，是任何其他兩岸大學校長所遠遠無法企及的；陳吉寧校長上任迄今，我們已三度會面，而他也特別選擇新竹清華為其上任後第一個正式參訪學校；今年兩岸清華互動大型活動，包括四月底邀請北京清華名師後裔訪台、七月初「徐賢修、徐遐生校長父子雙傑，清華傳承」新書發表會、九月初兩岸清華在金門舉行共同研究成果發表會、九月二十一日舉行「清華文武雙傑，吳國楨省主席與孫立人將軍」紀念會、十一月三日在北京舉行「西南聯合大學建校七十五周年紀念大會」、十二月九日在廈門舉行「馬約翰教授誕辰130周年紀念會」等活動無不深深具有兩岸清華烙印；兩岸清華不僅

同根同源，而都有同是一家人的認知，最為難得。

　　今天有些人慶幸馬雅末日預言沒有成真，但以世界面臨的局勢來看，可謂人類正在「自掘墳墓」；從永續發展觀點，目前全球七十億人對資源的消耗要1.5個地球才能支撐。另一方面，也有人以美國三億人口約消耗全世界百分之二十的資源推算，地球上如人人都要過美國人一樣的舒適生活，僅適當十五億人居住，再再均顯示地球面臨資源枯竭的局面。而近年來，以中國為首的新興國家快速的經濟發展，更突顯出人類社會面對未來的危機，尤其科技進步速率未能趕上需求的增加。人類在交通運輸、能源、農業、醫療科技的進步在近四十年來有明顯遲滯的現象，處處顯示科技進步速率不足以應付如排山倒海來的礦物資源枯竭、能源短缺、地球暖化、氣候變遷、人口暴增、糧食匱乏、環境劣化等問題，所以使開發國家經濟實質成長接近於零；另一方面，新興國家快速的經濟發展，對有限資源的需求急遽增加，更使世界局勢如雪上加霜；山雨欲來風滿樓，現今世界的問題，也就是中國的問題，反之中國的問題，也是世界的問題，兩岸大學面對關係人類生存發展的嚴峻局面，竭盡心力，相互合作，協助尋求解決之道實為當務之急。

　　大家在台灣感受本地的生活，可能有不同的面向；根據某大報與基金會舉辦「台灣年度代表字大選」，台灣二○一二年度代表字為「憂」，成為這一年全民心情的寫照。另一方面，蓋洛普民調中心公布在二○一一年對全球一百四十八個國家和地區的幸福感排行榜，台灣表現不錯；蓋洛普問民眾五個問題：

▲ 各項指標都顯示交流在擴大深化中

▲ 祝福大家如湯圓象徵的圓滿與甜蜜蜜

你昨天感到獲得充分休息嗎？你昨天有沒有整天受到尊重？你昨天有沒有微笑或笑口常開？你昨天有沒有學了或做了什麼有趣的事？你昨天大部分時間快樂嗎？台灣出奇的是亞洲四小龍中最幸福的國家，有百分之七十五，日本百分之七十二，香港百分之六十九，南韓百分之六十三，新加坡以百分之四十六墊底，新加坡人最缺乏正面情緒，幸福感墊底。與我們每天在各種媒體上得到的訊息，有很大落差，是很值得大家在台灣一行所探究的。

今天很高興來參加聯誼會的冬至湯圓會，昨晚有合唱團同學到校長宿舍報佳音，今午又有我過去與現在指導的研究生大團圓，都吃到了甜美的湯圓，所以現在是我二十四小時內第三次享用湯圓；湯圓象徵圓滿與甜甜蜜蜜，也是我給大家在台與未來生活的祝福。

「大陸學生春節聯誼會暨交換陸生相見歡」致詞

2013年2月28日　星期四

今天很高興來參加「大陸學生春節聯誼會暨交換陸生相見歡」活動；春節期間，在校園遇見一位陸生並略作交談，才知道現在清華的所有陸生，除他因為接待來台走春的弟弟外，其餘都回大陸過年了，可感受到兩岸之間交通方便多了，政治上的限制也少多了，是可喜的現象。

今天活動主題之一是陸生與交換陸生相見歡，在此我也要歡迎剛到新竹清華的交換陸生，新竹清華大學自2006年起，開辦與大陸高校學期交換學生活動，目前包括香港三校，共有二十二校參與，據知本學期有七十八名之多，我們希望未來能逐步擴展與深化。

除了北京清華來的同學外，大家對清華可能不是那麼了解；新竹清華是1956年由在北京清華擔任校長十八年的梅貽琦校長自美來台建校，前二十五年五任校長，都是北京清華校友，不論校園建設、館舍命名、教育理念都有許多共通處；由於梅校長的卓越才識與領導能力，建立起堅實基礎，並因有「庚款基金」的協助，自始建立招攬優異人才傳統，延續至今；歷年來，台灣所有難得的學術獎項，清華在人均值上一直遙遙領先他校；兩天前清華在國科會報告化學系王素蘭教授所帶領的研究團隊，於今年2月14日在「科學」（Science）期刊上發表的一篇研究論文成果；這是清華大學繼去年以通訊作者身分，在「科學」與「自然」（Nature）兩頂尖標竿期刊上發表各兩篇論文後的第五篇論文，而台灣去年在「自然」與「科學」期刊以通訊作者身分發表的論文才七篇；我們有時戲稱「天下雙分，清華居半」，還真常以事實呈現；另外可以向大家透露的好消息是清華另有兩篇論文已於今年發表於「科學」期刊，將在最近召開記者會宣布，因此清華開春以來共已有三篇「科學」期刊論文，後勢看好。

「梅竹賽」是兩校每年初春時節共同的盛事。但有時會有爭議而暫停，不幸今年就是暫停年；昨天晚上我到大禮堂參加名為「清清紫荊」演唱會，傳統上是「梅竹音樂會」；對清華、交大略有了解的人士都知道，梅竹是紀念新竹清華建校校長梅貽琦先生與交大前校長凌竹銘先生，取梅貽琦先生之姓與凌竹銘先生之一字而來，「梅」代表清華大學，「竹」代表交通大學。有同學說今年的替代方案「清華台大友誼賽」沒有竹，所以還是可以叫「沒竹音樂會」，只是把梅花的梅改成沒有的沒。

　　清華與交大為緊鄰，幾乎在同時建校，兩校師生、校友間有深厚的情誼與密切的合作關係；根據去年十月的一份統計資料，最近五年間，在全球最大的論文資料庫Scopus所載論文中，清華所出的論文與交大、中研院、台大合作者分居第一、二、三名，各占8.9%、8.5%與6.9%，而在同一統計基礎上交大與清華；工研院、台大合作者分居第一、二、三名，各占7.3%、6.5%與5.7%，可見清華與交大分別為對方最緊密的研究伙伴，同時長年來兩校師生共享教學、研究資源，校友在友校服務並「位居要津」，所在多有，兩校校友在外創業、事業與工作上互相扶持，不勝枚舉；行之有年的「梅竹賽」，在激烈競爭中，同時增進與深化兩校的情誼，是需要維護的光榮傳統。

　　「梅竹賽」的決策單位近年來演變為兩校各五位同學組成的「諮議委員會」，兩校校方則居於輔導協助地位；往年偶然由於出賽雙方各有堅持在最後一刻而破局，但本屆在去年十二月即宣布停賽，實有可檢討之處。今年清華的學務長曾提議由兩校校友會會長裁決，解決「梅竹賽」糾紛，雖未獲「諮議委員會」採納，未來仍是一個很好的參考方向。

　　「梅竹賽」的停賽在相當程度上反應現在台灣校園民主的問題；學生自治由於參與率低、投入時間有限與代表性不足，碰到比較複雜、棘手問題與較有經驗的師長互動有待加強；雖然校園生活是一個學習過程，未能發揮正常功能，總是憾事，目前學校希望能在這方面多所注意，正由相關院系規劃適當課程與論壇，以為補強。

　　另外昨天校園發生的一個事件，是兩位立委率領一些環保與反核人士到校作「台灣最高核能學府的最高輻射污染事件現勘」，清華無疑是「台灣最高核能學府」，在早年輻射生物館新建時，建築工人將輻射污染到的雨水用來調水泥，並將這些水泥用於輻射生物館工程，後經發覺，由本校檢測後將有安全顧

慮區域劃為管制區，目前並無安全疑慮；今年至少在上半年，也就是大家在台期間，核能四廠停建問題會是最受注目的公共議題，而在台灣目前反核聲浪中，陳年舊案又被翻出來檢視，是台灣民主社會景象之一，也值得大家思考重視。

　　以上三事件都是在這兩天發生而與清華相關的要事，或可讓大家窺見台灣民主社會、多元文化以及清華學術卓越的一角；大家到新環境，渡過適應期後，不妨敞開心胸，張大眼睛，領略種種，借鏡優點，警戒缺失，讓「台灣經驗」成為各位人生的亮點。

▲ 雖然校園生活是一個學習過程，未能發揮正常功能，總是憾事

▲ 讓「台灣經驗」成為各位人生的亮點

2013年暑期大陸交換學生歡迎儀式致詞

2013年7月12日　星期五

　　很歡迎帶隊老師與同學參加102年暑期大陸交換學生歡迎儀式。清華自2001年與大陸高校開始暑期交換學生活動以來，除2003年因SARS侵襲停辦外，今年是第十二屆，有交流學校十一所，到大陸的有99人，來台灣陸生有73人，另一方面，自2006年起，增辦學期交換學生活動，上一學年陸生來台上、下學期各有81、83人（包括香港5、6人），到大陸的有12、31人，下一學期來台陸生亦將有83人，到大陸的清華學生則有20人。同時配合政府於2010年訂定「大陸地區學生來台就學辦法」，2011、2012年入學各有17與23人，今年預計會有61位新生。各項指標都顯示交流已成常態，但仍有擴大深化空間。

　　兩岸白1940年代後期有一段相當漫長期間處於「敵對」與「不相往來」狀態，幸好自1980年代後期，兩岸政策皆趨開放，以「和平」為基調，交流逐漸加溫，去年各有超過兩百萬人次來往，往「正常化」方向前進，但也有重重困難，有賴兩岸人民發揮智慧，逐步化解歧異，而教育與學術交流不僅重要，而且對兩岸未來具關鍵性。

　　兩岸經多年隔閡，有不同的發展軌跡，在教育方面，大陸頂尖大學的學生，宛如四十年前的台灣頂尖大學的學生，以唸理工為時尚，對學業成績非常重視，畢業之後到美國留學，如有能力，一定要拿到博士學位；在美國學成後，幾乎都「學留」，在美國就業，回國的人極少，回國後又再到美國工作的很多；清華在台灣自建校伊始，教授幾乎百分之百是「歸國學人」，所以從教授的異動，大致可以觀察到「歸國學人」的動向；我在1977年到清華時，材料系有八位教授，與1972年起，曾在材料系服務而離開的教授數目相當，可見人才流失的嚴重，而全台灣，才有材料博士學位的專家學者不過十幾人，但這種情況到1980年末期完全改觀，當時台灣科學工業園區設立已見成效，高科技產

業開始蓬勃發展，國民生活水準與薪資待遇大幅提升，再加上政治上解嚴，留學生回國工作意願高漲，如果有一職缺，常有兩、三百位人來申請，而且絕大多數是留學生，這種情況到2000年左右又產生變化，台灣學生到國外留學熱逐漸冷卻，頂尖大學的學生多選擇在國內升學就業，出國留學比例降至一、兩成以下，十年左右下來，在外儲備人才大減，對台灣的影響也漸減弱；如將兩岸情況加以比較，大陸學生似乎仍有留學熱，大多數選擇在國外就業，與約三十年前台灣情況相似，讓我想起，1990年我第一次從台灣到大陸，看大陸幾個主要都市，人民生活水準與台灣在之前三十年差不多；五月底我曾有機會到重慶與貴陽參加兩個活動，重慶不用說，「天無三日晴、地無三里平、人無三兩銀」的貴陽，在我所住旅館新區，摩天大樓櫛比鱗次，進步驚人；而兩岸頂尖大學的學生留學的「三十年的落差」，是否會有相似軌跡，是值得深思探討的問題。

　　世界各地都需要人才，頂尖人才的流向，可以決定一地一國之興衰；美國矽谷以吸引世界各地頂尖人才出名，新竹清華有位校友是矽谷有名的創投家，他分析兩岸以及在美出生第二代的人才，台灣人才務實可靠，格局不足，大陸人才企圖心強、膽子大，有時不免眼高手低，在美出生第二代見多識廣，但因難以涉足大公司高層，實戰經驗與資源不足，一方面，兩岸以及在美出生第二代人才，是夢幻組合，另一方面，在美出生第二代無法進入美國主流社會高層將是未來人才流向的推力，以台灣經驗來看，只要國內環境改善到一定程度，人才回歸是很可以期待的。

　　各位同學有緣到清華交流，時間雖然僅有短短六週，但學習與體驗台灣生活行程滿檔，我要藉此機會感謝贊助的企業以及接待家庭；最後祝大家在清華有愉快的學習經驗，滿載而歸。

2013年暑期大陸交換學生惜別晚會致詞

2013年8月16日　星期五

在台灣小學生作文中，有「光陰似箭，日月如梭」的套話，今天與大家惜別，真有中學生常用套話「光陰如白駒過隙」的感覺，用白話說，就是「時間過的真快」；說到「套話」這個詞彙，還是我今年五月底在重慶開會時學來的；當時是在我開幕致詞後，一位與會者跟我說：「一聽就知你就不是大陸人，因為你不講這裡領導講的套話」，頗為達意而新鮮，這也是兩岸交流有趣的地方；最近我聽到一個有關兩岸交流的笑話，不妨在今天晚會輕鬆場合與大家分享；話說一個台灣人到蒙古遊覽，與一個當地人聊天，台灣人問：「蒙古大夫」這名稱是怎麼來的？當地人想了想說：「大概是與矇混有關吧」，台灣人藉機說：「那這裡的大夫都是蒙古大夫囉？」當地人無奈只好說：「算是吧」，隔一回兒，蒙古人笑眯眯的問：「台灣人都是小偷嗎？」台灣人說：「這話怎講」？蒙古人說：「要不然為什麼叫『抬完』人？」台灣人的回應則可想而知。

前天我才從廈門訪問回台，在廈門所住賓館附近，環島路邊豎立了「一國兩制統一中國」標語巨型立牌，與對岸小金門「三民主義統一中國」標語遙相對應，饒有趣味，而在面對金門的海岸邊，除林蔭大道外。還有一長條很漂亮的綠帶，據說是因當年兩岸關係劍拔弩張時大規模禁建而得以保留下來，這就是歷史的弔詭了，兩岸近年來化干戈為玉帛，是可喜的現象，為大家所樂見。

這次我與幾位本校同仁到廈門訪問，是應「廈門清華校友會」與「台灣北京清華校友會」邀請商談成立「兩岸清華交流中心」事宜，「兩岸清華交流中心」將由兩岸清華校友捐資成立，目前有初期由兩岸清華合辦高階經理人管理碩士班（EMBA）、學分班以及「線上教學」等方案構想，在現有兩岸法令架構下，應甚有可行性，如順利進行，將是兩岸高教交流的里程碑。

在上月22日，參加「第九屆兩岸四地大學校長會議」的校長們曾來清華訪問，首先是參觀「奕園」；「奕園」是在本校服務長達三十餘年的沈君山前校長手書心願，希望捐助清華大學一座奕園，今年六月1日正式啟用；奕園入口的「奕園」二字，是久居香港的金庸先生所書，路徑上矗立中、日、韓六位國際圍棋大師墨寶與經典名局立牌，開幕時，圍棋大師林海峰、聶衛平和曹薰鉉專程來台，並在現場對弈三十手紀念棋，「奕園」不僅將成為世界圍棋勝地，而且是由兩岸三地攜手促成，別具意義。另一方面，沈君山前校長也是兩岸交流的先行者，對兩岸關係的發展投入尤深，他於1990年代初，兩岸開始解凍之際，出任國家統一委員會委員，提出兩岸分治之觀念，並三次與江澤民主席晤談，對於和緩兩岸，啟動交流很有貢獻。沈前校長的好友張作錦先生以一句話概括其生平：「先生之道無他，為兩岸和解一以貫之耳！」沈前校長為兩岸找出制度性的和平共存之道的積極作為，令人懷念。

其次是參觀「學習資源中心旺宏館」，去年參加「第八屆兩岸四地大學校長會議」的校長們在蘇州參訪「旺宏電子研發中心」時，承蒙吳敏求董事長特地從台灣趕往親自接待，並曾「相約在清華旺宏館」，大家如約相聚，緣分非常；同時「學習資源中心旺宏館」是在今年四月正式啟用。據了解，「學習資源中心」、「諮詢委員會」中多位諮詢委員是兩岸四地友校圖書館主管，規劃新圖書館時，本校負責同仁也多次到各友校圖書館去參觀、請教、取法，以各友校圖書館為標竿，精益求精，承蒙大家發揮夥伴精神，讓台灣圖書館建設一同向前跨了一大步，也是兩岸合作實質成果「外一章」。

在歡迎會上致詞時，我曾提到清華大學在台灣叫國立清華大學，在兩岸交流時，我們自稱新竹清華，才不會與北京清華混淆在一起；事實上新竹清華是原來北京清華梅貽琦校長於1956年在新竹建校，當初有傳說清華梅校長把清華大印帶來台灣，後來證實是誤傳，2010年台灣主要報紙之一的聯合報曾專訪我與北京清華顧校長，問到美國退還多要庚子賠款基金，即所謂「庚款基金」的事，顧校長答覆是「有了解，未過問」，道出兩校同根同源，而新竹清華是「庚款基金」孳息的唯一收受學校。

大家有緣來清華，「一日清華人，一世清華人」，上月28日，本校舉辦的「清華學堂」開學，我利用「清華一百問」的方式介紹清華，大家如上網，可在「校長演講彙集」看到這一百問（目前已是114問）是什麼？但網上並沒

有附答案，而我在此可透露三個答案；一問是慈禧太后、袁世凱與張之洞與清華歷史有什麼擦撞？答案是慈禧太后曾對美國發動外交攻勢，間接促成美國退還多要庚子賠款基金，用以成立清華，袁世凱則曾主張利用「庚款基金」從事「經建」，如果成功的話將看不到清華的成立，「晚清四大名臣」之一的張之洞則主張選派「直接留美生」都須具有深厚的國學根基，而奠立清華留美生對中國現代化產生重要影響的基礎；二是胡適是清華校友嗎？答案是胡適是清華第二屆「直接留美生」，曾協助清華成立振動學術界的「清華國學院」，同時正式的國立清華大學題字是胡適的墨寶，三是校園中第一湖成功湖是人工湖嗎？名稱由何而來？答案是成功湖是日據時代日本為海軍訓練所開鑿的「滅火湖」，清華建校後因當時聯合國臨時總部設於美國紐約州成功湖邊而用同名命名；此三問到目前為止，大概即使是清華校友，能通通答對的也一定不多，所以大家身懷答案，可謂一舉達到身為清華校友制高點，可喜可賀。

最後我要藉此機會感謝指導老師、贊助的企業以及接待家庭，讓離鄉學子有充實而溫馨的台灣經驗，也祝各位交流同學未來一切順利。

大陸學生冬至湯圓同樂會致詞

2013年12月22日　星期日

很高興來參加今天的同樂會，冬至日在《尚書・堯典》中稱為「日短」，是一年白天最短之日，根據曆法，今年落於12月22日，剛好讓大家在星期天辦同樂會，共慶團圓、圓滿。

今年由於來攻讀學位的大陸學生增加很多，所以在校園中大陸學生數目達到新高，包括交換生與學位生超過160人，以後應會繼續增加，是可喜的現象。而從以往的了解，陸生對學校與台灣的印象都頗為正面，期待大家學習告一段落，回到大陸，都會成為「知台派」，做非官方的親善大使，「一日清華人，一生清華人」，大家共同為清華的未來努力。

就在三天前，也就是12月19日，清華舉辦了「名人堂」開幕典禮；「清華名人堂」的設立是希望突顯清華立校以來，為清華、社會、國家、世界「立德、立功、立言」的清華人；一方面感謝他們的重大貢獻，永誌紀念，「尋清華源流，留世間絕響」，一方面也由彰顯清華人的事蹟，在人格、事業、著作方面有永遠存在的價值。激勵莘莘學子，引為典範，「觀賢人之光耀，聞一言以自壯」。同時也希望能讓參訪民眾了解清華大學能推出如此鑽石級「名人堂」的特色。

清華歷來大師雲集，校友人才輩出，不僅璀璨杏壇，更深刻影響社會思潮、嘉益人群，適逢原第一招待所改建為多功能會所，包括名人堂、接待中心、校園導覽中心、教師員工聚會所以及「清華樂集」練習及表演場所，而以「清華名人堂」為名；第一批「名人」，包括大門口梅校長與四大導師浮雕以及胡適、楊振寧、李遠哲三先生半身銅雕，門前「清華名人堂」五個大字則由集胡適先生墨寶而成；胡適、楊振寧、李遠哲三先生分別為北京清華、西南聯大與新竹清華代表。李遠哲先生在新竹清華就讀時，全校僅有研究生而學生不

超過五十人，同時在我上週參訪雲南師範大學「西南聯大博物館」時，看到陳列的「西南聯大清華研究院」畢業生名冊，除註明楊振寧先生為1944年6月碩士畢業生外，發現整個研究院畢業生也不過幾十人，如此高的諾貝爾獎命中率，著實讓人嘆為觀止；另一方面，我也趁此機會向大家報告，最近上海交通大學公佈的「兩岸四地大學評比」，本校與去年一樣，名列第三，北京清華、台大分列第一、二名；清華雖次於北京清大、台大，但是受限於規模以及資源投入，如將此兩項因素納入考慮，則清華是「華人首學」，並非過譽，這點是身為「清華人」的大家可以引以為榮的。

剛才了解，因受限於場地，今天的活動是由學位生主辦，也就是在場的都是研究生，而楊振寧先生的「我的學習與研究經歷」演講最主要的是針對研究生；他談起「和同學討論是極好的深入學習的機會」，「在芝加哥大學嘗試做實驗論文不成，做研究生的兩年半間，自己找了四個理論題目：（1）Ising Model、（2）Bethe's Hypothesis、（3）Gauge Invariance、（4）核反應中的角分布，只有第四個有發展。」、「研究生找題目感到沮喪是極普遍的現象。」、「可是自己找的四個題目後來都有極好的發展，只是當時沒有意識到。」他認為「研究三部曲為興趣、準備、突破」、「沒有準備，就沒有後來的突破。」、「有好想法，不輕易放棄。」、「要解決基本問題。」最後以「發現自己的興趣，培養自己的興趣，發展自己的興趣」作結，極為精彩，值得大家參考。

楊振寧先生在物理學上的貢獻，是眾所周知的，1991年長期任美國「物理教師」期刊編者Cliff Swartz列舉歷史上最偉大的十八位物理學家，包括伽利略、哥白尼、牛頓、法拉第、愛因斯坦、波爾、海森堡、薛洛丁格、居理夫人、哈伯等人，楊先生是唯一的東方人以及唯一在世並列於「英雄榜」的物理學家，歷史地位非凡，但他甚為平易近人，而且以九一高齡記憶力驚人；我原從清華檔案中找到六次楊先生訪問清華的記錄，但與楊先生晤談之下，又增加了兩次；一是1986年，也就是1971年以後十五年，楊先生再度來台，另一次則是1992年，清華為楊先生辦「七十壽辰研討會」之時，而且楊先生各講了一段軼事，甚為有趣。楊先生的睿智以及學術與為人的風範，皆不愧為一代偉人。

最後我要祝大家在冬至吃湯圓甜甜蜜蜜，同樂會其樂融融。

▲ 期待大家都會成為「知台派」，做非
官方的親善大使
◀ 發現、培養、發展自己的興趣

廈門大學朱崇實校長及代表團參訪清華大學致詞

2013年8月8日　星期四

　　首先歡迎朱崇實校長率領廈門大學多位領導來清華大學參訪，這幾年兩校有許多交流活動，可謂非比尋常，包括2010年四月朱校長來訪，2011年四月本人與學校同仁赴廈門慶祝廈大成立九十周年，去年十月廈門鄔大光副校長來校參加「梅貽琦校長逝世五十周年紀念會」並作演講，十二月廈大協助楊振斌書記等協助在古浪嶼舉辦「馬約翰教授誕生一百三十周年紀念會」，今年四月廈大譚紹濱教授到清華來參加「科學園區首任局長何宜慈先生逝世十周年紀念會」並以「廈大學子　臺灣之光──深切緬懷　何宜慈博士」為題演講；何宜慈先生是科學園區首任局長，在之前的民國68年春天，何先生獲聘為國科會副主委兼科學工業園區籌備處主任，管理局成立後為首任局長，並兼園區指導委員會召集人，至73年卸任；何先生在管理局局長任內，致力園區基礎建設，促進台灣科技產業生根，帶動整體科技發展，居功厥偉；而科學園區成立於民國69年12月，從醞釀、籌備到設立，都是在清華大學徐賢修前校長擔任國科會主委任內（民國62-70年），也是清華大學有榮幸主辦紀念會主要原因；從譚教授演講中知道，另一淵源來自何先生是廈門大學校友，1940-1944就讀廈門大學機電系，第一屆畢業生，隨即在廈門大學任助教，在校期間曾直接受業於國立廈門大學第一任校長薩本棟先生，而薩先生原是清華教授，讓人驚歎的是同時期廈大五十一位教授中有四十七位是清華人，而讓廈大有「南方清華」之譽，同時兩校已進行學期交換生交流，上年度上、下學期各有四位學生，交流相當密切；在廈大曾到薩本棟前校長紀念碑前致敬，又處處感受到與清華校訓相近的「自強不息，止於至善」風氣，又多了一份親切感。

　　承蒙廈大協助，本校預定於十月上旬到廈大舉辦「兩岸清華合作研究成

果發表會」以及「新竹清華日」活動，清華選定部分與清華已簽定雙聯學位的985大學辦理「新竹清華日」，最主要的目的是增進廈大師生對清華的了解；雙聯學位要靠教師間合作研究才較有可能順利推行，而合作研究的第一步即為互相了解；另一方面，「兩岸清華合作研究成果發表會」是兩岸清華合作研究成果第四年的研究成果發表，並有很多本校優秀教師與會，並發表成果，也歡迎廈大師生參加，有助進一步了解現今清華研究狀況，為未來兩校交流奠基。

　　剛才聽朱崇實校長提到1949年後，廈門大學第一任校長，任期長達二十年的王亞南先生也曾是清華教授，這是兩校關係又一佳話；另一方面廈門大學的化學與經濟兩大支柱學科相關生物醫學、環境工程、能源與材料、信息科學、微納米與光電、經濟、管理、法律、人文藝術、教育領域，在「2011工程」計畫項下成立的「兩岸和平發展中心」以及未來廈門大學在馬來西亞設立分校的計畫，兩校應都有相當合作空間，期待各對口單位能把握機會，與同時到訪的「臺灣研究院」劉國深院長、「法學院」徐崇利院長、「經濟學院」洪永森院長、「資訊科學與技術學院」李軍院長多交換意見，作為持續交流的基礎。

▲ 自強不息，止於至善

廈門大學新竹清華日開幕典禮致詞

2013年10月9日　星期三

　　本人今天很高興有機會與新竹清華多位同仁到廈門大學舉辦「新竹清華日」兩校交流活動；今年可謂廈門大學與新竹清華大學交流年，除了8月9日朱崇實校長率團到清華訪問，不久後本人與幾位校內主管到廈門來磋商兩岸清華交流事宜，蒙朱校長與楊書記等廈大同仁接待，這次很感謝廈門大學又協助舉辦「兩岸清華合作研究成果發表會」以及「新竹清華日」活動；在兩個月期間，兩校校長有三次分在海峽兩岸參與兩校交流的機會，在兩岸高校交流中，如不是僅見，也是極為少見的。

　　新竹清華大學與廈門大學如果要敘舊，可以自國立廈門大學第一任校長薩本棟先生說起；薩先生原是清華教授，據薩先生哲嗣薩支唐教授告知，薩校長初任清華物理系教授時，「兩岸清華永久校長」梅貽琦校長擔任物理系主任，並為薩校長於1931年結婚時的男儐相，薩梅兩家有通家之好；同時讓人驚歎的是國立廈門大學初期五十一位教授中有四十七位是清華人，而讓廈大有「南方清華」之譽；另一方面，據朱崇實校長告知，1949年後，廈門大學第一任校長，任期長達二十年的王亞南先生也曾是清華教授，這是兩校關係又一佳話。

　　歷數兩校交流，包括2010年四月朱校長來訪，2011年四月本人與學校同仁赴廈門慶祝廈大成立九十周年，去年十月廈門鄔大光副校長來校參加「梅貽琦校長逝世五十周年紀念會」並作演講，十二月廈大楊振斌書記等協助在鼓浪嶼舉辦「馬約翰教授誕生一百三十周年紀念會」，今年四月廈大譚紹濱教授到清華來參加「科學園區首任局長何宜慈先生逝世十周年紀念會」並以「廈大學子　臺灣之光——深切緬懷　何宜慈博士」為題演講；何宜慈先生是科學園區首任局長，而科學園區成立於民國69年12月，從醞釀、籌備到設立，都是在清華

大學徐賢修前校長擔任國科會主委任內,也是清華大學有榮幸主辦紀念會主要原因;同時兩校已進行學期交換生交流,上年度上、下學期各有四位學生,交流相當密切;在廈大處處感受到與清華校訓相近的「自強不息,止於至善」風氣,又多了一份親切感。同時,兩校在許多領域也展開了實質合作,廈門大學的化學與經濟兩大支柱學科,相關生物醫學、環境工程、能源與材料、信息科學、微納米與光電、經濟、管理、法律、人文藝術、教育領域,在「2011工程」計畫項下成立的「兩岸和平發展中心」以及未來廈門大學在馬來西亞設立分校的計畫,兩校應都有相當合作空間;以兩校特殊淵源與同為研究型大學屬性,未來加強合作「大有可為」。

清華選定部分與清華已簽定雙聯學位的985大學辦理「新竹清華日」,最主要的目的是增進各校師生對清華的了解;雙聯學位要靠教師間合作研究才較有可能順利推行,而合作研究的第一步即為互相了解;此次,由清華名師組成的清華團隊,將在物理、化學、化工、生醫、奈米、材料、微機電等領域,進行多場專題演講;另一方面,「兩岸清華合作研究成果發表會」是兩岸清華合作研究成果第四年的研究成果發表,也有很多本校優秀教師與會,並發表成果,也歡迎廈大師生參加,有助進一步了解現今清華研究狀況,為未來兩校交流奠基。

此次清華交流團演講專題包括,化學系鄭建鴻教授(講題:「Organic reactions via metal-catalyzed carbon-hydrogen bond activation」)、化工系陳信文教授(講題:「熱電材料與電子軟銲材料的相圖與其有趣之微結構」)、化學系季昀教授(講題:「Ru(II) and Os(II) Based Dye Sensitized solar Cells」)、奈材中心謝光前教授(講題:「淺談研發高功率半導體雷射(激光)與電子元件」)。

資工系金仲達教授(講題:「如何讓智慧手機有智慧?」)、奈微所饒達仁教授(講題:「Oviduct-Mimetic Chip for Motile Sperm Separation and Oocyte Manipulation to Enhance the Probability of Embryo Fertilization for Oligozoospermia Patients」)、材料系闕郁倫教授(講題:「低維奈米材料應用於奈米電子元件及太陽能電池」)、陳柏宇助理教授(講題:「Learning from Nature: Bioinspired Materials」)、物理系戴明鳳教授(講題:「光的魔法世界——(1)光的全反射,(2)偏光片的美與妙」)。

▲ ①廈門大學有「南方清華」之譽
　②兩校關係多佳話
▶ ③加強合作「大有可為」

兩岸四地大學校長會議答謝江蘇省政府晚宴致詞

2012年7月22日　星期日

　　今天很榮幸以石書記舊識的身分代表兩岸四地大學校長致謝詞。石書記約兩個月前率領江蘇代表團訪問新竹清華大學，並贈送兩份大禮，一方面慷慨贈予清大圖書館一千多冊江蘇出版社印行的珍貴圖書，又盛意邀請一百名學生到江蘇參訪；本月初清大學生團已應邀參加「百名清華學子江蘇行」夏令營，承蒙江蘇省政府熱誠接待，並蒙石書記親自接見，同時表示明年將補足這次未能足額的邀訪學生名額，隆情厚誼，至為感人，所以我今天是以雙重身分致謝。

　　江蘇素有魚米之鄉美譽，「青山襯綠水，名園依古城」，「衣冠文物，盛於江南；文采風流，甲於海內」，兩岸四地校長在南京後，將有機會參訪江蘇名城揚州、無錫與蘇州，王勃在〈騰王閣序〉中說，「物華天寶，雄州霧列」，正是江蘇的寫照。

　　兩岸四地大學校長會議在原南京大學蔣樹聲校長倡導下，從2005年迄今，已在兩岸四地舉辦八屆，七年來，對兩岸四地大學相互了解與促進交流產生了巨大的推動作用；以新竹清華大學而言，在2001年起進行與大陸高校暑期交換學生活動由五校34人，增加到今年的十一校74人，另一方面，自2006年起，增辦學期交換學生活動，十三學期下來，也由三校13人，增加到二十二校73人，其中包括香港三校5人。同時配合政府於2010年訂定「大陸地區學生來台就學辦法」，第一批陸生17人已於2011年入學，今年預計會有23位碩士、2位博士新生。各項指標都顯示交流在擴大深化中，是可喜的發展，兩岸四地大學校長會議無疑的有推波助瀾之功。

　　兩岸關係對雙方都意義非凡，合作交流以肇雙贏互利之機於當今更為重要。以iPhone為例，大陸作家曾帆在《一隻iPhone的全球之旅》一書中問「一

顆蘋果誰咬得最大口？」答案是「大陸人工成本1.8%，台灣利潤0.5%，蘋果利潤58.8%」，而相較於大陸一般每月工資約2,000人民幣，Iphone售價達5,000人民幣。另外，全球最大行動電話廠商「中國移動」與「蘋果電腦」在三年前未能達成合作協議，而「中國聯通」接受「蘋果電腦」苛刻條件，合作雖提高市占率，但營收未見起色；最近Google與Microsoft分別推出平板電腦，如以蘋果電腦iPad同樣模式經營，大陸與台灣廠商將只能分得蠅頭小利，是很值得警惕的。以台灣在資通訊產業技術與管理上的經驗，配合大陸優勢的人力與市場，未來才有可能在此高度競爭的產業繼續占有一席之地。

　　另一方面，現今世界的問題，也就是中國的問題，反之中國的問題，也是世界的問題。有學者估計，從永續發展觀點，目前全球七十億人對資源的消耗要1.5個地球才能支撐。另一方面，也有人以美國三億人口約消耗全世界百分之二十的資源推算，地球上如人人都要過美國人一樣的舒適生活，僅適當十五億人居住，再再均顯示地球面臨資源枯竭的局面。而近年來，以中國為首的新興國家快速的經濟發展，更突顯出人類社會面對未來的危機，尤其科技進步速率未能趕上需求的增加。人類在交通運輸、能源、農業、醫療科技的進步在近四十年來有明顯遲滯的現象，處處顯示科技進步速率不足以應付如排山倒海來的礦物資源枯竭、能源短缺、地球暖化、氣候變遷、人口暴增、糧食匱乏、環境劣化等問題，所以使開發國家經濟實質成長接近於零；另一方面，新興國家快速的經濟發展，對有限資源的需求急遽增加，更使世界局勢如雪上加霜；山雨欲來風滿樓，中國處於暴風圈中，兩岸四地大學面對關係人類生存發展的嚴峻局面，竭盡心力，相互合作，協助尋求解決之道實為當務之急。

　　最後我要再次代表兩岸四地大學校長感謝江蘇省政府盛情款待，江浙菜清淡美味，名不虛傳，同時也要向南京大學精心安排議程與參訪行程以及「無微不至」的接待致謝。

第九屆兩岸四地大學校長座談會致詞

2013年7月21日　星期日

　　很榮幸擔任兩岸四地大學校長座談會主持人；今早我們聽到了兩岸四地三位校長報告各地高等教育現況，剛才又聆聽三位校長報告各地推動「線上教學」現況，也都有很熱烈的討論與交流；今天的座談會是希望在報告議題之外就大家感到興趣的問題，作初步的交換意見，或可作往後幾天大家在各種場合進一步交流的參考；身為主持人，我首先提出幾個問題，以為拋磚引玉；

　　大學主要的目的之一是培育人才，在這方面，台灣在過去六十餘年來有幾個趨勢：

一、科系選擇：台灣從日據時代以來，醫學一直是很熱門的學科，吸引了很多優秀學子，但醫科畢業生絕大多數以行醫為業，很少從事醫學研究，而一般來說，中等人才行醫已經足夠，所以一方面有相當的人才錯置，一方面在醫學研究方面並不突出；再者，由於各種政經因素，理工科系也長期是優異學子所愛，而且人數眾多，也因此造就今日台灣在科技方面有相當好的表現；比較讓人遺憾的是文法科較為冷門，連帶的投入領域的優秀學子較少，也造成今日國內文法科頂尖人才缺乏的窘境。

二、與大學科系選擇有關，讓人不禁感嘆的是，由於專業傾向，從政與擔任治理工作的人以有文法科背景者為多，而國家大計包括資源分配如由非頂尖人才掌握，結果可知；公部門掌握許多資源與公權力，職位越高影響越大；以台灣現況，政務官往往為立法院頻繁不著邊際的質詢羈絆與粗魯對待所苦，未來將無法吸引一流人才，一國的盛衰繫於人才的走向，以此觀點，台灣的未來是很讓人憂心的。

三、俗語說：「種瓜得瓜，種豆得豆」，如果我們一方面享受接近舉世開

發國家最低的稅負，一方面期待有大有為政府，無異「緣木求魚」，台灣財稅政策很明顯向富人傾斜，到接近年輕人一年薪資還買不到工作地點附近一坪房子時，社會的公平正義就蕩然無存了，未來社會穩定性堪憂。

四、「人才、人才、人才」是企業蓬勃發展、永續經營所繫，現今常聽企業主談「學用落差」，找不到適用人才，但就台灣頂尖大學現況來看，一方面與世界名校資源相比，以每位學生計不到其十分之一，而八年來學雜費受教育部所限制不得調漲，超低學雜費收入總額不到大學經營成本的十分之一，艱困可知；教育鬆綁刻不容緩，而企業界應在培育人才方面多所挹注，就不只是利人利己，對整過社會競爭力都會有很大助益。

五、學生自治：臺灣大學生對自治一般相當冷漠，很難組成具有代表性的學生自治團體，以清華大學來說，2011、2012、2013年研究生聯合會與大學部學生會投票率各為3.02%、1.67%、1.03%與3.93%、12.33%、5.33%，但這些自治團體對外表達意見並不會以不具代表性有所保留，是對民主自治的誤解，很不妥當，因此在媒體常看到以不到2%投票率產生的以清華大學研聯會會長名義發表對調漲學雜費的看法，是嚴重的扭曲視聽，而應有所導正。

以上是我看到台灣高等教育相關比較明顯的問題，「他山之石，可以攻錯」，希望兩岸四地大學校長們多所指教。

▲ 他山之石，可以攻錯

▲ 一國的盛衰繫於人才的走向

▲ 種瓜得瓜，種豆得豆

第九屆兩岸四地大學校長會議致詞

2013年7月22日　星期一

今天很歡迎兩岸四地大學校長與嘉賓們蒞臨新竹清華，清華大學在台灣叫國立清華大學，在兩岸交流時，我們自稱新竹清華，才不會與北京清華混淆在一起；事實上新竹清華是原來北京清華梅貽琦校長於1956年在新竹建校，當初有傳說清華梅校長把清華大印帶來台灣，後來證實是誤傳，2010年台灣主要報紙之一的聯合報曾專訪我與北京清華顧校長，問到美國退還多要庚子賠款基金，即所謂「庚款基金」的事，顧校長答覆是「有了解，未過問」，道出兩校同根同源，「親兄弟但不明算帳」的特殊關係，也是兩岸四地大學多年友善和睦交流的一個值得紀念的篇章。

今天活動很感謝「旺宏電子」吳敏求董事長親自來參加，去年我們在蘇州參訪「旺宏電子研發中心」時，承蒙吳董事長特地從台灣趕往親自接待，並曾「相約在清華旺宏館」，今天大家如約在此相聚，緣分非常；同時「學習資源中心旺宏館」是在「旺宏電子」慷慨捐助四億元支持下，才得以興建，並於今年四月正式啟用。考量數位時代的圖書館功能轉變，而須反應數位時代的來臨，學習資源館以學習者為主體的資源利用與交流平台，全館規劃強調互動與共享，館內多項創新設施包括：全國大學首創的「手機亭」、專供夜間讀書的「夜讀區」、二十四小時不打烊的智慧型自助還書服務，並透過建置UHF RFID智慧型圖書管理系統，配合多功能空間設計、新穎的多媒體互動與影音視聽設施，為讀者提供更貼心的服務；而呈現清華歷史縮影的「校史展示區」與陳列清華教師著作的「清華書房」，更是清華人多年耕耘成果的具體展現。值得一提的是在正式啟用典禮前，清華已先在「國際會議廳」為今天參加各項活動的鄭愁予教授舉辦八十壽誕詩樂禮讚，是清華在中國新詩推動與發展歷程中的華美篇章，也是一個閃亮的開始。據了解，「學習資源中心」、「諮詢委

員會」中多位諮詢委員是兩岸四地友校圖書館主管，規劃新圖書館時，本校負責同仁也多次到各友校圖書館去參觀、請教、取法，以各友校圖書館為標竿，精益求精，承蒙大家發揮夥伴精神，讓台灣圖書館建設一同向前跨了一大步，也是兩岸合作實質成果「外一章」。

剛才安排大家去參觀本校新闢的「奕園」，也有特殊意義；「奕園」是在本校服務長達三十餘年的沈君山前校長七年前（2006年）手書心願，希望捐助清華大學一座奕園，今年六月一日正式啟用；奕園入口的「奕園」二字，是久居香港的金庸先生所書，路徑上豎立中、日、韓六位國際圍棋大師墨寶與經典名局立牌，開幕時，圍棋大師林海峰、聶衛平和曹薰鉉專程來台，並在現場對弈三十手紀念棋，「奕園」不僅將成為世界圍棋勝地，而且是由兩岸三地攜手促成，別具意義。另一方面，沈君山前校長也是兩岸交流的先行者，對兩岸關係的發展投入尤深，他於1990年代初，兩岸開始解凍之際，出任國家統一委員會委員，提出兩岸分治之觀念，並三次與江澤民主席晤談，對於和緩兩岸，啟動交流很有貢獻。沈前校長的好友張作錦先生說：「至於兩岸間事，那更是他這三十幾年來全力以赴、生死以之的大事業，他奇蹟似的創造了『中華－台北』的奧會模式，使台灣能適度參加國際活動，不致窒息，他參與制訂《國家統一綱領》，並提出『和平統一，一國兩治』、『一屋兩室，各持門匙』、『一個國家，兩個政府』等各種方案」，並曾以一句話概括其生平：「先生之道無他，為兩岸和解一以貫之耳！」沈前校長為兩岸找出制度性的和平共存之道的積極作為，令人懷念。

此次兩岸四地大學校長與嘉賓們蒞臨，是本校年度盛事，在此再致歡迎之忱，接待容有不周之處，還請海涵。

▲ 兩岸清華「親兄弟但不明算帳」
▶ 沈君山前校長是兩岸交流的先行者

第九屆海峽兩岸暨港澳地區大學校長論壇合影留念 2013.7.22

兩岸三地經濟日報論壇「前瞻兩岸三地資通訊匯流大勢」座談會引言

2012年6月29日　星期五

　　歡迎大家來參加今天三經論壇「前瞻兩岸三地資通訊匯流大勢」座談會。今天參與座談的有香港最大電訊服務供應商電訊盈科的陳禛祥董事總經理、香港第2大國際電訊服務供應商香港城市電訊王維基主席、大陸3大電信業者之一的中國聯通邵廣祿副總經理、台灣電信三雄之一的遠傳電信紀竹律策略長以及領導廠商威寶電信周鐘麒總經理，是兩岸三地資通訊業者難得的交流機會。

　　通訊產業現今最根本的推動力是用戶需求由無線語音服務向無線多媒體服務轉變。國際電信聯盟（International Telecommunication Union, ITU）的數據則顯示，2010年全球固定寬頻用戶有5.5億，但行動寬頻用戶則在2011年則已超過10億戶。2011年智慧型手機銷售量為4億8800萬隻，個人電腦銷售量為4億1500萬台，智慧型手機銷售量首次超越個人電腦，創下歷史里程碑。2011年平板電腦銷售6,360萬台，2012年更預估達1億台，行動上網呈爆炸性的增加，已是趨勢。根據美國網路設備大廠思科的統計，拜智慧型手機普及及平板電腦大增之賜，行動通信量已呈高倍成長；預估到2014年，平均每年都能增加一到二倍。

　　兩岸三地以市場而言，是一大二小，台灣居於其中，在2009年新增網路通訊國家型計畫，執行期程為2009-2013共5年期，涵蓋產業範圍包括既有的網路通訊設備產業、電信服務業、以及網路應用與服務產業等，主要目標希望到2013年相關產值由目前的1兆元提升到1.5兆元。在網路通訊設備產業方面，格於市場與技術，以代工為主，前五年在全世界排名一直徘徊於10-12名間。電信服務業在2011年產值約3,000億元，且以3G通訊為大宗；第一家3G業者於2003年7月開始服務，其他四家於2005年下半年陸續開始提供服務。根據國家通訊傳播委員會（NCC）的資料，到2011年12月已超過兩千萬（2,090萬）

用戶，而2G與PHS各為720萬與80萬用戶，中華電信有約1,000萬用戶。同時2011電信服務營收比例，行動通訊57.15%，網路及加值服務13.64%，電路出租8.8%，市內電話11.7%，長途電話1.93%，國際電話6.26%，MOD 0.53%；2011年12月在固網方面營收，中華電信市內網路93.09%，長途網路81.65%，國際網路48.88%；固網寬頻用戶達552萬，行動上網用戶2,070萬，覆蓋率達71.3%。與之成對比的，大陸前3大電信業者，2011年營收均介於2,000-5,000億人民幣間。

　　WiMAX（Worldwide Interoperability for Microwave Access，全球互通微波存取）於2009年在台灣陸續開始營運，但遭遇LTE（Long Term Evolution）技術挑戰，同時Intel於去年裁撤WiMAX部門，發展前景未明。對WiMAX業者來說，如果申設許可執照被收回，除了上百億元的投資付諸流水，將陷入困局。另一方面，世界先進國家目前紛紛投入第四代行動通訊（4G）整備。按照ITU的定義，靜態傳輸速率達到1Gbps，用戶在高速移動狀態下可以達到100Mbps，就可以作為4G的技術之一。北歐諸國與歐洲國家佈建最快。美國已在三十八個城市及重要機場建構大規模的4G系統，歐巴馬總統宣稱要讓高速無線網路覆蓋到美國98%的地區。同為亞洲的南韓、香港、日本、新加坡甚至大陸，4G的進程都快於有「寬頻智慧島，網通全世界」發展願景的台灣。所幸NCC日前表態，原訂2015年7月前開放4G執照招標的規劃「確定提前」，就等行政院拍板定案。

　　資通訊匯流內容包括市場匯流（資訊、娛樂、教育、金融、醫療、交通，視訊市場的整合）；產業匯流（電信、媒體、資訊、消費性電子產業的整合）與科技匯流（不同科技的整合），涉及政治、經濟、技術、文化、資安與國安層面，涵蓋廣泛。最近發生的聯發科併晨星事件，三螢整合，城鄉差距，雲端科技以及今天見報的Google推出廉價平板電腦的衝擊都與資通訊匯流有關，為便於討論聚焦，三經論壇擬集中於三大主題，亦即：

一、通訊業者共創商機的作為；全球數位匯流發展的現況，目前數位匯流碰上的瓶頸與如何克服共創商機。

二、科技業者區域結盟的合作路徑；歐美等地電信業者都有區域結盟，亞洲區業者的現況，三地電信業者可否藉由結盟形成降價等，嘉惠消費者。

三、全球通訊新亮點；如蘋果是全球新科技的引領者，下一波的亮點會是
　　什麼？

　　敬請參與座談的先進儘量就既定主題發揮，原則上分3輪，每位每輪發言
時間約5分鐘，如與談人發言結束後尚餘時間，將開放提問，希望能在原定100
分鐘內完成座談。

▲台灣有「寬頻智慧島，網通全世界」發
　展願景

▲全球通訊下一波的亮點會是什麼？

東元國際綠色科技競賽團隊參訪致詞

2013年8月29日　星期四

　　歡迎參加東元國際綠色科技競賽團隊到清華參訪，有人說「相逢自在有緣」（Every meeting has its reason），西洋人也有云：「不期而遇」（No one knows whom you will meet next second），相當能寫照諸位的來訪；緣起今天一早學校收到「東元科技文教基金會」蘇執行長電話，說明參加東元綠色科技競賽團隊原定到阿里山旅遊，因颱風康芮（Kong-Rey）過境，無法成行，改為在台灣北部參訪，希望順道到清華參觀；由於清華與「東元基金會」多年來的良好互動關係，以及非常認同「基金會」辦理國際綠色科技競賽活動的意義，自然極為歡迎各位來清華參訪，由於擔心風雨以及大家在清華時間有限，我們僅安排各位參觀落成啟用不到五個月的圖書館；由於圖書館中有許多現代化設施以及貼心服務，大受以學生為主的使用者歡迎，應很值得大家一看，也很感謝圖書館莊館長以及多位同仁在短促的時間內，協助安排導覽的工作。

　　圖書館中現代化設施自然是拜高科技之賜，而與綠色科技息息相關，譬如說，建築如何達到「綠建築」標準，龐大的空間所需的空調要如何節能，專供夜間讀書的「夜讀區」照明要如何運用自動控制技術管控，都是相當大的挑戰；據了解，綠色科技競賽主題包含太陽能發電、電動車馬達、再生能源、列印技術……等節能技術開發，且具節能減碳效益的創意作品，也許等一下大家參觀圖書館時，可以思索如何節能減碳，以冀學以致用。

　　最後我要一提，今天的颱風名為康芮（Kong-Rey），是今年的第十五個颱風，據了解康芮是柬埔寨所命名的，是高棉傳說中可愛的小女孩，雖然對照颱風對各地可能造成的重大傷害很有諷刺性，但颱風有時也會帶來乾旱時期的「及時雨」，不盡然只有破壞性；另一方面，颱風聚積了巨大能量，近年來，由於地球暖化，海面溫度升高，導致更多水氣蒸發，為颱風的形成與其威力，

增加了動力，因此不僅頻率增加，暴風威力也屢創新高，挾帶的豪雨更是驚人；台灣許多防洪設施，原來頂多可防百年一見的超大豪雨，近年來屢屢「破表」，如一旦發生原預估兩百年才得一見的超大豪雨，自然會造成重大災害；綠色科技很直接的目標是節能減碳，減緩地球暖化，大家致力於綠色科技創意研發，間接的有助於颱風產生與發威，但更直接的是否可消弭颱風於成形之時，甚至能找出辦法來利用充沛的能量，有發揮創意的無比空間，或可作以後綠色科技競賽參考題目之一。

　　剛才蘇執行長告訴我，主競賽參賽單位為在國內設立之大專院校在校師生（含碩、博士生），國際賽則主動邀請中國大陸、日本、香港、新加坡、俄羅斯等亞洲國家的大專院校在校師生（含碩、博士生）組隊參加，在中國大陸、香港、新加坡、日本部分，提到的學校幾乎都有與清華的交流合作計畫，交換生可到清華作六星期暑期交流，或一學期到一年較長期交流，同時清華也與部分俄羅斯大學有交流合作計畫，希望大家多多利用，那就更緣份匪淺了。

　　最後祝大家有個愉快的台灣之旅。

馬來亞大學新竹清華日致詞

2013年7月30日　星期二

　　清華大學很感謝馬來亞大學Jasmon校長邀請到貴校訪問並舉辦新竹清華日活動，昨天我們同行的七位教授已在不同場次作較通俗性的演講，今天稍後他們又將各給一場較專業性的演講，這是清華大學與馬來西亞最老同時是最優秀的大學廣泛交流的開端，是一個歷史性的時刻。

　　此次清華大學十二人代表團到馬來亞大學訪問並舉辦新竹清華日活動最主要有三個目的，首先是進一步了解馬來亞大學的人與事，其次是希望在已簽署的合作協議下制訂出未來師生交流的具體目標，其三是自這次來訪並發表演講的教師與馬大師生互動中，找出一些未來在研究上可能的合作項目，相信在這次訪問後兩校交流必將更趨密切，而見到實際成效。

　　這次訪問適逢回教齋戒月，讓代表團深刻的感受到文化的差異，另一方面在貴校的藝廊中，也觀賞到許多與台灣風格不同但充滿創意的作品；創新的火花常產生於多元文化交會之中，現代高等教育都有創造新知識的目標，英國前首相邱吉爾（Winston Churchill）曾說：「未來屬於最優秀的心靈」（The empires of the future are the empires of the minds），我們期待在兩地頂尖大學的緊密交會中，能孕育激盪出創新智慧的火種，為人類知識傳統增添寶藏。

　　剛才Jasmon校長提到，他是在清華在新竹建校的1956年出生，事實上，清華建校可遠溯到1911年，乃由清廷將美國退還尚未付足之「庚子賠款」設立，經多年慘澹經營，人才輩出，包括兩位諾貝爾獎得主李政道、楊振寧以及有數學諾貝爾獎之譽的沃爾夫獎得主陳省身等校友。1956年在台灣新竹復校，復校初期重點為原子科學，其後擴展至理工方面，近二十幾年來更積極發展人文社會、生命科學、電機資訊與科技管理領域科系；如今清華已成為一人文社會、理、工、生科、管理領域均衡發展的學府。在台已造就英才超過六萬人，在國

內外各行業均有優異表現，校友包括諾貝爾獎得主李遠哲、中央研究院院士十三人，產學研界領袖不可勝數。

在許多學術指標上，清華教師表現均為兩岸四地大學第一。在台灣所走學術研究重要獎項，如中央研究院院士、教育部國家講座、學術獎以及國科會傑出研究獎等，清華教師得獎比率都是第一；近年來教育部推動頂尖大學計畫，清華每位學生平均從2006年起獲得全國各大學學生中最高額補助；最近第二期評鑑結果出爐，本校除續獲最高之優等外，在經費上仍蟬聯每位學生平均最高額補助。這次Jasmon校長注意到清華教授在頂尖期刊「科學」（Science）與「自然」（Nature）上發表論文有優異表現，特別邀請相關教授各作一場較通俗性與一場較專業性的演講，因而有新竹清華日活動。

另一方面，清華大學座落於在世界科技產業聚落評比第一，產值超過兩兆的科學工業園區之中，而科學工業園區是在本校前校長徐賢修校長擔任國家科學委員會主任委員任內設立，園區中有同步輻射中心、高速電腦中心、國家奈米元件研究中心以及精密儀器中心等研究機構；另一方面，緊鄰對我國產業發展有重大貢獻，有科技產業搖籃、執行長培訓所之譽的工業技術研究院，在新竹清華校友中，至少出了五百位高科技公司總經理級高級主管，產學合作績效優異，未來在與馬來亞大學師生交流中，可提供很多機會。

馬來亞大學在Jasmon校長領導下，校務蒸蒸日上，有目共睹，最近獲得政府強力支援，成為十七所國立大學中唯一獲巨額專款支持的大學，正全力衝刺，力爭上游，挾其本屬英語系統，優秀生源充沛，又有完善醫學院的優勢，未來發展空間無限，清華大學很幸運在此際與馬來亞大學結為親密交流伙伴；中國有句名言：「欲窮千里目，更上一層樓」，讓我們共同努力，在世界高等教育中更上一層樓。

▶ 未來屬於最優秀的心靈

清華隆德大學日致詞

2013年10月14日　星期一

很歡迎隆德大學（Lund University）Sven Stroemqvist副校長（Pro Vice Chancellor）率領的十四人代表團到清華來舉辦「清華隆德大學日」以及簽署合作協議，今年3月25日隆德大學代表團由Per Eriksson校長領軍訪問清華時，曾談及舉辦「清華隆德大學日」，很感佩隆德大學「劍及履及」，很快的就落實了當初的構想。

清華大學在近年來，在境外大學中，一共辦了六次「新竹清華日」，都是選定與清華有密切交流，包括簽定雙聯學位、交換生以及教學研究合作協定名校，最主要的目的是增進地主學校師生對清華的了解；雙聯學位要靠教師間合作研究才較有可能順利推行，而合作研究的第一步即為互相了解；此次很感謝隆德大學七位重量級學者，包括Heiner Linke及Lars Samuelson 教授在奈米物理、Axel Steuwer教授在材料科學、Bjoern Asheim教授在Circle、Michael de Rooy教授在創新、Thomas Kalling教授在經濟學以及Su Mi Dahlgaard-Park教授在服務管理領域的演講，精彩可期，為未來兩校更密切交流奠基。

隆德大學成立於西元1666年，有瑞典最佳大學之譽；清華大學1911年成立於北京。1956年在新竹建校，最近「上海交大兩岸四地大學排名」公布2012年排名，本校排名第三，較2011年進步一名。根據這項調查，北京清華、台大分列第一、二名；清華雖次於北京清大、台大，但是受限於規模以及資源投入，如將此兩項因素納入考慮，則清華是名副其實的「華人首學」。兩所頂尖大學密切合作，必然會產生具體的綜效。今天雙方都有材料科學學者在場，最好的比喻是複合材料（composite materials）；複合材料是兩種或以上之材料結合而成，特性常能兼具其組成之成分材料的優點，而避免其缺點，如強化混凝土、超晶格材料等，同時很巧合的在兩校附近，都正在建造最先進的同步輻射光源

（synchrotron radiation light source）設備，更將為兩校在物質與生命科學上的合作研究，創造契機。

值得一提的是隆德大學是歐洲研究型大學聯盟（League of European Research Universities，LERU）成員，LERU是歐洲二十一所所高水準研究型大學組成的聯盟，而LERU即將於12月7日在本校與東亞研究型大學協會（Association of East Asia Research Universities，AEARU）舉行聯合會，現有包括九位歐洲研究型大學代表參加，屆時必然盛況空前，並讓隆德大學與清華大學交流更進一步。

LERU的宗旨為：「致力於教育、知識創新和全面性研究的推廣」。會員學校包括比利時的荷語天主教魯汶大學（KU Leuven）、芬蘭的赫爾辛基大學（University of Helsinki）、法國的巴黎第六大學（Pierre-and-Marie-Curie University）、南巴黎大學（University of Paris-Sud）、斯特拉斯堡大學（University of Strasbourg）、德國的海德堡大學（University of Heidelberg）、慕尼黑大學（University of Munich）、弗萊堡大學（University of Freiburg）、義大利的米蘭大學（University of Milan）、荷蘭阿姆斯特丹大學（University of Amsterdam）、萊頓大學（University of Leiden）、烏特勒支大學（University of Utrecht）、西班牙的巴塞隆納大學（University of Barcelona）、瑞典的卡羅琳學院（Karolinska Institute）、隆德大學（Lund University）、瑞士的日內瓦大學（University of

▲ 清華是名副其實的「華人首學」

▲ 兩所頂尖大學密切合作，必然會產生具體的綜效

Geneva）、蘇黎世大學（University of Zurich）以及英國的倫敦帝國學院（Imperial College London）、倫敦大學學院（University College London）、劍橋大學（University of Cambridge）、愛丁堡大學（University of Edinburgh）、牛津大學（University of Oxford），均為一時之選。

　　AEARU創立於1996年，宗旨為增進東亞頂尖研究型大學交流，以促進區域高等教育與先進研究發展以及文化、經濟、社會之進步。現有十七個成員，包括日本的東京大學、京都大學、大阪大學、東北大學、東京工業大學、筑波大學，中國大陸的清華大學、北京大學、南京大學、復旦大學、合肥科技大學，韓國的首爾大學、韓國科技大學、浦項大學，台灣的清華大學、台灣大學以及香港科技大學，陣容極為堅強。

十、各項會長發言

匯集擔任東亞研究型大學協會會長及斐陶斐榮譽學會會長所發表的就任宣言及交接謝辭，併有期間以會長身份參加會員大會與各項學術活動之致詞。可從其中窺探二學會的淵源與發展。

接任「東亞研究型大學協會」會長致詞
（中英文）

2011年12月14日　星期三

　　我很榮幸並樂意地把握住難得的機會，自2012年1月1日開始，在未來兩年擔任本協會（東亞研究型大學協會，Association of East Asian Research Universities，AEARU）的會長。

　　自1996年成立以來，AEARU已發展成為東亞精英研究型大學領導人交流最活躍的組織之一；提供了一個網絡平台，加強相互之間的溝通和合作。

　　回顧過去，我們可以說，所有人都投入了大量的時間和精力來培養和加強我們協會會員間的合作精神。不僅定期開會討論和分享對管理和推廣AEARU的看法，成員大學還自願提供時間和專業知識，組織和贊助研習會、研討會，讓教師們交共享他們的研究成果，並探索聯合研究工作的可能性。此外，還通過各種計畫為學生提供了相互交流，互動和相互學習的機會。簡而言之，非常感謝所有曾擔任協會選任負責人員。正是由於他們的奉獻和努力，我們今天可以坐在這裡，以愉快的心情，反思協會所取得的成就。

　　雖然我們可能對目前為止，協會所做的事情感到非常滿意，但我也想借此機會邀請您共同思考我們未來還能做些什麼。作為一個團隊，我們可以做些什麼來進一步加強我們的組織，為更多的同事和學生提供更多的機會，讓他們相互合作和相互學習？例如，我們是否可以想出一些方法可以讓所有同事和學生更進一步地瞭解我們所有校區正在發展的新學術方案，研究創舉和成就？我們很多人（如果不是所有人）都與其他會員大學進行雙邊學生交流安排，但是，AEARU是否可能設計一個計畫，通過該計畫，一所大學的學生可以輕鬆地在其他AEARU大學校園註冊一個學期左右和學習？我們應該推廣一個AEARU開放課程計畫嗎？建立AEARU講座，以便所選任的學者能夠在重要場合聚集在

一起舉辦學術慶典活動是否有益？

在此我並無意為未來幾年制定新的執行方案。我真正希望做的只是提供一些我們可以作為一個群體進行思考的例子，並找到其他機制，使我們能夠更好地為同事和學生提供服務。

我期待著與您合作。我相信，我們可以在未來幾年進一步加強協會功能。

It is a great pleasure, indeed, a high honor of mine that I will have the opportunity to serve you as the Chair of our association in the next two years, starting on January 1, 2012.

Since its establishment in 1996, AEARU has developed and become one of the most active organizations that brought together the leaders of elite research universities in East Asia; provided us with a network through which we communicated and cooperated with each other.

Looking back, we can say that all of us have invested a great deal of our time and effort to cultivate and strengthen cooperative spirit within our Association. We not only met periodically to discuss and share our ideas on the management, as well as the promotion of AEARU; member-universities have also volunteered their time and expertise to organize and sponsor workshops, seminars that allowed our faculty members to exchange their research findings and explore the possibility for joint research endeavors. Moreover, we have also provided opportunities, through various programs for our students to meet, interact and learn from each other. In short, collectively we owe a big thanks to all who have served as officers of our association previously. It was due to their devotion and efforts that we can sit here today and reflect on what we have accomplished with a smile and a sense of satisfaction.

While we might all be very happy with what we have done so far, may I also take this opportunity to invite you to think about what else we can do in the future. What can we do as a group that will further strengthen our organization and provide more opportunities to a larger and larger number of our colleagues and students for them to collaborate and learn from each other? For example, can we think of some ways that will allow us to keep all our colleagues and students better informed on the new academic programs, research initiatives and accomplishments that are developing in all of our campuses? Many, if not all of us have bilateral student-exchange arrangements with other member-universities, but, is it desirable for AEARU to design a program through which students from one university can easily enroll and study for a semester or so on other AEARU campus? Shall we promote an AEARU open courseware program? Is it beneficial to establish an AEARU Lectureship so that the chosen scholars can get together to hold an Academic Festival on significant occasions?

I don't mean to layout new agenda for the years to come. What I really wish to do is simply offering some examples that we can ponder, as a group, and find additional mechanisms that will allow us to better serve our colleagues and students alike.

I look forward to working with you. Together, I am sure, we can further enhance our Association in the years to come.

▲ ①東亞精英研究型大學領導人交流最活躍的組織
　②以愉快的心情，反思協會所取得的成就
　③「漢字研討會」加強溝通和合作

第32屆「東亞研究型大學協會」理事會致詞

2013年5月10日　星期五

　　歡迎大家來參加第32屆「東亞研究型大學協會」（Association of East Asian Research Universities）理事會，「與老朋友相見，一樂也。」應是不同文化共通的情感，真正高興又與各位夥同在仙台相見；首先我們要感謝東北大學，特別是理見進（Susumu Satomi）校長，主辦此次的理事會，並做了妥善的安排，讓大家同感「賓至如歸」。我們知道東北大學在研究與教育方面正領導日本約兩年前大地震的災後重建工作，「東亞研究型大學協會」各會員大學對貴校的勇往直前精神，無限感佩，同時如有需要，必會全力在各方面配合以及參與相關工作。

　　不久之前，福島縣高校數理資優生曾到新竹清華大學訪問，看到福島年輕的高校學生對新奇事務很用心的學習，而且對未來輕鬆樂觀，很是令人感動，另一方面，在今天的《日本時報》（Japan Times）中又看到福島民眾抗議受到的歧視，又讓人傷感；同時由於福島核能電廠事件，在台灣也引發是否停建即將完工的「核四廠」爭議，在過程中由於無知而模糊理性討論的焦點，屢屢出現，這些都顯示現今不僅金流、物流、人流、知識流無國界，國際間也存在著許多相互影響的問題，最重要的是教育與認知的問題，而「東亞研究型大學協會」正可扮演極為重要的角色。

　　此次會議主題之一是討論下次會員大會的議題以及接下來舉辦的「東亞研究型大學協會」與「歐洲研究型大學協會」（League of European Research Universities）聯合會議（AEARU-LERU Joint Meeting）的主題，這項會議，本會在上次代表大會通過舉辦，代表一個新的嘗試；LERU是AEARU在歐洲的

對應機構，目前除LERU荷蘭籍秘書長外，另有五個歐洲國家，包括英、德、法、瑞典、芬蘭的大學校長參加，由於AEARU與LERU會員大學都是各該地區首屈一指的研究型大學，此次聯合會議對兩協會的未來，都有重大意義。

另一主要議題則是有關新會員的申請，在上次代表大會通過的章程修正案，使本會有可能將會員大學數目逐年，以每年至多增加一個，而自十七擴充為二十個會員大學，在約半年後的下次代表大會將正式討論或會有所議決；由於理事會成員來自各地區，因此在本次理事會中，大家多交換意見，可使接納新會員程序更嚴謹穩妥。

在其他議題方面，除秘書處報告外，我們也將有機會討論未來一年協會會員大學舉辦的各項活動，包括「旗艦主題研討會」、「系列研討會」，同時審查鼓勵學生參與的申請案，決定下半年代表大會時間，明年上半年理事會主辦大學，最後則是臨時動議。

今天下午理事會後，本會繼去年五月在南京大學舉辦「第一次卓越講座系列」，將舉辦「第二次卓越講座系列」（2nd Distinguished Lecture Series）演講；「卓越講座系列」的舉行最主要有三個目的，一是增進社會甚至會員大學成員對AEARU的認知，二是獎勵各會員大學傑出教授，三是共享學術與研究最前沿（cutting edge）成果；這次卓越講座一共有三位，即新竹清華大學的果尚志（Shangjr Gwo）教授，南京大學的王牧（Mu Wang）教授，東北大學的今村文彥（Fumihiko Imamura）教授，他們的講題分別是：「不受繞射限制電漿子超穎材料與奈米雷射」（Diffraction-Unlimited Plasmonic Metamaterials and Nanolasers），「製作白光能穿透的金屬」（Making Metals Transparent for White Lights），「從2011東日本地震與海嘯學得的教訓以及減少災害的研究」（The Lessons from the 2011 East Japan Earthquake and Tsunami, and a New Research for Disaster Reduction），精彩可期。

在東北大學提供的資料中看到貴校的校訓是「研究第一」、「門戶開放」，與「東亞研究型大學協會」的宗旨完全相合；東北大學是日本最先收女性學生與外國學生的大學，主張開放與創新；根據最近一項研究顯示，學生學習成效，百分之五十靠智力、百分之二十五靠努力，另外百分之二十五要看是否有開放的心胸、對外界的好奇心，所以開放觸及教育的根本；同時我也注意

到貴校的校色是紫色，象徵知識與創造力；清華大學的校色也是紫色，紫是紅色與藍色的混合色，象徵大陸（紅土）與藍海的結合，也代表東西融合，對致力推動國際交流的AEARU，是再適合不過的表徵。

▲ 再次舉辦「卓越講座」

▲ 兩校的校色同是紫色，代表東西融合

歐洲大學聯盟年會致詞

2013年10月25日　星期五

　　首先很感謝歐洲大學聯盟（European University Association，EUA）邀請本人以東亞研究型大學協會（Association of East Asia Research Universities，AEARU）現任會長身分，到貴會年會演講；據了解EUA擁有約850個歐洲大學會員，是歐洲大學間最重要的組織，本人在今年大會中受邀演講「亞洲高等教育」，深感榮幸；由於亞洲幅員廣大，各地如東亞、中亞、南亞、東南亞等地高等教育間有很大的差異，因此我決定將演講重點放在台灣所處的東亞研究型大學，向大家報告AEARU現況，並以台灣清華大學為例，使各位對東亞研究型大學有進一步認識。

　　AEARU創立於1996年，宗旨為增進東亞頂尖研究型大學交流，以促進區域高等教育與先進研究發展以及文化、經濟、社會之進步。現有十七個成員，包括日本的東京大學、京都大學、大阪大學、東北大學、東京工業大學、筑波大學，中國大陸的清華大學、北京大學、南京大學、復旦大學、合肥科技大學，韓國的首爾大學、韓國科技大學、浦項大學，台灣的清華大學、台灣大學以及香港科技大學，陣容極為堅強。

　　AEARU為協會集首字母略寫，但其發音融合協會會員三種文字，也就是中、日、韓文發音，而有特別意義，A如在far中之音，在中文意為熱愛學習，EA如在tea中之音，日文意為聚會，RU如在rule中之音，韓文意為成就，AEARU也適切代表協會的精神。AEARU成員的校長或代表每年聚會，討論相關事宜以及決定協會運做事項，促進合作交流。

　　AEARU的組織包括全體會員大會（General Assembly，GA）、理事會（Board of Directors，BOD），BOD七位理事由會員選舉，任期八年，BOD推舉主席與副主席（會長與副會長）各一人，任期兩年，副會長並為下任會長。

本屆（2012-2013）會長與副會長分由台灣清華大學與南京大學校長擔任，其餘五位理事由大阪大學、東北大學、北京大學、首爾大學與香港科技大學校長擔任。BOD每年在春、秋季各舉行一次，全體會員大會（Annual General Assembly，AGM）則每年舉行一次，今年將於12月8日在台灣清華大學舉行第19屆AGM以及33屆BOD會議。

AEARU的活動包括由會員學校主辦各種研討會，並常與其他組織與社群合作舉辦各項全球技術與社會變遷國際會議，例如「2012年東亞生醫研究研討會」、「以驗證為基礎醫學與其臨床影響研討會」、「AEARU與太平洋周邊大學協會（Association of Pacific Rim Universities，APRU）太平洋周邊地震災害聯合研討會」、「漢字文化研討會」（2011於京都，2013於新竹）、「「東」「西」爭議研討會」、「生物系統國際研討會」、「產業、城市與公眾合作研討會」、「經濟全球化與亞洲的選擇」；同時也舉辦針對不同議題系列性工作坊（Workshop），以分享科技與其他學術領域最新資訊與知識，例如「亞州管理學院發展與合作」、「大學合作」、「分子生物與生物技術」、「網路技術與計算機科學」、「文化」、「環境」、「先進材料」、「科技園區」、「網路教育」、「醫學中心」、「微電子」等工作坊。

自2012年起，AEARU每年舉辦「卓越講座系列」；「卓越講座系列」的舉行最主要有三個目的，一是增進社會甚至會員大學成員對AEARU的認知，二是獎勵各會員大學傑出教授，三是共享學術與研究最前沿（cutting edge）成果，分在春季BOD會議所在大學舉行，是最新加強合作的嘗試。

在鼓勵學生參與交流方面，每年暑假都會舉辦「學生營」；「夏令營」這又分「一般」與「專題」兩類，「一般夏令營」活動通常包括名勝古蹟與明星產業參訪、才藝表演、舞會以及實作體驗，「專題夏令營」則邀請學生們參與針對有關科技議題，舉辦之會議或研習會；比較特別的是，也曾舉辦體育競賽活動，如2006年在北京舉行的「第一屆AEARU學生運動會」，除加深相互之間情誼外，並有益參與者的身心健康。

今年AEARU更將展開洲際合作活動，將於12月7日，本次BOD與本年AGM前一天，與歐洲研究型大學聯盟（League of European Research Universities，LERU）舉行聯合會；這裡我要特別代表AEARU所有會員大學表達與EUA會員交流的意願；據我了解，幾乎所有AEARU會員大學都有大幅增

加留學生以及交換生的計畫，並尋求與國外大學合作機會，本人深盼這次以AEARU代表身分參加EUA大會的機緣，為AEARU與EUA會員交流打開機會之門。

▲ 為AEARU與EUA會員交流打開機會之門

▲ 合作達成卓越成就

東亞研究型大學協會與歐洲研究型大學協會聯合會議致詞

2013年12月7日　星期六

　　很歡迎大家來參加「東亞研究型大學協會與歐洲研究型大學協會聯合會議」（Joint Conference of Association for East Asia Research Universities (AEARU) and League of European Research Universities (LERU)）；兩大洲著名的研究型大學代表，除了分享各大學在高等教育的創新與合作的經驗外，也希望透過第一次正式的接觸，能更了解彼此間的發展重點，進而促成跨國、跨洲的合作。清華大學很榮幸能主辦此項歷史性盛會，並為東道主。

　　去年11月AEARU在韓國首爾大學召開大會，邀請LERU秘書長Prof. Deketelaere就AEARU與LERU兩個聯盟未來合作的可能性發表專題演說，獲得熱烈迴響，是以，清華在多方的努力下，終於促成這次兩大跨國研究型大學組織代表齊聚台灣。

　　歐洲和亞洲的學者或是各大學間的交流明顯增加，但是多是單一學校或是學者間在各自領域中的合作。今日的論壇是第一次由來自兩大洲頂尖研究型大學協會的代表共同討論如何促成雙邊、多邊、單學科或是多學科合作的可能性。東亞研究型大學協會和歐洲研究型大學聯盟雙邊合作若能順利啟動，未來的發展令人期待，這對亞洲與歐洲間的高等學術，乃至於全球各地區的高等教育勢必會有深遠的影響。值得一提的是AEARU為協會集首字母略寫，但其發音融合協會會員三種文字，也就是中、日、韓文發音，而有特別意義A如在far中之音，在中文意為熱愛學習，EA如在tea中之音，日文意為聚會，RU如在rule中之音，韓文意為成就，AEARU也適切代表協會的精神「合作達成卓越成就」（together we achieve extraordinary scholarship）。

　　在國際合作研究產出方面，最近新竹清華大學作了一項統計，可能具有

相當代表性，即自2010年迄今年10月31日，清華國際合作產出論文篇數，前十名分別為美國、中國大陸、日本、韓國、德國、加拿大、英國、澳洲、法國與奧地利，篇數與百分比分為690（41.7%）、349（21.1%）、156（9.4%）、105（6.3%）、75（4.5%）、71（4.3%）、67（4.1%）、62（3.8%）、57（3.4%）與52（3.1%），美國很明顯的居第一，中國大陸雖居第二，且達21.1%，但僅約為美國的一半，日本、韓國也有相當實質合作，前四名共達約78%，歐洲部分15%，有很大加強空間。

　　新竹清華與台灣幾所頂尖大學相似，絕大多數教師都是留學美國完成博士教育的學者，很自然合作對象以美國學者為主，在中國大陸、日本、韓國合作方面，本校充分利用AEARU平台，而有具體成果，加總起來占36%。但在世界學術愈趨多元時代，與有深厚學術基礎的歐洲地區加強合作有其必要。

　　另一方面，AEARU與LERU在組織運作上有相當的差別，例如LERU設有永久辦公室，會員繳交可觀的會費，所以由秘書處主導許多活動，AEARU成立較早，會員僅繳交象徵性的會費，經費多用於支持會員學校之學生參與AEARU活動，秘書處則設於現任會長所屬學校，兩協會最佳運作模式，也可透過交流，互相學習，截長補短。

　　這次研討會共有8個LERU會員與16個AEARU會員參加。大家不辭辛勞，遠到而來，想必對會議充滿期待與信心，而由兩協會會員領導階層齊聚一堂的會議將是歐亞兩大洲頂尖大學緊密合作的起跳板，期待未來的成就得為人類科學與文明做出重大的貢獻。

　　本次會議LERU包括德國慕尼克大學、德國海德堡大學、西班牙巴塞羅納大學、英國倫敦帝國學院、英國倫敦大學學院、瑞典隆德大學、巴黎第六大學等大學的校長或副校長都共同與會。他們不僅介紹自身學校創新的高教政策外，也都著眼全球化的浪潮下，各大學如何掌握契機，透過合作提升高教的研究發展。而AEARU除了清華大學外，還有日本東北大學、日本筑波大學、台灣大學以及中國大陸南京大學的代表也針對新的教育政策或是全球化下高等教育的發展與挑戰報告各校的策略與作法。

　　在會議中，了解兩洲頂尖大學均積極致力於國際化的努力，LERU會員國際生占約15—30%，而AEARU會員國際生僅占約5—10%，有很大成長空間，推動雙聯學位制度可能是一種有效提升交流質與量的方式；多位講員不約而同

表達希望兩協會能加強合作，包括定期舉行聯合會議，商討如何合作面對人類遭遇的重大挑戰（Grand Challenges），兩協會秘書處密切聯繫，同時探討未來成立全球相似學會聯合會的可能性等，為歐亞頂尖大學制度化的合作奠定良好的基礎。

▲ 亞、歐研究型大學協會首次齊聚召開論壇
◀ 分享各高等教育的教學與合作的經驗

東亞研究型大學協會年會致詞

2013年12月8日　星期日

　　很歡迎大家來參加第19屆「東亞研究型大學協會年會」（Annual Meeting of Association for East Asia Research Universities (AEARU)），很感謝會員大學踴躍參加本次大會，不僅讓清華大學「蓬蓽生輝」，也表示本會成立十七年來，發揮了相當功能，為會員大學共同肯定。等一下本人將代表協會致贈，而請各校代表轉贈在本年度中卸任的韓國高等理工學院Nam Pyo Suh校長、台灣大學李嗣涔校長、北京大學周其鳳校長、筑波大學Nobuhiro Yamada校長以及東京工業大學Kenicki Iga校長，感謝他們長期協助會務推動的貢獻，同時也歡迎各該校新任校長。

　　昨天本會與歐洲研究型大學協會（League of European Research Universities (LERU)）舉辦了第一次聯合會議，歐亞兩大洲著名的研究型大學代表雲集，除了分享各大學在高等教育的創新與合作的經驗外，也希望透過第一次正式的接觸，能更了解彼此間的發展重點，進而促成跨國、跨洲的合作；與會代表們都認為昨天聯合會議是一個好的開始，尤其會中提出的世界頂尖大學如何共同面對全球性的「重大挑戰」（Grand Challenges）的問題以及積極推動雙聯學位制度措施等，如何在此基礎上，謀求協會發揮更大功能，是理事會與大會可共同進一步探討的問題。

　　如我在AEARU-LERU聯合會議上所報告，最近新竹清華大學作了一項統計，在國際合作研究產出方面方面，可能具有相當代表性：即自2010年迄今年10月31日，清華國際合作產出論文篇數，前十名分別為美國、中國大陸、日本、韓國、德國、加拿大、英國、澳洲、法國與奧地利，篇數與百分比分為690（41.7%）、349（21.1%）、156（9.4%）、105（6.3%）、75（4.5%）、71（4.3%）、67（4.1%）、62（3.8%）、57（3.4%）與52（3.1%），美國很

明顯的居第一，中國大陸雖居第二，且達21.1%，但僅約為美國的一半，日本、韓國也有相當實質合作，前四名共達約78%，歐洲部分15%，有很大加強空間。

新竹清華與台灣幾所頂尖大學相似，絕大多數教師都是留學美國完成博士教育的學者，很自然合作對象以美國學者為主，在中國大陸、日本、韓國合作方面，本校充分利用AEARU平台，而有具體成果，加總起來占36%。但在世界學術愈趨多元時代，與有深厚學術基礎的歐洲地區加強合作有其必要。

在上次代表大會通過的章程修正案，使本會有可能將會員大學數目逐年，以每年至多增加一個，而自十七擴充為二十個會員大學，但迄今秘書處尚未接到提名或申請的訊息；在稍早理事會曾就此議題作初步討論，有理事認為增收新會員牽涉甚廣，以接受申請而加審核為宜，希望在本次大會中，聽取並交換各方意見，協助建立嚴謹穩妥接納新會員機制。

在今早理事會中，大家商議決定明年春天第34屆理事會將於日本茨城筑波大學舉行，明年第20屆大會與第35屆理事會於中國大陸南京大學舉行，至於後年兩項會議，原則上由香港科大與北京大學主辦，由於考慮到香港科大高等研究中心（Advanced Research Institute）大樓落成時程，將由兩校做最後磋商，再於明年大會中討論決定。

最後我要宣布，由於本人擔任會長任期即將於月底屆滿，依本協會章程，2014—2015兩年會長職務將由南京大學陳駿校長接任，另外剛才理事會也推舉首爾大學吳然天校長為下屆副會長，相信陳駿校長與吳然天校長在會員同心協力之下，一定會很順利的推動協會會務；同時我也要乘此機會感謝各位過去四年，在本人擔任副會長及會長期間，全力支持，除建立深厚友誼之外，本人受益良多，讓我們同祝AEARU會運昌隆。

東亞研究型大學協會傑出學者講座開幕致詞（中英文）

2012年5月21日　星期一

　　作為東亞研究型大學協會（The Association of East Asian Research Universities (AEARU)）會長，我很高興今天上午在南京啟動AEARU傑出系列講座。

　　今天與會中的一些人可能對AEARU不是很熟悉，因此不是很了解這個傑出講座系列的背景。AEARU成立於1996年，旨在促進東亞領先研究型大學之間的合作和交流。目前，AEARU有17個成員大學；來自中國大陸有5個，來自日本有6個，來自韓國有3個，來自臺灣有2個再加上香港科技大學。所有這些會員大學都是著名的高等教育菁英機構。雖然它們都是優秀的研究型大學，但每個成員大學的特殊研究實力和成就也很出色。因此，是很自然的應該建立一些機制以促進所有這些菁英機構相互合作，分享他們的研究經驗和專業知識；更重要的是，讓不同校區的所有學生都有機會參與合作研究項目以及學術交流項目。

　　在過去的17年裡，協會已經逐漸擴大並取得了很大成就。作為AEARU的新主席，我提出了今年建立AEARU傑出講座系列的想法。我希望來自AEARU各校區的優秀學者和科學家能到主辦AEARU年會的成員大學講學。讓他們在公共論壇上介紹他們最新的研究成果。不僅展示他們的前沿研究，並提供這些有成就的研究人員的成功經驗，來啟發新一代的年輕學者。

　　今天我們在這裡不僅推出這個講座系列；同時也有一個非常特殊的理由，也就是慶祝南京大學成立110周年。作為AEARU的主席和國立清華大學（National Tsing Hua University，NTHU）的校長，我很高興能代表AEARU和NTHU慶賀南京大學成立十110周年！最後但並非最不重要的是，我祝願你們每一個人身體健康，並在學習和研究方面，取得巨大成功。

As the Chairperson of AEARU, that is, The Association of East Asian Research Universities, I have the pleasure of launching the first presentation of the AEARU Distinguished Lecture Series this morning, here in Nanjing.

Some of you may not be very familiar with AEARU and, therefore, do not have the background information on this Lecture Series. AEARU was organized in 1996 to promote cooperation among, and exchange between leading research universities in East Asia. Currently, AEARU has 17 member-universities; 5 from China, 6 from Japan, 3 from Korea, 2 from Taiwan and Hong Kong is represented by HKUST. All these member-universities are well-known elite institutions of higher education. While all of them are excellent research universities, each member-university is also distinguished for her particular research strength and accomplishments. Thus, it is only natural that some mechanism should be established to allow all of these elite institutions to cooperate with each other, to share their research experience, expertise; and, more importantly, to allow all students in different campuses to have a chance to participate in collaborative research projects as well as academic exchange programs.

Over the last 17 years, the Association has expanded and accomplished a great deal. As the new Chair of AEARU, I proposed the idea of establishing an AEARU Distinguished Lecture Series this year. My hope is to bring outstanding scholars and scientists from various AEARU campuses to a member-university which is hosting AEARU's annual meeting and have them present their newest research endeavors in a public forum. This will not only show-case their cutting-edge researches, but also stimulate young scholars like you and provide you with the successfully experience of these accomplished researchers.

We are here today not only to launch this Lecture Series; we are also here for a very special reason---to celebrate the 110th anniversary of Nanjing University. As the Chair of AEARU and the President of NTHU, I believe I have a double pleasure to represent both AEARU and NTHU to wish Nanjing a very Happy Anniversary! Last but not the least, I wish each and every one of you good health and great success in your study and research.

▲ ①促進東亞領先研究型大學之間的合作和交流
　②在南京啓動「傑出學者講座系列」
▶ ③慶賀南京大學成立110周年

斐陶斐榮譽學會會長交接典禮致詞

2012年3月2日　星期五

　　很感謝中央大學賴主任秘書、師範大學劉副教務長、中央大學與政治大學同仁到清華來辦理斐陶斐榮譽學會會長交接。今年一月底台灣聯合大學系統校長們原定要與中央大學蔣偉寧校長一起到美國加州大學系統參訪，臨到機場才知道蔣校長要入閣，未能同行。而蔣校長擔任教育部長的連鎖反應之一是斐陶斐榮譽學會會長需要改選。本人在上次理監事會上，受到學會各理事抬愛，當選會長。正如擔任理監事的多位校長說會長是由大家輪流服務，輪到本人，自應從命，做好傳承。

　　斐陶斐，是由希臘文字母Phi、Tau、Phi之譯音而來，用以代表哲學、工學、理學（Philosophia, Technologia, Physiologia）三種學術。哲學為科學之母；工學即工藝之學，為應用科學；理學即生理學，為純理論科學。斐陶斐榮譽學會（The Phi Tau Phi Scholastic Honor Society）是民國十年五月二十五日成立的全國性勵學會，進而選賢勵學，崇敬德業，以助社會之進步為主旨。會章規定：「本會以選拔賢能，獎勵學術研究，崇德敬業，共相勸勉，俾有助於社會之進步為宗旨。」以希臘文字母譯音為名，並且為榮譽學會，在美國多有前例，但在國內為首創，且甚為特殊；學會在大陸運作多年，以建立傳統；大陸淪陷後，一度終止運作，幸得熱心會員奔走，得以於民國五十三年三月，在台復會；另一方面，在美國由創辦人之一的美籍愛樂斯（J. H. Ehlers）教授倡導下，設有分會，是本會的姐妹會，兩會歷年來均辦理過許多有意義的活動。本人接任會長以後，自當以戒慎恐懼之心，承先啟後，並促進兩會交流。

　　由於對會務尚不熟悉，未來工作方向有待交接單位多所指點。以往較有接觸的是會員的選拔與榮譽獎項得獎人的推舉，這兩部分行之有年，也是學會光榮的傳統，自然會賡續辦理；其餘則須集思廣益，做好推動與推廣的工作，尤

其本會五十三個團體會員，代表台灣五十三個主要大學院校，群策群力，效果會非常宏大，所以本會是任重道遠，需要大家共同努力。

　　根據我過去擔任過幾個學會理事長的經驗，希望未來協助會務的同仁能把握兩個原則，一是activity不等於achievement，也就是活動多並不代表有成就，另一是efficiency不等於effectiveness，也就是效率高並不代表有成效，學會的工作要講求成就與效果，活動要深具意義，確實把握方向，有效率的達成效果，最為重要。

　　今天本校派出精銳團隊，來迎接新任務，讓我有充分信心把會務辦好，以後要多麻煩諸位。最後有一個好消息告訴大家，就是根據學會會章，會長任期二年，不得連任。同仁們為學會的辛勞，將止於未來兩年，屆時功德圓滿，再來慰勞大家。

▶ 選賢勵學，崇敬德業，以助社會之進步

斐陶斐榮譽學會會員大會致詞

2012年8月15日　星期三

　　歡迎大家來參加斐陶斐榮譽學會第三十四屆會員大會。今年一月底原定要與中央大學蔣偉寧校長一起到美國加州大學系統參訪，臨到機場才知道蔣校長要入閣，未能同行。而蔣校長擔任教育部長的連鎖反應之一是斐陶斐榮譽學會會長需要改選。本人受到學會各理事抬愛，當選會長。正如擔任理監事的諸校長說大家輪流服務，輪到本人，自應從命。

　　斐陶斐榮譽學會在國內學會中很特別的是，他是由美籍教授愛樂斯（J. H. Ehlers）於民國十年五月二十五日致函國內各大學發起全國勵學會之組織。本學會極可能是國內唯一榮譽學會，但榮譽學會在美國甚為普遍，現今美國大學榮譽學會協會（Association of College Honor Societies）會員即有六十一個之多。很感謝愛樂斯教授將其「美國經驗」引入國內。

　　本會原名為「中國斐陶斐勵學會」，嗣後更名為「斐陶斐榮譽學會」。民國五十三年三月，原上海交通大學分會創立會員凌鴻勛先生首先在臺恢復「中華民國斐陶斐榮譽學會」總會，凌先生並以大陸榮譽會員身分當選第一任會長；而本會續以選賢勵學，崇敬德業，以助社會之進步為主旨。會章規定：「本會以選拔賢能，獎勵學術研究，崇德敬業，共相勸勉，俾有助於社會之進步為宗旨。」歷年來辦理過許多有意義的活動。本會自當承先啟後，發揚光大。

　　根據會章，本會之任務為：

　　一、推舉術德兼備人士為本會榮譽會員。

　　二、表揚在學術研究方面卓越成就之人士。

　　三、推展其他有關獎勵學術研究之活動。

　　另本會會員分團體會員及榮譽會員。凡國內公私立大學、獨立學院及其他專設之學術研究機構贊同本會宗旨者，得申請入會，經理事會通過並繳納會

費後，為團體會員。團體會員負責人經理事會通過後為榮譽會員。或凡年滿廿歲，術德兼備且贊同本會宗旨者，得經團體會員推介申請入會，經理事會通過後為榮譽會員。本會目前共有52所分會，現有榮譽會員四萬四仟餘人，另歷年來，表揚在學術研究方面卓越成就之人士。至於推展其他有關獎勵學術研究之活動，尚待集思廣益，凝聚共識。

　　在選拔榮譽會員方面，以大學生而言，每一學院得推薦該屆畢業生人數百分之一，不足一人者以一人計，應屆碩士畢業生，每一學院得推薦該屆畢業生人數百分之三，不足一人者以一人計，博士畢業生，得推薦該屆畢業生人數百分之十，不足一人者以一人計，為本會榮譽會員，是相當難得的榮譽，但在社會甚至學校裏，認知似乎不足，以後當加強宣導。

　　表揚在學術研究方面卓越成就之人士方面，根據選薦辦法，推薦為本獎項之候選人，應具備下列條件之一：

　　（一）從事學術研究工作，有傑出表現者。

　　（二）對增進人類福祉有貢獻者。

　　（三）對提昇文化、科技等方面有卓越成就者。

　　本屆蒙各會員推薦十八位傑出人士，皆為一時之選，理監事會以國內已有多種其他崇隆獎項，本會似可優先考慮較少管道獲獎之文化創作或在創意表現方面有卓越成就者表揚，以區隔；在如此思維下，難免有遺珠之憾，是否恰當，亦請會員表示卓見。

▲ 姚仁祿董事長在文化創作與創意表現方面有卓越成就

▲ 歷年來辦理過許多有意義的活動。自當承先啓後，發揚光大

每年會員大會，各大學分會校長與代表除討論會務外，也是一討論共同關心議題的平台；今天傑出成就獎得主姚仁祿董事長將以「『大學2.0』萎縮市場的新型大學想像」為題作專題演講，「大學2.0」即是大家討論議題的最好切入點。

　　本會歷年來已建立起鼓勵偕眷參加會員大會優良傳統，在比較輕鬆環境下，加強交流，對未來會務推動以及會員間交流，必定大有裨益。最後我要再次歡迎感謝大家的蒞臨，敬祝大會成功，各會員代表與寶眷有愉快的與會經驗。

斐陶斐榮譽學會第三十五屆會員大會致詞

2013年7月10日　星期三

　　歡迎大家來參加斐陶斐榮譽學會第三十五屆會員大會。本會會章規定：
「本會以選拔賢能，獎勵學術研究，崇德敬業，共相勸勉，俾有助於社會之進
步為宗旨」；今年依會章選出政治大學等52分會推薦2,814位新榮譽會員以及
三位傑出成就獎得主；希望藉獎勵優秀學子與傑出人士，激勵學子效法，引為
典範，有助於社會之進步。同時每年會員大會，各大學分會校長與代表除討
論會務外，也是一討論共同關心議題的平台，在台灣高等教育面臨廣設大學政
策，再加上少子化趨勢遭遇空前挑戰的今天，大家集思廣益，探討解決方案，
是很有意義的。

　　今年的大會有兩個特色，一個是邀請到友會美國斐陶斐榮譽學會會長
Siena大學沈永清教授蒞臨交流，另一方面，有三位在藝文方面有特殊造詣與
貢獻的頂尖專家來接受本會榮譽獎並發表精闢演講。

　　斐陶斐榮譽學會由美籍教授愛樂斯（J. H. Ehlers）於民國十年五月二十五
日致函國內各大學發起全國勵學會之組織。本學會極可能是國內唯一榮譽學
會，很感謝愛樂斯教授將其「美國經驗」引入國內，以往我們比較不熟悉的是
愛樂斯教授返美後，協助設立美國斐陶斐榮譽學會，等一下沈永清會長會介紹
友會情況，將會是未來兩會交流的開端。愛樂斯教授在華前後一共只有四年，
不僅創立本榮譽學會、協助設立美國斐陶斐榮譽學會並終生關心榮譽學會發
展，熱誠感人、貢獻良多而值得敬佩。

　　另一方面，本會每年表揚在學術研究方面卓越成就之人士方面，根據選薦
辦法，推薦為本獎項之候選人，應具備下列條件之一：

　　（一）從事學術研究工作，有傑出表現者。

　　（二）對增進人類福祉有貢獻者。

（三）對提昇文化、科技等方面有卓越成就者。

本屆蒙各會員推薦多位傑出人士，皆為一時之選，理監事會以國內已有多種其他崇隆獎項，本會似可優先考慮較少管道獲獎之文化創作或在創意表現方面有卓越成就者表揚，以為區隔；在如此思維下，難免有遺珠之憾，是否恰當，亦請會員表示卓見。

今天傑出成就獎三位得主分別為鄭愁予教授、黃春明總監與顏鴻森教授：

黃總監具備「天地不仁，以萬物為芻狗」的悲憫心，同情弱勢與善良的人，作品主角常為被欺壓、忽視的勞苦大眾，生動深刻的描寫鄉土小人物的卑微、委屈、愚昧、純樸、辛苦、心酸，帶著泥土的氣息，有濃濃的鄉土味，反映蛻變中的台灣社會，在變遷中小人物如何面對生活上的磨難，真實動人，悲哀中不失對生命成長的希望，嘆息中不帶怨恨，雖貼近時代脈動，但人文情懷與精神跨越時空的隔閡。

黃總監創作多元，以小說為主，其他還有散文、詩、兒童文學、戲劇、撕畫、油畫等創作，近年來更致力於兒童劇與兒童繪本的創作與推動，以培育健全的下一代為使命；他強調「生活即教育」，年近八十而創意與創作不斷，實為台灣社會與文壇之幸。

鄭愁予教授無疑的是現代華人詩壇巨人，他在中學時即開始作詩，大學唸統計學系，不減文學創作熱情，旅美後長期在大學任教，先後任教於美國愛荷華大學及耶魯大學東亞語文學系，教授中國現代文學，1990年並曾經返台擔任《聯合文學》總編輯；作品中華麗的語言意象和內容的風流蘊藉，早已被台灣詩壇認為是數十年來現代詩最深遠廣大的影響之一。鄭教授自認為他的寫作精神和中心，事實上是圍繞著「傳統的任俠精神」和「無常觀」這二個主題，同時認為：在詩的創作中，「感性」極為重要，在許多作品中，都充滿濃厚而真誠的感性；名詩人楊牧對鄭愁予的評論是：「他以清楚的白話，為我們傳達了一種時間的空間的悲劇情調。」另一位名詩人瘂弦則說：「鄭愁予飄逸而又矜持的韻緻，夢幻而又明麗的詩想，溫柔的旋律，纏綿的節奏，與貴族的、東方的、淡淡的哀愁的調子，造成一種雲一般的魅力，一種巨大的不可抗拒的影響。」

顏鴻森教授除在學術上有優異表現外，曾於2000年8月至2002年3月擔任教育部顧問室主任，並於2002年5月至2004年5月擔任國立科學工藝博物館館長，

同時於2007年11月至2011年1月擔任成功大學博物館館長，專長包括古機構復原設計，例如在大陸學者研究基礎上繼續改良諸葛亮的「木牛流馬」，同時長期收集並研究古銅鎖，是國際知名古銅鎖收藏家。

　　三位均為一時之選，實至名歸，在短暫休息時間後，將請三位得獎人分別以「教育即生活」、「詩人完成水的生命」以及「機構的創新與復原設計」作專題演講；常言道：「聞君一席話，勝讀十年書」，今天得到三位大師開講，要勝過讀三十年書。

　　最後我要再次歡迎感謝大家的蒞臨，敬祝大會成功，各會員代表與寶眷有愉快的與會經驗。

①

②

▲ ①黃春明總監具備「天地不仁，以萬物芻狗」的悲憫心
　②鄭愁予教授是現代華人詩壇巨人
▶ ③除討論會務外，也是一討論共同關心議題的平台

③

十一、校長會議

主述「102年全國大專校院校長會議」人才培育國際佈局分組討論引言，從「大學國際化」談論：如何招攬國際人才加以培育，與在培育人才時注意國際佈局。並以與印度多年的學術交流為例，說明如何促進國際人才合作與推動國際化相關業務。

102年全國大專校院校長會議——人才培育國際佈局分組討論引言

2013年1月14日　星期一

　　很榮幸擔任本會議「人才培育　國際佈局」分組討論引言人，如果先就主題破題來看可以有兩重意義，一是指招攬國際人才加以培育，另一是在培育人才時注意國際佈局，兩者息息相關，但不相同。

　　這兩重議題都與「大學國際化」有關；國際化指一國能融入國際社會，具有國際視野，與國際各界如教育、學術、產業、商務、文化、藝術等行業溝通往來，執行業務，參與國際組織與活動，增進相互了解，圖謀解決共同問題，參訪旅遊，從事國民外交，吸引國際人才、資金、旅遊觀光等；在全球化時代，大學不管在教學、研究、服務方面都很明顯的可透過國際合作達到提升並與國際接軌的目的；同時外籍教師的延攬與僑外學生的招收，得以豐富校園生態，教育內容，另外學生境外經驗，都得以培養國際視野，增進學生外語能力、跨文化認知能力與開放心態，關心全球議題，輔導國際認證，具備全球移動能力，以為未來面對全球化經濟的準備；近年來歐美與東亞先進國家一流大學無不積極推動國際化，可見各大學都體認國際化對大學未來發展的重要性；另一方面，大學也是推動國際化的人才庫與基地，負有相當的社會責任，積極進行國際交流。

　　大學國際化不僅是提升水準的關鍵，而且是全球化時代大學的社會責任，但要發揮最大功能，需要多方努力，在具有彈性以及必要配套措施下，發揮特色；清華大學是在一百年前，以美國退還多要的庚子賠款建立的，除在早期招收全國優秀學子，直接到美國受高等教育外，1912年起，並招收學生在清華完成約當高中畢業程度學業，再直接插入美國大學一、二年級，成為「留美預備學校」，初期洋化甚深，1912年教員30人中，美籍教習有19位，1918年教

員49人中，美籍尚有25人占多數，同時廣用洋課本，並推動說洋文，廣建美式硬體措施，另受外交部管轄，美國公使館也參與董事會的運作；英國哲學家羅素1920年到中國講學後，曾寫下他對清華的印象：「到了清華園，一個英國客就感到彷彿在美國一樣」，可見當時清華是高度國際化的學校，而在改制大學後，師資也始終以留學生為主幹。新竹清華大學是曾在北京清華擔任十八年校長的梅貽琦校長於1956年創建，最初選擇代表未來的核能科技發展，在政府與庚款基金支持下，積極延攬留美學人返國任教，至今教師中有國外博士學位者仍占絕大多數，除承先啟後外，也為推動國際化奠定良好基礎。

　　放眼目前國內大學，國際化的程度還有許多成長的空間，如以國際化指標來看，現況是：

一、師資與出國留學：台灣在一九九零年代以前，學子大批出國留學，留
　　學除學習外，對不同文化的了解藉較長期的「身歷其境」，要比一般
　　交流深刻的多，許多留學生學成歸國後，在大學任教，因此至少在頂
　　尖大學，教師為「國外博士」的比例很高，可謂具備推動國際化基本
　　條件，但近年來，留學風氣低落，須設法有效提高學子留學意願，才
　　不致逐漸喪失大學國際化優勢；另一方面，鼓勵獲得國內博士教師出
　　國進修，補實境外經驗，也是各大學可努力的方向，

二、招攬人才：非台灣出生教授比率低，僑外生比率低，僑外生程度不
　　高，這些與整體環境有關；台灣外語環境不夠友善，會計制度僵化，
　　甚至讓專心從事研究工作的教授「以身涉法」，如果與國外同儕以一
　　樣方式從事研究，報銷經費，在國外可心安理得，回到國內則導致寢
　　食難安，必須儘速自制度面改善，如不妥善處理，如何吸引優秀人
　　才？另外，國內薪資待遇逐漸喪失競爭力，相關單位提出的一些措
　　施，雖有幫助，但無以大幅改善；僑外生的存在，對本國學生的國際
　　化會很有幫助，吸引優秀的僑外生，提供獎學金或較豐厚的研究助理
　　津貼甚至足以繳交學雜費與生活的打工機會很關鍵，這在早期台灣經
　　濟尚未發達時，是優秀學子得以大批留學美國的主要因素，經濟因素
　　自然會相當程度影響開發中國家學子到台灣留學的意願，培育出的優
　　秀人才理當優先留用，但反而處處受到各種規章限制；對另一方面，
　　招收僑外生，其專業水準有一定程度是起碼條件，因此教育部鬆綁也

很重要，為達成指標，要求大學增收水準低落的僑外生，只會浪費已經非常緊縮的寶貴資源，

三、國內學生培育：外籍教師的延攬與僑外學生的招收，得以豐富校園生態，教育內容，另外學生境外經驗，都得以培養國際視野，增進學生外語能力、跨文化認知能力與開放心態，培養學生關心全球議題，輔導國際認證，具備全球移動能力，並為未來面對全球化經濟的準備；同時藉與有不同文化背景與訓練的僑外學生共同相處經驗與工作，提升研究與學習品質，並廣結人脈；國內近年來，大眾習以「向內看」，往往昧於國際大勢所趨，國際化更為重要與迫切，

四、學術交流：參加或舉辦國際會議，在國際期刊發表論文、參與編務，在國際性學會或協會擔任組織行政工作，與外國學術單位在教學、研究以及產業研發合作，交換生與暑期實習；在合作教學、研究上，校際之間簽署合作協議只是第一步，要落實必須從系所中心或教師推動，所謂「由下而上」（bottom-up）機制，學校則在措施與經費上扮演促成者（facilitator）角色；近年來，國科會推動之「龍門」計畫鼓勵國內外團隊合作、「拋光」計畫鼓勵參與國際性學會或協會組織行政工作以及國際期刊編務，中加、中法等各項聯合研發計畫，已初見功效，

五、非學術交流：國際志工，「非政府組織」（non-governmental organizations，NGOs）活動，如保育專家珍古德（Jane Goodall）女士啟動的根與芽計畫（roots and shoots），為目前最具影響的面向青少年的環境教育項目之一。特定議題國際會議，如全球氣候變遷會議；模擬聯合國，台灣自喪失在聯合國席位後，參加國際組織活動機會受到嚴重壓縮，人才面臨斷層，以參與模擬聯合國等方式獲取實務經驗也不失為儲備人才機會。

以清華大學與印度長達三十年的學術交流，可以窺見「人才培育　國際佈局」一角；清華大學與印度有相當的淵源，我國在印度獨立後駐印第一任也是唯一的正銜大使羅家倫先生曾任清華大學校長，抗戰期間率軍駐印名將孫立人將軍也是清華人，清華大學早在約三十年前即開始招收印度籍學生；101學年度印度籍學生共94名佔我校國際學生人數之冠，另校內尚有印度籍博士後研究員26名；全臺四百餘印度籍學位生中，近四分之一選擇本校就讀。民國98年本

校實施「國立清華大學印度籍學生實習推動計畫作業要點」，提供與本校簽約印度姐妹校之大學部大三以上或研究所印度籍學生申請校內實習機會，與本校師生及其他國際學生交流，以促進國際人才合作，並有助於建立本校國際化生活環境及推動國際化相關業務。

Diwali（亦稱Deepavali，中文譯為「排燈節」或「光明節」）重要程度相當印度教徒之新年。本校自民國96年起由校方補助印度學生舉辦Diwali節慶活動，於活動經費、場地商借及貴賓邀請等皆不遺餘力，展現本校對其風俗文化之重視與關懷；本校學生舉辦之Diwali活動規模逐年擴大，今（101）年度Diwali活動於11月10日晚間舉行，參加人數超過500人，盛況空前。

本校多年來耕耘與印度之交流合作，先後與印度頂尖大學簽署合作協議，包括印度科學學院（Indian Institute of Science, IISc）、印度理工學院德里分校（Indian Institute of Technology, Delhi）、印度理工學院馬德拉斯分校（Indian Institute of Technology, Madras）、德里大學（University of Delhi）、安娜大學（Anna University）、國立伊斯蘭大學（Jamia Millia Islamia，JMI）、亞米堤大學（Amity University），並展開具體交流措施，互相派遣實習生等。民國101年9月更與印度排名首屈一指之尼赫魯大學（Jawaharlal Nehru University，JNU）簽訂姊妹校合約，為我國第一所與其簽訂姊妹校合作備忘錄之大學。

清華大學積極強化與印度之往來，無論是與印度的合作規模或是交流品質，均為國內所有大專院校與學術機構之首，具有紮實基礎；加以我國和印度貿易量急速成長，華語成為不可或缺工具，教育部吳前清基部長於去年參訪印度時，印度人力資源部長提出1萬名華語教師的需求；印度大學協會（Association of Indian Universities, AIU）亦於2010年召開理事會，決議全面承認臺灣大學學歷，顯示其對臺灣教育的信心。因此自民國100年起，教育部大力支持本校於印度設立「印度臺灣教育中心」，開設華語課程、教授正體中文及協助招收優秀印度籍學生來臺並配合推動臺印文教交流。經印度─臺北協會羅國棟會長推動，民國100年8月於印度哈雅納省（Haryana）金德爾全球大學（O. P. Jindal Global University, JGU）設立全南亞地區的第一座臺灣教育中心；100學年度共約40人取得完整華語課程修業證書，101年度學生人數成長至80人。民國100年11月11日與印度新德里之亞米堤大學簽署合作備忘錄，並由教育部林次長聰明主持，駐印度新德里代表處翁代表文祺見證揭幕

儀式。自今（101）年開設華語課程以來，修課人數已近140人。今（101）年8月與印度國立JMI大學簽訂合約，於11月份自臺灣派遣兩名華語教師至該校，預計明年1月正式開課；該校獲得印度政府人力資源部經費，由印方負擔大部分華語教師薪資。印度對華語學習的高度需求可見一斑。另正與位於清奈Sri Ramaswamy Memorial University（SRM）以及位於瑪尼帕爾（Manipal）之Manipal University洽談中。

　　在其他活動方面本校還主辦「印度臺灣高等教育展」邀請國內優秀15所公私立大專院校、中央研究院與臺北市電腦商業同業公會共同赴印招收優秀學生／人才來臺就讀／就業。此為多年來產、學首次於印度展開如此大規模之合作；推動華語文能力測驗（TOCFL）配合駐印度新德里代表處文化組推動華語文能力測驗，去（101）年11月首次於印度金德爾全球大學、亞米堤大學及尼赫魯大學舉行預試，以上皆為本校TEC合作學校或姊妹校。

　　印度為臺灣近期經略全球最重要的據點之一，其崛起之新興勢力須加正覷，在本校與印度學術交流與招攬人才的良好基礎上，目前正積極規劃設置「印度研究中心」；除深化學術交流外，由於本校鄰近科學園區，與園區具有良好產學合作經驗及關係；並掌握產業界脈動，瞭解產業界對印度人才之需求，有多位著名企業人士對本校籌設印度研究中心表示肯定，認為符合產業界需求，未來將積極推動。

▲ 大學國際化不僅是提升水準的關鍵，而且是全球化時代大學的社會責任。

十二、各項高中活動

　　展現清華對高中教育的關懷，除舉辦「高中教師清華營」，亦定期舉行「高中學術列車」、「清華盃全國高級中學化學科能力競賽」、「愛迪生自然科學研習會」等活動，與各地高中學生與民眾分享知識饗宴。期望藉由學術知識生活化，將學術的種子根植於年輕族群中。

清華大學全台推進「高中學術列車」記者會致詞

2012年2月21日　星期二

　　大學的傳統任務是培育人才，傳播知識，進而創造知識，近年思潮是更應指引社會進步方向，藉社會關懷，推動社會與人類生活方式的革新進步。這部分非常需要藉助媒體的力量。清華在近兩年陸續在此召開向社會大眾介紹學校「住宿學院」、輔導八八水災受災戶「原住民實驗班」，即「小清華」以及今天「高中學術列車」記者會，也是基於與社會共享學術資源理念，希望能引起共鳴，以收推動與推廣之效。

　　清大去年在慶祝百年校慶之際，推出「清華開放學堂」開放給民眾參與，獲得熱烈迴響，頗受好評，顯現社會大眾的需求。因而進一步規劃並實現到中南部地區陸續舉辦「高雄清華講座」及「臺中清華講座」，鼓勵社會大眾參與，分享大學豐富的學術資源。基於廣受好評的成功經驗，清大認為將專精知識向下延伸，將深奧的知識轉化為平易近人的生活實用常識，對啟蒙階段，心智漸趨成形的高中學生將有啟發作用，並可作學習性向探索的參考。在幾次與多所高中代表的會前會中，都喜見各校都對移動的「清華開放學堂」多所期待。「高中學術列車」將由清大精心排出鑽石陣容，名師以淺顯易懂的方式，與各地高中學生與民眾分享知識饗宴。期望藉由學術知識生活化，將學術的種子根植於年輕族群中。講座內容涵蓋科技新知、生活常識大觀等面向，精采可期。講座內容從天文星象、能源大觀到教育、生技等橫跨理論到應用層面。為了擴大參與的層面，清大特別將講座時間都安排在週末。

　　今年清華大學「高中學術列車」，2月25日將準時從彰化高中開始展開，之後也會在臺中一中、嘉義中學、臺南一中、高師附中、屏東高中、臺東高中、花蓮高中、宜蘭中學、北一女中、金門高中及武陵高中舉行。每場次規劃

4個主題講座，目前已規劃的講題有：「經濟學的趣味」、「換個位置一定要換個腦袋嗎？」、「化學工程與生物技術」、「烏賊的偽裝術」、「口服胰島素：糖尿病患免於挨針的理想」、「新能源大觀：人類如何永續生存？」及「質子有多大？」等，務期使參與者滿載而歸。

　　最後我要代表清華大學感謝台積電文教基金會、遠哲科學教育基金會、富邦文教基金會、華碩文教基金會和張昭鼎基金會對「高中學術列車」的支持。各基金會實際上是清華的長期支持者，是名副其實的清華之友。同時我也要謝謝各高中的全力配合，尤其是台中一中郭校長、金門高中蔡校長、花蓮女中謝校長以及高雄師範大學附中李校長，親臨記者會現場，共襄盛舉。我們盼望「高中學術列車」開行順利，能年年準時發車，必要時可開加班車支應。

▲ 基於與社會共享學術資源理念，收
　 推動與推廣之效

清華大學「101高中學術列車」啟動與《DNA搭乘頭等艙》新書發表會致詞

2012年11月12日　星期一

　　很歡迎大家來參加今天的清華大學「101高中學術列車」啟動與《DNA搭乘頭等艙》新書發表會;清華大學去年在慶祝百周年校慶之際,推出「清華開放學堂」開放給民眾參與,獲得熱烈迴響。因而進一步到中南部地區陸續舉辦「高雄清華講座」及「臺中清華講座」,鼓勵社會大眾參加,分享大學豐富的學術資源。基於廣受好評的成功經驗,清大認為將專精知識向下延伸,將深奧的知識轉化為平易近人的生活實用常識,對啟蒙階段,心智漸趨成形的高中學生將有啟發作用,並可作學習性向探索的參考。在幾次與高中代表的會前會,都喜見各校都對移動的「清華開放學堂」多所期待。因此決定啟動「高中學術列車」,由清大精心排出鑽石陣容,由名師以淺顯易懂的方式,與各地高中學生與民眾分享知識饗宴。期望藉由學術知識生活化,將學術的種子根植於年輕族群中。

　　大學的傳統任務是培育人才,傳播知識,進而創造知識,近年思潮是更應指引社會進步方向,藉社會關懷,推動社會與人類生活方式的革新進步。「高中學術列車」是清華大學具體實踐辦學理念的一環。上學年度「高中學術列車」, 自2月25日從彰化高中開始展開,順利開往臺中一中、嘉義中學、臺南一中、高師附中、屏東高中、臺東高中、花蓮高中、宜蘭中學、北一女中、金門高中及武陵高中舉行。為了擴大參與的層面,特別將講座時間都安排在週末;由於開行順利,除能準時發車之外,據參與教師與同仁回報,在各地都有相當熱烈的迴響,累計吸引了超過三千人的聽眾,已決定再接再厲,在本學年度繼續發車,將於11月17日再度以彰化高中為首站。這裡要特別一提的是清華並沒有漏掉在地的高中;清大的許多活動,如上學年在清華擔任講座的鄭愁予教授以及「諾貝爾大師在清華月」五位諾貝爾獎學者演講,都特別通知在地學

子參加，另有「開放學堂」活動，也確實看到許多學子踴躍參與。

　　清華舉辦「高中學術列車」除為加強清華與各參與高中互動，也是「別有深意」；在學校裏，「清華通識講堂」是課外活動，一年多來約辦了十場，所請的講者都是一時之選，內容豐富精彩，但除少數場次外，場面不夠熱烈，讓人憂心像清華這樣的大學，「求知若渴」的師生同仁數目不夠多；就學生而言，反而是占總人數不到1%的大陸交換生與學位生參與率高很多；在台灣大學裏，學生「求知慾」不夠旺盛似乎是普遍問題，這也是「高中科普列車」希望向下扎根，協助培養學子早日領會知識的樂趣，更進一步瞭解興趣所在，而得終生受用。

　　《DNA搭乘頭等艙》是邀請歷次參與「高中學術列車」教師，將講座內容整理彙編而成，包括統計、物理、天文、醫學、生命科學、能源、材料、化學工程、無限通訊、心理、經濟、文學各學科精華知識，以深入淺出形式呈現，蔚為大觀，一方面為第一學年度的「高中學術列車」劃下完美句點，另一方面，也是一本知識含量豐富的好書，值得所有知識愛好人的精讀與珍藏。

　　「高中科普列車」承蒙台積電文教基金會、遠哲科學教育基金會、富邦文教基金會、華碩文教基金會和張昭鼎紀念基金會支持，同時感謝各高中的全力配合以及積極參與「高中學術列車」的清華同仁。有各位的無私付出，才有今天的豐碩成果。最後也要感謝「五南圖書公司」與本校共同發行《DNA搭乘頭等艙》新書，期盼是清大與「五南圖書公司」長期合作的開始。

▲ 藉由學術知識生活化，將學術的種子根植於年輕族群中

▲ 是一本知識含量豐富的好書

102學年度清華高中學術列車感謝會致詞

2013年11月11日　星期一

　　很歡迎大家來參加「102學年度清華高中學術列車感謝會」，今天的活動名為感謝會，自然是因為要感謝許多單位與個人，才能使今年的「清華高中學術列車」快樂起航。首先我要感謝贊助本活動的機關團體，包括富邦文教基金會、台積電文教基金會、張昭鼎紀念基金會，以及十四所高中校長及同仁，預定作共三十七場次演講教師，以及教務處的承辦工作同仁。

　　「清華高中學術列車」活動，今年是第三次舉辦，所以成案是基於「分享」的理念；清華大學一向以擁有最優秀的師資而著名，從國內所有難得的獎項：如中央研究院院士，教育部國家講座、學術獎，國科會傑出研究獎、吳大猷紀念獎等客觀的數據上來看，清華教師得獎比率長期高居第一；最近「上海交大兩岸四地大學排名」公布2013年排名，本校排名蟬聯第三。根據這項調查，北京清華、台大分列第一、二名；清華雖次於北京清大、台大，但是受限於規模以及資源投入，如將此兩項因素納入考慮，則清華是名副其實的「華人首學」；這些亮麗結果與清華優異師資密不可分。清大在前年慶祝百年校慶之際，推出「清華開放學堂」開放給民眾參與，獲得熱烈迴響。因而進一步到中南部地區陸續舉辦「高雄清華講座」及「臺中清華講座」，鼓勵社會大眾參與，分享大學豐富的學術資源。基於廣受好評的成功經驗，清大認為將專精知識向下延伸，將深奧的知識轉化為平易近人的生活實用常識，對啟蒙階段，心智漸趨成形的高中學生將有啟發作用，並可作學習性向探索的參考。

　　另一個「分享」的概念，也可以說是清華的企圖，是希望讓社會大眾，尤其是優秀的高中學子進一步認識清華；上週六下午，我參加清華化學系與校友合辦的「第十屆清華盃全國高級中學化學科能力競賽」頒獎典禮，這項競賽連辦了十年，每年有學校資源限制下最多能容納的三千五百學子參加，已建

立國內高中化學科能力競賽的最佳口碑；今天中午，則是本校新設「亞洲政策中心」開幕典禮，「亞洲政策中心」首任主任是前美國籍大使級外交官，退休後決定長居台灣的司徒文博士來；他富有豐富的外交官經驗、擁有英國文學博士學位、珍視清華與美國外交與政經特殊關係，可謂「天作之合」，也促成了「亞洲政策中心」成立；另外今天傍晚，將會舉行本校主辦「台法前鋒科學論壇」（France-Taiwan Frontiers of Science Symposium）與法方以及國科會簽約典禮，清華在2012-2013兩年間受國科會委託辦理這項盛會，由於績效良好，又蒙國科會委託繼續辦2014-2015「台法前鋒科學論壇」，重點在聚集台法優秀年輕學者共同研討國際間發展中最熱門或前瞻之研究主題，激發彼此更具開創性之研究主題及開啟跨國界與跨領域的知識交流新管道，擴展思考研究的範疇邊界，已建立優良傳統；如果再看清華在近期內各種活動，如九月底到美國招收優秀學生的創舉；八月底接受馬來西亞最好的大學「馬來亞大學」（University of Malaya）到該校辦理「新竹清華日」；陸續在印度成立四所「華語教學中心」；本人以東亞研究型大學協會（Association of East Asia Research Universities，AEARU）現任會長身分受邀到歐洲大學聯盟（European University Association，EUA）年會演講以及下月本校將主辦AEARU與歐洲研究型大學聯盟（League of European Research Universities，LERU）聯合會，LERU是歐洲二十一所高水準研究型大學組成的聯盟，而AEARU則為東亞最好的十七所研究型大學協會；這些都顯示清華在台灣高等教育不凡的地位，而

▲ 希望讓社會大眾，尤其是優秀的高中學子進一步認識清華 　▲ 將學問的精華，向社會傳播，根植學術的種子

希望與社會各界尤其是優秀的高中學子「分享」。正如以往協助活動的高中反應，許多參與「清華高中學術列車」的同學受到啟發，領會知識的樂趣，對未來開始思索，更進一步瞭解興趣所在，由清華教師將學問的精華，向社會傳播，根植學術的種子。

　　此次活動將於102年11月16日至103年5月31日舉辦，不僅巡迴全臺各地，甚至將觸角延伸至金門、澎湖與馬祖地區，期盼能讓離島地區的學生們，透過學術列車活動，將知識深耕於在地，將學術播種於教育。

「第八屆清華盃全國高級中學化學科能力競賽」頒獎典禮致詞

2011年11月5日　星期六

很高興參加今天的化學「第八屆清華盃全國高級中學化學科能力競賽」頒獎典禮。「化學科能力競賽」參照國際奧林匹亞競賽方式，得到高中優秀學子熱烈迴響，歷年來越演越盛。大約十天前我到北部一個高中演講時，該校校長特別提到今年他們學校有些學生錯失報名機會，扼腕不已，可見本活動受歡迎的程度。

「清華盃全國高級中學化學科能力競賽」是由化學系與畢業系友所成立的水木化學文教基金會共同舉辦。化學系是清華的王牌系所，在過去四十餘年辦學優良，不論是學術研究、教學水準、超過四千位畢業生對台灣的貢獻，都是國內各化學系所中首屈一指的。化學系校友除了表現優異外，對母校的向心力極強；例如清華為慶祝創校一百周年，籌建「多功能體育館」，發動校友募款，化學系校友熱烈響應，一系即募得近三千萬元，居全校所有系所第二名，另外清華正在籌建一棟「清華實驗室」，構想是把化學系、物理系、材料系及化工系等四個系所部分的實驗室放在同一棟大樓裡，以促進跨領域、跨科系的研究。這項計畫的建築硬體部分預定經費之一部分希望由四個系所分別向畢業的系友，或相關產業的廠商募款，以支持此一建館計畫。各系所對外募款金額，目標最少為新台幣五千萬元。化學系校友在系友會呂正理理事長領導下，配合發起「許一個清華化學系的大未來」募款活動，先由理監事認捐一千五百萬元，下個星期系友會將舉辦一個預期有兩百位系友參加的募款餐會，呂理事長表示情況非常樂觀，足見校友熱愛母系之一般。

化學是一門迷人的學問，近世紀來，不斷推動科技巨輪，從石化、生化醫藥到新材料產業發展中，都扮演關鍵的角色。最近蘋果電腦創辦人賈伯斯

英年早逝，他生前唯一授權立傳的《賈伯斯傳》也趕在他身後不久問世。其中記載化學對賈伯斯可謂有再造恩典。賈伯斯在1985年被逐出他一手創辦的蘋果電腦，決定再度創業，想到以前與1980年以基因工程研究突破獲得諾貝爾化學獎的博格（Paul Berg）互動；當時他對博格基因裁剪與重組研究深感興趣，但嫌實驗步調太慢，建議利用電腦模擬，加速研究。博格告訴他需要更強大的電腦才辦得到。他乃決意發展用於教育與研究的下一代電腦，公司即以下一代（NeXT）取名，其中小寫e強調教育（education）、卓越（excellence）與科技（e=mc²）。十年以後，他能演出王子復仇記，重掌蘋果電腦，正是因為NeXT掌握蘋果電腦需要的關鍵技術。許多人認為賈伯斯改變了世界，我們也可以衍伸為化學以迂迴的方式，又一次發揮改變世界的影響力。

　　各位參加決賽同學，都是今年三千五百名參加初審學子中的佼佼者，正是清華希望招收到的優秀學生，清華大學熱忱歡迎你們未來加入清華大家庭。等一下水木化學文教基金會將頒發優厚的獎學金獎勵以往參加能力競賽優勝而於今年進入清華化學系的六位同學，呂理事長告訴我說以後會持續辦理此項獎學金的頒發，因此各位同學「人人有希望」，願大家「許一個自己與清華永久聯結的大未來」。

「第九屆清華盃全國高級中學化學科能力競賽」頒獎典禮致詞

2012年11月10日　星期六

　　很高興參加今天的化學「第九屆清華盃全國高級中學化學科能力競賽」頒獎典禮。今年參加的高中生達三千兩百餘人，而今天能來參加決賽的僅有十二組四十八人，僅約1.5%，事實上都是優勝隊伍，大家能脫穎而出，已很光榮並值得嘉獎，所以等一下頒獎時，大家可以平常心看待。

　　「清華盃全國高級中學化學科能力競賽」是由化學系與畢業系友所成立的水木化學文教基金會共同舉辦。化學系是清華的王牌系所，在過去四十餘年辦學優良，不論是學術研究、教學水準、超過四千位畢業生對台灣的貢獻，都是國內各化學系所中首屈一指的。今年上海交大全球大學化學領域排名，清華大學居第四十三名，在兩岸四地大學中為第一名，並為台灣唯一進入百大的大學。另一方面，化學系校友除了表現優異外，對母校的向心力極強；例如在下星期四（十一月十五日）將啟用的「多功能體育館」，當初是發動校友募款，承蒙化學系校友熱烈響應，一系即募得近三千萬元，居全校所有系所第二名，另外清華正在籌建一棟「清華實驗室」，構想是把化學系、物理系、材料系及化工系等四個系所部分的實驗室放在同一棟大樓裡，以促進跨領域、跨科系的研究。這項計畫的建築硬體部分預定經費之一部分希望由四個系所分別向畢業的系友，或相關產業的廠商募款，以支持此一建館計畫。各系所對外募款金額，目標最少為新台幣五千萬元。化學系校友在系友會呂正理理事長領導下，配合發起「許一個清華化學系的大未來」募款活動，先由理監事認捐一千五百萬元，以後將由值年校友逐年補足，上看七千五百萬元，可見校友熱愛母系之一般。

　　今年的諾貝爾化學獎頒給美國杜克大學（Duke University）的羅伯雷夫柯維茲（Robert J. Lefkowitz）與史丹福大學的布萊恩柯比爾卡Brian K. Kobilka，

二人因為釐清了一類被稱為G-蛋白偶聯受體（G-protein coupled receptors, GPCRs）的物質及其在體內的運作而得獎。GPCRs能感知環境，而且認知道周遭發生的事情，大約有一半的藥物是透過GPCRs物質發揮作用。雷夫柯維茲首先發現發揮作用一個有效受體，柯比爾卡原在雷夫柯維茲團隊工作，費了約二十年時間，培養出GPCR結晶，並以X光繞射方法解出其結構，達成突破，成果發表於去年出版的《自然》（Nature）期刊上；研究顯示受體具有七條長而且具疏水性的螺旋形帶子——稱為螺旋體，這暗示了科學家們，這個受體可能繞進和繞出細胞膜七次。

與這項諾貝爾級工作相互輝映的是本校潘榮隆及孫玉珠二位教授共同領導的研究團隊，以X光繞射方法成功解得植物液泡的氫離子通道焦磷酸水解酶（H+-pyrophosphatase）之膜蛋白分子結構，它是由兩個相同的蛋白質分子組成，每個分子穿越細胞膜來回十六次，具有極複雜的構造，於3月29日發表於《自然》期刊。研究成果讓人瞭解植物如何調控細胞酸鹼值，如何有效利用代謝副產物所含的能量進行氫離子的傳輸。植物中的焦磷酸水解酶可影響植株生長速度以及耐鹽、抗凍、抗旱的能力，為經濟作物發展與改良中的一個關鍵酵素。另一方面，病原菌如破傷風桿菌、牙周病菌、與螺旋桿菌的細胞表面也存在此類酵素，是故其適合作為生醫發展的特定藥物標靶。本研究在環境、綠能、農業與醫藥方面皆具有很大的發展潛能。膜蛋白占細胞所有蛋白質的30%，卻只有1%解得，主要由於膜蛋白不易自細胞膜萃取，困難長成膜蛋白結晶，難以建立高解析度的分子結構。在達成長晶突破後，掌握結構生物關鍵技術，以X光晶體繞射方法將複雜結構解開。這個例子顯示清華正在從事諾貝爾獎級的研究；同時據台灣科學雜誌「科學人」評選，今年台灣十項科技突破，清華工作即占了五項，都展現清華的優勢地位。

另一方面，今天對清華也是一個很特別的日子，今早在美麗的成功湖畔清華頒給知名人類與保育學家珍古德（Jane Goodall）女士名譽博士學位；她在約五十年前，在非洲荒野黑猩猩群中從事田野調查，大大增進人類對黑猩猩的瞭解，並揭露其許多不為人知的行為，「破除了只有人類才會利用工具的迷思，甚至影響到如何定義人類」，「改變了人類對自己的認知」，改寫了對「人性」的定義，被譽為「最偉大科學成就的代表」。等一下我就要離開去校內合勤演藝廳參加在台印度社群舉辦的慶祝「燈節」（Diwali）活動，印度

「燈節」就像台灣的舊曆年一樣，是最主要的節日，所以年年會在清華舉行，是因為清華擁有印度在台最大社群，如追溯源由乃因化學系在約三十年前開始招收印度留學生；由今天的活動，可見清華與化學系生活多彩多姿的一般。希望各位優秀高中學子，明年上大學時都以清華為首選。

　　最後我要感謝各位評審，化學系校友會、主持試務的同仁以及贊助單位，有大家無私的付出，才有今天成功的「全國高級中學化學科能力競賽。」

▲①化學系是清華的王牌系所
　②由今天的活動，可見清華與化學系生活多
　　彩多姿的一般
▶③據客觀評選，今年台灣十項科技突破，清
　　華工作即占了五項

「第十屆清華盃全國高級中學化學科能力競賽」頒獎典禮致詞

2013年11月10日　星期日

　　很高興參加今天的化學「第十屆清華盃全國高級中學化學科能力競賽」頒獎典禮。今年的競賽延續往年盛況，參加的高中生達三千兩百餘人，而今天能來參加決賽的僅有十二組四十八人，僅約1.5%，事實上都是優勝隊伍，大家能脫穎而出，已很光榮並值得嘉獎，所以等一下頒獎時，大家可以平常心看待。

　　最近一連串的食品安全問題，讓人「食在不安」，從三氯氰氨、塑化劑、毒澱粉、混用油、冒用油（假橄欖油）、含銅葉綠素（葉綠素色素）橄欖油，銅葉綠素鈉麵品，不肖業者「食破天驚」，要靠完備的食品安全法規、主管單位與通路嚴格把關以及消費者有所警覺與認知，多管其下，才有可能改善；在仍在發展的食安事件中，化學都扮演了主要角色，俗語說：「水可載舟，亦可逆舟」，一方面驚見黑心廠商為發非分之財不擇誤用各種化學手段，一方面也可見化學與食品安全息息相關；化學是一門迷人的學問，近世紀來，不斷推動科技巨輪，從石化、生化醫藥到新材料產業發展中，都扮演關鍵的角色，近年來化學與化工相關所系，重點多在高科技材料、生物醫學與能源領域，事實上在較傳統的民生產業中仍充滿了機會與挑戰，是一個「厚用利生」，可讓優秀學子大顯身手的領域。

　　今年的諾貝爾化學獎頒給美國籍卡普拉斯（Martin Karplus）、列維特（Michael Levitt）和瓦爾歇（Arieh Warshel），得獎理由是研究出電腦模擬方法，用來了解與預測化學反應過程。他們的共同特點是猶太裔；而物理學獎兩位得主是：英國物理學家希格斯（Peter Higgs）和比利時學者恩格勒（Francois Englert）獲獎，二人參與鑽研證實上帝粒子存在，其重要性在解釋

質量存在的原因，其中恩格勒為猶太裔；同時醫學獎三位得主是：美國籍羅斯曼（James Rothman）和謝克曼（Randy Schekman），以及德國出生的聚德霍夫（Thomas Suedhof），以細胞如何組織其傳輸系統的開創性研究獲獎，其中羅斯曼和謝克曼為猶太裔，也就是今年諾貝爾獎自然科學項下八位得主，有六位屬猶太裔。猶太裔科學家在自然科學界大放異彩並非新鮮事，但為何全球兩千五百萬猶太裔人，僅占全世界不到千分之四人口，能獨獲超過百分之二十五諾貝爾獎？很多人認為與其善於思辨傳統有關，不僅好學深思，而且不畏辯證；在討論中，需有人扮演「魔鬼辯護師」的角色，也就是如果人人都認為某人是妖魔，或某事萬萬要不得，一定要有人從各種可能的角色為他辯護，才不至落入「從眾附合」（Conformity）的陷阱；如最近很賣座的《末日之戰》（World War Z）中，以色列耶路撒冷城所以能夠支撐到最後一步，照情報主管的說法，是因為以色列養成的十個人中，如已有九人認同一件事，第十人一定要極力反對，因而在世界各地傳來隱晦不明的「活死人瘟疫」（Zombie Epidemic）時，才得以斷然在耶路撒冷城四周樹立高牆，阻隔「活死人瘟疫」入侵，頗能道出猶太傳統鼓勵「另類思考」特色。

另外我要特別指出今年的諾貝爾化學獎得獎理由是研究出電腦模擬方法，用來了解與預測化學反應過程；顯示利用電腦模擬，做化學研究已經相當成熟；很多化學方法無法弄清楚的反應，研究者從基本原理出發，設計電腦程式，計算各種可能的反應路徑，這被稱為模擬（simulation or modeling），研究者可以在電腦上對化學反應進行逼真的模擬，對化學反應過程進行直接觀

▲ 理論模擬與實驗交互進行，成為解決問題的利器

▲ 化學是一個「厚用利生」，讓優秀學子大顯身手的領域

察，而獲得可能的反應路徑，而引導進行實驗驗證，如此理論模擬與實驗交互進行，成為解決問題的利器；該技術可以用來研究各種化學，包括在催化反應、藥物開發和太陽能等領域應用，未來更潛力無窮，李維特甚至希望進一步在分子的層次模擬生命體，非常值得注意。

最後我要感謝各位評審，化學系校友會、主持試務的同仁以及贊助單位，有大家無私的付出，才有今天成功的「全國高級中學化學科能力競賽」。

高中數理資優班專題發表會致詞

2011年12月28日　星期三

　　首先我代表清華大學歡迎北部八所高中「高中數理資優班」帶隊老師與同學來參加今天的專題發表會。在各位同學未來求學就業過程中，能以簡潔有力的方式發表成果至為重要，因此舉辦專題發表會，提供同學們演練學習機會，別具意義。

　　本人高三時候，有幸參加當時每所高中僅有一位數理最優代表的「愛迪生科學營」，所以如果我晚生若干年，應該也是「高中數理資優班」學生。另外我也是物理學士與博士，借此機會與各位同學談談讀數理科學的經驗。

　　在民國五十年代，由於受到李政道與楊振寧先生於1957年榮獲諾貝爾物理獎的影響，台灣高中學生曾掀起一股讀物理熱潮。我即是在此背景下，選擇物理系為我第一志願，幸運的保送到台灣大學物理系就讀。在大一時，化學與微積分被學校安排分別與化學及數學系同學一起上課，所以認識不少化學及數學系朋友。當時流行的想法是化學要學好需要物理好、物理要學好需要數學好，數學學好則可多讀一些哲學，因此大學與唸研究所時課內課外讀了不少數學。現在回想起來，在我以實驗為主的研究上，誇張一點說，是毫無用處，英文是absolutely useless，可謂浪費不少時間、但從另一方面來看，後來在任教與做研究過程中，對數學不但不畏懼，而有親切感，因而在研讀參考書與學術論文時，不會因所涉數學較為艱深而卻步，其實還是有相當收穫的，所謂功不唐捐。但如有機會重來的話，我希望能在有良師指引下，更有效率的學習。

　　在我唸大學時，另外一個普遍看法是物理基礎性最高，化學次之，生命科學主要是描述性（descriptive）學問，分析（analytical）的成份少。換句話說，物理、化學、生命科學所須數學依次遞減。這種情況因近年來生命科學快速進展，有相當程度的改觀，譬如生物資訊（informatics）吸引許多電機資訊

學者投入，有些統計或數學出身學者，也得在生命科學領域揚名立萬。基礎科學從二十世紀後三、四十年到現在，以生命科學進展最快，其應用潛力漸顯，但學門基礎性的排序並不會因而改變。

　　一個人的成長，人文素養極為重要。為培育寬闊視野之人才，讓學生不以追求高分為唯一目標，而願意致力於學習效果的提升與達成，得以有機會與時間接觸更多其他有義意的事務，清華大學自99學年度起，學生學業成績由百分計分法改採等級制。相信此項重大變革對本校以及台灣的高等教育，將會產生深遠的影響。大家在未來學習上，也要注意不要太早獨沽一味。諸位在高中數理資優，可謂為將來上大學打下很好的基礎。清華大學竭誠歡迎各位未來選擇到本校就讀，最好是在座兩百多位同學一個都不少。最後祝大家專題發表順利，抱得優勝錦標歸。

第十屆清蔚盃辯論賽開幕致詞

2013年8月6日　星期二

　　歡迎大家來參加清大「思言社」主辦的「清蔚盃」辯論賽，清蔚的原意，乃是「清新脫俗，美盛薈萃」，由於蔚有文采華美之意，清蔚也可說與清華相通，「思言社」運用清蔚的概念，做為「清蔚盃」的核心價值，甚有深意與創意；據了解，台灣許多大學與辯論相關社團都定期舉辦高中辯論賽，大家來參加「清蔚盃」辯論賽希望是受競賽的品質以及豐富多元的相關活動吸引，譬如明晚的「清蔚之夜」就是選手之夜，將於本校風雲樓三樓學生國際會議中心辦理，提供參賽選手們機會與他校的辯士們除賽事上較勁外的另類交流機會，除準備了精緻餐點並有精彩餘興節目（例如：有獎徵答等……），紓解選手壓力，另外，選手也得於本校住宿期間利用本校最現代化的學習資源中心——旺宏館搜尋賽事辯題相關資料，實際運用該中心設備與資源。

　　本校推動辯論的社團當初以「思言社」命名，很顯然的點明言語包括辯論是思想的表達，以思想為源頭、基石與後盾，不可偏廢。在現代社會中，批判式思考（critical thinking）是安身立命基本能力；凡事從不同角度探索，對事務各個面相有相當了解，經過合乎邏輯的整理分析，才有可能作正確判斷，不致於相信一面之詞，只聽一家之言，被誤導或誤人而不知；辯論針對各種辯題有正方與反方，必須搜集相關資料，仔細分析，擬定方向，加以申論，而又須經得起質詢挑戰與考驗，作有力的答辯，最後再就攻防下的戰果，以完成結辯程序，大大增加對事務了解的能力；同時辯論時非常注重語言的表達以及臨場的儀表與態度，這也是現代公民應具備的素養，妥善的準備以及專注的演練，不僅擴展深化知識，而且是最佳的公民養成教育，是很值得鼓勵的。

　　辯論時必有質詢，也就是對別人的論點加以質疑，這點在台灣的教育中較為欠缺，常見所謂填鴨式教育，是希望學生照單全收；清華大學去年五、六月舉

辦「諾貝爾大師月」活動，雖因不同的機緣，巧合的是五位諾貝爾大師都屬猶太裔；全世界現約僅有一千五百萬猶太人，不到世界人口的千分之三，產生了約四分之一的諾貝爾獎得主，比例之高驚人；從一些分析猶太人為何表現特優的書籍與文章中，最常見的論點是猶太人善於質疑而喜歡問問題；猶太人小孩放學回家時，媽媽不會問他今天有什麼好的表現，而是問「今天問了什麼問題？」在餐桌上全家一起用餐時也鼓勵辯論，因此訓練出過人的思辯能力，是成功的秘訣。

英國大思想家培根（Francis Bacon）曾說：「閱讀使人充實；會談使人機敏；寫作使人精確（Reading makes a full man; conference a ready man; and writing an exact man）」，有人翻譯為「讀書使人淵博；辯論使人機敏；寫作使人精確」，辯論比會談更有即時感，所以適切臨時反應所需的機智很重要，但要言之有物、切中主題、辨別誤謬，則需要有豐富的知識作後盾，而知識不可能憑空而來，要靠用心學習而來，如這次比賽，初賽辯題為：「我國勞動基準法應廢除工作責任制」；複賽辯題為：「媒體的壟斷問題比素質問題嚴重／媒體的素質問題比壟斷問題更嚴重」，參賽同學自然要了解何謂我國勞動基準法、工作責任制、媒體的壟斷問題、媒體的素質問題，它的特色與適用範圍，優點與缺點，考慮是否周全，是否有配套措施等，很多問題的答案不是黑白分明，不是零與一或者零和，有深刻的了解，才能提出擲地有聲的見解。

有些問題則可能有見仁見智的看法，我有一位朋友在服役時曾參加辯題為「光復大陸應以軍事或經濟為先？」辯論賽，他先以正方身分得勝，不久後又以反方身分得勝，堪稱雄辯家，但也因為命題是開放式時，較有空間從不同角度切入，而辯論技巧就顯得很重要，一方面要掌握主題、思路清晰、條理分明、鞭辟入裡、用語精到，而掌控聲調速度以及姿勢態度，能理直氣平、穩健的侃侃而談，也是加分的關鍵。

最後則要強調寫作的重要，寫作能促進思考與分析，得以反覆琢磨，使理念更澄明清晰，同時藉蒐集的資料，補強依據，而更論點更為精確，辯論時首辯申論時，如能擬就書面內容，通常會有助於臨場表現，如大家還沒有如此做的話，不妨一試。總之閱讀、思辯與寫作，不僅息息相關，而且對大家未來學習以及生活都極為重要，值得大家用心培養。

剛才聽執行長說她是當年「清蔚盃」的選手，我希望大家在體驗清華生活後，以後也都能以清華為你升大學的選擇，最後祝大家有美好的辯論經驗。

2013年高中教師清華營致詞

2013年1月22日　星期二

　　首先歡迎各位高中老師來參加「高中教師清華營」，各位老師犧牲寒假到清華來，當然是有所為而來，一部分是對清華的好奇心，一部分也是希望進一步了解清華，對所培育的學子能提供適當指導。至於清華為什麼辦高中教師營，當然也是有所圖謀；每個學校都希望招收到優秀學生，透過對學生有很大影響力的老師可能是最有效的辦法，俗話說：「跑了和尚跑不了菩薩」，如果把高中比作寺廟，學生來來去去，像是和尚，老師則是常駐菩薩，拜了一次菩薩，效果可以很綿長。

　　據了解在開幕式後，教務長有長達一小時的學校介紹，所以我嘗試講述一些預料不會與教務長重複的清華故事；百年清華肇因於美國國會於1908年通過老羅斯福總統提出的將美國多要的庚子賠款歸還中國法案，並指定歸還款項用於培育高等教育人才；原來庚子拳亂導致辛丑和約，美國後來發現當初索賠而得到的賠償過高，事為當年清廷駐美公使梁誠得知，乃積極運作使美國退還多要的庚子賠款，中間的插曲是時任總理大臣的袁世凱原擬將該款用於「建設東北」，但梁誠抗命並成功聯同當時美國駐華大使柔克義使通過法案，指定退還款項作為教育之用；清廷據以自1909年起，在全國招考優異學子，連續三屆，共錄取180人，直接送到美國接受高等教育，是為「清華直接留美生」，包括後來擔任清華校長二十四年之久的梅貽琦、胡適、趙元任諸先生；這裡值得一提的是，當年署理留學生出國的大臣張之洞主張選送的學生要具備深厚的國學根基，而後來這些直接留美生學成返國後，許多成為各行業的領袖，與他們具有卓越識見與善於表達應有密切關係；滿清政府在辦理「直接留美班」時，由於實務需要，在北京「清華園」成立「清華學堂」，民國後，改稱「清華學校」，招收學生在清華完成約當高中畢業程度學業，再直接插入美國大學一、

二年級，成為「留美預備學校」，初期洋化甚深，1912年教員30人中，美籍教習有19位，1918年教員49人中，美籍尚有25人占多數，同時廣用洋課本，並推動說洋文，廣建美式硬體措施，另受外交部管轄，美國公使館也參與董事會的運作；英國哲學家羅素1920年到中國講學後，曾寫下他對清華的印象：「到了清華園，一個英國客就感到彷彿在美國一樣」，可見當時清華是高度國際化的學校，而在1925年改制成立大學部後，師資也始終以留學生為主幹。

新竹清華大學是曾在北京清華擔任十八年校長的梅貽琦校長於1956年創建，最初選擇代表未來的核能科技發展，設立原子科學研究所，後來陸續成立數學、化學與物理研究所，1964年成立大學部，1972年成立工學院，1984年成立人文社會學院，1992年成立生命科學院，2000年成立科技管理學院，目前是一包含七學院與一共同教育委員會的綜合大學；清大在台建校後，在政府與庚款基金支持下，較具優勢積極延攬留美學人返國任教，有「人才集中地」的聲譽，無疑的擁有全台最優秀的師資，可喜的是這項傳統一直維持到現在；如放眼目前國內最重要的學術獎項，舉凡中央研究院院士、教育部國家講座、學術獎以及國科會傑出研究獎等，清大教師得獎比例必然居冠，並常遠高過他校；去年「科學人」雜誌評選2012年台灣十大科技突破，清大工作即占五項，可見一斑。

限於時間，今天我對清大初步介紹就在此打住；最後我要邀請大家，這幾天一定要到校園中「梅園」一遊：「梅園」是為紀念兩岸清華永久校長梅貽琦先生而設立的，位於梅校長陵墓旁，遍植梅花，是當年任職國防部副部長的蔣經國先生授意榮工處處長嚴孝章自嘉義梅山移植而來，目前已開始綻放，美不勝收；同時今年清華南校區新闢山櫻花林也開始盛開，是水木清華最新一景，請大家也不要錯過這「賞心悅目」的大好時機。最後希望各位老師參加清華營會覺得賓至如歸、不虛此行，祝大家新春快樂。

▶ 清大有「人才集中地」的聲譽，擁有全台最優秀的師資

102年暑期「愛迪生自然科學研習會」
始業式致詞

2013年7月8日　星期一

　　首先歡迎大家來清華參加102年暑期「愛迪生自然科學研習會」；有人說，在學校裡有資優生、模範生，什麼時後又出了愛迪生？事實上，愛迪生遠比資優生、模範生更為難得，目前全省有340所高中，155所高職，近五百所高中、職，而這次全省共有175位同學參加，所以平均約三所高中、職才有一位代表，所以入選的同學非常難能可貴，可喜可賀；講到這裡，可能有同學心中會想，為什麼清華大學校長對我們似乎有相當了解，謎底是我當年曾是新竹中學選派的「愛迪生」，我想到現在還是一樣，學校選派的代表是當屆數理最優同學，而台灣科技界教父級的施振榮先生曾回憶因在彰化中學高中一、二年級數理成績最優，得過「愛迪生」獎；另一方面，巧的是舉辦地點正是在現在的「新竹教育大學」，主辦單位也是救國團與台灣電力公司，因此我們也要感謝救國團與台灣電力公司從民國49年起至今已經辦理了50多年這項有意義的活動。

　　愛迪生是世界知名的發明家，改良了對世界極大影響的鎢絲燈泡、留聲機和電影攝影機等，他於1892年創立奇異公司，至今仍為世界首屈一指的科技公司。本研習會的宗旨是獎勵數學及自然學科成績優良之高中、職學生，激發青年研究科學興趣，以培育人才，促進國家建設發展；大家既與愛迪生結緣，對其行誼風範有近一步了解，在未來引為典範，對未來求學與事業都會有很大的幫助；我謹在此引述並略作闡發愛迪生的幾句嘉言：

一、「天才是百分之一的靈感加上百分之九十九的汗水」（Genius is one per cent inspiration, ninety-nine per cent perspiration）；光靠聰明不可恃，沒有努力，付諸行動，只是空想而已；

二、「如果你希望成功，當以恆心為良友，已經驗為參謀，以謹慎為兄

弟，以希望為哨兵」（If you wish to succeed, you should use persistence as your good friend, experience as your reference, prudence as your brother and hope as your sentry）；

三、成功的先決條件是專心、全心全力並有恆心（The first requisite for success is to develop the ability to focus and apply your mental and physical energies to the problem at hand - without growing weary.）

四、失敗也是我所需要的，它和成功對我一樣有價值。只有在我知道一切做不好的方法以後，我才知道做好一件工作的方法是什麼（If I find 10,000 ways something won't work, I haven't failed. I am not discouraged, because every wrong attempt discarded is another step forward）；

五、科學之有趣，不僅因我們喜愛其定律、普遍性、清晰與精確，而且是因為科學賦予科學家知識與力量解決人類的問題（He must have felt, even if dimly, that if science interested him, it was not because he was first and last a lover of her laws and generalizations, nor only because the clarity and precision of science was congenial, but because science answered the questions of practical men and conferred knowledge and power upon those who would perform the labors of their generation）

六、我想揭示大自然的祕密，用來造福人類，我們活著的短暫一生中，我不知道還有什麼比這種服務更好的了（I want to bring out the secrets of nature and apply them for the happiness of man. I don't know of any better service to offer for the short time we are in the world）；

七、我平生從來沒有做出過一次偶然的發明。我的一切發明都是經過深思熟慮和嚴格試驗的結果（I never did anything worth doing by accident, nor did any of my inventions come by accident）；

八、如果我們盡力了，我們會讓自己大吃一驚（If we all did the things we are capable of doing, we would literally astound ourselves）；

九、成功三要素是常識、勤勉和毅力（The three things that are most essential to achievement are common sense, hard work and stick-to-it-iv-ness）；

十、機會與實力相遇時帶來好運（We should remember that good fortune often happens when opportunity meets with preparation）。

從大家的課程表，似未看到對清華的介紹；清華與民國同壽，由美國退還多要的庚子賠款設立，在大陸已成首屈一指的學府，包括培育出李政道與楊振寧兩位諾貝爾物理獎得主，1949年中華民國政府播遷至台灣後，1956年由校長梅貽琦於新竹市主持國立清華大學在台復校。近二十幾年來積極發展人文社會、生命科學、電機資訊與科技管理領域科系；如今清華已成為一人文社會、理、工、生科、管理領域均衡發展的學府。在台已造就英才超過六萬人，在國內外各行業均有優異表現，校友包括諾貝爾獎得主李遠哲、中央研究院院士十三人，產學研界領袖不可勝數。清華大學的教育目標為：秉持「自強不息，厚德載物」校訓，致力培育德、智、體、群、美五育兼優，具備科學與人文素養的清華人；清華有最優異的師資、設備以及廣闊美麗的校園，希望未來是諸位「愛迪生」的首選。

▲ 成功的先決條件是專心、全心全力並有恆心

▲ 機會與實力相遇時帶來好運

106年愛迪生自然科學研習會結業典禮致詞

2017年7月8日　星期六

今天很高興以過來人的身分來與研習會學員見面。大家在各級學校歷年來有不少當選模範生、資優生的機會，但成為「愛迪生」一定是人生第一次，也是僅有的一次。愛迪生雖然是美籍大發明家Thomas Edison的中文翻譯名字，巧在「生」字在中文裡代表學生，所以結業學員都可以稱為「愛迪生」。事實上，感謝台灣電力公司與救國團從民國四十九年起，即主辦「愛迪生自然科學研習會」，原來是由各高中選送數理成績最優秀的學生參加，後來更鼓勵數學與自然學科成績優良學生參與，激發青年研究科學興趣，五十八屆以來，建立起光榮傳統，如今在台灣「愛迪生家族」可謂知交滿天下，是一個可引以為榮金字招牌，難能可貴。本人當年也曾是新竹中學選派的「愛迪生」，獲益良多，飲水思源，能再度有機會參加研習會活動，感覺格外親切而欣喜。

「愛迪生自然科學研習會」原來是在各地由不同單位承辦，本人上次在清華大學承辦研習會致詞是在民國102年，據了解，此後每年都在清華大學舉行，相信應該是由於反應良好，賓主盡歡的緣故。辦理過一個多天期類似活動的人都了解，承辦這項內容豐富、多彩多姿的研習會，尤其主持人從擘畫、協調、動員與執行，是相當辛苦的工作，難得的是這五年來一直負責的杜正恭教授，不辭辛勞，一肩擔起重任，我想我們應一起，對杜教授報以熱烈的掌聲，以表感謝。

愛迪生被認為是美國最偉大的發明家，並可能是人類有史以來，最偉大的發明家。他的動人的行誼，相信大家多耳熟能詳，否則的話，上網查閱維基百科，即可得到很詳盡的資料。這也指出，今日查詢資訊，即在彈指之間，重要的是，要有好奇心，問對問題，懂得如何尋求答案；而這也正是愛迪生一生最佳的寫照；他的發明，包括鎢絲燈泡、留聲機和電影攝影機等，對人類近代

化，產生深遠影響；他於1892年創立「通用電氣公司」（General Electric），即奇異（GE）公司，至今仍為世界首屈一指的科技公司。愛迪生在1980年代，曾是電流戰爭（War of the Currents）直流電派主將，主要對手是主張用交流電輸電以特斯拉（Nikola Tesla）技術為代表的西屋電氣公司，這場戰爭最後於1890年代基於經濟與技術的原因由交流電派勝出告終，這也是為什麼現在我們在家裡用電，輸入的都是六十赫茲的交流電。交流電被廣泛運用於電力的傳輸，因為在以往的技術條件下交流輸電比直流輸電更有效率。另一方面，隨著電力輸送科技的進步，愈來愈多長距離輸電，採用高壓直流輸電（high voltage direct current，HVDC），與傳統交流輸電相比高壓直流輸電投資較少，電能損耗較低，因此在長距離的電能輸送方面更有優勢，所以直流電系統又捲土重來，也等於宣告，愛迪生在電流戰爭中並未真正落敗。這告訴我們，科技不斷進步，不能把現今主流技術視為當然，能把握基礎知識，以及掌握趨勢，適時應變，才能與時並進。所以我希望各位學員，能效法愛迪生，能充滿好奇心，問對問題，懂得如何尋求答案，而如電流戰爭故事一樣，不抱守陳規，與時俱進。我們平常以科技並稱，但科學講究第一（the first），技術則注重最好（the best），科學基礎定律不變，技術則綜合各種因素而有所變遷。

　　從課程表來看，大家在這幾天，日夜加班，是一趟豐富之旅，今天下午，即將各自賦歸。祝大家有個愉快的暑假，未來能浸浴於自然科學的趣味中，進而研習應用，為國計民生福祉，有所貢獻。

▶ 科學講究第一（the first），技術則注重
最好（the best）

清華大學舉辦桃竹菁英高中科學營結訓致詞

2013年7月12日　星期五

　　清華大學為推廣科普教育，特別為桃竹地區頂尖高中學生，舉辦5天4夜、別開生面的科學營活動，期盼各位高中在校生經過這次科學營的洗禮，拓展視野並激發出創造思考的能力。今天我以一個科學家的身分，與大家分享我對數理資優生選擇未來的看法。

　　首先就人才觀點，來看一國的發展；俗語說：「種瓜得瓜，種豆得豆」，種瓜是得不到豆的；台灣從日據時代以來，醫學一直是很熱門的學科，吸引了很多優秀學子，但醫科畢業生絕大多數以行醫為務，很少從事醫學研究，而一般來說，中等人才行醫已經足夠，所以一方面有相當的人才錯置，一方面在醫學研究方面並不突出；再者，由於各種政經因素，理工科系也長期是優異學子所愛，而且人數眾多，也因此造就今日台灣在科技方面有相當好的表現；比較讓人遺憾的是文法科較為冷門，連帶的投入領域的優秀學子較少，也造成今日國內文法科頂尖人才缺乏的窘境；讓人不禁感嘆的是，由於專業傾向，從政與擔任治理工作的人以有文法科背景者為多，而國家大計包括資源分配如由非頂尖人才掌握，結果可知；一國的盛衰繫於人才的走向，以此觀點，台灣的未來是很讓人憂心的。

　　大家這次能獲選為學員，數理方面屬於資優生，在數理學科中，數學最為基本，社會學三大奠基人之一的Max Weber曾說：「西方科學是一個以數學為基礎的科學，他是由理性思維方式與技術實驗結合而成的合成物」，數學好，也就為學習自然科學打下良好基礎，同時自然科學是累積漸進的知識，無法「半途而入」或「插隊」；而人文學科（文史哲）是非累進的知識，但思想可遨遊馳騁於日常接觸環境外的不同時空環境，除豐富思維以及本身體驗的樂

趣外，對激發創意很有幫助，人文學科與數學是所有學科中，最為基本而最需要花工夫學習；由於人文學科與數學分別有非累積與累積性的特質，所以科學家比較容易兼顧人文學科，人文學者就不容易悠遊於科學，長期以往，造成科學與人文學科的疏離，是教育改革一個首先要面對的問題；但對理工科同學而言，要讓自己由學習而具備相當水準的人文素養非常重要，一流科學家通常都有很深的人文素養，我們甚至可以倒過來看，沒有相當的人文素養，就不成其一流科學家。

　　現今大學入學，還是以直接進入不同科系為主，所以要唸理工科的同學會面臨選讀理科或工科的問題；工程是以科學為基礎，但工程與科學是有差異的。科學家主要在求知（knowledge-driven），了解自然，化繁為簡（reduction），以求深刻了解。工程師主要講究應用（application-driven），整合知識（integration），改造自然。科學家探索物理世界究竟（asking why），經過驗證、增進系統化的知識。工程師將經過驗證、系統化知識（existing process）應用於實際問題（asking what for）。科學家以領先為尚（to be first），尋求驚奇，著重突破。工程師強調最佳化（to be the best）、再現性，通常循序漸進。工程主要是以物理、化學與數學為基礎，延伸到材料科學、固體與流體力學、熱力學、輸送與轉換率以及系統分析。現代工程，如奈米工程（nano-engineering），講究原子、分子層次工程，工程與科學界限漸趨模糊。科學家有時可以「為學問而學問」，從事「天馬行空」（blue sky）研究。工程師講求學以致用，在選擇自己認為有趣問題上的自由常受到限制，而必須解決面臨的問題，滿足互相衝突、難以「兩全其美」的需求。例如要求高性能增加成本，要求安全影響實用性，改進效率增加複雜性等。最佳化常是解決工程問題的方法。考量多方因素，達到最令人滿意的結果。它可能是在一定體積限制下最可靠的，在滿足某些安全規則下功能最強的，或在一定成本下最快速的。社會成本也常是解決工程問題不容忽視的因素。

　　另一方面，現在也不是「一試定江山」的時代，以我自身經驗而言，當年我高中畢業時，獲得保送升學的機會，所填四個志願依序是物理、化學、數學與化工，所以當時志趣是有很強的理科傾向，但從唸研究所後，漸往工科發展，也不覺有多大的障礙；同時不管是理科或工科，未來都會有做理論或實驗工作的選擇，適情適性最為重要。

大家在中學是資優生，未來無論在升學以致深造、就業，在人才集中地方，一定會有機會領受到「天外有天，人外有人」的經驗，也就是很多人有絕對不輸你的智慧與能力，所以天分不足恃，必須有持久的努力加上決心與毅力，才有可能出人頭地；而持久的努力靠體力，清華大學校訓前一半是「自強不息」，取自《易經》卦辭：「天行健，君子以自強不息」，強調健康的重要，同樣智慧與能力的人，如果沒有健康的身體，將逐漸落後甚至脫隊；清華校訓另一半是「厚德載物」，取自《易經》卦辭：「地勢坤，君子以厚德載物」，則是強調待人接物的重要，科學工作，常需與人合作，具有團隊精神是成功的要素；所以希望大家能先領會清華「自強不息，厚德載物」校訓，為明年順理成章的進入清華早作準備。

十三、企業招商與學生就業活動

在招商活動中，展示清華的創新研究能量與推廣產學活動的效能。同時體現清華對學生未來生涯持鼓勵開放的態度，除提供清華學生或校友，多樣選擇的求職環境；亦鼓勵學生創業。在招商、徵才、就業與創業的各項活動中，展現業界校友與清華緊密的關係，提供就業與創業等豐厚資源。

創新生醫技術聯合招商說明會致詞

2012年5月25日　星期五

　　歡迎各位蒞臨新竹地區四個創新生醫技術研發單位共同舉辦的成果發表會及招商說明會。本活動於2011年首先由清大、國衛院、動科所發起並聯合在台北舉辦，獲得產業界的熱烈參與及迴響，已促成多項產學合作計畫。本年度邀請交大加入並於清大舉辦，歡迎各位再度參加。

　　清華大學近幾年於教學、研究、產學合作、校園建設、及校務行政均長足發展。本校自1973年首創分子生物研究所，開始培育現代尖端生物科技研究所人才，初創時期的沈燕士教授後來投入產業界發展，創立台灣第一家上市的五鼎生物科技股份有限公司。本校於1992年成立生命科學院，積極培育大學生及研究生，今年欣逢生科院成立20周年，累計培育超過1,500名研究生及1,200名大學生進入我國生醫科技領域發展。今年生命科學院於Q1已經達成NSC重量級期刊發表的KPI指標，發現大腦長期記憶的關鍵神經元、解析細胞膜氫離子通道的蛋白質結構、鑑定川崎氏症的關鍵基因組、參與研究小腦萎縮症的關鍵蛋白質標的。今天在座的來賓中約有30名生科院畢業校友，目前在產業及學研單位服務，特別歡迎你們回娘家！

　　本校生物醫學科技研發之已達國際一流水準，全校共計超過150位具堅實理工背景之跨領域生物醫學科技研發學者，是國內首創立基於雄厚理工資電基礎、為國內多項重要前瞻科技研究與產業機構合作的研發重鎮。本校生物醫學科技研發中心成功整合校內傑出跨領域研究人員，組成堅強的生醫研究團隊，結合長庚、榮總、馬偕、國衛院、台大新竹分院等醫療與研究機構，探討運用新興科技檢測與治療與疾病象關的主題、依據國際級、院士級諮詢委員的建議、建置尖端共用核心生醫設施、執行整合型研究計畫，近年來已有許多傑出研究成果。今天的第一位發表者陳福榮教授剛於Nature發表期刊，提出軟物質

與電子顯微鏡發展的創新理論與技術架構，足可應證本校研發成果的前瞻性。

　　大新竹地區擁有國內一流的尖端研究機構及豐沛的研發能量，「新竹生醫園區」已逐步建置，將成為生醫產業之先導園區及生醫相關領域高科技人才之創新研發及產業育成基地。目前國內生醫產業蓬勃發展，今天的活動亦於海報區公告多家生技製藥公司超過40名的工作職缺，我們期望學校培育的人才具備紮實的基礎、清晰的邏輯、高度企圖心、與積極行動力。非常歡迎產業界人士於本活動挖寶，共同提升創新技術的產業應用及商業化發展，積極迎接生醫科技的新時代、達成造福人類與環境的目標。

▲ 學校培育人才具備紮實的基礎、清晰
　 的邏輯、高度企圖心、與積極行動力

「2013桃竹苗地區職訓暨就業博覽會」致詞

2013年2月23日　星期六

　　首先歡迎大家到清華大學來參加「2013桃竹苗地區職訓暨就業博覽會」；昨晚回家時，校園裏尚飄著細雨，看到大草坪上已搭好的「就業博覽會」帳篷，想到「就業博覽會」第二天一早就要舉行，不禁有點擔心「天公不作美」，幸好今天風和日麗，是求才就業的好兆頭；正如許市長剛才說，能達到「人人有事做，事事有人做」。

　　據主辦單位「勞委會職訓局」資料，今天有108家廠商徵才，而有約8,000個職缺，其中高科技廠商有53家，約占一半；剛才我看博覽會活動手冊中的徵才廠商一覽表，發現有十幾家企業主或經理人是清華校友的高科技廠商列名其中，包括一號的「欣興電子」與三號的「辛耘企業」，所以等一下大家求職的通關密語之一是「我愛清華」；當然比較中性的說法而每個人都會同意的是「我喜歡清華」，清華以校園景色優美出名，大家左前方幾十公尺處，由樹林環繞的即是鼎鼎大名的「成功湖」，同時目前正是校園中櫻花盛開的季節，櫻紅處處，美不勝收，是走春的好所在；另外在大家右前方約五十公尺的地方，新落成的「學習資源館」前樹立的有「二十世紀最偉大的雕塑家」之譽的羅丹最著名的大型銅雕作品「沉思者」，剛巧是今天徵才的「辛耘企業」的董事長謝宏亮先生，也是清華傑出校友，捐贈的，大家離去前，千萬不要錯過瞻仰這舉世聞名的藝術作品機會。

　　羅丹曾經說：「如果工作不是人生必須償付的代價，而是目的，我們將是何等幸福」；理想的工作是與個人志趣相契合的，如果照現在流行說法：「努力工作是為了能盡情玩樂」（Work hard in order to play hard），工作的意義就要大打折扣，所以求職時，志趣的考量很重要；在此祝福各位求職者找到理想

的工作，各徵才企業招募到理想的員工。

　　「就業博覽會」把求才單位與求職的個人聚集在一起，提供人盡其才的機會，是非常有意義的活動，清華大學很榮幸能提供協助；在此順便打個求才小廣告，也就是本校將在三月二十三日舉辦「校園徵才」活動，徵才對象並不限於清華學生或校友，有意求職的朋友們，如屆時仍然在找理想的工作，歡迎來參加。

清華創業日開幕典禮致詞

2014年1月17日　星期五

　　首先歡迎大家來參加「清華創業日」（NTHU Entrepreneur Day），這是清華第一次辦「創業日」，從數字來看，台灣社會在創業方面相當弔詭，有人說台灣是董事長密度最高的地方，根據經濟部中小企業處統計，101年中小企業有1,302,351家，占所有企業97.67%，而從統計年鑑來看，101年新設公司有37,094家，所以說國人不勇於創業是迷思，中國古代史學名著，《戰國策‧韓策》中即有「寧為雞口，無為牛後」之語，喜歡「當老闆」，說是深植在國人DNA，或基因中，並非誇張。

　　另一方面，年輕人創業則是相當少見，傳統上家長或教師，會指引學子走一條安穩的路，在知名企業或公司行號找到一個好工作，先「安身立命」，組織家庭，有了一定歷練，再談「創業」，但為何近年來提倡「青年創業」又高唱入雲，今天會有「清華創業日」呢？

　　如果要講原因，我想有幾個好理由：

一、世界不同了！美國紐約時報專欄作家、《世界是平的》（*The World is Flat*）作者Thomas Friedman最近撰文，引Brynjolfsson與McAfee兩位MIT教授所著新書《第二次機器時代》（*The Second Machine Age*）說，第二次機器時代已經來臨了！他們認為「第一次機器時代」在十八世紀末期，隨「工業革命」發明蒸汽機而誕生，是以機械動力系統加強人力，由持續的發明使動力隨時間而更強大，但需要人做決定來控制，人力與機器處於互補的地位。「第二次機器時代」則使許多由人控制的工作自動化，最進喧騰一時的由eTag取代高速公路人工收費是一例，昨天來訪的MIT負責大規模線上開放式課程（Massive Online Open Courseware，MOOCs）事務的Anant Agarwal教授提到，

在MOOCs的經營模式之一是靠結業證書收費，如MIT與UC Berkeley每門課各收100、25美元，但要驗證是真人參加線上考試，目前辨識像貌與指紋軟體尚未至理想，最後有一段由外包到印度由真人辨識的程序，但即使在今日，人工智慧機器常能做比人類更好的決定。因此軟體驅動的機器常可取代人力，而這種趨勢是由三種非常巨大的技術進步，亦即「指數式變化、數位化、綜合式」（exponential、digital、combinatorial）達到轉捩點所導致。

指數式變化的例子是摩爾定律（Moore's Law），蒸汽機的性能每七十年才能增加一倍，飛機速度在近五十年增加並不明顯，計算機性能的進步則讓人目眩神迷，如智慧型手機功能將直追上一代的超級電腦、可自動駕駛車輛等。再加上智慧型手機普及化，無所不在的互聯網，加速技術的進步，綜合進步之例則為組合Google Maps與智慧型手機應用程式如Waze，使駕駛人在行車時自動傳送路況，而與全球定位系統（Global Positioning System，GPS）結合，不僅能了解各地路況，而且知道最佳路徑，成為最聰明的駕駛人。

由此趨勢，現代人依賴較少人與更多技術，將更有改善（或破壞）世界的威力，世界將處於急遽增強改變工作場域的科技風暴中，工作形態將大為改變，美國勞工局預測，一個人一生將換十一個工作，對於就業必須有新思維，需要多反思。

二、從經濟觀點，創業須與創新結合，本校榮譽特聘教授克里斯汀生（Clayton Christensen）是管理學大師，以首先提出破壞式創新（destructive innovation）觀念著名；克里斯汀生教授將創新分為三大類，分別是破壞式創新（destructive innovation）、維持性創新（sustaining innovation）與效率創新（efficiency innovation）；破壞式創新，尤其是破壞式的產品創新，如個人電腦，不但創造企業的成長，同時也創造了工作；維持性創新，是創造出取代性產品，這不會增加工作機會、不會為企業帶來成長，但是可以讓企業保持活力。例如，豐田創新出非常出色的油電混合車Prius，但每賣出一台Prius，就少賣一台Camry；效率創新，是用最有效率的方式、更低的成本，為既有顧客生產現有產品。因為提升效率，實際上還減少了工作機

會，但是可以為企業增加收益。一般的認知是亞洲長於效率創新，歐洲長於形式創新，美國長於科技創新，如此以創新而言，美國產業最為看好，而事實上近年來有世界影響力的創新，如iPod、iPhone、iPad、Google、Youtube、Facebook等、幾乎都源自美國。同為創新，但效益差別很大，最重要的衡量面向就是，判斷這個創新，到底是不是企業需要的創新。同時近年來社會企業（Social Enterprise）日益受到重視，創業時應思考社會契約，考慮社會成本、工作對人的尊嚴以及社會穩定，培育創業精神來創建新工業與工作。

三、年輕人創業，富有創意、創新的優點，同時年富力強，比較有本錢「東山再起」，無論選擇了什麼，都可以從頭來過，最主要創業並非康莊大道，受很多因素影響，要有接受挫折的準備，有韌性屢仆屢起，好消息是根據統計，曾經創業失利的人，再度創業成功率大增，前提是要有越挫越奮的毅力。

我們很感謝在清華這樣的發展當中，許多創業家校友願意給予支持，帶進資源、經驗與人脈，協助學校、學弟妹。今天清華創業家網絡協會（TEN）蔡能賢會長親自出席，還有許多創投校友號召回來協助這次的評審，在此我們深表感謝。

在此還要特別提到科管院史欽泰教授，他曾任工研院院長，領導工研院支持臺灣產業發展。他民國93年來到清華大學之後就希望能讓清大的充沛學術能量為社會所用，商品化是他推動的一個方向。他曾嘗試過許多不同的作法，現在他發現「課程」是一個可以讓學生主動參與的方式，唯有學生有強烈動機，創業規劃才會得以實踐，因此他在去年開始開設全校性的創業課程「技術商品化實作」，並鼓勵聯合所有創業課程一起舉辦今天的活動。

今天是我們第一次舉辦清華創業日，但清華的創業課程並不僅於這學期才開始，早從94學年度資工系蔡仁松老師就開始「高科技創業與營運」的課程，96年度科管院王俊程老師開設了「社會創業」的課程，科管院還有「創業菁英計畫」，這些課程和計畫數年來培養出許多優秀的學生。最近媒體常報導被Line以5.29億台幣收購的Gogolook，其創辦人就和這些課程、老師有密切的關係。今天我們很高興請到其中一位創辦人鄭勝丰校友回來演講，等下王老師應該會有更詳細的介紹。另外還有許多創業課程，這裡受限於時間不一一介紹。

這邊我想鼓勵在場的老師、學生，好好把握今天的機會，認識學校的各類創業課程、社團，也認識今天到場的來賓，聽聽大家對你們創業規劃的建議，探詢是否有合作的可能，相信大家都會有豐富的收穫。另外也歡迎許多的業界朋友的出席。今天的活動或許跟外面其他的創業博覽會比起來，不算盛大。但請大家多注意這些學生的潛力，他們將會是改變世界最重要的力量，而您們的參與就是讓他們發光發熱的重要助力。感謝大家，祝活動圓滿成功。

高通光電科技校園徵才講座致詞

2012年3月21日　星期三

　　很歡迎高通光電科技今晚到清華辦校園徵才講座。清華每年都會辦理校園徵才活動，例由中國工程師學會清華學生分會承辦，而由學校學務處綜合業務組協辦。我在1999到2005年擔任工學院院長時，因身兼中工會學生分會指導老師，有不同程度的參與，當校長後，最主要的角色是在開幕典禮時剪綵並致詞，至今尚未參加過個別校園徵才講座。

　　今晚我第一次參加校園徵才講座，當然一方面希望清華的畢業生找到理想工作，到場打氣與助陣，而高通科技為世界數位無線通訊領導廠商，創辦Irwin Jacobs為學界出身，創業有成而為傳奇人物，同時高通光電科技專精高階面板，近年在台大量投資，第二座廠房即將於今年下半年正式營運，是台灣總產值相當龐大的面板業升級的契機；另一方面也因為今晚邀請我來的施義成資深副總是清華校友，再者他又是清華百人會的會員，清華百人會是去年清華歡慶百周年，以百人會方式籌募興建多功能體育館，每位會員捐贈一百萬元以上，所以百人會的會員都是清華的貴人，他們的活動，我都儘量參加，所謂「彼投之以桃，我報之以李」，最後一個更好的理由是施副總是遠在三十多年前，我在清華任教後的第一位研究助理，淵源深而長，今天也是順便來看看故人，敘敘舊誼。

　　最近清華大學的兩位名譽博士，台灣積體電路公司的張忠謀董事長與廣達電腦公司的林百里董事長對大學生就業表達了他們的看法，引起一些討論。張董事長認為大學畢業生最起碼要有謀生的能力，而不應好高騖遠，在能力培養不足之際，有過高的期待，也就是眼高手低；林董事長則以為台灣的大學不僅要培養耕牛型的人才，而現今高科技產業則亟需具有創新能力賽馬型的人才；張董事長的看法其實是對大學畢業生最低的要求，林董事長則點出大學教育未

能與時俱進，是教育工作者與學生都需要嚴肅以對的。

　　大學要培育什麼樣的學生，企業界需要什麼樣的人才，是相關而不相等的問題。清華大學的教育目標是要培養秉持「自強不息，厚德載物」校訓，五育兼優，具備人文與科技素養的人才，學校除正規專業與通識課程，提供智、體、美育學習鍛鍊的機會，更藉由導師輔導與課外活動提升道德感、價值觀念與群我互動關係。大學不是職業訓練所，但要培養未來謀生的能力。清華校友歷年來在各行各業有相當亮麗的表現，但人各有所長，不可能萬事通，選擇適當的職業非常重要，希望大家在對高通光電科技有相當了解後，發現工作性質正適合你的志趣，而也能夠得到高通光電科技這樣優質公司青睞，未來與公司一起成長。

十四、各項紀念與緬懷

收錄參加各項紀念會與追思會的致詞，其中細數先賢功德事跡，予後人無限追思緬懷；亦有回顧逝者生平點滴及雙方交遊情誼，流露不捨知己的深摯情感。於此見證生命的輝煌與起落。

省立新竹中學辛志平校長百齡紀念活動
開幕典禮致詞

2011年10月15日　星期六

　　今天很高興並以感恩的心情參加辛志平校長百齡紀念活動開幕典禮。在辛志平校長擔任新竹中學校長的三十年間，學生們在校期間有些是六年，有些僅三年，但幾乎所有受教的學生都極為感念辛校長。他的人格風範、教育理念、對「誠慧健毅」校訓的身教言教，深深的影響新竹中學師生。

　　辛志平校長辦學強調「德智體群美五育並重」，造就了竹中樸實中不失活潑的學風。在入學新生訓練時，即約法三章「不打架、不作弊、不偷竊」，觸犯者一律退學。在智育上，採文理並重，一直到五十年代中期，仍然堅持不分組教學，使新竹中學成為台灣光復後極少數能擺脫升學主義陰影，辦正常教育的地方。體育方面每年「陸上運動會」要求所有學生參加五千或六千公尺越野賽跑，水上運動要能游過二十五公尺才能畢業，使學生從青少年起即養成鍛鍊身體好習慣。在戒嚴時代為培養民主自由風氣，讓學生在「動員月會」中「大放厥詞」，而由校長說明或答辯，是身教言教的典範。學校對音樂美術的訓練要求極為嚴格，常有學生因為美術、體育、音樂不及格而被留級，但也普遍培養學生美育的基本素養以及具有健康的體魄。

　　竹中校訓「誠慧健毅」，誠取《禮記・大學篇》中「正心誠意」、《論語・為政篇》「知之為知之，不知為不知，是知也」之訓。慧代表智慧，如《禮記・中庸》「博學之，審問之，慎思之，明辨之，篤行之」。「健」本《易經・乾卦》象辭「天行健，君子以自強不息」之意，「毅」則取自《論語・泰伯篇》「士不可以不弘毅，任重而道遠」。在校時每蒙辛校長「耳提面命」，而其行誼是「身體力行」的最好榜樣，讓竹中畢業生終生謹記，受益無窮。而竹中人在進入社會後，在各行各業都有傑出的表現與卓越的貢獻，發揮的力量更

遍及台灣社會，辛校長曾被台灣極有影響力的雜誌選為全台50位風雲人物之一，被稱為「當今最有影響力的教育家」，當非過譽。

辛校長揭櫫的「德智體群美五育並重」，「誠慧健毅」，看似平易，能堅持健全教育理念、貫徹始終「三十年如一日」則甚為不易。辛校長生前常簡要地說，他一生只做過兩件事：參加抗日戰爭，和擔任新竹中學校長。而他能在威權時代、「升學主義」盛行時期建立竹中優良傳統，持續發揚光大，「不居高位，未得大獎」，看似平凡而實偉大，是真正的一流人物，是台灣教育界一個不斷被傳誦的典範，值得我們崇敬效法。

很感謝新竹市政府，尤其是文化局，規劃一系列的紀念辛志平校長百齡活動。對一位畢生從事教育事業而有卓越貢獻的教育家來說，是實至名歸，對新竹中學校友提供了許多溫馨懷舊的機會，當然最希望在座的竹中學弟們能深切了解賢人之風範，自勉勉人。最後祝紀念活動圓滿順利。

▶ 辛志平校長辦學強調「德智體群美五育並重」

令人敬重與懷念的曾德霖教授

2013年1月26日　星期六

　　三年前的二月一日，在我就任校長職務的當天下午，曾安排時間到清華西院宿舍探訪曾德霖教授，不僅因為曾教授是清華資深優良教授，而且是因為曾教授與我長達四十餘年的情誼。

　　曾德霖教授是我大姐夫蔡先實博士在清華擔任講師時的同事，所以我在高中時代就曾聽過「曾德霖」大名，1964年曾教授被清大推薦到美國密西根大學核工系攻讀博士學位，又成為我大姐夫的同門師弟，關係非比尋常，他以三年取得博士學位後，隨即返回核工系任教，但兩人一直保持密切聯絡；1977年我決定到清華任教，曾教授曾趁到美國洛杉磯之便，與我小聚數日，暢談清華的生態與未來展望，對我未來在清華三十幾年的教研生涯，做了最佳的指引。

　　回到清華後，除了逢年過節與曾教授互訪相聚外，在學校常有機會在各種會議中碰面；在不同場合中，曾教授總是以和藹可親的態度，侃侃而談，清晰表達看法，充滿睿智，使人在敬重之外，也深慶清華有老成持重、專心致力奉獻學校的前輩；另一方面，也逐漸了解曾教授對清華核能科技發展的長足貢獻；1958年曾德霖教授被選拔赴美受訓時，梅貽琦校長正好在美國洽談採購原子爐的相關事宜，根據梅校長日記，3月18日與曾教授首次會面並同至鄧昌黎院士家用餐，3月19日與曾教授在阿崗研究所談頗久，次日又在鄧昌黎院士家與曾教授等會談；後來據知梅校長邀請他回國後到清華服務，於是曾德霖教授與其他受訓學員從國際核子科學工程學院結訓返國後，便前來草創初期的清大，親自參與清華原子爐的安裝與建造工程，從此在清大致力於國內核子工程教育、推動核能安全、輻射安全，時間長達四十多年。值得一提的是，去年適逢梅校長逝世五十周年，鄧昌黎院士應邀到校參加紀念會，共同緬懷當年梅校長在其寓所往事，只遺憾曾教授因健康因素，已無法與會。

由於清華在台灣是長期而唯一的培育核能科技人才與從事學術研究的學術機構，在校內外核工系與原科中心也因為其獨特性，在校內各種會議以及校外各部會機構聯繫中，比其他領域多了許多溝通說明的工作；在台灣核工界一方面受限於客觀情勢，無法從事敏感科技研發，另一方面又身繫支撐台灣發展核能科技重任情況下，曾德霖教授以其資望與能力，發揮了調和鼎鼐的力量，功不可沒。1990年曾教授退休後，還持續致力於推動輻射防護工作，擔任中華民國輻射防護協會的首任理事長，並曾連任二次，協助政府及民間提昇輻射防護的專業知識及技術，促進公眾與環境的輻射安全，並致力於輻射防護人員的訓練，提升輻射防護安全。退而不休，奉獻社會，為核能科技發展奔走，維持一貫的戮力為公的風範；在這段期間，好幾次我在上班途中，見到曾教授拿著公事包，若有所思地到校門口搭車，有時也會在校園散步時相遇，他的親切誠懇的態度與爽朗的笑容，是從不改變而讓人永遠懷念的。

　　近年來，曾教授因年邁體力漸衰，先是看到他散步須人扶持，繼而逐漸失智，我去探望他時，他仍與往常一樣，展現親切的笑容，並能清楚對話，但顯然無法相認，令人唏噓不已；如今曾教授與親友們已天人相隔，但奉獻清華四十餘年，貢獻良多，將為清華人永久懷念，過人的謙謙君子風範將長留人間。

「智略雙全，功在清華」，周立人教授紀念會致詞

2013年2月21日　星期四

　　希臘哲人蘇格拉底曾說：「在死亡門前，我們要思索的不是生命的虛空，而是它的重要性」，周立人教授在去年十二月十四日離我們而去，他留下的是一個充實的快意人生，讓我們永遠懷念。

　　清大1984級是虎子班，立人是其中一個很特殊的小老虎；他在大三修完我教的「X光與電子顯微鏡」課的暑假，加入我的實驗室做專題；當初的安排是配合我的第一個博士班學生，現在交大任教的鄭晃忠教授，也就是立人口中的「大師兄」，做高溫金屬矽化物薄膜研究；在材料系大學部學生做專題研究，一般是讓學生體會研究的過程，動手機會不多，但立人很用心學習，以至「大師兄」讓他親自操作電子槍蒸鍍機鍍膜，不意某次機器發生故障，使他從此再不敢單獨操作，而始終耿耿於懷，但「無巧不成書」，二十年後，在他指導下的闕郁倫教授與我合作研究高溫金屬矽化物奈米線，成果於2006年刊載與前一年尚無台灣論文得以刊登的「奈米快訊」上，讓他樂不可支（立人語），深感揚眉吐氣，有機會就提起；由於立人能言善道，親和力高，易與人一見如故，所以不久就與「大師兄」同居，並與當時尚在就讀博士班的林樹均、葉均蔚教授結成「宵夜密友」，有次竟為「大師兄」的感情紛擾，陪他坐了幾小時火車到女家調解，雖然事後證明功虧一簣，但可窺見他在「大師兄」心中的份量；另外，立人在清華時是以材料與電機為雙主修，以過人的毅力在五年內完成學業，也讓他赴美留學後順利轉入電機系就讀。

　　在立人留學期間，我與他唯一會面時刻是在他返台成婚的典禮上證婚；記得當時與「大師兄」以及材料系諸「宵夜密友」同車到台北喝喜酒，致詞時曾以才子佳人的大名「立人」與「振世」作文章，喜氣洋洋而倍感溫馨。

1998年立人在美國伊利諾大學電機獲得博士學位後返國，已育有一子一女，次年乃回到母校任教，並與我在研究上開始密切合作。由於立人在電子元件特性與測試方面背景紮實，深具創意，多年下來，合作成果有不少佳作；在指導學生上，立人常說：「蜀中無大將，廖化作先鋒」，相當程度反應材料系新進教授不容易收到優秀博士生的情況，因此立人的研究小組一直以碩士生為主力，但讓人嘖嘖稱奇的是，立人率領的「廖化」們，研究成果屢屢得以刊登在國際頂尖期刊中，且兩次選錄為期刊封面故事；這裡特別值得一提的是，立人最近一篇在「奈米快訊」發表的文章，原被選錄為期刊封面故事，不巧編輯部門作業錯誤，在文章刊登後才發現，雖然立即來函道歉，可惜現已於事無補，而立人在2008年四月「奈米光電開關：一維金——氧化物豆莢奈米結構」工作是台灣研究成果首次榮登「奈米通訊」期刊封面的作品，益發顯得難能可貴；立人在研究上另一特色是廣結國際頂尖研究團隊人脈，除長期擔任美國電化學學會兩個研討會系列組織者（organizer），並與美國喬治亞理工學院王中林教授、日本京都大學Isoda教授、東北大學Shindo教授、國家材料研究院Bando教授等有長期緊密合作關係，除研究共同興趣外，與立人善於言談，易於與人一見如故，同時誠心合作成績斐然也很有關係。Isoda教授在去年十二月二十九日，特別自日本趕來參加立人告別式，在儀式中與我握手時淚流滿面，與立人的深厚感情可見一斑。

　　我在十幾年前養成走清華後山健身的習慣，立人返校後自然成了我的健身良伴，久之成為無話不談的忘年知己；他對國內政治分析非常精準，對國內外學術界的發展有獨到的見解，經常放言高論，另外對偶見之年輕人親熱動作，不是很能適應，每需要我婉言代為開導，可見其傳統真樸的一面，也成了很好的打趣話題；由於常與立人在校園散步，在立人不再能與我一起健身後，看慣我與立人在一起散步身影的同仁或朋友常會問：「你的護法怎麼沒來？」雖然我亦常以「眾叛親離」、「已另投明主」輕鬆以對，思之不免惻然。

　　立人的興趣廣泛，對飼養錦鯉、金魚與觀賞茶花都很著迷，有次介紹我到他朋友家看價值千萬參賽錦鯉，並細心解說珍貴之處在何；另一次則到一個魚塘看他寄養的錦鯉，不久後更將所飼養錦鯉寄養到遠在台南的魚塘，興趣之高，照顧之勤，令人嘆為觀止；另一方面，他在辦公室放了一個大魚缸飼養金魚，在悉心照顧之下，一度養有上百隻拳頭大小的金魚，也令人傻眼；至於觀

賞茶花，他同好遍佈桃竹苗，談起來也是一絕。

　　立人的另一興趣是旅遊，除材料系團體旅遊，有時也會參加材料系幾位同仁共組的旅遊團；2001年材料系組團到北京清華參加九十周年校慶，北京清華位於北京西北郊外，但在城內鬧街上可看到許多配帶紅條的老校友逛街，而立人都興致盎然的與老校友們攀談，可見其對清華的愛屋及烏之情；另外在登八達嶺長城時，立人在半途花了五百人民幣買了一個精美的金線龍盤，喜不自勝，到山腳下，才發現一百五十人民幣即可買到一對，徒呼負負；另一次桂林之行，我在某景點買了一對石雕貔貅，立人很是喜歡，餘程一再搜尋，希望買一對類似的石雕而不得，很是失望，以後到我辦公室走動，一定要趁機摸摸這對貔貅；另有一次同遊華山，回程大夥已上車，等了好久，立人才匆匆趕來，原來他一時不慎，在人跡稀少處陷於岩坎下，叫天不應，最後靠他所謂的「燕子翻身」才得脫險；立人曾在香港機場巧遇美女名模林志玲，當場掏出護照請她在內頁簽名留念，當他在稍後開心的出示給同行的旅伴看時，如他所說喜得「花枝亂顫」，很是有趣；其他還有在華盛頓機場因飛機誤點，未能趕上返台班機，而在紐約滯留一天，在上海遺失所有返台證件，靠「清華校友會」才得脫困，在香港沒有趕上大會接駁專車，在SARS期間網購到頭等艙票開心地攜妻小一起到巴黎開會等，可謂趣事一籮筐。

　　立人對清華的感情與貢獻，是很少人能比擬的；他到材料系任教不久，便長期負責招生工作，他的用心投入，可用無日無夜形容，他採取緊迫盯人方式，加上「如簧之舌」，為材料系招募到許多優秀的學生；多年後，他都記得許多招募進來的學生從何高中以第幾名畢業；其中經典作自然是2003年大專指考第二類組榜首徐伯均，以超過錄取分數一百多分的成績到材料系就讀，立人費心拜訪伯均父母親，與伯均懇談，並安排與校內行政主管晤談，終說服他們；伯均入學後，立人協助安排他同班同學呂勝宗校友長期提供獎學金，後又推介他到我實驗室做專題研究，目前伯均以「國際傅爾布萊特科技獎學金」全額獎學金在史丹佛大學攻讀博士學位，前程似錦；我在1999至2005年擔任工學院院長，2010年迄今擔任校長，立人在行政工作上，給予我很大的支持與助力，尤其在國際交流方面，邀請與接待外賓總是周到而貼切；而在募款方面，立人更是有名的一把手；上月在我實驗室室友團圓聚會時，與立人在實驗室同期室友謝詠芬校友提到當年她創立「閎康科技公司」的時候，捐贈給材料系一百張股票，就是

立人所作的建議，後來這筆股票是以四百萬元出售並用來挹注材料系國際交流經費，使材料系能保障補助博士班學生至少一次出國開會的機會；我擔任校長後，自然要借重立人長才，請他擔任財務規劃室副主任，財務規劃室組織除主任、副主任，僅有助理一人，但三人同心之下，成績斐然；首先以「校友百人會」方式號召校友捐助一百萬元以上加入「清華百人會」，協助興建校友體育館，獲得高度成功，募得興建校友體育館所需全部經費1.72億元，現校友體育館已順利完工並於去年十一月十五日啟用，可惜立人身體狀況已差到無法親身與會；在「校友百人會」募款期間，立人策劃「校長宿舍茶會」，陪同出席「北加州校友餐會」，並經常陪同校友到校長室一敘，都有很好成果；在他病情較嚴重後，仍在家中或醫院中聯絡募款事宜，好幾次尤其好友呂勝宗校友代替他引介校友，也有很好成績；「百人會」募款活動結算時，材料系校友成為會員的達三十一人，總金額超過三千五百萬元，均高居全校系所第一名，豈是偶然；同時碩禾科技董事長陳繼仁校友與立人有同班與住宿同寢室之誼，除首先響應「百人會」活動，也策動國碩集團三位同為清華校友的高級主管共同參與，另外在最近即將動工興建的跨領域「清華實驗室」規劃期間，繼仁也首先捐贈五千萬元，讓募款工作有相當「振奮人心」的開始，立人都功不可沒。

　　立人對清華的貢獻，更擴及到協助延攬國際級教師上；最成功的案例是成功禮聘美國伊利諾大學電機系現職傑出教授鄭克勇及謝光前教授到校任教；當初立人提議時，我尚抱者「姑且一試」的心情，最後能夠好事成真，把握時機固然是重要因素，立人的努力，有關鍵性的影響；謝光前教授同時是立人在伊利諾大學電機系攻讀博士學位的指導教授，也是立人在人前人後口中與我並列的「恩師」；由於立人喜好美食，又熱衷網購，常會為「恩師」多訂一份，不時帶來相當的驚喜；另外立人也會別出心裁策劃為「恩師」辦慶祝活動，例如「任教清華二十五周年」、「當選院士」等活動，當我知道立人在伊利諾大學也為另一位「恩師」籌辦類似活動時，對他尊師重道之情有了更深刻的認識。

　　在立人告別式中，播放生平回顧投影片時用的背景音樂是清華校歌，當是立人所願；在去年十二月十三日下午四點多，我與財務規劃室許明德主任及林樹均教授到台北仁愛醫院探視，已昏迷多日的立人突然醒來，虛弱地要大家一起唱校歌，過十分鐘又要求唱一遍，之後便平靜安睡，約九小時後往生；立人得年五十一，與清華締結不解之緣超過三十年，不是深愛清華，怎會在臨終前

要求大家一起唱校歌？令人感慨萬千；立人不僅口口聲聲，而且以行動奉獻給最愛的清華。

「生而為英，死而為靈」，立人，為何你要那麼善解人意，年紀青青就跟老師建立起濃厚情誼？為何你回到清華後要變成我的良伴，忘年知己，在研究上，密切合作，在私底下，無話不談？為何你在你多方興趣分心下，被逮到一定陪我一起走清華後山？為何你要對我的想法與作法，總是全力支持？為何你要展現超強的能力，在研究上發光，為清華招攬學生與教師人才、校友聯絡、募集捐款、國際合作都做得有聲有色？為何你在病發甚至臥病在床後還要打電話甚至到美加幫學校聯絡校友與募款？為何你在臨終前要等到我來，要求一起唱校歌？你是希望失去你成為我永久的痛嗎？你是希望以後我每次唱校歌都為你悲傷嗎？我想以你我真情之切，你愛清華之殷，一定是希望大家能化悲痛為力量，為清華的未來，一起努力，我們絕不讓你失望。

立人，你英年早逝，但熱愛人生，也快意人生，有照顧你無微不至的慈母，有賢慧與了解你的妻子，有聰明懂事的子女，有許多你在各階段結交的好友，有眾多感念你的學生；你喜愛的旅遊、購物、美食、好茶，錦鯉、茶花、金魚等不曾少過，你在研究上卓越，你在為清華鞠躬盡瘁上，可圈可點；清華大學的教育理念，是希望學生在未來能活出精彩人生，這點你是完全做到了，將為清華人永遠的典範；在你告別式上我代題的誄詞上書有「清華之子，卓然立人」與「智略雙全」字句，是你這輩子最好的寫照；你的人生，雖然短暫，但是璀璨，人生如此，夫復何求？你臨終託付我的事，你必然知道為師為友，如有需要，一定做到；「人生自古誰無死」，人生有涯雖為憾事，但你在世間，留下值得後人懷念追思的貢獻，愛人愛家，功在清華，相信你在上天之靈，正微笑的看顧著你最愛的清華與家人。

▶ ①清華之子，卓然立人
　②能言善道，親和力高，易與人一見如故
　③兩岸清華情
　④「廖化」們，研究成果屢屢刊登在國際頂尖期刊中
　⑤廣結國際頂尖研究團隊人脈
　⑥不僅口口聲聲，而且以行動奉獻給最愛的清華
　⑦策劃為「恩師」辦慶祝活動
　⑧生而為英，死而為靈

科學園區首任局長何宜慈先生紀念會致詞

2013年4月12日　星期五

　　首先歡迎大家來參加何宜慈先生逝世十周年紀念會；何宜慈先生是科學園區首任局長，在之前的民國68年春天，何先生獲聘為國科會副主委兼科學工業園區籌備處主任，管理局成立後為首任局長，並兼園區指導委員會召集人，至73年卸任，73年至79年間擔任資策會執行長，在滿70歲的那年屆齡退休。

　　何先生在管理局局長任內，致力園區基礎建設，促進台灣科技產業生根，帶動整體科技發展，居功厥偉；而科學園區成立於民國69年12月，從醞釀、籌備到設立，都是在清華大學徐賢修前校長擔任國科會主委任內（民國62-70年），也是今天清華大學有榮幸主辦今天紀念會主要原因之一；另一淵源來自何先生是廈門大學畢業生，曾直接受業於廈大第一任校長薩本棟先生，而薩先生原是清華教授，讓人驚歎的是同時期廈大五十一位教授中有四十七位是清華人。

　　當年在不同場合曾多次與何先生會面，也有機會閒聊幾句，但未有緣深入請益；但從何先生在資策會部屬程嘉君先生所引述的幾句話，可知何先生充滿睿智；其一是「挫折是工作的一部分，也是生活的一部分（Frustration is part of our job, and also part of our life），公司給我們的薪水，其中有一部分就是補償這些挫折的」，「要有工作熱情（eager to work）、要熱切地學習（eager to learn）、並且要有企圖心成就事業（eager to achieve）！工作則要講究方法，努力工作（work hard）是一件事，更要有方法、有效率的工作（work smart），最重要的是要工作精敏周到（work sharp）！」讓人印象非常深刻，「斯人已逝，典型在昔」，是為憾事，但何先生謙謙君子與「穩妥掌舵」形象一直深繫記憶中，令人懷念。

　　由於設立科學園區現今被視為台灣科技產業得以蓬勃發展的成功政策，近年來屢有誰是最大推手與功臣之議！兩年前一次「科技顧問會議」議題討論

會議，結論中有「探討科學園區未來與產業聚落週邊生態、產業環境之結合，亦可適時彰顯李國鼎先生早年推動園區之貢獻」，顯示有相當多人認為在65年5月時任財政部長，不久後調任政務委員的李國鼎先生對推動園區的設立有重大貢獻；由於李國鼎先生對台灣經濟發展確有重大貢獻，並有「科技教父」之譽，他在設立科學園區的過程中扮演舉足輕重角色，似為「想當然耳」！但從當時親自參與科學園區設立的人士了解以及相關文件看來，李國鼎先生在科學園區籌劃過程中，其名字除於65年5月26日由經濟部孫運璿部長與徐賢修主委主持的「新竹科學與工業研究園區」規劃籌備會議應邀但未出席，以後重要首長會議再也不曾出現，當次會議認為園區可命名為「科學工業園區」，隨即於8月正式納入「六年經建計畫」。同時「行政院經濟建設委員會」在67年1月24日委員會作成結論，大意為「（蔣經國）院長已有指示，指定國科會為推動科學園區為主辦單位，經濟、教育兩部為協辦單位」，令經濟部於同年3月3日通知行政院主計處，其68年度相關經費，請改列國科會年度預算內，國科會為科學園區主辦單位到此完全確立；另一方面，69年12月15日科學園區正式成立典禮中，由蔣經國總統親臨主持園區開幕；再者，孫運璿資政於「園區二十周年」專刊〈欣見園區二十年有成〉一文中，敘述在經濟部長及行政院長任內，擘劃創設新竹科學工業園區，奠定台灣高科技產業基礎，其中特別感謝三位實際創辦園區的功臣，包括當時國科會主任委員徐賢修，但也強調是如果沒有蔣故總統經國先生，就沒有科學園區。

　　另一方面，李國鼎資政在同一專刊〈園區二十年憶往〉一文中，回憶65年11月行政院成立「應用科技研究發展小組」，由當時的行政院長蔣經國先生指定時任政務委員之李國鼎先生擔任小組召集人；翌年（1977年）初李資政赴美訪問考察，試圖找尋發展台灣高科技產業之途徑，返國後孕育了在新竹設立科學工業園區的構想；獲得當時的國科會主委徐賢修先生贊同，是年三月就在國科會成立「園區規劃小組」；因此李國鼎資政對提出在新竹設立科學工業園區的構想誰屬與國科會所出《二十周年專刊》所云「經國先生深知：台灣經濟的發展勢必要邁入另一個階段。他接受國科會主委徐賢修的建議，要促使台灣工業脫胎換骨，就必須發展現代化的工業能力，而設立『科學工業園區』是最好的方法」，觀點雖不能說完全相左，似乎並不一致，這點有待相關人士研究加以澄清；值得注意的是徐賢修前主委在同一專刊〈回憶新竹科學工業園區成

立始末〉文中，有感謝蔣經國、孫運璿等先生多人，但未直接提及李資政，僅間接敘述「與各部會及專家學者研商後完成『科學工業園區設置管理條例』及『科學工業園區管理局組織條例』草案，報送行政院核示，經數月未核復」，時任行政院長的經國先生得知，頗為激動，立即交辦，第二天，國科會就收到行政院的復文：「一切照所擬進行」，隱約顯示政府內部有阻力；而蔣經國先生於67年5月20日就任總統，68年6月19日與7月27日總統分別公佈「科學工業園區管理局組織條例」及「科學工業園區設置管理條例」，故此二條例自提出到公佈均在李資政擔任行政院政務委員任內；而首任局長何宜慈先生在〈篳路藍縷建園區〉文中，則說「園區籌設時，國內對科技產業十分陌生，但經國先生、行政院孫運璿院長、李國鼎先生及國科會徐賢修主委均大力支持」，由於當年參與科學園區設立人士尚甚多健在，再加上從耆宿追憶與檔案爬梳，應不難釐清此歷史公案。

另一方面，科學工業園區設立在推手方面容有爭議，在舵手方面則無疑是首任局長何宜慈先生，何先生在〈篳路藍縷建園區〉中，回憶說「當初所堅持推動的規劃構想，如單一窗口服務、引進創業型公司、政府資金參與先期投資、土地政策、環境景觀規劃等，現在都證明政府決策的正確」，「在管理局人事制度方面，建立『聘用』制度；同時，由於有園區指導委員會的設置，有關跨部會的議題也能很快解決」，「要求同仁建立以『服務』代替『管理』的心態，期許同仁『理直氣和、義正辭婉』」，「籌設了實驗中學，解決回國學人及科技人員子女就學問題」，為園區打好堅實的基礎；而對前景展望，則認為「園區發展至今，應注意人才的培育。以往有很多台灣留學生到美國知名大學學習、任教，或任職美國大企業，這幾年已大量減少；而多數的留美學人回國服務後，如何維持後續高級技術人才的供應，應及早因應」，「園區目前的成就有目共睹，很多產品已達一流水準，未來應加強研究發展，政府應建立制度，鼓勵學生畢業後從事研究工作；同時，多觀察矽谷的產業發展情形及制度的建立，學習其中的優點，這些對提升園區的研究發展會有幫助。對於高科技產業發展趨勢，半導體產業依然前景看好，無線通訊產業及電子商務系統將是下一波明星產業，再下一波則為生物科技產業」均為高瞻遠矚之論，歷久彌新。

今天除感謝各位主講人以及與談者外，也要特別感謝「何宜慈基金會」的主動邀請與清華大學一起主辦這深具意義的紀念會，最後祝大家健康快樂。

▲ ①理直氣和、義正辭婉
　②清華大學有榮幸主辦今天紀念會
▶ ③篳路藍縷建園區

新竹中學彭商育老師追思會致詞

2014年11月22日　星期六

　　今天我們在有多次與敬愛的彭商育老師聚會的竹中演藝廳，追思最近以高壽逝世的彭老師，不禁讓人想起唐朝大詩人崔顥的千古名詩〈黃鶴樓〉中的詩句：

　　　　昔人已乘黃鶴去，此地空餘黃鶴樓。
　　　　黃鶴一去不復返，白雲千載空悠悠。

　　彭老師現在已駕鶴西歸，我們再也無法在演藝廳與彭老師聚會，但他早已在新竹中學的榮譽殿堂中，居於無比重要的地位，留給我們無盡的感懷與思念，千載依舊。

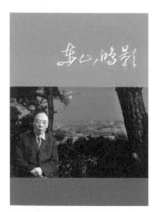

▲ 是具體實踐「誠慧健毅」校訓的典範

　　在台灣光復以後最少有四十年，新竹中學有兩位代表性人物，一位是辛志平校長，另一位就是彭商育老師；辛志平校長是偉大的教育家，代表新竹中學校訓「誠慧健毅」的精神，彭商育老師是具體實踐「誠慧健毅」校訓的典範，代表新竹中學的卓越；彭老師正直誠懇，學有專精，諄諄善誘，新竹中學是民國四十六年全國包括數學冠軍的畢業會考全省第一名，「彭商育數學」是昔日台灣的中學莘莘學子的標準參考書；前幾天我有機會與李歐梵學長在母校對談，我們不約而同地談到上彭老師的課，如沐春風，讀彭老師的書，如行雲流水，用心研讀，容易豁然貫通，是渴求學習新知的青年學

子最高的享受。我們初唸大學的時候，外地同學最常問的就是「彭商育老師教過你嗎？」彭老師的影響不僅建立了竹中優質數學的聲譽，事實上提升了台灣不只一世代學子的數學水準，社會學三大奠基人之一的Max Weber曾經分析：「西方科學是一個以數學為基礎的科學。」物質科學的數學化，是科學史上最大的進步，數學是「科學之母」，可謂已是常識。另一方面，數學與邏輯相通，數學好言行才會合邏輯，否則就沒有討論空間；台灣社會目前的亂象，很大一部分是不講邏輯，一般民眾的數學教育亟待加強。以此觀之，彭老師對台灣社會的影響，更為深遠。

新竹中學是中外極少數把「健」字放在校訓中的學校，彭老師身體力行，長年維持身心的健康，身體的健朗；《論語・泰伯篇》中，曾子說：「士不可以不弘毅，任重而道遠。」彭老師曾自述：「我在新竹中學擔任教職員四十年，（民35-74年）與辛校長共事三十年，曾參加學校各種教學規劃不少，辛校長堅決留我同進退，我一直沒有離去，所以我可算是學校裏一個不折不扣的老老園丁，一輩子年華，為這個學校效勞，犧牲奉獻，無語問蒼天。對母校我有深深的感情，愈久愈芬芳。」辛校長曾回憶說：「民國三十五年八月開始招新生，記得當時的訓導主任彭商育先生，每週就教了二十四小時的數學」，彭老師春風化雨四十年，堅守竹中教職，是何等堅毅卓絕。

彭老師在九十大壽時，談到「養生之道」，就是實踐「誠慧健毅」校訓。他說：「生活正常與心身健康，這把金鑰匙把握在你手中，你要有堅強的毅力，與永久的恆心，掌握下列要訣。

> 一個綱領：正常生活與心身健康。
> 兩點思維：糊塗一點：小事糊塗，大事清楚。
> 瀟灑一點：明月清風，海闊天空。
> 三大作風：助人快樂，知足常樂，自得其樂。
> 四大行動：合理膳食，適當運動，戒菸限酒，心理平衡。

切實做到以上四項，歡樂度日，青春永駐，笑逐顏開，頤養天年，長生不老。」是彭老師的遺澤。雖然他沒有辦法違反自然定律而長生不老，但他的音容笑貌、優雅典範長留在我們心中。

最後，我以彭老師對所有竹中人的期許做為結語，「母校雖然還不是百年老店，但卻具有百年老店的聲譽。能贏獲社會人士肯定與崇敬。這是竹中人血汗爭取的結晶，弼光華彩，歷久彌新，最後還是願竹中人把竹中精神，發揚光大，直到永遠！」願與竹中人共勉之！

陳繼仁校友追思會致詞

2014年11月25日　星期二

各位繼仁的親友：

上月29日晚得知繼仁英年早逝的噩耗，感到非常震驚與不捨；回到家裡，告訴我內人後，只見她頻頻拭淚；第二天有電視台記者到辦公室來訪問我，除了惋惜英才猝逝外，問起我是否存有與繼仁合照的照片，我想起正在準備再下一周在圖書館做「清華歷史」的演講簡報檔案中，有關新竹清華的部分，一定少不了與繼仁的合照，打開檔案後，果然迅速地看到不少與繼仁合照的照片，尤其有好幾張照片裡，繼仁正站在或坐在我旁邊，帶著歡樂的笑容，比著快樂的手勢，睹影思情，令人唏噓不已。

最近我見到以前的秘書與一位學生，談到繼仁的早逝，他們不約而同的說：「你失掉一位最支持你的校友與學生，心裡一定很難過」，我的回應是：「我內心的傷痛，不是以難過足以形容的」；繼仁在清華大學部與研究所九年期間，就以開朗、熱誠，讓人印象深刻，後來他到工研院一面服國防役，一面工作，始終與材料系師長保持密切聯繫；1997年，他決定帶著工研院材料所技術團隊成員，也是清大材料系所同學創業，在產業前景不明下，以卓越的管理與技術，殺出重圍，「國碩科技」在成立三年後於台灣證券交易所掛牌上市，當時為台灣成立最短時間即掛牌之上市公司，也讓最初支持他創業的老師們得到福報，大有斬獲。其後因產業形式改變，「國碩科技」有一段艱困期，但繼仁沉著應變，帶領團隊成功轉型，2008年「國碩科技」化學材料部門分割成立「碩禾電子材料股份有限公司」，2010年「碩禾電材」上櫃掛牌，成為上櫃股王，曾經一度成為台灣上市櫃股王，至今居高不下，只可惜繼仁在積極開拓建造太陽能電廠整廠輸出業務，已呈現良好績效之際，離開人間，不及親見事業再創高峰。

繼仁對清華與我本人的強力支持，是有目共睹的；我在擔任校長期間，針對校友的募款活動，共有四次，繼仁無不率先響應；在籌建「校友體育館」成立「清華百人會」活動中，繼仁不僅獨捐四百萬，而且發動在「國碩」與「碩禾」擔任副總以上的清華校友，各捐一百萬，這早到的七百萬，讓「清華百人會」活動迅速開紅盤，一路綠燈以遠超過預期成果而圓滿達陣，而美奐美侖的「校友體育館」已於2012年十一月正式啟用，而很適切的是繼仁的大名在館前勒石留名的一百多位校友中，名列榜首；其次是繼仁主動思索要如何對清華做更大額的捐助時，我建議他捐助清華正在籌建的「清華實驗室」，他也很爽快的響應全額捐助材料系使用部分空間經費五千萬元，讓募款活動正式啟動時，有一個閃亮的開始，也促成其他三系校友捐助士氣如虹而順利的達標；其他如「亞太政策中心」以及「清華永續基金」的籌募，也都得到繼仁的鼎力協助。這裡要特別一提的是，繼仁對材料系的捐助，是以私人名義，當然必須得到夫人都首肯，而繼仁事業、家庭與做人的成功，賢內助居功厥偉，在此我要感謝陳夫人，也希望裖予在痛失良偶之際，能節哀順變，與廷嘉、明鴻兩位世侄共同堅強的面對未來。

　　繼仁對清華的感情與關懷是無與倫比的，除了長期慷慨捐助外，並擔任材料系學生業界導師，他最津津樂道的是，當年參加梅竹賽，在最後一場，力挽狂瀾，才讓清華隊沒有被「剃光頭」；他有空時，常會帶妻兒到校園逛逛，我還記得不只一次，他在校園中停車在我旁邊打招呼的情景，去年廷嘉考入清華，他也帶他到校長室跟我見面，往事種種，如在眼前；很多人對繼仁早逝表示不捨，嘆息「斯人而有斯疾也」，是命運中的無奈與遺憾；但我們也許應從另一觀點來看，繼仁在不算長的生命中，發光發熱，成就非凡，愛校愛家，充分發揮人性的光輝，盡其在我，如陳夫人悼詞中所言：「為人建業，為子立功」，遺愛人間，典型足式，生而為英，死而為靈，繼仁在天之靈，必得安息。最後我以兩句話，送繼仁一程：

　　　繼往開來，仁風義行。
　　　後繼有人，求仁得仁。

　　也是我對繼仁家庭與事業的祝福。

恭請校長頒發傑出校友證書
及傑出校友紀念品

①

②

陳博士於2012年4月
參加畢業校友高峰論壇

③

▲ ①開朗、熱誠，讓人印象深刻
　②對清華的感情與關懷是無與倫比的
▶ ③繼往開來，仁風義行

清華傑出校友陳繼仁博士追思音樂會致詞

2015年4月25日　星期六

各位繼仁的親友、清華的同仁、同學：

　　繼仁離開我們已有約半年之久，大家的哀傷逐漸轉為思念；在此時舉辦追思音樂會，別具意義，我們應該慶幸有繼仁這樣傑出卓越愛家愛校愛人的親友與校友。

　　繼仁與清華從進入大學且就結了不解之緣，不僅根正苗紅，是清華「三清幫」的一員，也就是同時是清華的學士、碩士與博士；對在校生活，繼仁最津津樂道是在大三的時候，正逢梅竹賽清華有史以來，最慘烈的一役；靠繼仁參與的最後一戰拔河賽，扳回一城，清華才沒有被「剃光頭」；他與同班、同寢室的多年好友周立人教授，也同是最熱愛清華的校友之一；他在工研院服國防役期間，迅速升任部門主管，一直抱持與清華師友聯繫與合作；1997年，他決定帶著工研院材料所技術團隊成員，也多是清大材料系所同學創業，在尋求創業資金時，有一位產業界先進分析，光碟片價格在很短期間自美金十元降到兩元，並以每月降價一角的速度直直落，結論是製作光碟片不是好的投資標的，而繼仁以卓越的管理與技術，殺出重圍，「國碩科技」在成立三年後於台灣證券交易所掛牌上市，當時為台灣成立最短時間即掛牌之上市公司。其後因產業環境變化，「國碩科技」有一段艱困期，但繼仁沉著應變，帶領團隊成功轉型，2008年「國碩科技」化學材料部門分割成立「碩禾電子材料股份有限公司」，2010年「碩禾電材」上櫃掛牌，曾經一度成為台灣上市櫃股王，至今居高不下，只可惜繼仁在積極開拓建造太陽能電廠整廠輸出業務，已呈現良好績效之際，離開人間，不及親見事業再創高峰。

　　繼仁對清華與我本人的強力支持，是有目共睹的；我在擔任校長期間，針對校友的募款活動，共有四次，繼仁無不率先響應；在籌建「校友體育館」成

立「清華百人會」活動中,繼仁是我首先尋求支持的校友之一,他的回應很數學,說認捐X單位,而X＞2,最後X＝4,再增加為7;原來繼仁不僅獨捐四百萬,而且發動在「國碩」與「碩禾」擔任副總以上的清華校友,各捐一百萬,這早到的七百萬,讓「清華百人會」活動迅速開紅盤,一路綠燈以遠超過預期成果而圓滿達陣,而美奐美侖的「校友體育館」已於2012年十一月正式啟用,而很適切的是繼仁的大名在館前勒石留名的一百多位校友中,名列榜首;其次是繼仁主動思索要如何對清華做更大額的捐助時,我建議他捐助清華正在籌建的「清華實驗室」,他也很爽快的響應全額捐助材料系使用部分空間經費五千萬元,讓募款活動正式啟動時,有一個閃亮的開始,也促成其他三系校友捐助士氣如虹而順利的達標;其他如「亞太政策中心」以及「清華永續基金」的籌募,也都得到繼仁的鼎力協助。這裡要特別一提的是,繼仁對材料系的捐助,是以私人名義,當然必須得到夫人都首肯,而繼仁事業、家庭與做人的成功,賢內助居功厥偉,在此我要感謝陳夫人。同時祆予今年順利進入本校科管院「管理高階經理碩士班」研修,未來加上她以往在工研院與太空中心卓越行政管理經驗,一定能對「國碩集團」永續經營做出重大的貢獻。廷嘉今年已在清華念三年級,明鴻也立志做清華人,一門清華人,必可告慰繼仁在天之靈。

繼仁對清華的感情與關懷是無與倫比的,除了長期慷慨捐助外,並擔任材料系學生業界導師、輔導學弟妹實習、參訪;他有空時,常會帶妻兒到校園活動,我還記得不止一次,他在校園中停車在我旁邊打寒暄的情景,去年廷嘉考入清華,他也帶他到校長室跟我見面,往事種種,如在眼前;斯人已去,徒留無比的思念!很多人對繼仁早逝表示不捨,但我們從另一角度來看,繼仁在不算長的生命中,發光發熱,成就非凡,愛校愛家,充分發揮人性的光輝,盡其在我,如陳夫人悼詞中所言:「為人建業,為子立功,」遺愛人間,典型足式,生而為英,死而為靈,繼仁在天之靈,必得安息。

繼仁逝世約這半年來,在很多場合,都有人懷念與讚揚繼仁,讓我們深切感受到,繼仁一生,豐潤而充實,並且與清華緊密交織在一起。本月初有一位在美轉業為律師的學生攜眷返台省親,到學校來看我,他太太跟我說,很記得我在2005年繼仁當選工學院傑出校友的頒獎典禮上的話:「不以善小而不為,不以惡小而為之」,在今日許多公眾人物帶頭以言語與行動作惡,不屑行

小善，侵蝕社會風氣之際，繼仁所樹立的愛家愛校，嘉惠社會的典範，彌足珍貴，也永遠值得我們懷念與效法。

▲ 樹立愛家愛校，嘉惠社會的典範

▲ 一生豐潤而充實，並且與清華緊密交織在一起

謝水森老先生告別式致詞

2015年12月14日　　星期一

各位親友：

　　今天我們抱著無比哀戚的心情在此為謝水森老先生送行；謝老是我結識三十多年的忘年之交，有很深厚的三代情誼；他的長子宗庸是我在清大材料研究所教過的高材生，在美國麻省理工學院獲得材料博士學位後，返國在交通大學材料系任教，也是我早期打羽毛球運動的球友；長媳許嘉鴻博士學成返國後，一直在本人現兼董事長的國家同步輻射中心服務；二女詠芬與女婿朱志勳博士同是我指導的博士研究生；詠芬的二女映親曾在我研究室擔任專任助理，目前在UCLA念研究所，謝老先生孫輩沛倫則是目前我研究室的博士生，可謂關係千千重；昨天詠芬以電子郵件傳來民國八十六年我們與謝老夫婦同遊西安與上海的照片集錦，帶回許多美好回憶；照片中有大家在武則天乾陵前的合影，還記得在尋訪離西安城區較遠的漢武帝茂陵與唐太宗昭陵時，沿途鄉間小路滿是堆積如山、滯銷的蘋果，大家都認為大陸應該發展交通，貨暢其流的情景；之後謝老也經常參加材料系旅遊團活動，有一次曾與宗庸同游絲路，由於沿途或早晚氣溫變化很大，又經常長途乘車，十三天下來，身體多有狀況，而謝氏父子是旅遊團中少數連感冒都沒有的團員；另外則有山東八日之行，還記得謝老太太念念不忘詠芬即將創業，一路掛記著選購賀禮，而謝老則笑咪咪看著老太太發揮講價長才之情，歷歷在目；如今想來，謝老從一位學生家長，到舉家與我建立三代深厚情誼，並成為好友，並非偶然。

　　在我與謝老先生與其祖孫三代交往過程中，很能夠體會到謝老的風格與家教，謝老本身是一個忠實敦厚長者，豁達開朗，親切和善，總是笑臉迎人；我們可以看到他鍾愛家傳民俗製作燈籠工藝與南管吹奏，對史籍紀錄的執著，對生活與知識充滿熱愛，謝老太太能幹而慈祥；謝家子弟都能恪守「孝悌忠信」

家風，不僅對父母孝順，對長輩有禮有節，對兄弟姊妹友愛，與同學及同事親善和睦；忠是忠誠與忠厚，忠於所事，厚以待人；謝老去世前晚，詠芬夫婦正招待近兩百位親友觀賞「民歌四十」演唱，詠芬在近午夜回家後當晚三點多才接到謝老病情轉急的消息，冥冥中似有深意，讓詠芬夫婦在比較沒有牽掛情形下與親友盡興而歸，是謝老厚以待人的寫照；而詠芬夫婦多年來對母校清華的誠意付出，也不負謝老的深切期待；謝家子弟另外的特色是值得信任與講信用，這些必然在他們的工作與事業成功上反映出來，我所熟知的是宗庸在交大教學研究卓越，屢獲傑出教學等獎項，歷任工學院副院長等職，嘉鴻在國家同步輻射中心服務擔任主任秘書要職，幹練圓熟，詠芬夫婦同為清華工學院傑出院友，而詠芬更創業成功，打造閎康公司為世界級的材料分析公司，曾任清華創業家協會會長，現任清華校友會會長，是清華人的表率，讓謝老引以為榮。

　　各位親友，謝水森老先生雖然以高壽離開人世，讓我們十分不捨，但他的敦厚睿智風範、親切和藹音容將常存在我們心中，「孝悌忠信」家風將會在子弟們悉心維護下，永續傳承，相信謝老在天之靈，會以他慣有的笑咪咪表情，看顧大家身體健康、家庭和樂與事業順利，讓我們也一起為謝氏家族祝福。

◀①忠實敦厚長者，豁達開朗，親切和善，總是笑臉迎人
②敦厚睿智風範、親切和藹音容

十五、校外活動致詞

載錄參加同步輻射中心、各類材料科技活動與會議及德國馬克斯普朗克研究院在台設立國際研究中心記者會等多項活動致詞。從中可見各界歷年來舉辦的學術活動及教育知識的蓬勃發展；亦可見台灣在材料科技的產學研界更上層樓。

同步輻射研究中心「光源啟用二十週年回顧」致詞

2013年9月4日　星期三

在二十世紀開始的1900年，英國物理學家凱爾文在一次展望新世紀科學發展的演說大意為物理學已登峰造極，「但是天邊還有兩朵小而令人不解的烏雲。」（two small, puzzling clouds remained on the horizon）他所指的烏雲就是當時物理學無法解釋的兩個現象：一是黑體輻射光譜，另一是似乎找不到光波傳遞的介質：以太，殊不知在以後不到三十年間，解決這兩個問題的努力，由量子力學與相對論為代表，掀起近代物理驚天動地大革命，使物理學繼續高速發展，延續到二十一世紀；而黑體輻射與以太的搜尋，都與光波有關，可以說光波研究帶領了近代物理的風潮，而「光」的科學與應用是近一百多年來科學研究的主流之一。

同步輻射加速器是製造光波最犀利的設備，是現今科技發展不可或缺的實驗利器。台灣第一座同步加速器「台灣光源（Taiwan Light Source）」於1980年代初期開始籌建，緣起於海內外科學家看到同步加速器光源的優點與國際發展趨勢，遂積極向政府建議在國內建造同步加速器光源，以推動國家長期科學發展，讓科學在國內扎根並提升我國科學研究與工業技術的國際水準；當時行政院核准成立同步輻射研究中心，並成立「行政院同步輻射研究中心指導委員會」，由海內外科學家與政府前輩組成，聘請袁家騮院士擔任主任委員，在完全沒有興建大型實驗設施經驗的環境下，開始執行建造「台灣光源（Taiwan Light Source）」的艱困任務。

今天我們如果回頭看，1980年台灣主要仍處於輕工業時代，生活上主要以自行車與機車代表，而在科學研究上，亦屬於萌芽期，前年本人在「第七屆華人物理學大會」曾以具代表性的頂尖綜合性基礎與應用物理期刊發表論文

為例，統計分析顯示，1970年代（1970-1979），台灣物理研究漸受到國際重視，在頂尖期刊物理評顧快訊（Physical Review Letters, PRL）發表論文7篇，另一方面，在頂尖期刊應用物理快訊（Applied Physics Letters, APL）發表論文9篇；1980年代（1980-1989），台灣在PRL發表論文4篇，在APL發表論文63篇；1990 年代（1990-1999），台灣PRL與APL論文各為190及472篇；2000年代（2000-2009），台灣發表於PRL與APL論文各為695及1936篇；2012年，台灣PRL與APL論文各102及239篇，已非當年「吳下阿蒙」。如以在PRL與APL發表論文為指標，1970與1980年代台灣為萌芽期，1990年代才漸入佳境，2000年代更欣欣向榮、突飛猛進，到2012年，續呈方興未艾之勢；因此如以交通工具為比喻，在1980年台灣科學研究，反應一般社會狀況，主要以自行車與機車代步，而同步輻射加速器有如孫悟空「騰雲駕霧」的雲彩，遠在天邊，高不可攀，以當時的眼光，所需的經費大得驚人、興建大型實驗設施經驗幾乎完全沒有，甚至可能的用戶都很難尋，可謂不具興建的客觀條件，但在大家的努力下，不但下定決心，而且成功的興建完成，在二十年前啟用光源，才有今天的回顧活動；這裡我們要感謝的有功人士很多，包括歷任指導委員會或董事會的成員、主管機關國科會、歷任主任、副主任以及勞苦功高的同仁，也必須要佩服當年決策單位的高瞻遠矚。

「台灣光源」自出光啟用迄今二十年間，國內外申請前來中心使用光源從事科學實驗的研究團隊大幅成長，並陸續有傑出的研究成果發表於世界頂尖科學期刊，涵蓋了材料、生物、醫藥、物理、化學、能源、電子、微機械、地質、考古等研究領域。然而這座設計於三十年前的加速器，囿於早期技術的限制而面臨發展瓶頸；六年前經過董事會同意後，中心向政府提送建造一座電子能量為30億電子伏特的同步加速器「台灣光子源（Taiwan Photon Source）」興建計畫，經行政院同意後開始興建，未來將提供最先進的高亮度X光光源，期望帶動更多跨領域以及具有世界競爭力的科學研究。而「台灣光子源」預期於近期內即可開始試車，難得的是，軟硬體幾乎全靠自力發展與建造，充分展示並發揮同步輻射研究中心團隊的優質能力，未來完工後必將再啟台灣科技研究新紀元，盛況可期。

國家同步輻射研究中心於2003年由「行政院同步輻射研究中心籌建處」改制為財團法人，決策單位由原指導委員會改為董事會，迄今已第四屆，無論指

導委員會或董事會的成員，行政院均敦聘國內外科技界或政府菁英擔任，可見政府對發展同步加速器光源科技之重視，而從幾位自籌建時期即投入奉獻至今近三十載的董事們身上，感受到的濃厚情感與熱情，是一份對中心的肯定，也是一份期許。

值此承先啟後的時刻，感謝所有支持與投入台灣同步加速器光源科技發展的各界人士，也期盼中心在過去累積的豐碩成果上，繼續努力不懈，達成建構頂尖光源的目標，開創更多前瞻科學新契機，並點燃新一代年輕人投入科學研究的熱情，作出對台灣科技與人類文明影響深遠的發現。

▲ 必須要佩服當年決策單位的高瞻遠矚

▲ 製造光波最犀利的設備，科技發展實驗利器

同步輻射中心新舊主任交接典禮致詞

2014年8月1日　星期五

很感謝各位先進、貴賓與同仁來參加同步輻射中心新舊主任交接典禮；由於了解張石麟主任在服務四年任滿後，格於規定，屆齡必須卸職，董事會約於一年前成立遴選委員會，啟動尋覓新主任的人選，在全球性的多方積極徵詢下，經過縝密的程序，遴選委員會達成共識，一致推薦，並於今年三月，由董事會通過，聘請果尚志教授為新任主任；正如在七月初董監事聯席會中，由遴選委員會召集人李遠哲院士所提議，全體董監事們一致鼓掌通過，高度肯定張石麟主任在過去四年的傑出領導，讓同步輻射中心不僅順利運作，而且在興建台灣光子源的設施艱困工作上，獲得重大進展，卓越貢獻將永載同步輻射中心光輝史冊中。

新任果尚志主任年輕有為，雖然頭髮略白，看不出比張主任約年輕二十歲；但在過去研究與服務工作表現上，確實充分顯示青春活力與卓越績效，他不僅在研究上有傑出成績，獲得許多重要獎項，在擔任國科會物理中心主任與清華大學擔任研發長期間，均能積極任事，發揮創意，尤其在清大研發長任內，推出多項獎勵措施，在提升學術研究品質以及產學合作技術移轉方面，都展現亮麗的績效，同時長於規劃，善於協調，同步輻射中心可謂深慶得人，必能與張主任無縫接軌，肩負重任。

果主任另外的特質是有很高的親和力以及國際化程度很深，不僅擔任兩屆六年應用物理國際頂尖期刊APL與JAP編輯顧問委員外，活躍於許多重要國際會議，更難得的是以身作則，發揮溝通長才，在研究生階段，即贏得韓國籍的學妹芳心，娶得美嬌娘，譜成跨國聯姻佳話；值得一提的是，在果主任新婚不久，陪夫人歸寧之時，他的幾位韓國大舅子，曾企圖在喝燒酒上，給他一個下馬威，結果據說果主任全勝而歸，為國爭光；另一方面，我要提醒中心同仁一

下，這是二十年前的往事，果主任是否仍有當年勇，還有待觀察。

　　美國甘迺迪前總統在1962年9月12日宣布啟動登月計畫時曾說；「今天我們啟動登月計畫，不是因為它很容易，而是因為它很困難，因為要達成這個目標必須全面組織與考驗我們最大的能耐、最先進的技術，並且因為我們願意接受挑戰。」1983年，當政府決定要興建同步輻射加速器時，對台灣來說，不管在人才、技術與經費上，都是很大的挑戰，而政府能毅然決然的啟動，實屬不易；如今同步輻射光源已成台灣之光，不僅是國內卓越研究的助力，而且吸引優秀國際團隊來台使用與合作研究，所謂近悅遠來，更難得的是，蓄積了自力建造新一代「台灣光子源」加速器大型設備土木建築工程與機電系統工程的能力；在這個基礎與成就上，我們熱切期待即將落成的「台灣光子源」，能如期於年底出光，成為傲視亞洲、超低束散度、超高亮度的一盞明燈，屆時將是世界科學界的盛事與佳話，並能將推動台灣科學研究更上層樓，值得國人舉杯同慶，引以為榮，而中心同仁多年來在歷任主任領導下的努力，必然可以得到公正的六星級評價；另一方面，由於政府經費所限，未來光束線的建設與應用，對果主任與中心同仁來說，將是極大的挑戰，也需要不僅學術界與社會的強力與持續的支持，讓我們同步祝福同步輻射中心未來運作順利，在果主任領航下，讓台灣之光更燦爛奪目。

▲ 啓動計畫，是因為它很困難

▲ 讓台灣之光更燦爛奪目

同步輻射中心張石麟院士榮退茶會致詞

2016年4月25日　星期一

　　剛才聽果尚志主任細數他與張前主任石麟兄的淵源，也想到我與石麟兄結緣甚深；但在聽完張前主任的演講後，才知道原來有更深一層的關係；除了我們大學都學物理外，他所列舉在美國讀研究所時，修的許多課程，我幾乎都修過；他博士論文主題是X光多次動力繞射（x-ray multiple dynamical diffraction），我則是電子多次動力繞射（electron multiple dynamical diffraction）；同時我的研究也與波動相（phase）分析有關，只不過沒有像石麟兄所解決的問題那麼重要；事實上我當時的研究一度卡在實驗結果與理論模擬結果在相分析上兜不攏，只到有一次正在看電影時，為研究困擾，心不在焉之際，才突然靈光一現，原來是忽略了其中相角差了2p的問題，才迎刃而解。

　　身為本中心的董事長，又是隔鄰清華大學的教授，今天本人是懷著相當複雜的心情參加惜別會。就中心同仁而言，是歡送張石麟主任榮退，就清華同事而言，則是歡迎張石麟主任回家，但也因為中心與清大為緊鄰，而張主任未來仍會繼續住在清華大學宿舍中，以張主任事事關心、廣結善緣的個性，雖然往後不會天天到中心上班，但會與中心保持緊密聯繫，則是可以預期的。所以今天的惜別會，最主要可看作對張主任在中心服務告一段落的誌念。

　　我與石麟兄另一相同之處是我們今年同屆七十歲。俗語說：「人生七十古來稀」，我們有幸同屆古稀之齡；有趣的是，我國早在兩千多年前的周朝，即有「大夫七十而致事」（《禮記・曲禮上》）之說，即以七十為文官階級退休年齡，這種情況，延續了一千多年，史籍記載，魏晉南北朝時期的南齊武帝永明七年（西元489年）時，有「百官年老七十者，皆令致仕。」奏書，退休年齡發生變化出現於明朝，以後迭經變異。現今世界各國多以六十五歲為退休年齡，則源自美國社會保險制度，目前世界各國面臨老齡化、少子化、失業率

高、老年保險基金瀕危等多重衝擊，對適當的退休年齡多在積極檢討中。

張主任對退休後的生活，一定已有妥善的規劃，管理學大師大前研一對退休後如何花費，有一個很實用的建議，也就是在扣除生活所需、醫療保險等費用後，應分年花盡其餘的存款，也就是如你期待活到一百歲，而現有多餘存款三千萬，每年應花用一百萬，享受生活，相當值得參考，本人正往此方向努力，願與石麟兄共勉之。

最後我要代表同步輻射中心感謝張前主任對中心的貢獻，在他剛才演說中，我們可以看到他與中心深刻的淵源，尤其當年他毅然決定返國服務，與國內已決議，並且即將展開台灣光源興建工程有直接關係；多年來，石麟兄參與中心多項重要工作，尤其在2010-2014年擔任中心主任，雖然他在演說中自謙為扮演接棒腳色，但這一棒不僅接得漂亮、接得棒，而且跑得快；他的傑出領導，不僅讓同步輻射中心順利運作，而且在興建台灣光子源的設施艱困工作上，獲得重大進展，今天喜見台灣光子源不僅順利出光，而且得到傲人的成績，預定在下半年即將開放啟用，張主任承先啟後，居間領導，貢獻卓越，在同步輻射中心屢創我國科技發展輝煌里程碑中，有不可磨滅的功績。

最後我要再次祝福石麟兄，在退休後有更快樂充實的生活。

近悅遠來：德國馬克斯普朗克研究院在台設立國際研究中心記者會致詞

2017年1月4日　星期三

　　很歡迎大家來參加國家同步輻射研究中心記者會；今天的記者會代表的意義可以「近悅遠來」形容；《論語・子路》中有「葉公問政，子曰：『近者說，遠者來。』」這裡可指國內的人使用同步輻射研究中心新建「台灣光子源」得到卓越成果而高興，遠在德國的頂尖研究機構馬克斯普朗克研究院也了解「台灣光子源」優異性能而決定投入相當資源加盟使用。

　　同步輻射研究中心在去年9月19日，在蔡英文總統親臨主持下，舉行「台灣光子源」啟用典禮；「台灣光子源」（Taiwan Photon Source，TPS）是台灣歷年來所建造的最大型的頂尖科學設施，初期投資達七十億元，最難得的是機電土木設施的建造完全由國內團隊主導，而能如時程、如預算、超規格完成；啟用以來，運作順利，七條光束線均紛紛獲得科學前沿傑出成果，而國內許多團隊爭相申請使用，這是「近者說」的部分；德國馬克斯普朗克研究院（Max Planck Institute, MPI）是全球馳名的頂尖研究機構，被譽為德國的科學搖籃。自1948年起，已誕生18位物理、化學、醫學等領域的諾貝爾獎得主，每年在國際著名學術期刊上發表超過15,000篇論文，研究成果相當卓越。這個世界一流的研究機構決定在台設立研究中心，並已投資150萬歐元（約5,200萬台幣）「台灣光子源」，與同步輻射研究中心共同興建一座次微米軟X光能譜光束線實驗站，未來將與鄰近兩所大學的研究人員合作進行超導材料、奈米材料、磁性材料等前瞻材料研究。是臺灣科學界在國際合作的一項重大突破，也是「遠者來」的最佳見證。

　　今天也到場的MPI德勒斯登分部（Dresden）的Liu-Hao Tjeng（莊鎏豪）主任早在20年前開始，即率領研究團隊持續到國家同步輻射研究中心，使用同

步加速器原有的台灣光源（Taiwan Light Source，TLS）進行實驗，多年來雙方共同發表的國際頂尖期刊論文達90篇以上。MPI在2013年與國立交通大學簽署學術交流合作備忘錄，並開始和國立交通大學朱英豪教授進行多鐵複合材料的合作研究，至今共有15位學生至該院研習。MPI在2016年則與國立清華大學簽署學術交流合作備忘錄，並開始和國立清華大學教授進行新興量子物質與先進薄膜的合作研究，相關合作研究獲得了教育部「台灣人才躍昇計畫」補助。延續台德雙邊20年來在同步輻射領域的合作經驗，現在MPI於2017年起正式在台設立了「前瞻材料研究中心」（Center for Complex Phase Materials），擴大並加深與國家同步輻射研究中心、國立清華大學及國立交通大學之間的研究合作及人才交流，未來台德雙邊將可透過此中心的運作，更加拓廣兩國之間的科研合作網絡。為兩國的合作建立更穩固堅實的基礎。預計台德雙邊每年將挹注40萬歐元（約1,400萬台幣），補助年輕科學家、博士生與博士後研究人員進行相關合作研究，有計畫的培植科研新秀。

去年9月19日，蔡英文總統親臨主持「台灣光子源」啟用典禮，當時中央研究院李遠哲前院長致詞時，曾以航空母艦比喻「台灣光子源」，說航空母艦上需要有許多高性能的飛機，也就是光束線，才能發揮應有功能；蔡英文總統致詞說他聽到了，科技部楊部長雖沒有當場表示，但過去半年對「台灣光子源」強力支持，以行動表示，他也聽進了學界的強烈呼聲，在此我們要特別對楊部長表達感謝之意。

「台灣光子源」是台灣之光，今天MPI與同步輻射研究中心共同興建一座次微米軟X光能譜光束線實驗站，並與鄰近兩所大學共同設立研究中心，樹立了台灣科技發展的里程碑；未來同步輻射研究中心將持續積極推動國內學術單位之國際合作，加強卓越研究，為台灣未來的科技發展挹注新動能，更具體落實「近悅遠來」。

▶「台灣光子源」落實「近悅遠來」

國家同步輻射中心董事長卸任致詞

2018年2月26日　星期一

　　很歡迎各位董監事來參加本屆董事會第六次會議，本次會議也是本屆董事會最後一次會議。行政院已於本月上旬核定下一屆董監事名單，雖然大多數董監事將留任，包括本人在內也有多位董監事將卸任；所以今天也是大家在董事會最後一次相聚的日子，因此本人也要趁此機會向各位董監事表達最真摯的謝忱；承蒙大家在本任期內盡心盡力，協助中心健全發展；當然我們可以同感欣慰的是，在本屆董監事任內，台灣光子源得以如期、如預算、超規格完成，讓這座台灣歷來最貴重、最大型的科學儀器在世界上發光發亮，一方面當然仰賴中心同仁在果主任與負責整個建造工作的陳建德院士的卓越領導，董監事的全力支持，功不可沒；是大家可以引以為榮的。

　　本人有幸由李羅權、朱敬一兩位國科會前主委以及徐爵民科技部前部長聘請擔任共三屆董事長，可謂有緣；在李羅權主委任內，例由督導副主委兼任；在朱敬一主委任內，本人時任清華大學校長，徐爵民部長任內，本人則已卸任清華大學校長，他們的禮聘顯然有不同考量，確實原因本人則不是很清楚，但我都毫不遲疑地接受，不僅是因為在國科會任職時是因職責所在，而且是因為深知同步輻射中心對台灣科技發展的重要性，如能略盡綿薄，當義不容辭；另一方面，由於本人能力所限，擔任董事長必有許多不足之處，還要請各位董監事與中心同仁海涵。

　　這裡順便一提的是，我國人事制度，對政務官與大學校長兼職，有一定限制，但兼任政府法人無給職董監事，則屬灰設地帶，需要個案處理，而各部會人事單位多保守處理，所以我在擔任國科會副主委以及任清華大學校長任內，各為擔任中心董事長辭去一個有給職的董事職位，雖是小事一樁，或可作為談助。而人事制度對兼職規定，有其歷史背景與必要性，但合理性，或亦

可加以檢討。

在本人擔任董事長任內，承蒙歷屆董監事的協助，不論在專業或相關事務上讓中心業務得以順利推動，在此敬致謝忱；同時其間歷經梁耕三、張石麟以及果尚志前後三位主任，他們不僅適才適所，也讓中心不僅能立足台灣，而且能放眼天下，中心同仁有志一同，為台灣科技界爭光，而成為台灣科技單位的典範，也是我要深表感謝的。

在今天董事會中，果尚志主任將會報告中心現況，尤其關於建造光束線的進展，中心繼續正向發展可期，還需所有董監事持續關心；果主任在任內工作表現，雖然獲得中心內外一致高度肯定，有目共睹，可惜因其本人另有規劃，將於今年七月底卸任；據了解，由李遠哲董事擔任召集人的主任遴選委員會已開過兩次會議，遴選工作正順利進行中，等一下或可請李遠哲董事就此略作說明，同時本會包括李董事以及丁肇中董事，應是國內唯一擁有兩位諾貝爾獎得主的董事會，是很值得大家紀念的。兩位董事，以及今天在場的沈元壤董事，都是中心董事會的元老，經常不辭辛勞，遠渡重洋來參加董事會，另一位鄧昌黎董事，雖然年屆九十，在一年前因摔跤而不便於行前，幾乎從不缺席，是特別需要中心同仁，甚至國人感謝的。

下屆董事長將由國科會許有進政務次長擔任，許次長曾於1987-1991年在清華大學資訊系擔任教授，可能因為領域差異與在校時間較短，與本人並不熟識，但身任督導部會次長，與中心溝通必然無礙，相信下屆董事會必然能在維護中心光榮傳統上，繼續盡力，協助中心更上層樓。

國家同步輻射研究中心第五屆董監事(任期104.4.1-107.2.28)

◀國內唯一擁有兩位諾貝爾獎得主的
董事會

中國材料科學學會「院士論壇」致詞

2016年11月19日　星期六

　　很歡迎並感謝大家來參加今天的論壇；材料科學學會成立於1958年，對推動材料科技發展，貢獻良多。喜見數十年來，材料科技在各方面均有長足進步，蓄積相當的能量，而材料科學學會在其間扮演舉足輕重的腳色，功不可沒。記憶所及，在我參加材料科學學會三十多年來，這是學會第一次以個人冠名舉辦論壇，承蒙學會特別抬舉，本人深感榮幸與感激。

　　這次論壇舉辦的機緣，是本人已年屆七十歲，依教育部規定，將於明年二月一日自教育部教師名冊中除名，雖然日前我蒙清華校方聘為「研究講座教授」，未來將可繼續在校從事研究工作，留在材料研究前線，與各位並肩共同為提升水準努力。但從擔任三十九年半的教育部聘任教師退休，也算是人生大里程碑，回首來時路，當然感慨萬千；約半年多前，吳文偉教授談及有幾位昔日門生故舊，有意向材料學會提議，在年會期間，舉辦一項論壇活動以誌紀念；由於歷年來我在美國、日本與中國大陸參加過多次類似的活動，既有學術性，能邀集多位重量級學者聚於一堂，發表寶貴研究心得，也是與門生故舊相聚的好機會，所以表示同意，也慶幸此提議得到材料學會的支持，而於今天順利舉行。

　　論壇主要是由我的第一個博士生鄭晃忠教授與吳文偉教授共同規劃，呂明諺教授全程協助，也感謝材料學會與清華材料系全力支持；在前後一整天的議程中，安排了十場演講，首先很感謝杜經寧、王康隆、王中林院士做頭三場的演講。杜院士是我三十六年前在康乃爾大學開始研究金屬矽化物時，即以該領域巨擘身分開路並不吝合作研究的老戰友；王康隆院士是比較近期合作研究奈米線元件，尤其是自旋電子奈米元件的夥伴；王中林院士則是近十年研究奈米材料與元件廣泛合作的對象，同時也是我的博士生在科技部「千里馬」計畫支

持下，到美國進修的主要接應團隊的主持人，據統計，受到調教的「千里馬」前後共有八位之多。兩位王院士這次都是遠道而來，隔兩天都要飛回美國，隆情高誼，至為銘感，其他七位講者，都是多年故舊或得意門生，共同特色是研究卓越，我也要深深感謝，他們能應邀共襄盛舉，令今天的論壇格外生色；同時如吳文偉教授所說，由於時間限制，當初所排出陣容的許多好手強棒，今天無法上場，但仍非常感謝各位願意捧場，相望能另找時間共敘；這裡我要特別一提的是何志浩教授，今天遠從沙烏地阿拉伯來參加論壇。何教授是花蓮人，在花蓮大家熟知「好山好水好寂寞」的意義，我去年應何教授之邀訪問沙烏地阿拉伯老王大學（KAUST），知道在一片沙漠中工作，也頗為寂寞，但有一流的師資設備，待遇則極佳，具有相當吸引力。同時我原來的博士後研究員陳智彥博士以及我在大陸唯一共同指導的博士生金星博士分別專程從美國與杭州趕來，也是我要真忱致謝的。

　　剛才承蒙彭裕民理事長、嚴大任主任以及彭宗平教授開場多有溢美之詞，在此一並致謝；最後我要再次感謝大家今天來參加盛會，同時祝大家身體健康、一切順利。

▲①邀集多位重量級學者聚於一堂，與門生故舊相聚
　②回首來時路，當然感慨萬千
▶③隆情高誼，至為銘感

推動台灣「材料基因組計畫」芻議
——2016年中國材料科學學會年會致詞

2016年11月19日　星期六

　　很高興參加今年中國材料科學學會年會盛典，材料科學學會是我從1977年自美返國任教後一直積極參與的專業學會，自1980年初期，擔任理事，1995-1999年擔任理事長，1992-2003年任國際期刊「材料化學與物理」主編；近年來，雖逐漸淡出，因繼續擔任學會榮譽理事，對學會活動仍維持相當的關注，學會如有須我盡力的地方，當義不容辭；很高興看到材料科學學會一直保持欣欣向榮的風貌，服務國內廣大的材料社群。

　　材料科學學會成立於1958年，比世界第一個材料專業系所——美國西北大學材料系還要早兩年，在許多先進努力之下，讓政府體認到材料科技對國計民生的重要性，因而於1978年制訂的「科技發展方案」中，明定「材料科技」為四大重點科技之一，對國內材料科技研究與教學發展上發揮了相當的推力，也讓社會對材料科技的重要性有所了解；約四十年的今天，國內材料界在各方面都有長足的進步，累積了可觀的能量，回首來時路，學會與同仁都可以對現今的成就為傲。

　　另一方面，伴隨世界與台灣政、經、社會情勢的急遽變化，國內材料界也面對極大的挑戰，這包括研究是否卓越，教學是否因時而進，對產業進步的助力與是否有關鍵的貢獻等，各方面均有更上層樓的空間；對學界來說，近年來面對研究經費緊縮，研究人力數量的減少與素質的降低，也造成很大的困擾，目前處境可謂相當艱困，影響所及，對整個材料界發展環境非常不利。

　　材料界面對目前的困局，整合與合作是必需要採取的策略。材料科學學會多年來發揮專業學會功能，在此時此刻，我個人認為一個可能的著力點，是

參考美國所推動的「材料基因組計畫」（Materials Genome Initiative, MGI），在國內推動類似的整合計畫。這計畫是美國歐巴馬總統基於先進材料對於經濟安全和人類福祉的製造業至關重要，但一般來說，從新材料的發明到將材料轉移到市場，至少需要10年到20年，因此，加速發現和應用先進材料系統的步伐對於在21世紀維持全球競爭力與繁榮至關重要。歐巴馬總統於2011年6月宣布由多個補助與執行研究機構共同推動「材料基因組計畫」；基因體是生物的基本結構，材料的基因體，意為材料的最基本結構和特性，從此出發來開發新材料；本計畫主要措施是創建新時代的政策、資源與基礎設施來支援美國各相關機構得以在較少經費情況下加速實現發現（以一半成本而讓時程加速一倍）、製造與使用新進材料，希望由推動此計畫，縮短新材料從研發到應用的時間。

由美國總統科技顧問為主席的「國家科技評議會」（National Science and Technology Council），在其「技術委員會」（Committee on Technology）下，成立「材料基因組計畫小組委員會」（Subcommittee on Materials Genome Initiative, SMGI），經過三年多的研議，廣泛徵求眾議並舉辦多次工作坊，於2014年12月發佈「材料基因組計畫策略規劃」（MGI Strategic Plan），認定MGI四大關鍵挑戰以及主要目地與其目標：

● 鼓勵和促成團隊合作：目標為鼓勵和促成整合研發、促成採用MGI途徑、與國際社群緊密聯繫。

● 整合實驗、計算與理論並提供材料社群先進儀器與技術：目標為創建MGI資源網、助成創建精確可靠之模擬運算、提升從材料發現到部署之實驗工具、開發數據分析方法增強實驗與計算數據之價值。

● 促使共享材料數據資料：目標為確認落實材料數據基礎設施之最佳方式，支持創建共享材料數據資料庫。

● 培育材料科學與工程學術與產業高級人才：目標為從事新課程開發與落實、提供整合研究經驗之機會。

另對國家安全、人體健康與福祉、潔淨能源以及消費者用品之基礎設施方面的目標有所陳述。除了參與的聯邦機構提出各機構的近期措施，學術界與產業界專家們也認定九項阻礙進展的科技挑戰之材料歸類與應用。這九項挑戰包括生醫材料、催化劑、高分子複合材料、相互連結材料、電子與光子材料、能量儲存系統、輕結構材料、有機電子材料、高分子材料。附錄則記載

參與的各聯邦機構，包括能源部（DOE）和國防部（DoD），國家科學基金會（NSF），國家標準與科技研究院（NIST）和國家太空總署（NASA）美國聯邦機構，之重點以及近期措施，同時列舉相關之聯邦活動等。

今年8月2日，白宮主辦了一個慶祝材料基因組計畫（MGI）五週年的活動。說明過去五年，美國聯邦機構已投入超過5億美元資源，支持這一計畫。同時發布了一系列成就和技術成功，說明在計畫的頭五年取得的進展。也顯示MGI在美國繼續如火如荼的展開。另一方面，歐盟、日本、中國大陸等迅速啟動了類似研究計畫。如歐盟以高性能合金材料需求為牽引，於2011年啟動了「加速冶金學」（ACCMET）項目，2012年，又推出總投資超過20億歐元的「2012-2022歐洲冶金復興計畫」。日本在多所研究機構設有專門的材料設計與模擬研究中心或團隊，或採用模擬和實驗結合的方法，在多領域開展了深入的研發。比較起來，中國大陸最為積極，2011年7月中國工程院和中國科學院分別召開「材料基因組」研討會，12月召開「材料科學系統工程」香山科學會議；2012年12月和2013年3月，中國工程院和中國科學院分別啟動「材料基因組計畫」重大諮詢項目；2014年10月與2015年2月，中國科學院與中國工程院分別向國務院報送了諮詢建議，獲指示儘快啟動材料基因工程研究。同時2014年後，上海市、北京市先後成立了「上海市材料基因組工程研究院」（上海大學負責，上海交通大學等6所高校及中科院研究機構參加）、「材料基因工程北京市重點實驗室」（北京科技大學負責）。今年10月17日，由重慶大學領導的國家重點研發計畫「先進材料多維多尺度先進鑑定技術」啟動，並建立先進材料基因數據資料庫。

在國內，產業界，尤其是製造業，同樣對加速材料開發時程有殷切的需求與盼望，推動類似MGI的計畫，應是切合社會與材料界的需要，材料學會應是最適合主導的機構，本人謹此提出呼籲，儘早成立專案研議小組，還希望材料學會各先進審慎考慮，是所至幸。

▲ 材料科學學會一直保持欣欣向榮的風貌，服務國內廣大的材料社群

2017「中國材料學會桃竹苗分會教師聯誼會」致詞

2017年6月12日　星期一

　　很高興參加「中國材料學會桃竹苗分會教師聯誼會」首次聯誼。地方分會是「中國材料學會」成立五十年來的創舉，可見學會老而彌堅，仍然活力十足，積極服務會眾。

　　今天很榮幸應邀與各位教師分享「教學、研究、服務、國際化經驗」。我在清華大學任教迄今四十年，經驗不少，要談分享，也有很多話可說。只是不久前，跟一位日本友人見面，問到一位多年不見的老朋友，這位老朋友是真正老，已經九十多歲了；他說：「我不久前跟他一起參加一個會議，大會請他致詞五分鐘，他講了不只半小時」。經此警惕，我的致詞也會在限定的時間內完成。同時我今天第一個分享也正是控制時間問題，當教師的習慣講五十分鐘的課，在會議或公眾場合講話機會也多，容易一發不可收拾，這時就要注意控制時間，如佔用太多時間，會打亂主辦單位安排與節奏，或影響後面演講人，我個人的經驗是，天下沒有非要講的話，也沒有非要聽的話，適可而止是正道。

　　今年剛好是我在清華任教第四十年，積多年之經驗，我要向大家道賀，也就是在台灣的大學任教，是一項夢幻工作。一方面，有相當大的自由度，在社會上受尊重，待遇相對而言也不錯，同時得天下英才而教之，也是樂在其中。在教學方面，整體而言，是很寶貴的經驗，確實能教學相長，對於一門知識，能有更周延深入的體認。教學隨經驗成長，是很正常的事，但如果以學生的反應，則又隨時代而有變化。在早期，學生學習效果不好，多會自責，目前則會怪老師，讓人不免有挫折感。幸好大部分學生還是相當認真在學習，教學的樂趣得以維持。另一方面，在知識爆炸而許多資訊可在網路上獲得的時代，課程是否應從傳統有許多in case one needs必選課，聚焦於need to know必修課，而

更有彈性。另一方面，在MOOCS流行時代，網路上確實有許多優質的教學影片，如何融入課程中；同時人工智慧對人類社會的影響將會越來越重大，材料科學教學與研究，如何在此趨勢大潮中佔取有利位置，善加利用，進而有所貢獻；都是值得探究的問題。

談到研究，台灣研究大環境，今昔可謂有天壤之別。現在可能很難想像，四十年前，台灣材料博士級人才，屈指可數，研究水準，在國際上還屬邊陲地帶。以期刊發表論文來看，1984-1988年，台灣在Applied Physics Letters上發表論文一共才三十篇，而在2007年，則達389篇，完全不可同日而語。至於研究主題的選擇，一方面要看專長與興趣，另一方面也要看機緣。我初到清華時，材料系已有一部堪用的穿透式電子顯微鏡，而物理系又剛由國科會推動的「大型電子計畫」下購置了離子佈值機，與我在攻讀博士與博士後研究經驗相符，因此就開始了「離子佈值矽」研究，1980-1981年，有機會到美國康乃爾大學參與Prof. James Mayer研究群，從事「金屬矽化物」研究，也成了其後約二十年的研究主題。到2002-2003年左右，又開始奈米材料研究迄今。其中轉折，都頗有故事性，以後有機會再與大家分享。

很多新進老師，也都會面臨研究方向與主題的選擇，在學生或博士後時代所受的訓練與研究，當然是開展獨立研究的基礎，最為得心應手，但遇到特別機遇，保持彈性，也是上策，如參與較長期的大型計畫，多一些互動與獲取資源的機會，或遭遇某些領域突爆性的發展，是否跟上熱潮大流，都是可加思考的問題。學術界每十年左右，都會有所謂的bandwagon，一般翻譯作花車，代表吸引大眾的熱門題目，如1990年的高溫超導體、2000年的奈米材料以及近年來的2D材料，新主題代表新機會，但要注意容易摘的果子，很容易被摘完，另外競爭會很激烈，是否動作夠快、有獨特競爭力，是很重要的考量。同時我要提醒，學術倫理是教師在學術界安身立命的基礎。俗話說：「一失足成千古恨」，是很真實的寫照。與此相關的是合作問題，合作的優點是不言而喻的，尤其在台灣目前研究環境下，合作是提高研究層次的不二法門。但慎選合作對象，也極為重要。研究與誠信是連結再一起的，合作對象也要誠信第一。同時老師指導學生發表論文，對學生的誠信是需要負責任的。自己的學生可能會比較有把握，如部分研究是由別的實驗室學生所做，則要更為謹慎。

由最近交大材料系所做的統計，近十年來，清交兩校材料系在頂尖期刊中

發表都有很好的成績，有相當的國際競爭力，是很可喜的現象。但目前大家可能也對經費緊縮、博士生大幅減少、科技部補助政策走向感到憂慮，研究是否能夠更上層樓，面臨很大的挑戰。

在服務方面，包括行政服務與專業社群服務。目前國內公立大學，系所主管幾乎都是由教師推舉，再由校長圈選，代表受到同儕肯定，具有一定人望，某種意義上，是受到系所的背書。如果做到政通人和，在工作上擴展視野、累積歷練，對未來發展是很有幫助的。同時我們都可體會到現今系所主管是很辛苦的工作，不是人人適合，人人有機會，所以適合的人，機會來時，理應義不容辭。有句玩笑話，擔任系所主管是服有期徒刑，自由與光明在望，同時或可振奮人心的，是將來有機會擔任「錢多、事少、離家近；位高、權重、責任輕」的院長。至於專業社群服務，一方面是為專業發展盡一分心力，一方面也是建立學術人脈的好機會。「中國材料學會」是台灣數一數二的專業學會，值得大家盡心盡力投入，努力耕耘。

國際化是學術工作很重要的一部分，這不僅在研究合作方面，參加國際重要會議，舉凡及時了解領域研究進展、國際學術趨勢、結識同行優秀學者、介紹研究成果，在追求研究卓越上，提升深度與廣度，會很有幫助。再者，選擇長期重點式的積極參與領域重要學會工作，如主辦會議、擔任期刊或專刊編輯，對建立關鍵學術人脈是最有效的途徑。同時有機會利用休假年或假期，互訪交流，對研究更上層樓，也常大有助益。與此有關的是兩岸交流，則讓人頗為感慨。由於兩岸不同的經驗，在約十年前，台灣研究水準大體上高於對岸，再漸漸拉平，到眼見對方突飛猛進，而台灣進步的速度漸漸趨緩，這與台灣整體競爭力息息相關，如何力求突破，將是未來很大的挑戰。另一方面，很多同仁都有經驗，以學生素質而言，陸生絕對是境外學生第一，但台灣因政治因素，設下種種障礙，擺明不友善對待，甚至加以歧視，在本身優勢漸失之際，招收優秀陸生的機會不會永遠存在，這些也是大家應共同努力，亟力導正之處。

最後，由於我曾經擔任許多學術獎項評審，我要對今日與會的有緣人，透露一下得到學術獎項的密笈。在大多數的情況下，得獎人並不是因為他的學術成就特別突出，而是在兩、三位學術表現象當的人脫穎而出，關鍵在於他在教學、服務與國際化的綜合或特殊表現。在此祝大家學術生涯順利，年年得大獎。

2017新材料發展趨勢研討會致詞

2017年7月14日　星期五

　　這次很高興來能到絲綢之路咽喉重地敦煌參加「2017新材料發展趨勢研討會」。本會議是由「中國材料研究學會」主辦，「中國材料科學學會」協辦，今年已是第九屆。本研討會系列聚集兩岸材料界菁英、就新材料發展趨勢加以研討、本人參加幾屆以來，很能夠感受到內容充實、豐富，總能讓與會人士獲益匪淺，是一項已建立優良傳統，別具意義盛會。

　　這次盛會緊接著「中國材料研究學會」年會召開，因而有許多地主同仁從銀川乘了約十八小時火車趕來，非常辛苦。同時從台灣來敦煌也很不容易，如果從西安轉來，這次花了十一小時，而回程如經上海，要住一晚，才能在第二天返台；如自北京轉機，來程首先要在第一天接近深夜時到北京，第二天則要乘早上七點的早班機，才能飛來敦煌。與此相對比的，是我有位朋友約兩年前直航來敦煌，估計航程不過四、五小時。讓人感覺似乎又回到兩岸直航以前。當時兩岸互訪都困於人為的因素，大家都被迫自香港轉機，非常不便，想不到目前竟有走回頭路的趨勢。無可諱言的，當前在兩岸關係上正遭逢一股逆流，相當的不健康。相信這只時暫時的現象，不久之後又能恢復正常的狀態。

　　今天也很高興看到許多老朋友，韓雅芳秘書長是我當年參與「國際材料研究學會聯合會」（International Union of Materials Research Societies，IUMRS）分別代表大陸與台灣的老夥伴。尤其我們共同連續參加最先七屆IUMRS亞洲會議（IUMRS–International Conference in Asia，IUMRS-ICA），是全世界的唯二，而IUMRS-ICA第八屆會議在台灣舉行，韓秘書長剛好有事不能參加，所以我曾短暫的成為全球唯一；由於我近年漸漸淡出IUMRS活動，而韓秘書長繼續活躍於IUMRS事務中，無疑是參加IUMRS-ICA會議次數遙遙領先的第一人，因此也很適切的是，韓秘書長現任IUMRS第一副會長，明年將會接任

會長，發揮更大影響力。另一方面，IUMRS-ICA當初是由「中國材料研究學會」創會會長李恆德院士倡議舉辦，而今天與會的翁端副理事長正是李院士高足。李院士與我於1980年即初識於康乃爾大學，後來在IUMRS以及兩岸交流活動中，也有許多共同推動的機會。我在2011年有幸到北京參加李院士的九十大壽慶生會，剛才我已請翁副理事長除代問候李院士外，並預約參加他的百歲壽辰慶祝會。

　　這次承蒙「中國材料研究學會」精心安排議程與接待，包括參觀世界聞名的莫高窟、榆林窟，以及鳴沙山、月牙泉、玉門關、陽關與鎖陽城舊址，又準備了「全羊盛宴」，招待觀賞大型沙漠實景歌舞表演「敦煌盛典」，盛情可感。總結此次敦煌之旅，睹物思情，很能體會唐朝王之渙的〈涼州詞〉「春風不度玉門關」[1]，王維的〈送元二使安西〉「西出陽關無故人」[2]的情境，在敦煌處處可見的月光杯，又讓人想起唐朝王翰作品〈涼州詞〉名句「葡萄美酒夜光杯」[3]，略感遺憾的是，限於時間未能領略「祁連山下好風光，風吹草低見牛羊」景色，只有留待未來補足；總之這幾日在探研新知之餘，又處處勾動濃濃的思古幽情，確實是一趟「豐富之旅」，在此謹代表台灣參加研討會所有同仁與家屬深深致謝。並希望大家能在今年十一月五日至九日到台灣參加今年由「中國材料科學學會」主辦的IUMRS-ICA會議，各位「東渡臺灣有故人」，屆時「材料科學學會」以及此次台灣與會同仁必定盡地主之誼，竭誠款待，務必使大家賓至如歸。

---

[1]　王之渙〈涼州詞〉
　　黃河遠上白雲間，一片孤城萬仞山。
　　羌笛何須怨楊柳，春風不度玉門關。
[2]　王維〈送元二使安西〉
　　渭城朝雨浥輕塵，客舍青青柳色新。
　　勸君更盡一杯酒，西出陽關無故人。
[3]　王翰〈涼州詞〉
　　葡萄美酒夜光杯，欲飲琵琶馬上催。
　　醉臥沙場君莫笑，古來征戰幾人回。

◀①當前在兩岸關係上正遭逢一股逆流
　②春風不度玉門關
▲③發思古之幽情

「材料科技發展策略規劃會議」致詞

2018年1月18日　星期四

今天的會議是國內近年來材料界難得的盛會,聚集「材料學會」以及「工研院材化所」,領導精英八十餘人,以一天的時間,探討材料科技發展策略規劃事宜。我個人上一次參加同一類型的會議,要追溯到二十八年前,當時主持人「材料學會」理事長吳秉天所長也像今天的主持人彭裕民所長一樣,身兼「工研院工材所」所長以及「材料學會」理事長,因而促成「材料學會」以及「工研院材化所」領導精英共聚一堂。

二十八年前在當時「中正機場」附近「機場旅館」舉行的會議,有一個重要的結論,就是「材料學會」應該為台灣材料界擔當起出版國際期刊的工作。在會中本人被推舉為籌備小組召集人,經過一年多的籌備,與世界最大的學術出版公司合作由「材料學會」接辦出版的國際期刊「材料化學與物理」(Materials Chemistry and Physics,MCP)於1992年正式上路。最初希望尋找一位已退休或接近退休的學者出任總編輯,幾經周折,本人只好在本無意願的情況下勉強披掛上陣,也相當意外地一下子擔任了十一年總編輯,到2003年才得卸任。值得欣慰的是,MCP在「材料學會」接辦後,一直是「科學引用指

▲人才培育問題值得深入探討

▲十年、二十年以後,我們要怎麼看本次會議的成就?

數」（Science Citation Index，SCI）收錄期刊，有助於保持「國際」特色，再加上期刊電子化的加持，「影響因子」在近年來已能達到2以上，不僅在亞洲國家材料學會出版國際期刊上，拔得頭籌，「影響因子」更比會員達一萬餘人的「美國材料研究學會」（Materials Research Society，MRS）出版的「材料研究期刊」（Journal of Materials Research）要高，成為充分顯示台灣材料界的同心協力，在國際間展現實力的佳話。所以如果要盤點上次「材料科技發展策略規劃會議」的成就，決議出版國際期刊一定可算是其中一個指標性項目。

十年、二十年以後，我們要怎麼看本次會議的成就？我個人以為，可考慮將推動「材料基因組計畫」（Materials Genome Initiatives，MGI）作為一個重點。本人在2016年11月「材料學會」年會時，曾提出「推動材料基因組計畫芻議」。[1]約一年來，在這個主軸上，喜見科技部已決議在近期於工程司材料學門徵求「智慧仿生材料與數位設計平台」專案研究計畫，以四年每年八千萬元的經費，整合建立材料數據庫、理論模擬、機器學習等最新發展於傳統方式材料研究中，輔以材料基因技術平台（MGI）與人工智慧（AI）進行製程優化及最佳化設計，加速新材料之開發與產業化驗證；同時也欣見「工研院材化所」在結合電腦模擬與AI機器學習加速產業創新研發上，已建立起國內領先團隊，並獲得令人印象深刻的成果。下一步，希望「材料學會」能主導促使教育部也積極投入；如能結合科技部、經濟部與教育部資源，「材料基因組計畫」將大有可為，達到整合綜效。

剛才彭理事長提到人才培育問題；大約兩、三週前，我與兩位曾在美國名校材料系任教的朋友聚會時，他們不約而同地表示對台灣的大學材料系教育相當憂心。主要是認為許多材料系將核心課程刪減得過頭，喪失了材料系的特色；我們也都了解，材料系由於海納百川，教師背景相當多元，各領域又有不同的核心能力，同時，由於資訊科技的發達，資訊取得變得利便，教育上漸有「要用時方學習」（learn when in need），以別於傳統「學習以備不時之需」（learn in case of need）思維。但是否至少在大學部學生教育同時也有必須導正之處，是非常值得探討的。「材料學會」聚集材料界領導精英，可在這重要議題上，發揮學會功能，在最近期間，譬如於下次理監事會時，邀請相關學者專家，做較深入的探討。

最後祝大會成功，大家喜樂安康。

---

[1]　https://lihjchen1001.blogspot.tw/2016/11/2016.html

材料學會「材料科系課程討論會」致詞

2018年3月28日　星期三

　　今天很感謝「材料學會」安排，邀請杜經寧與程海東教授與理監事們以及列席來賓一起就材料系課程問題共同探討。今年一月十八日「材料學會」以及「工研院材化所」共同在新竹北埔麻布山林舉辦「材料科技發展策略規劃會議」，本人回應彭理事長開幕時，有關人才培育問題致詞；提到大約在之前兩、三週，我與曾在美國名校材料系任教的杜經寧與程海東教授聚會時，他們不約而同地的表示對台灣的大學材料系教育相當憂心。主要是認為許多材料系將核心課程刪減得過頭，喪失了材料系的特色；我們也都了解，材料系由於海納百川，教師背景相當多元，各領域又有不同的核心能力，同時，由於資訊科技的發達，資訊取得變得利便，教育上漸有「要用時方學習」（learn when in need），以別於傳統「學習以備不時之需」（learn in case of need）思維。但是否至少在大學部學生教育同時也有必須導正之處，是非常值得探討的。建議「材料學會」可在這重要議題上，發揮學會功能，在最近期間，邀請相關學者專家，做較深入的探討。[2]

　　杜經寧與程海東教授與我都是三十年以上的老友，杜經寧在IBM Yorktown Heights研究中心工作約二十年後，於1993年起在UCLA材料系任教，程海東教授在美國University of Illinois, Urbana - Champagne任教超過二十年，又轉往香港城市大學應用物理與材料系擔任系主任，在東海大學擔任七年校長，再到澳門大學擔任四年副校長，巧的是，兩位材料界的巨擘，現在同在交通大學擔任講座教授，也因而有緣來參加今天的盛會。

　　剛才高振紅教授與李嘉甄教授報告了「材料科技發展策略規劃會議」就

---

[2]　https://lihjchen1001.blogspot.tw/2016/11/2016.html

人才培育方面的結論，杜院士與程校長也發表了各自的看法；各位理監事都是現在台灣材料界的領導人物，在材料教學、學習或應用都有相當的實務經驗，對材料系課程都會有一定的看法，相信在今天討論會中都會暢所欲言，集思廣益，做腦力激盪。我個人特別提出三點，給大家參考。一是學習問題，美國麻省理工院媒體中心主任伊東穰一（Joi Ito）曾說：「教育是別人對你做的。學習是你為自己做的。」（Education is what other people do to you. Learning is what you do for yourself.）很值得重視。同時人工智慧（artificial intelligence，AI）的應用，應是規劃未來課程必須考慮的項目；這不僅是在課程中，應讓學生了解AI的可能應用，以做為未來治學與工作的工具，並進一步開發，在教學上，利用AI，增強與學生的互動，考核學習績效，有人擔心，未來教師工作可能大量被AI取代，但更可預見的是不利用AI的教師，會被利用AI的教師取代。

另一方面，討論課程，最重要還是要看成效；以往基於人力、財力的限制，學習的效果較難掌握，但現在美國已有一些大學，利用「校園管理系統」（Campus Management System，CMS），從新生入學，即有AI機器人導師Renee，主動發信聯絡，在選課方面多有指引，學生也可藉簡訊等各種方式聯繫或與Renee互動，尤其可根據學生的興趣與志向，參考業者的需求，指引學生如何選課，主要是建立相當自動化的溝通平台，並通過機器人創建這種關係；[3]當然納入已結業而進入職場學生的經驗意見，業者對課程適當性、內容與效果的看法，考慮較為周全，具有很大的潛力。當然這些，不是現在一校一系可以立即做到，但如果透過學會，爭取教育行政單位資源，共同努力，建立類似CMS，也是在課程檢討革新中的一個方向。

---

[3] Jonathan Blackwood, How One Artificial Intelligence is Changing Higher Education Curriculum (January, 2018) https://mytechdecisions.com/it-infrastructure/artificial-intelligence-higher-education-curriculum/

「中國材料科學學會107年年會暨50週年慶」材料論壇座談會致詞

2018年11月16日　星期五

「中國材料科學學會」（材料學會）今年歡慶50週年，本人是參加學會40年的老兵。40年來「材料學會」一直是我專業之家（professional home），多年來也有機會協助推動會務發展，到2005年認為是適當交棒時機，不再參與理監事選舉，又蒙第三十屆理監事聘請為榮譽理事，得以持續了解學會活動訊息，偶有可為學會略盡綿薄之處，也是義不容辭，學會仍然是我的心靈之家（soul home）。

最近翻看「材料學會」30與40週年慶特刊，勾起許多溫馨回憶。再次閱讀到幾位我接觸過的前輩理事長行宜以及對學會的投入與貢獻，令人感動不已。其中現已故去的許樹恩前理事長在「材料學會」30週年慶特刊中撰文憶及當年「材料學會」的創立，乃因海內外材料學者先倡議辦理國際性的學術期刊，但格於內政部規定，出版刊物第一要務就是要有個「社團法人」出面，因而催生了「中國材料科學學會」。但主辦國際期刊談何容易，因此他為二十四年後，即1992年，「材料學會」主辦的「材料化學與物理」（Materials Chemistry and Physics），先聲奪人並站穩腳步，實現其個人三十年前美夢，感到欣喜異常；猶憶當年在吳秉天前理事長任內，眾意出版國際期刊時，許樹恩與今天在場的林垂宙兩位前理事長，均強力支持，前輩的風範與遠見，帶領大家「群策群力」，是「材料學會」一路走來，始終是國內學術團體的「優等生」的主要原因。

在材料學會30與40週年時，我分別以「三十而立」與「四十而不惑」撰文祝賀，今年很自然是「五十而知天命」；對孔子時代的人來說，五十歲已很了解自然與環境的限制，而知所行止，對現代人來說，對自然定律掌握日深，外

在環境不斷改變，思維可能就需要與時俱進，而不故步自封。對學會來說，不斷有新血注入，更可能日新又新。

我在材料學會30週年慶時，於「三十而立」一文中曾歷數「材料學會」自創會以來重要工作與成就，到「四十而不惑」時，由於時空變遷，學會資源有限，重要工作優先順序自然應有相當的調整，所以有幾項建言以為未來努力之參考或思考的方向：近年來看到「材料學會」推出多項有意義的活動，例如獎掖年輕學者，材料創新獎競賽、材料知識學堂競賽、材料科技教育扎根微電影創作比賽等，深慶後繼有人，學會持續欣欣向榮。

展望未來，我個人有三點期待：

一、台灣目前學術界的處境甚為險惡，政府財政困難，執政者無心澈底改善學術困境，對大學微管理，各大學均面臨財務困境，同時光是博士班人數在幾年內減半還有多，讓台灣的大學競爭力節節後退，也反映在世界排名上；「材料學會」在此時此刻，要更積極發揮學會固有多項功能，特別是集思廣益，加強整合，有效的運用資源，協助力挽狂瀾。

二、世界已進入人工智慧（Artificial Intelligence，AI）時代，對人類社會將會造成極大的衝擊，而AI在學術研究、教學以及生涯輔導方面影響的進展，國際上都有相當令人驚艷的範例可以依循，台灣材料學術界，甚至整個學術界，似乎尚無積極作為，期盼「材料學會」能在此領域發揮引領作用。

三、學會檔案的留存與整理：最近我參加一個有九十四年歷史的基金會董事會。董事會原有意請一位歷史學為基金會做歷史紀錄；但在這位學者檢視基金會部分檔案後，認為太過紛亂，打了退堂鼓。這告訴我們檔案保存與歸檔的重要。我最近上「材料學會」網站，發現資料不夠齊全，例如找不到歷屆理監事與工作人員名單，理監事會紀錄也僅有近十幾年的紀錄等，希望「材料學會」以後能更善用數位與網路科技，在檔案保存與歸檔方面做及時的補強。有許多事，物故人非，再去發掘，往往事倍功半，甚至湮沒，把握時機非常重要。前人說：「沒有紀錄就等於沒有發生」，是很值得我們警惕的。

中國材料科學學會 107 年會暨 50 週年慶
November 16, 2018 逢甲大學 學思樓

▲①沒有紀錄就等於沒有發生
　②前輩的風範與遠見，帶領大家「群策群力」
　③環境不斷改變，思維就需要與時俱進
　④檔案保存與歸檔非常重要

第二屆海峽兩岸功能材料科技與產業峰會致詞

2015年8月22日　星期六

　　很高興「第二屆海峽兩岸功能材料科技與產業峰會」（峰會）在經過兩年精心籌備下，今天在廈門大學隆重召開；此次峰會能邀集兩岸許多優秀卓越的學者、專家與企業家齊聚廈門大學參加豐富多彩的活動，對兩岸交流以及功能材料科技與產業，均有不凡的意義；很感謝主辦單位「功能材料研究院」的用心與熱心，同時廈門是兩岸交流的窗口，兩岸各界在此有極為密切的交流，這次共同主辦單位「廈門大學材料學院」充分展現地主的接待熱忱。全力支援，落實各項會務工作，我也要藉此機會表達誠摯的謝意。

　　昨天在「《功能材料》期刊創刊45周年慶典」上，在簡報中看到「功能材料研究院」的宗旨是「繁榮學科，提升技術，振興產業」；在交流方面，則以「深化交流，促進合作，共同發展」為方向，峰會的舉辦，對於宗旨的推動，將有很大的具體效益，同時「功能材料研究院」在去年於上海舉辦「國際功能材料科技與產業峰會」，「《功能材料》期刊社」將於明年推出Functional Materials Science and Technology英文期刊，將交流面自國內、兩岸擴展到國際，積極求新求進，充分發揮功能，可喜可賀。

　　從與劉慶賓院長的會談中，知道「功能材料研究院」的任務頗為多元，在台灣似乎找不到類似的機構，但在舉辦會議與出版期刊等活動方面，則又與領域學會或協會有十分相似的地方，我本人曾擔任過幾個學會或協會的負責人，以為學會或協會對工作與主辦的活動，要掌握兩個原則，一是activity與achievement不同，也就是活動不等於成就，有些活動花費了大量人力與財力資源，熱鬧有餘，但成果不彰，譬如各個學會或協會都要舉辦年會，都要出版會刊與期刊，如體與量未達一定規模，而相互之間又有相當的重疊性，很容易

流於形式，本人在擔任由十九個材料科技相關之學會或協會所共同組成的「台灣材料科技聯合會」會長時，即推動各學會或協會舉辦聯合年會，聯合發行期刊，節省了相當的人力與財力，提高了年會的交流性以及期刊的水準與發行量，達到相當的效果。另一原則如管理學大師彼得杜拉克所說，efficiency不等於effectiveness，也就是有效率不等於有效果，有些工作本身意義不大，有效率的完成，可謂虛功一場，有道是Do the right things right，把對的事情做對，才是正道，因此要以策略性的眼光，選擇所要推動的工作。

在「《功能材料》期刊創刊45周年慶典」在簡報中，有幾句話讓我印象特別深刻，也就是「寶劍鋒從磨礪出，梅花香自苦寒來，長路漫漫其修遠兮，吾將上下而求索」，前兩句出自《昔時賢文》勤勉篇，後兩句則出自〈離騷〉，本次大會，從籌辦到執行，處處可見主辦單位磨礪不懈，最後贏得花香撲鼻可期；最後祝大會圓滿成功，大家健康快樂。

▲ ①繁榮學科，提升技術，振興產業
　②深化交流，促進合作，共同發展
◀ ③寶劍鋒從磨礪出，梅花香自苦寒來

「第一屆國際高熵合金材料會議」開幕典禮致詞（中英文）

2016年11月6日　星期日

　　我很榮幸能有機會在「第一屆國際高熵合金材料會議」開幕典禮說幾句話。身為清華大學的資深成員，我首先要歡迎大家來參加盛會。「高熵合金材料」這名詞，在不久以前，即使是對材料科學學者而言都很陌生，如今我們得以在此地舉辦有眾多國內外知名學者參與的國際會議，見證了一個學術新地景的誕生。事實上，高熵合金材料領域在近年漸趨興盛，這可由今年五月知名的自然期刊以一篇名為「金屬混合學——將金屬混合產生強度高、韌性佳與延展性優的合金；材料科學家創造下世代具有優良特性的混合金屬」以兩頁篇幅做專題報導，可見其發展的盛況。

　　清華大學是此新領域的誕生地之一，也因此以主辦「第一屆國際高熵合金材料會議」為莫大光榮。本人亦有幸親身見證新奇「高熵合金材料」觀念的發展。大約在二十年前，我在清華大學材料系很受人敬重的同事葉均蔚教授開始有「高熵合金」的想法，當時並不能為得到材料學界廣為接受。由於大家了解葉教授是個很有創意的科學家，因此不至於立刻拒斥其想法，但由於此新奇觀念與傳統冶金學認知有很大的差異，因此也有困難得到嚴肅對待。主要原因包括：第一、在合金的強化機制中，如固溶強化、析出強化等，一般了解如加入太多其他合金元素，材料通常會變脆而失效；第二、以材料研究不可或缺的工具「相圖」而言，科學家對三元以上「相圖」瞭解很少，因此在研究上常遭遇很大的障礙；第三、材料多元相與各式缺陷交互作用的鑑定極為困難，不易建立結構與性質的相互關係，因而對材料的了解受到相當大的限制；第四、合金元素中，除基本金屬，如鐵、鋁、銅等較便宜，有許多相當昂貴，如果大量使用，將會讓成本大幅增加，恐不符成本效益。這些考量都有其相當根據與道

理，也是一般學者對發展多元素材料的疑慮，我們很高興看到，即使遭遇多重困難，目前「高熵合金」已演化成一個充滿前景的領域，如今科學家們已成功製作許多具有特殊優良性質的「高熵合金」，整個領域有相當大的進展，而可期待在未來會有令人興奮的新發現。

另一方面，新領域未來也面對很大的挑戰：首先是包括多種元素的複雜系統可能提供過多的可能性與選擇，材料科學理論計算變得極為緊要。遺憾的是，在這方面，有足夠經驗與訓練解決問題的學者與學生嚴重不足；其次，過去學者們研究重點集中於結構特性，而對於功能特性，如電子與磁性特性，較為忽略；最後是希望能夠讓目前限於實驗室產品的狀況，能由改善成本效益，擴大規模，打入市場，促進產業進步，創造經濟價值。很明顯的，未來需要更多努力，才能充分發揮潛力。

最後，我要再次表達我的歡迎之意並向各位對此領域的卓越貢獻致敬。希望大家享受你在清華大學開會的時光並帶回許多新觀念回家，未來能讓領域更上層樓，同時我也要祝大家在此困難領域的研究上好運。

Opening Remark at the First International Conference on High Entropy Materials

I am very pleased to have the opportunity to say a few words at this important occasion. As a senior member of the University, let me also welcome you to take part in the First International Conference on High Entropy Materials. Until very recently, not many materials scientists, not to say general public, have heard the words of high entropy materials. The fact that we are now holding the First International Conference on the topics with many prominent scientists around the world travelling from afar and reporting new discovery and exchanging of the new ideas testifies to the birth of a new landscape in materials science. Indeed, the field had ben flourishing in the past few years, highlighted by a special report on the subject with the title: "Metal mixology - Mixed-up metals make for stronger, tougher, stretchier alloys: Materials scientists are creating next-generation mixtures with remarkable properties" in the prestigious journal Nature in May this year.

As one of the birthplaces of the new field, NTHU is proud to host the Conf. I myself was privileged to witness the development of the novel idea with the firsthand experience. About 20 years ago, when my respected colleague, Prof. Jiun-Wei Yeh, started to toy with the idea of mixing a number of metallic elements in equal amount together, there were very few believers. As Prof. Yeh was known to be rather creative and innovative, he could not be dismissed outright. Nevertheless, it was difficult to take the idea seriously since it is rather outlandish form traditional metallurgy mindsets. First of all, among the hardening mechanisms for alloys, such as solution hardening and precipitation hardening, it was not too prudent to add large amount of alloying elements so that the materials would become brittle and useless. Secondly, we had very little knowledges of phase diagrams, considered to be indispensable tool for materials research, beyond ternary phase diagrams. Thirdly, the characterizations of multiple phases together with interactions of crystalline defects are daunting tasks. Therefore, to establish structure-property relationships is more likely to be elusive. Fourthly, it may not make much economic sense since many of the alloying elements are relatively expensive, compared to the basic metals, such as Fe, Al and Cu. However, despite these legitimate concerns, we are glad to see that high entropy alloying evolves into a promising field. Today, many high entropy alloys with remarkable properties have been produced. Much progress has been made and exciting new discoveries are expected.

On the other hand, many challenges apparently lie ahead for the field. To start with, for complex systems involving many elements with perhaps too many possibilities and choices, computational materials science is apparently in urgent need. It is to our regret that in our community few scientists and students nowadays have been trained and in possession of the sufficient skills to tackle the enormous tasks efficiently. Secondly, the field has placed emphasis on improving structural properties with much less work devoted to developing alloys with specific functional properties, such as electronic and magnetics properties. The other challenge is to show commercial value so that it can move from the laboratory to the market place, which in turn, to advance the industry and impact the economy. Apparently, much more work has to be done to realize the full potential of the field.

With that, I wish to welcome all of you again and congratulate you on the extraordinary achievements in the past. It is my hope that you will enjoy the stay and bring back many fresh ideas back home and work to the further advance of the field. Last, but not the least, I wish you a great deal of luck in your work in this difficult field.

▲ 有幸親身見證新奇「高熵合金材料」觀念的發展

國家圖書館出版品預行編目

一個校長的思考. 二：教育的職業與志業-清華校
務與教育成果 / 陳力俊著. -- 臺北市：致出
版, 2019.04
　　面；　公分
　ISBN 978-986-97549-4-1(平裝)

　1. 教育　2. 文集

520.7　　　　　　　　　　　　108006074

一個校長的思考（二）

教育的職業與志業──清華校務與教育成果

作　　者／陳力俊

編　　輯／黃鈴棋

出版策劃／致出版

製作銷售／秀威資訊科技股份有限公司

　　　　　114 台北市內湖區瑞光路76巷69號2樓

　　　　　電話：+886-2-2796-3638

　　　　　傳真：+886-2-2796-1377

網路訂購／秀威書店：https://store.showwe.tw

　　　　　博客來網路書店：http://www.books.com.tw

　　　　　三民網路書店：http://www.m.sanmin.com.tw

　　　　　金石堂網路書店：http://www.kingstone.com.tw

　　　　　讀冊生活：http://www.taaze.tw

出版日期／2019年4月　　　定價／500元

致　出　版　　　　　　　　　　向出版者致敬